韶文化研究丛书编委会

岭南文化书系
韶文化研究丛书

韶文化概论：特色文化资源研究

宋会群 莫昌龙 宋 歌 著

暨南大学出版社
JINAN UNIVERSITY PRESS

中国·广州

图书在版编目（CIP）数据

韶文化概论：特色文化资源研究/宋会群，莫昌龙，宋歌著 . —广州：暨南大学出版社，2021. 12

（岭南文化书系 . 韶文化研究丛书）

ISBN 978 - 7 - 5668 - 3088 - 3

I. ①韶… Ⅱ. ①宋…②莫…③宋… Ⅲ. ①地方文化—韶关 Ⅳ. ①G127. 653

中国版本图书馆 CIP 数据核字（2020）第 271751 号

韶文化概论：特色文化资源研究

SHAOWENHUA GAILUN：TESE WENHUA ZIYUAN YANJIU

著　者：宋会群　莫昌龙　宋　歌

出 版 人：张晋升
项目统筹：苏彩桃
责任编辑：王莎莎
责任校对：林　琼
责任印制：周一丹　郑玉婷

出版发行：暨南大学出版社（510630）
电　　话：总编室（8620）85221601
　　　　　营销部（8620）85225284　85228291　85228292　85226712
传　　真：（8620）85221583（办公室）　85223774（营销部）
网　　址：http://www.jnupress.com
排　　版：广州市天河星辰文化发展部照排中心
印　　刷：韶关市新华宏达印务有限公司
开　　本：787mm×1092mm　1/16
印　　张：21. 75
字　　数：343 千
版　　次：2021 年 12 月第 1 版
印　　次：2021 年 12 月第 1 次
定　　价：79. 80 元

总　序

一

　　韶关历史悠久，文化底蕴深厚，源远流长，为岭南开发较早的地区之一。宋代乐史撰《太平寰宇记》所引《郡国志》言："韶州，科斗、劳水间有韶石……永和二年有飞仙衣冠分游二石上。昔舜游登此石，奏韶乐，因以名之。"其实，"韶"字来源于"舜帝南巡奏韶乐"的美妙传说早在隋唐时期就已出现。隋开皇九年（589 年），韶州以"韶"为州名，千百年来始终未改。此后，在中华大地上以"韶"命名的古城韶州成为岭南著名州府。迄今为止，韶关是唯一以"韶"命名的历史文化名城。

　　马坝人的发现证明了早在十多万年前，人类的祖先就在韶关这块古老的土地上繁衍生息。石峡文化遗址的发掘又告诉人们，在四五千年前，这片区域已经与长江流域在经济文化方面有了密切的联系，及至秦破百越、纳岭南，韶州成为岭南最早归属中央政权管辖和开发的地区之一。汉晋以降，珠玑先民持续南迁至珠江三角洲，衍成广府民系和广府文化。可以说，韶文化是岭南文化早期的一个主要源头。唐代著名文学家皇甫湜在为韶州作《韶阳楼记》时写道："岭南属州以百数，韶州为大。"韶关作为广东北大门及粤北历史文化中心，自古就发挥了传输中原文化、弘扬岭南文化的先进作用。

　　韶关自古为岭南重镇，又是人杰地灵之都、山川灵秀之域。唐初，禅宗南派创始人六祖慧能在韶州弘法近四十年，述成了第一部中国化的佛家经典《六祖坛经》，形成了著名的禅宗文化。南北朝时期以勇猛刚烈著称的风烈将军侯安都，唐开元盛世名相、以风度名扬天下的张九龄，学深刚毅、文采拔萃、以风采而著名的北宋政治家余靖，明代抗倭名将陈璘，清代著名思想家廖燕等，都是受韶文化滋养的土生土长的韶州人杰。唐代大文豪韩愈，北宋文学家苏东坡，南宋诗人杨万里、著名理学家朱熹、名臣文天祥，明代才子解缙、著名学者丘濬、理学家陈白沙、科学家徐光启、军事家袁崇焕，清代著名诗人王士禛、朱彝尊，以及民国时期革命先行者孙中山，中华人民共和国创建者毛泽东、朱德、陈毅等一大批名人都在韶关留下了千古流芳的诗文和历史足迹。在中华世纪坛上铭刻的一百多位对中国历史文化产生深刻影响的人中有两位外国人，其中有一位是被誉为"中西文化交流第一人"的意大利传教士利玛窦，他也曾经于明代在韶关活动六年，对西学东渐和东学西传作出了不可磨灭的贡献。

从古代相传"舜帝南巡奏韶乐"到岭南名州、历史文化名城，韶关经过代代相传，已经形成了岭南文化中不可或缺的重要组成部分——韶文化。因此，我们说，韶文化是指分布在粤北地区的、受历代行政区划和自然环境影响孕育滋生的一种有着较为突出特征的史志阶段的区域文化。简言之，韶关本土的历史文化就是韶文化。韶文化的核心是以"韶"为主的包容、和谐、善美的传统精神，其文化结构的主要元素是舜韶乐文化、客家文化、南禅宗佛教文化、历史名人文化、瑶族文化、矿冶文化、山区生态文化、红色革命文化等，在文化形态上既表现了与岭南文化的同一性，又表现出自然与人文各方面的多元性和独特性。正是由于以上在地域特征、自然生态、族源构成等方面显示出的诸多特殊性，以"韶"为主题的韶文化才得以确立，并在数千年的历史中不断融合发展。

二

韶文化是岭南文化中一个主要的文化类型。这个文化类型的特色在以石峡文化为代表的萌芽阶段已初现端倪，在秦代南越国及两汉以后步入发展阶段，曲江（又称曲红，因曲红冈得名）、始兴郡皆为当时岭南最重要的中心城市之一，特别是此地最富特色的以丹霞红岩为主的自然生态风光逐渐被人们发现，而且由于舜帝南巡，在岭南地区奏韶乐的历史传说，原名"曲红冈"的丹霞地貌被赋予"至美""至善"的韶乐精神，并命名为"韶石"："隋平陈，为韶州，以韶石为名。"（唐初梁载言《十道志》）至此，以"韶"为核心的优美的自然环境和善美和合的韶乐人文精神在粤北地区被有机地结合起来，"韶

乐""韶石"成为韶州这一地区最响亮的文化符号。基于地方行政区划和自然环境特殊性而形成的区域文化——韶文化，在保留了岭南文化一般特征的同时，逐渐在粤北展现出自己独特的文化结构、文化形态特征，主要表现在：

——舜韶乐文化。它不仅是韶关得名之源，而且有历史上一大批古建筑作为载体，以及隋唐以来历代史志和名人歌赋作为文献记录。韶乐的和谐善美精神在韶关地区的传播至少有千余年，是韶文化的精神内核，是统领其他文化要素的主导部分，也是区别于其他区域文化的重要地方特色。之所以把粤北地区的文化称为"韶文化"，其主要原因正在于此。

——汉族移民文化、粤北客家文化、瑶族文化、疍民文化构成了韶文化的民族民系主体。特别是持续南迁的珠玑移民构成了日后广府民系的主体，对岭南和东南亚的开发影响深远。

——发源于韶关的南禅宗佛教文化及其他宗教文化构成了韶文化精神层面的重要补充。南禅宗文化使佛教比较彻底地中国化，影响超出岭南，并传播到全国甚至全世界。

——历史上，粤北古道交通文化和名人文化突出。粤北是中原文化和岭南文化之间的主要通道、海上丝绸之路的陆上重要节点，而慧能、张九龄、余靖等都是岭南人杰，影响广泛。

——历史悠久的矿冶文化。韶关采矿历史久远、规模巨大，是世界上最早运用"淋铜法（湿法炼铜）"来大规模生产胆铜的地方。矿冶业延续至今，是韶关的重要经济命脉，也是韶关突出的城市文化特色和韶文化的突出特征。

——山区生态文化。地域居民秉承"天地同和"精神，在历史长河中与自然和谐相处，生态环境基本保持良好，是韶文化特色的显现，也是今后韶关发展的最重要的资源之一。

——以毛泽东、朱德、陈毅等人及抗战时期的广东省委在韶关的革命活动为代表的红色革命文化。此外，孙中山以韶关为根据地二次誓师北伐、抗战初期广东省省会北迁韶关等也都是宝贵的历史财富。

上述文化结构、文化形态特征是韶文化的主要内涵，也是我们开展韶文化研究的主要方向。

三

重视韶文化的研究、传承与弘扬，对岭南文化的传播与发展具有非常重要的意义。深入细致地挖掘和研究韶文化，可以有力地推动粤北历史文化研究的发展，推动地方人文历史与环境的良性互动，丰富人民群众的精神文化生活，深化岭南文化的固有内涵，促进岭南文化繁荣发展，为广东建设文化强省、韶关建设区域文化中心提供理论依据和文化支撑。有鉴于此，韶关市和韶关学院于 2009 年 11 月正式联合成立了韶文化研究院，现已拥有专职、兼职研究人员 40 多人，特聘文化顾问 10 人。研究院成立以来，在韶关学院和韶关市委宣传部、韶关市社会科学界联合会的领导与支持下，积极开展地方文化历史研究与传播工作，先后获准设立广东省张九龄研究中心、广东省韶文化研究基地。2012 年 7 月，经广东省委宣传部和广东省社会科学院发文，研究院升格为广东地方特色文化（韶文化）研究基地，成为全省首批九大特色文化研究基地之一。

本丛书即该基地的初期研究成果。丛书的规模暂不限定，计划先用三年时间陆续推出几批著作。目前选题以历史文化为主，专注于与韶关有关的人、事和物，今后将逐渐扩大研究范围。

感谢韶关学院的党政领导和韶关市委宣传部、韶关市社会科学界联合会对本丛书立项、研究撰写和出版发行的支持与资助。特别感谢本丛书的各位作者，正是由于他们的辛勤劳动和无私奉献，本丛书得以付梓面世。暨南大学出版社对本丛书的出版发行给予了帮助，在此一并感谢。

是为序。

韶关市韶文化研究院
韶关学院韶文化研究院
广东地方特色文化（韶文化）研究基地
2017 年 10 月

前　言

　　本书对粤北地区的"韶文化"进行了较为全面系统的研究，首先以三章的篇幅详细论证了韶州韶石与舜帝奏韶乐的密切关系，舜登韶石奏韶乐虽是魏晋以来的历史传说，但本书列举大量先秦文献，证明了"舜巡狩至衡之南"、丹朱的"驩兜"国建立在南海，可知传说之中有历史事实做背景。同时认为韶关不仅得名于韶石上舜帝奏韶乐，更是一千多年来历届政府、士人、平民对韶乐和舜帝的传颂讴歌，使此地的传统文化别具一格，形成了包容和谐、尽善尽美、诚信耕读的文化精神内核。

　　其次，本书第四章论证了韶文化的自然环境、人文环境、文化结构，以及民族民系构成及其在岭南文化中的地位和作用，从文化理论角度阐明韶文化的内涵与外延，为韶文化的建立奠定了一定的理论基础。认为韶文化是分布在粤北地区的、由历代行政区划和自然环境所决定的一种反映多民族民系特点的区域文化。韶文化地处南北要冲，是中原华夏文化与岭南苗蛮文化、内陆文化与海洋文化、先进的农业文化与狩猎、采集、渔捞文化交接、对撞、融合的必经之地；历史上中原文化的南渐首先经过粤北消化后向四方传播，使岭南人知廉耻、习礼仪、懂稼穑、重耕读、崇善美，逐渐脱离了蛮荒阶段，步入近现代文明，因此韶文化不仅是岭南文化的源头之一，更是岭南文化在发展中首先把先进的中原文化消化接纳并传播于岭南蛮荒之地的发祥地，它在岭南文化中具有不可或缺的地位和作用。

　　再次，本书以较大篇幅论证了"韶文化"替代"粤北文化"的原因，指出"称粤北文化并无错，但这一名称不能直观地反映这一地区的人文特征及自然特征，更不能切实地反映粤北地区数千年来有血有

肉的历史事实，特别是不能反映自隋以来宣扬千余年和谐、尽善尽美的传统文化精神，使得世人不能从'粤北文化'这一名称中了解到该区域的文化内核和基本的传统文化元素，从而认为它只是广府文化的附庸，在文化建设中不被重视，在文化的整理中去重就轻、模糊不清；在优秀传统文化的继承中既无重点挖掘，又无有效益的重点开发"。而"韶文化"具有巨大的品牌效应。韶关因"韶"而得名。"韶"字本义即指舜帝韶乐，是专为韶乐造的一个字，在中国历史上闻名数千年，路人皆知。同时又有"尽善尽美"的含义，极合时宜。对韶关而言，从魏晋时代的韶石传说（今丹霞山）开始，"韶"就与舜文化和韶乐结缘，应用千余年，延续至今。在曲江古邑的闹市中，"大和流韵，宜为淑气，郁为人文"（《韶州府志》卷三十九《唐宗尧序》），韶州人会更加和睦融融、和气生财、和谐生活、诚信待人。一个传说、一曲妙唱、一种精神在韶关的山岗、街头回响了千余年，人们自觉或不自觉都会受到它的影响、熏陶，进而融合到人们的各种实践之中，形成颇具特色的宗教文化、客家文化、矿冶文化、红色文化等。这就是我们倡议改称"粤北文化"为"韶文化"的基本原因。

第五章以历代人口资料为主，从一个侧面揭示了韶关人文文化的历史发展轨迹；第六章以交通为主线，说明历来的韶关人对粤北艰苦的开发过程。

最后，本书第七至十一章，是韶文化区别于其他地方文化的特色资源研究与挖掘，也是作者近二十年来对韶文化各个文化类型研究的深刻体会和成果。第七、八章对韶关的矿冶文化进行详尽研究，有说服力地展示了世界首创的"淋铜法"和"韶粉"的具体工艺和巨大影响，同时对韶关宋代岑水铜场、建福县（矿业县）、永通监等进行了详细考订，证明矿冶文化是韶关城市的突出特色。第九章对六祖南禅宗的主要思想进行了概括，特别是对澹归儒佛相糅的价值思想进行了深入研究，同时，考证了被视为"佛道大纲""虚玄大道"的《宝镜三昧歌》的真谛、南华茶榜与禅茶起源、曹溪开山于梁天监年间的诸多疑点等。第十章在作者多次调研的基础上，对粤北瑶族的族源、图腾信仰、宗教礼仪和民俗进行了较详细论述，并根据至今发现并搜集到的40多种不同版本的《评王券牒》，详细研究了它们的形成年代及瑶族至今的历史发展梗概。第十一章对已被人忽略的韶关名人——周憬进行了全面研究，对现存汉碑著录互订详考，恢复其原貌；揭示了曲江与曲红之谜。另对韶关名人张九龄在科技史上的重大贡献——信鸽通信进行详尽考订，认为其是中国乃至世界独立发明信鸽通信的第一人。

作者

2021 年 10 月

目　录

第一部分　韶文化概述

第二部分　韶文化特色资源研究

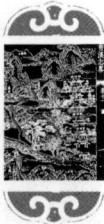

第一部分　韶文化概述

第一章 舜奏韶乐传说和遗迹研究

韶关，是地处粤北的一方重镇，2 000 多年来，在岭南文明发展史上，一直扮演着重要的角色。西汉时，岭南大部分土地还荒芜一片，这里已兴起了岭南最早的城市之一——曲江，东汉时一度称作曲红。三国吴时，升为始兴郡，以后又有南朝的宋安郡、广兴郡、东衡州等，至隋开皇九年（589 年），置韶州，沿用千余年。至民国三十三年（1944 年）11 月，以曲江县城置韶关市。1949 年 10 月 7 日，成立韶关市人民政府。

韶关是个很特殊的地方，一是位置特殊，有交通要冲、广之门户之称。自古以来，中原大陆文化南移、岭南文化和海洋文化北进，韶关都是必先承接之地，中外文化交流、民族民系文化交流首先聚集于此；可以毫不夸张地说，韶关于古是岭南文明首发之地；于今是海洋文化北传的先声之域。二是移民最多，民族复杂，各民族民系在此共存共生，和睦相处，包容和谐是此地悠久的优秀传统。三是古今的矿冶发达，经久不衰，"淋铜法""韶粉"的科学技术工艺在中国和世界的科技史、化学史上都留下浓重的一笔。

其实韶关最特殊的方面不在区位、移民和矿冶等，而在于它据魏晋以来"韶石奏韶乐"的美丽传说，改州名、祭舜帝、奏韶乐、建造九成之台、颂扬和合善美，正如明唐宗尧所说："夫韶之为郡，有虞氏重华戾止之邦，衮衣鼓琴之地，又非他郡邑可得而等论者也。大和流韵，宜为淑气，郁为人文，绿水青山，荣名尚在。"[①] 这里是说，韶州本是重华（舜帝之名）到此止步（戾，至也），鼓琴奏韶乐的地方，其他州郡怎么能和韶州相比呢？韶乐的"大乐与天地同和"的流韵，

---

① 《韶州府志》卷三十九《韶石》。

在此地散为浓郁的清淑之气，熏染着韶州民众，使人与天地同和的精神深入人心，成为此地主要的文化核心。韶州的青山绿水荡漾着、记载着舜帝的功勋和荣名。

由上可见，"韶乐""韶石""韶州""韶关"诸名非是一般物名、地名，它们具有深厚的文化底蕴；"韶"字代表了这一地区自然的青山绿水、人文的尽善尽美；代表了特殊的自然环境、社会的精神民俗，如果给此地文化冠一名称，必然以"韶文化"为宜。

第一节　从一个美丽的传说谈起

一、韶石的传说

大约在东汉年间，有人走在南方的群山之中，发现有一片山水与众不同，它不是灰色岩石，而是方圆数百里的红石，其山并不高，但形态诱人；其水并不深，但恍若仙境；其势蜿蜒迤逦，曲折回环，这就是如今赤壁丹霞的丹霞山！它的自然美，使人陶醉；它的形态美，使人浮想联翩；它的内在美，激发了人们无尽的感叹和情怀！汉人不仅把这片独特的山水命名为"曲红冈"，还把临近的都市"曲江"改名为"曲红"，以示其殊。特别是晋代著名诗人枣据，第一次把具有天籁之音的"箫韶"赋予南方地区，诗中言道：

> 有凤适南中，终日无欢娱；自怨梧桐远，行飞栖桑榆。奋迅振长翼，俯仰向天衢；箫韶逝无闻，朝阳不可须。[1]

诗中"南中"，或指云贵，或指岭南，或泛指南方地区（《中华大辞典·南中》）。既然如此，南方或南岭地区至少在晋代就有关于"箫韶"的传说了。至南北朝，曲江古邑旁的这片红山绿水，与"箫韶"的传说便被人们更加紧密地联系在一起。

郦道元《水经注·溱水》："东江又西，与利水合。水出县（曲江）之韶石北山，南流经韶石下，其石高百仞，广圆五里，两石对

---

① （唐）欧阳询：《艺文类聚》卷九十《鸟部·凤》，文渊阁《四库全书》本。

峙，相去一里。大小略均，似双阙，名曰韶石。古老言：昔有二仙，分而憩之，自尔年丰，弥历一纪。"东江，即如今的浈江；利水，即今丹霞山发源的一条小溪。"古老言"，显然是一种民间古老传说，说有"二仙"栖息在韶石之上，使当地老百姓年年都丰收，持续了"一纪"。①

唐段成式撰《酉阳杂俎》卷二也记载了类似的传说："荆州利水间有二石若阙，名曰韶石。晋永和中，有飞仙衣冠如雪，各憩一石，旬日而去，人咸见之。"②

为何名为"韶石"？下列两条文献可资证明：

宋施元之《施注苏诗》卷三十五《宿建封寺晓登尽善亭望韶石三首》下注："《图经》：传闻有二仙人衣冠相对踞坐二石上云：昔帝舜尝奏乐于此，言讫不见。"③

宋张侃《跋韶石图》云："曲江石备八音六律。陈君晔绘成图，且作《短歌行》贻好事者。按《图经》云：舜尝到是邦，奏韶乐于石。后人因以名石，复以名州。夫子曰：'韶尽美矣又尽善也'，至齐闻乐，三月不知肉味，宜乎！在千百世而下闻者，犹为之兴起也。"④

宋施元之、张侃所引"图经"，当为《韶州图经》，其著作时代当为宋初或唐代。观上文献韶石之称大约源于两方面：一是"似双阙"的山峰上仙人所言，"昔帝舜尝奏乐于此"，因此"后人因以名石"；二是"韶石皆空心，窍穴相通，风入其中，大小声一时响应，箫韶遗音，犹可仿佛其一二也"⑤，"曲江石备八音六律"，由山中发出的动听声响是自然之音、天籁之音，与人们心中尽善尽美的韶乐如出一辙，于是就把它与作韶乐的舜帝联系在一起，产生了一个美妙的传说，舜帝在"似双阙"的山峰上奏了韶乐，其双阙石也被称作"韶石"。

---

① 古代一纪长度有各种说法：《国语·晋语四》："文公在狄十二年，狐偃曰：'畜力一纪，可以远矣。'"认为一纪当木星周期，为十二年。《素问·天元纪大论》认为一纪为三十年。《易·干凿度》认为一纪为七十六年。《诗·大雅·文王序》疏引《三统历》："七十六岁为一蔀，二十蔀为一纪，积一千五百二十年。"

② （唐）段成式：《酉阳杂俎》卷二《玉格》。

③ （宋）施元之：《施注苏诗》卷三十五《宿建封寺晓登尽善亭望韶石三首》下注，文渊阁《四库全书》本。

④ （宋）张侃：《张氏拙轩集》卷五《跋韶石图》，文渊阁《四库全书》本。

⑤ 《广东新语》卷五《石语》。

二、何时产生韶石的传说

图 1　丹霞山的韶石

　　韶石何时闻名于世，这是个非常值得探讨的问题。前举北魏晚期郦道元《水经注·溱水》已提及韶石和韶石上的"二仙"传说，说明韶石之名在北魏或以前就有了。关于韶石"二仙"的传说却另有两个版本：

　　《太平御览》卷一七二引《郡国志》曰：

　　韶州，科斗、劳水间有韶石二，状双阙。永和二年有飞仙衣冠游二石上。昔舜游，登此石，奏韶乐，因以名之。①

　　《太平寰宇记》也曰：

　　韶州，科斗、劳水间有韶石……永和二年有飞仙衣冠分游二石上。昔舜游登此石，奏韶乐，因以名之。②

　　前举《酉阳杂俎》把韶石"二仙"的传说系于"晋永和中"，只

----

① 笔者注：《尚书·益稷》孔传曰："韶"，舜乐名。引申义：韶，美好。韶乐是跨越我国原始社会末期、奴隶社会、封建社会直至清末的祭祀天地四望之神的"大乐"，其对我国礼乐制度的形成、人与"天地同和"的基本理念、以民本主义为基础的"文治"思想的形成都有深刻的影响。

② （宋）乐史：《太平寰宇记》卷一百五十九。

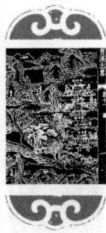

是未谈舜帝登韶石奏韶乐；《太平御览》所引《郡国志》，谈的也是韶石"二仙"和舜帝登韶石奏韶乐的传说，并把这个传说系于"永和二年"。《郡国志》是何时著作？查宋代以前作《郡国志》的有汉司马彪、晋袁山松、南朝宋刘澄之，另有《太平御览·经史图书纲目》所引的《元和郡国志》。此处的《郡国志》有"韶州"二字，而韶州设置在隋代，因此其只能是《太平御览·经史图书纲目》所引的唐代李吉甫《元和郡国志》。李吉甫（758—814年），元和九年逝，时年57岁，故《元和郡国志》当在元和元年至九年（806—814年）之间成书。《水经注》的"二仙"之事，发生在"永和二年"，查唐以前永和年号者有二：东汉顺帝第三个年号为永和，136—141年，永和二年为137年；东晋晋穆帝第一个年号也为永和，345—356年，永和二年为346年。《酉阳杂俎》说在"晋永和中"，如果记载无误，则舜登韶石、奏韶乐的传说至少东晋时就在粤北地区流传了。

第二节　韶州得名缘由

韶关之"韶"得名于韶州之"韶"。明嘉靖二十六年（1547年）在韶州府城西门遇仙桥设税关，康熙九年（1670年）移南雄太平关于韶州府（今东堤路北端），称太平东关；不久又在北门增设旱关一处。古代三关之设，使得民众俗称"韶关"。

韶州得名有下列记载：

《太平御览》卷一七二引《十道志》曰：

> 韶州始兴郡。禹贡扬州之域，春秋战国皆楚地，秦属南海郡，二汉属桂阳郡，吴置始兴郡，晋因之，宋改为广兴，齐复为始兴。隋平陈，为韶州，以韶石为名。

《十道志》乃唐初（中宗时人）梁载言所作，当时已"传于时"。① 此言韶州始置于隋，而名为韶州的原因则是韶石。稍晚一点的《元和郡县志·韶州始兴下》也曰：

---

① （后晋）刘昫等：《旧唐书》卷一百九十中《梁载言传》。

韶州，秦南海郡地。汉分置桂阳郡，今州即桂阳郡之曲江县也。后汉置始兴都尉，今州即都尉所部。吴甘露元年初，立为始兴郡，梁承圣中，萧勃据岭南，于此置东衡州。隋开皇元年平陈，改东衡州为韶州，取州东北韶石为名。①

宋欧阳忞撰《舆地广记》卷三十五："（曲江）有韶石，高百仞，广圆五里，两石对峙，相去一里，大小略等，似双阙，州取名焉。"②

《十道志》《元和郡县志》所谈的韶州政区沿革，综合起来是：西周及其以前，属于《禹贡》九州的扬州之地；春秋战国时为楚国之地，秦时属南海郡；汉时属桂阳郡的曲江县，东汉末，曲江设"始兴都尉"，三国吴甘露元年初，设立始兴郡，曲江成为郡治所在地。南朝宋改始兴郡为广兴郡；南朝梁时，又在此地置东衡州，至隋开皇九年，"改东衡州为韶州"。以后的千余年，此地为州治，韶州名称沿用未改。到了明清时期，此地设三个税关，百姓才开始俗称韶关；官方正式命名韶关，是在 1943 年 11 月，但 3 个月就裁撤了；直到 1951 年，经国务院批准，正式使用韶关之名至今。

以上文献证明，隋设韶州，是因州东北的韶石而得名，殆无疑义。

综上所述，韶石的美丽传说，不仅基于它美丽的自然山水，更基于它时而发出的动人声响。韶石至少在汉代就被认识，当时称作"曲红冈"，相去八十里的曲江，也被称作曲红。至少到晋代，被赋予"舜游登此石，奏韶乐"的美丽传说。在民间流传的这种传说，至隋代开始被官方承认，"改东衡州为韶州，取州东北韶石为名"，从此，韶州就与韶乐结下了不解之缘。

这个魏晋时代的"韶石韶乐"传说，不仅使此地的州名改作韶州，更为重要的是此举对粤北文化的巨大影响！在随后的一千多年里，传说变成了现实的行为，隋唐以后，当地各任主政者无不把宣传韶乐作为重要大事；更多的士人、文人以诗词歌赋铭记等形式，颂扬舜帝韶乐，如今韶关的大量古迹和纪念物，绝大部分与舜帝韶乐有关，特别是"九成台""舜帝庙"等这些韶乐鲜明的标志物，都已在韶关存在千余年。1 400 余年的所谓"教化"，使韶乐的"大乐与天地同和"

① （唐）李吉甫：《元和郡县志》卷三十五《韶州始兴下》。
② （宋）欧阳忞：《舆地广记》卷三十五《广南东路》。

"尽善尽美"精神，成了韶关地区文化的中心内核，成了韶文化的鲜明旗帜。

第三节 历代诗词歌赋铭记
对舜奏韶乐的大力推崇

唐宋以来士人对"舜韶石奏韶乐"的推崇，造成了韶关传统文化以舜韶乐文化为主的特色；与舜韶乐文化有关的大量纪念性建筑物——九成台、韶亭、望韶楼、整冠亭、凤来亭、尽善亭、熏风楼等被逐渐地建在韶关，全国范围内有关韶乐文化的祭祀权被集中在韶关，在粤北形成了舜韶乐文化传统。

历代的推崇主要反映在两方面：一是以韩愈、苏轼为首的众多名人在韶关创作了大量歌颂韶乐的诗词歌赋铭记；二是在历代韶州政府倡导下，建造了以舜帝庙、舜峰寺、九成台等为主的一大批祭祀性、纪念性建筑物。

一、唐韩愈对舜奏韶乐的颂扬

唐代韩愈是最早以诗歌形式颂扬舜在韶关的韶石奏韶乐的，该诗作于宪宗元和十四年（819 年）十月：

明时远逐事何如，遇赦移官罪未除。北望讵令随塞雁，南迁才免葬江鱼。将经贵郡烦留客，先惠高文谢起予。暂欲系船韶石下，上宾虞舜整冠裾。[①]

韩愈当时是文坛领袖，倡导古文运动，因此这首诗影响广泛而深刻，其"暂欲系船韶石下，上宾虞舜整冠裾"的观点被后人普遍接受，"韶石"与舜韶乐成了岭南非常著名的故事和遗迹。

---

① 《全唐诗》卷三百四十四《韩愈·从潮州量移袁州张韶州端公以诗相贺因酬之》。

二、宋仁宗、苏轼等对舜奏韶乐的颂扬

入宋以后，颂扬舜游韶石奏韶乐的诗词歌赋铭记等颇多，连北宋仁宗皇帝也以此典故作"挽诗"，使韶石故事达于高峰。该诗云：

幡翣离三殿，箫笳接两都，尧徂如考妣，禹葬省人徒。岂并游韶石，应同去鼎湖，愁闻下竹使，海外走哀符。[①]

此诗以"游韶石"喻舜游韶石奏韶乐，咏叹尧舜禹之人生，天涯海角为他们哀悼。

宋代大诗人苏东坡，也有咏诗：

只知楚越为天涯，不知肝胆非一家。此身如线自萦绕，左旋右转随缲车。误抛山林入朝市，平地咫尺千褒斜。欲从稚川隐罗浮，先与灵运开永嘉。首参虞舜款韶石，次谒六祖登南华。[②]

苏轼另有《望韶石》三首，也录于下：

双阙浮空照短亭，至今猿鸟啸青荧，君王自此西巡狩，再使鱼龙舞洞庭。

蜀人文赋楚人辞，尧在崇山舜九疑，圣主若非真得道，南来万里亦何为？

岭海东南月窟西，功成天已赐玄圭，此方定是神仙宅，禹亦东来隐会稽。[③]

此诗说尧舜南巡，不远万里来此韶石，奏得韶乐，功成名就，天赐玄圭。韶石真似神仙之宅，引得大禹也来到会稽。苏轼在韶关又作有《九成台铭》，可知其颂扬舜在韶州奏韶乐不遗余力。除苏轼外，

① （宋）文同：《丹渊集》卷二十《挽诗·仁宗皇帝挽诗十首并状》右九。

② 《苏轼集》卷二十三《次韵正辅同游白水山》。

③ （宋）苏轼：《东坡全集》卷二十二《宿建封寺晓登尽善亭》。

北宋著名政治家、诗人余靖有《游韶石》一诗，摘录如下：

韶山南国镇，灵踪传自囊，双阙倚天秀，一径寻云上……洞深流如织，岩虚动成响，造化与真质，妙画胡能仿……世言帝有虞，朔南声教广，丹丘卜巡幸，翠华临苍莽。箫韶曾此奏，钟石无遗像（响）。但觉熏风存，翛然天籁爽。姬公著治典，历代所遵仗。九野奠山川，万灵咸脭蠁。医闾与吴岳，半列遐荒壤。四时迎气祠，犹烦礼官掌，况乃祝融区，群物资含养。来仪威凤居，乐育菁莪长。肤寸起成霖，崇高一方仰，跻之佐衡霍，无惭公侯享。①

此诗描写韶石不仅有"双阙倚天秀，一径寻云上"的可人秀色，更写出其"岩虚动成响"、酷如韶乐的大自然神奇造化；虽然韶乐之音今无遗响，但韶乐之精神，似熏风一样在大地上长存，翛翛然如天籁一样。韶州之九野、山川峡谷、万灵万事、风土人情等"群物"，赖韶乐精神以滋养。"来仪威凤居，乐育菁莪长"，指韶乐舞中的"凤凰来仪"的凤凰栖止之地，和气融融，民风端正，赢得四方敬仰。

宋代诗文歌赋铭记还有许多，仅举数例：宋丞相王安石《送子思兄参惠州军》："沄沄曲江水，天借九秋色，楼台飞半空，秀气盘韶石。载酒填里闾，吹花换朝夕，笙箫震河汉，锦绣烂冠帻，地灵瘴疠绝，人物倾南极。"②

宋丞相李纲《韶石》："重华南狩到炎荒，高会群神广乐张，岂独有情能率舞，至今峰石亦低昂。"③

宋祖无择《游韶石》："纯音何寂寞，秀色自崔嵬，岩草遗箫在，溪禽学凤来。余希探禹穴，人似畏轩台，登眺秋风里，烦襟尽日开。"④

宋梅尧臣《送储令赴韶州乐昌》："尝闻韶石下，虞舜古祠深，至乐久已寂，况持陶令琴。炎方不道远，一去值秋霖。"⑤

宋梅尧臣《送余中舍监韶州钱监》："孤青水中石，片白苍梧云，

① （清）陈焯编：《宋元诗会》卷十六《余靖·游韶石》。
② （宋）王安石：《临川文集》卷十一《送子思兄参惠州军》。
③ （宋）李纲：《梁谿集》卷二十六《韶石》。
④ （宋）祖无择：《龙学文集》卷三《游韶石》。
⑤ （宋）梅尧臣：《宛陵集》卷九《送储令赴韶州乐昌》。

虞舜不可见，箫韶不可闻，君为汉钱官，凿山取铜矿，韶石不生铜，留为千古景。"①

宋梅尧臣《送程殿丞知韶州》："韶州使君行，请问韶石名。传闻古帝舜，石上奏九成，凤皇为之下，朱鸟不复鸣。旧祠亡玉琯，四序安得平。至今南方热，腊月裘服轻。事外共废酒，曲江风物清。"②

宋朱翌《初到曲江六首》之五："岭外山川最，天涯草木芬。曾经五月狩，俱被一琴薰。韶石静张乐，舜峰高出云。真同适鲁见，何异在齐闻。"③

宋曾丰《七言古诗·题陈晋卿颐斋》："还过韶石闻舜琴，混融奇怪入古音。"④

宋杨万里《题望韶亭》："新隆寺后看韶石，三三两两各依稀，金坑津头看韶石，十十五五不整齐。一来望韶亭上看，九韶八音堆一案；金钟大镛浮水涯，玉瑟瑶琴倚天半。尧时文物也粗疏，礼乐犹带洪荒余，茅茨殿上槌土鼓，苇籥声外无笙竽……曲江清澈碧璃软，海山孤尖翠屏展，天颜有喜后夔知，一奏云韶供亚饭。帝登九疑忘却归，不知斑尽湘笛枝，后夔一胫跛莫随，坐委众乐江之湄。风仪兽舞扫无迹，独留一狻守其侧，至今唤作狮子石，雨淋日炙烂不得。洞庭张乐已莓苔，犍为获磬亦尘埃，不如九韶故无恙，戛击尚可冬起雷。何时九秋霜月里，来听湘妃瑟声美，曲终道是不见人，江上数峰是谁子。"⑤

宋郭祥正《韶石行》："扁舟未下连虞滩，韶石罗列谁雕刌，化工有意露怪变，待彼虞舜来观玩。泊舟登岸始远览，两峰直裂诸峰巉，青鸾低徊欲下饮，翠凤却舞抟修翰……我将仙崖想韶乐，北风忽变阴漫漫，松摇长空吼万壑，溪走石脚淙惊湍，遗音自与天地响，听不以耳精神完。重瞳一去无复还，随风波兮陟云间，潇湘洞庭亦何有，竹上血泪千年斑，九成不作至道息，纷纷后世畴能攀。登韶石兮情飘飘而未尽，饬彼柴车兮且将造乎苍梧九疑之深山。"⑥

宋刘弇《题韶州韶石亭》："数层顽石立孤岑，代往碑讹事莫寻，

---

① （宋）梅尧臣：《宛陵集》卷十八《送余中舍监韶州钱监》。
② （宋）梅尧臣：《宛陵集》卷三十九《送程殿丞知韶州》。
③ （宋）朱翌：《灊山集》卷二《初到曲江六首》。
④ （宋）曾丰：《缘督集》卷四《七言古诗·题陈晋卿颐斋》。
⑤ （宋）杨万里：《诚斋集》卷十六《题望韶亭》。
⑥ （宋）郭祥正：《青山集》卷二《韶石行》。

惟有汤汤亭下水，至今犹似奏韶音。"①

宋向子諲《减字木兰花·登望韶亭》："两峰对起，象阙端门云雾里；千嶂排空，虎节龙旂指顾中。箫韶妙曲，我试与听音韵足。借问谁传，松上清风石上泉。"②

三、元代对舜奏韶乐的颂扬和记录

元程文海《送程万里尹曲江》："县尹官卑亦名宰，曲江邑弊尚堪为。溪头香水有佛性，江上青山似舜时。韶石鸣琴应古淡，禅关得句定新奇。是中人物多名世，试问张余今有谁。"③

元吴莱《韶石铭》："逖矣！上古帝在有虞时巡于南曰：至苍梧，有巉者石，岌彼海隅。我奏我韶，耆定尔区；或搏或拊，或戛或击。从之则纯，成也以绎。明哉惟人，幽哉惟神，我祖我考，我臣我隣，来汝之舞，我功之叙。劝汝之歌，我政之和，前瞻无前，后顾无后，出三代上，居百王首。孰强非赢，式讹人心；孰淫非郑，卒聩古音。泠泠斯深，濔濔斯广，鱼龙不波，凤鸟焉往。有巉者石，双阙之峨，谁使洞庭，不张咸池。丘曰尽善，札云蔑加，非帝之思，我铭谓何。"④

元何中《别高申伯》："江南浩荡，春风滑信意南游；可奇绝，神光直射瘴云开。陆贾先声到南粤，南粤堠子一千六百里，春风却在梅关里。关头饮罢卓锡泉，前迎无限佳山水。最好望韶亭上看，三十六峰太古之色拂天半；恍若后夔骑凤从天来，带得虞庭九奏韶音回。此时仿佛闻之，应思虞舜不忍去，唯有山风海月相追陪……"⑤

元李齐贤《题九成台》："凤不来兮辽东海，高台已荒天未改。当时别舜返昆邱，如何一去三千载。人间岂无青琅玕，孤栖未必天霜寒，致君尧舜我有术，来议好向宫廷问，凤兮凤兮今当还。"⑥

① （宋）刘弇：《龙云集》卷九《题韶州韶石亭》。
② （宋）向子諲：《酒边词》卷上《减字木兰花·登望韶亭》。
③ （元）程文海：《雪楼集》卷二十六《送程万里尹曲江》。
④ （元）吴莱：《渊颖集》卷七《韶石铭》。
⑤ （元）何中：《知非堂稿》卷四《别高申伯》。
⑥ 《曲江县志》卷八《舆地书六·九成台》引元李齐贤《题九成台》。

四、明代对舜奏韶乐的颂扬和记录

明欧大任《次韶州》："腊月度浈水，系舟韶石间，山高连汉徼，树远接秦关。禹甸通诸粤，尧封尽百蛮，九成台下路，犹想翠华还。"[1]

明许继《听雨轩图为王彦举题韶石》："一曲南薰奏石隑，余音犹绕九成台。青山空洒怀人泪，云暗苍梧凤不来。"[2]

明王渐逵《韶石铭并序》："惟皇舜既摄元位……后岁五月仲夏复南巡守，于明都迄衡岳，沿湖湘上陟九疑，乃历郴桂，又其南抵于曲江之滨，受觐于皇冈。群后群牧毕，圭璧琮璜五瑞三帛侍于荒坰。南蛮贡琛惟瑶琨象犀具。皇舜迺矢文德，舞韶于皇冈之阳，凤凰来仪，百兽跄跄。群后荒服，罔不丕格以逊……"[3]

清王士禛《韶石》："昔闻韶石奇，今睹韶石状，奇峰削凡体，斗绝各雄长……传闻帝南巡，九成奏崖嶂，后夔不可作，畴与辨真妄。飘摇翠龙驾，仿佛钩陈仗。西望苍梧云，临风独惆怅。"[4]

明黎民表《九日谒舜庙》："仙驭曾留桂树丛，冠裳肃穆俨升中。地盘五岭朝衡岳，城阙双流绕闭宫，蘋藻馨香犹楚俗，山川淳朴有虞风。严趋正忆群龙会，王气燕台倍郁葱。"[5]

明李东阳《曲江韶石·题广东黄瑛卷》："曲江通长溪，巨石平若掌，浮云荡空寥，野望豁疏莽。峣嶒见孤高，寻丈得余广，迹非禹凿后，代出秦封上。虞皇昔南巡，旌旗息兹壤，乾坤来清风，丝竹振遗响。凤仪方炳焕，龙化惊惝恍，江山无推迁，人世同俯仰。"[6]

明刘崧《韶石歌·赠钟文学赴诏州》："古有虞帝奏韶之遗石，乃在庾岭之南，曲江之侧。盘盘兀兀三十六，秋霞流红雪凝白。重华一去不复来，落花流水空苍苔，晴云照天紫凤没，明月绕树猿声哀。送君韶阳去，因作韶石歌，君今南上登嵯峨，诸生环珮鸣相摩，振皇风

---

[1] （清）朱彝尊编：《明诗综》卷五十二《欧大任·次韶州》。

[2] （明）曹学佺编：《石仓历代诗选》卷三百二十三《明诗初集》四十三《许继·听雨轩图为王彦举题韶石》。

[3] （明末清初）黄宗羲编：《明文海》卷一百二十四《王渐逵·韶石铭并序》。

[4] （清）郝玉麟等：《广东通志》卷六十三《王士禛·韶石》。

[5] （明）黎民表：《瑶石山人稿》卷十一《九日谒舜庙》。

[6] （明）李东阳：《怀麓堂集》卷四《曲江韶石·题广东黄瑛卷》。

兮返淳和，我思虞帝感慨多。安得御气游其阿，南望苍梧吊湘波。为君日夕攀云萝，山遥水远不可极，韶石韶石奈尔何。"[1]

明林弼《韶石》："一曲南薰石欲开，余音犹绕九成台。青山空洒怀人泪，云暗苍梧凤不来。"[2]

明林弼《韶州谒虞帝庙》："快雪过青涧，初霞隐丹冈，登台望韶石，乃在江之阳。薄言荐蘋藻，再拜瞻宫墙，当宁俨遗像，巍巍垂衮裳。二女肃观内，四臣森侍傍，缅邈怀明德，伊昔勤省方。薰弦播淳音，遐服被余光，仪凤已高逝，神虬尚深藏。濯缨虞泉清，振衣越山苍，千载过化地，咏归矢无忘。"[3]

明张以宁《舜庙诗·次韵牛士良》："苍梧落日百灵悲，韶石清风万代思。洪水一从咨禹后，深山几见避秦时。鸟耘历历传遗迹，鸡卜纷纷异俗祠。白发舜弦峰下路，老儒独咏卿云诗。"[4]

明张以宁《晚到韶州》："云断苍梧隔九嶷，九成台畔草离离，山中不是无韶石，千载何由起后夔"。《帝舜庙》："姚江禹穴会稽东，少日登临一梦中，白发南来身万里，欲登韶石和薰风。"[5]

五、清代对舜奏韶乐的颂扬和记录

查慎行《粤游集上·望韶石二首》："西瞻苍梧云，北望洞庭野，浮光表双阙，古雅传奏雅。圣主不南巡，群峰赤如赭，鱼龙久寂寞，孰是闻韶者。好风自南来，吹彼松竹林，铿然中音会，中有太古心。典乐者谁欤，箫韶此遗音，虞廷去我远，俯仰成古今。"[6]

彭孙遹《韶阳道上寄融谷》："数从帆底眺晨星，荡漾孤舟类水萍，夜雨独行中宿峡，春风重上曲江亭。武溪渺渺寒流白，韶石苍苍落照青，得似洞庭张乐处，仙音虽好不同听。"[7]

又有明李先春："虞弦声动引南薰""韶石嶙嶙带晚云"；清廖燕："参差韶石拂云稠，虞帝曾经奏此丘；岩窦窈虚声自响，钟瓠韵古迹

---

① （明）刘崧：《槎翁诗集》卷三《韶石歌·赠钟文学赴诏州》。

② （明）林弼：《林登州集》卷七《韶石》。

③ （明）林弼：《林登州集》卷一《韶州谒虞帝庙》。

④ （明）张以宁：《翠屏集》卷二《舜庙诗·次韵牛士良》。

⑤ （明）张以宁：《翠屏集》卷二《晚到韶州》《帝舜庙》。

⑥ （清）查慎行：《敬业堂诗集》卷四十七《粤游集上·望韶石二首》。

⑦ （清）彭孙遹：《松桂堂全集》卷四十三《韶阳道上寄融谷》。

勘留。"清欧堪善："闻之虞帝巡岭表，箫韶雅乐叶九成。九成台榭雉碟高，磬管尚留韶石名。"

一个自魏晋以来流传民间的"舜奏韶乐于韶石"的美丽传说，在粤北大地回响千年后，成为隋唐以来众多士人，甚至包括宋仁宗讴歌的对象。他们"登韶石兮情飘飘"，感慨万千！"恍若后夔骑凤从天来，带得虞庭九奏韶音回"。有以此鼓励来韶关任职的，如"县尹官卑亦名宰，曲江邑弊尚堪为。溪头香水有佛性，江上青山似舜时"。有以此来证明粤北非"蛮荒"之域，乃教化之地的，如"薰弦播淳音，遐服被余光""但觉熏风存，萧然天籁爽""山川淳朴有虞风"。有解释韶石与韶乐关系者，如"参差韶石拂云稠，虞帝曾经奏此丘；岩窦窃虚声自响，钟瓠韵古迹勘留"；更有借此怀念舜韶乐之盛德者，如"陶唐今复见，临风重瞻仰"。总之，虽是传说，但人们不信其伪，确信其真。唐代开始，在粤北大地颂舜祭舜，颂韶乐而祭九成，使得中原舜韶乐的"和谐""尽善尽美"文化精神在"蛮夷"之地的韶关生根、开花、结果，留下大量的文化遗迹。

第四节　韶关虞舜庙史迹考

一、舜文化在南方的传播

虞舜庙也称舜帝庙，是祭祀或纪念舜帝的地方。虞舜即中华民族的人文始祖，又是道德始祖，其传说的事迹首先记载于《尚书》《尧典》与《舜典》之中及司马迁《史记·五帝本纪》之中，秦统一后，作为望祀，首先将舜的祭祀纳入国家祀典之列。

舜帝的故事，如今传遍中华大地。但其是哪里人、活动地、死葬地都说法不一。《史记·五帝本纪》之说最有代表性："虞舜者……舜父瞽叟盲而舜母死，瞽叟更娶妻而生象，象傲，瞽叟爱后妻子，常欲杀舜，舜避逃，及有小过则受罪。舜事父及后母与弟，日以笃谨匪有懈。舜，冀州之人也。舜耕历山，渔雷泽，陶河滨，作什器于寿丘，就时于负夏。舜父瞽叟顽，母嚣，弟象傲，皆欲杀舜，舜顺适不失子道，兄弟孝慈，欲杀不可得，即求尝在侧。舜年二十以孝闻，三十而帝尧问可用者。四岳成荐虞舜，曰可。于是尧乃以二女妻舜以观其内，使九男处以观其外。舜居妫汭，内行弥谨。尧二女不敢以贵骄事舜亲戚，甚有妇道。尧九男皆益笃。舜耕历山，历山之人皆让畔。渔雷泽，雷泽上人皆让居。陶河滨，河滨器皆不苦窳。一年而所居成聚，二年成邑，三年成都……四海之内，咸戴帝舜之功。于是禹乃兴九招之乐（索隐：招，音韶，即舜乐箫韶。九成，故曰九招），致异物，凤皇来翔，天下明德皆自虞帝始。舜年二十以孝闻，年三十尧举之。年五十摄行天子事，年五十八尧崩，年六十一代尧践帝位。践帝位三十九年，南巡狩，崩于苍梧之野。葬于江南九疑，是为零陵。"

《史记·五帝本纪》之说，有三点值得注意，一是舜乃"冀州之人也"，即今河北山西陕西一带。二是舜"二十以孝闻""兄弟孝慈"；在他以身作则的影响下，"历山之人皆让畔"（历山，一说在蒲州河东，一说在越州余姚），"雷泽上人皆让居"（一说在兖州济阴县，一说在濮州雷泽县），"河滨器皆不苦窳"（一说在济阴定陶，一说在曹州滨河，一说在蒲州河东县），是道德典范。三是他"南巡狩，崩于苍梧之野。葬于江南九疑，是为零陵"，即今湖南永州南部九嶷山。

另一说载于《孟子注疏》卷八上《离娄章句下》："孟子曰：舜生于诸冯（一说在曹州菏泽，一说在河中府河东县），迁于负夏（宋赵顺孙撰《孟子纂疏·朱子集注》卷八：愚案诸冯在冀州之分，负夏春秋时卫地，鸣条在安邑之西），卒于鸣条（在安邑，郑玄认为在南夷之地），东夷之人也。"汉赵岐注："生始卒终，记终始也。诸冯、负夏、鸣条皆地名也，负海也，在东方夷服之地，故曰东夷之人也。"

此说认为舜乃东夷之人。史上的东夷之地，在今山东淮泗一带。

《史记》唐张守节正义引汉郑玄曰："括地志：又云越州余姚县有历山舜井。"[1]

关于葬地，主要有两种说法，一说是前举九嶷山，一说在纪（或己）市，于薇的《先秦两汉舜故事南方版本发展与潇水流域的政治进程——兼论零陵九嶷舜陵舜庙的实体化》[2]一文论之甚详，认为舜葬九嶷之说"是后世常见的一般说法，早在战国时期即已提出"，并举

---

[1] 《史记》卷一《五帝本纪》正义注。

[2] 于薇：《先秦两汉舜故事南方版本发展与潇水流域的政治进程——兼论零陵九嶷舜陵舜庙的实体化》，《学术研究》2013年第7期。

《山海经·海内南经》"苍梧之山，帝舜葬于阳，帝丹朱葬于阴"和《山海经·海内经》："南方苍梧之丘，苍梧之渊，其中有九嶷山，舜之所葬，在长沙零陵界中"为最早记载；其地在今湖南永州南部九嶷山。又认为舜葬纪市之说"后世不太熟悉，但在战国时期比较流行"，并举《孟子·离娄下》"（舜）卒于鸣条"和《今本竹书纪年》"四十九年帝居于鸣条，五十年帝陟"及《墨子·节葬下》"舜西教乎七戎，道死，葬南己之市"等数条诸子的看法为最早，其地在今山西安邑，王应麟《困学纪闻》引薛季宣谓在"莒之纪城"，即今山东寿光一带。

综上所论，虞舜生在中原，或在山东，或在山西；虞舜族属，或是华夏，或是东夷；虞舜的"耕历山，渔雷泽，陶河滨，作什器于寿丘，就时于负夏"等活动绝大部分在中原，只有《括地志》说在越州余姚；虞舜葬地或在中原之"纪"地，或在江南之九嶷。总之，华夏大地无不从先秦时就流传着舜帝的传说故事，以孝悌、和合为中心的舜文化也随着这些传说故事风靡华夏，凝成了中国传统文化的精神核心之一。

舜文化肇始于中原，何时达于岭南，并无确切史料证明，但考古资料显示，中原与岭南的文化交流与融合自原始社会末期就已开始了，[1] 早期文献资料也提供了不少线索，如舜帝南巡的记载与本书的考证，[2] 再如《尚书·大禹谟》"（舜）帝乃诞敷文德。舞干羽于两阶。七旬有苗格""三苗格而《韶》舞"的记载似乎也说明了舜部族与南方苗蛮部族又战又和的关系。[3] 因此中原舜文化对岭南的影响，可能自文明时代初期就已经开始了。

到了春秋战国时代，舜文化已在南岭地区生根开花，不仅把舜帝的葬所认定在九嶷山区，而且认舜帝为上天之神，如屈原《楚辞·九歌》："合百草兮实庭，建芳馨兮庑门，九嶷缤兮并迎，灵之来兮如云。"[4] 宋朱熹注曰："言合百草之花以实庭中，积芳馨以庑其门也。九嶷，山名；舜所葬也。言舜使九嶷山神缤然来迎二妃，而众神从之如云也，将筑室依湘夫人以为邻，而舜复迎之以去，则又不得见之。""湘夫人"是楚之大神，此言装饰好门厅，虞舜与湘夫人比邻，使九

---

① 参看本书第二章第三节"先秦中原与岭南的文化交流与民族迁徙"。
② 参看本书第二章第一节"舜帝南巡、南抚考——岭南早期史实初探"。
③ 参看本书第二章第四节第三部分"'三苗格而《韶》舞'的含义"。
④ 《楚辞集注》卷二《宋朱子集注·九歌》第二。

嶷山众神来迎接娥皇、女英二妃,众神从之如云。这里把舜帝与楚国大神"湘夫人"比邻并举,楚国众神欣然来会,可见舜文化此时已深入楚国人心目之中。其实在屈原的楚辞中多次提到虞舜,如"济沅湘以南征兮,就重华而陈辞",① 重华即舜帝名。此说屈原遵循舜帝的和合传统但不融于世,故要沿沅水、湘水南下,到南岭九嶷山向舜帝陈词诉说。又如《九章·涉江》云:"吾与重华游兮瑶之圃"等等。楚人对舜帝的崇拜在《国语·吴语》中也有反映:"昔楚灵王不君,其臣箴谏不入,乃筑台于章华之上,阙为石郭陂汉,以象帝舜。"② 因此,可以肯定地说,春秋战国时期,舜文化的传统已在江南和南岭地区有较大程度的发展。

至秦代时,秦始皇"利越之犀角象齿翡翠珠玑。乃使尉屠睢发卒五十万为五军,一军塞镡城之岭,一军守九嶷之塞,一军处番禺之都,一军守南野之界,一军结余干之水。三年不解甲弛弩,使监禄无以转饷。又以卒凿渠而通粮道,以与越人战"③,此次征服岭南,一路深入岭南腹地番禺,另四路绕过南岭的大庾岭、骑田岭等分别驻扎戍守,是有记录的第一次中原人和南岭民族的亲密接触,特别是"九嶷之塞"十万大军的驻扎戍守,使舜"死苍梧、葬九嶷"的故事进一步深化广播,把中原文化,特别是舜文化植入岭南,对后世产生了很大影响。

二、岭南早期对舜的祭祀

历史上对古代帝王的国家祀典有较严格的规定,秦蕙田撰《五礼通考》卷一百一十六《吉礼·礼记祭法》曰:"夫圣王之制,祭祀也。法施于民则祀之,以死勤事则祀之,以劳定国则祀之,能御大灾则祀之,能捍大患则祀之……此皆有功烈于民者也,非此族也不在祀典。"

祭祀虞舜,是因舜"以死勤事",所谓"勤事",即指南征有苗而死于苍梧、葬于九嶷之事。最早对舜的祭祀当源于舜帝后裔之国,如陈国。但作为统一国家的祀典,当始于秦始皇,《史记》卷六《秦始

---

① (汉)王逸:《楚辞章句》卷一。
② (吴)韦昭注:《国语》卷十九《吴语》,文渊阁《四库全书》本。此句下韦昭注曰:"阙,穿也;陂,壅也。舜葬九嶷,其山体水旋其丘下,故壅汉水使旋石郭以象之。"
③ (汉)高诱注:《淮南子》卷十八《人间训》。

皇本纪》："（秦始皇）三十七年……十一月行至云梦，望祀虞舜于九
嶷山。"至西汉，汉武帝又有祭舜之举，班固撰《前汉书》卷六《武
帝纪》："五年，冬行南巡狩，至于盛唐，望祀虞舜于九嶷。"云梦在
今湖北，盛唐时属南郡，当在湖北荆州一带。可见秦皇汉武并未到九
嶷，只是"望祭"而已，但也从政府的角度充分肯定了舜帝南巡、死
葬九嶷的说法，从此舜文化在岭南得以广泛传播。

望祀不能代替庙堂之祀，故到了王莽时期，开始在九嶷山建陵修
庙，① 由望祭发展为太庙之祭，盛行一时。汉以后，国家祭舜之地改
在了中原的河东和广宁等地，九嶷山的国家祭舜祀典，未见记录。但
随着舜文化在南岭周边的深入人心，民间或当地政府祭舜，或不间断。

三、韶关唐代虞舜庙之始考

舜文化在岭南地区传播了千余年之后，又产生了新的故事，这就
是舜帝南巡在韶石奏韶乐的传说。这个传说不仅使原来的东衡州改作
韶州，更使舜的事迹与韶州密切相连，再经唐初梁载言《十道志》、
唐中后期李吉甫《元和郡国志》的大力倡导，终使韶州获得"古帝王
所在"资格，建起了祭舜的祠庙。因为古时祭帝王的地方，必须是该
帝王生死、活动的地方，如不是"古帝王所在"，官方不能设祭。唐
代特别关心古帝王祭祀，自高宗麟德二年到穆宗长庆元年（665—821
年）的各朝都有制诏，② 令于"古帝王所在"致祭这些帝王，如：

开元五年正月十日，幸东都。右散骑常侍褚无量陈意见，上表曰：
自古巡狩，咸致享祀，略而言之，有如此者伏愿陛下行幸所过之处，
有名山大川、丘陵坟衍、古之帝王及忠臣烈士，备在祀典，皆合致祭。
望令所管州县据图经具录先报。③

（开元）十七年四月，谒诸陵。敕制：自古帝王陵，宜令所在州
县致祭。④

---

① 于薇：《先秦两汉舜故事南方版本发展与潇水流域的政治进程——兼论零陵九嶷舜陵舜庙
的实体化》，《学术研究》2013 年第 7 期。
② （宋）王钦若等：《册府元龟》卷一百七十四《帝王部·修废》。
③ （宋）王溥：《唐会要》卷二十七《行幸》，文渊阁《四库全书》本。
④ （宋）王溥：《唐会要》卷二十七《行幸》，文渊阁《四库全书》本。

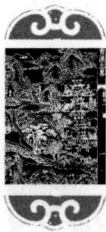

（开元）二十三年正月……敕制：自古圣帝明王，并令所在长官以礼致祭。①

天宝元年正月丁未朔……敕制：自古帝王，并令所由州县致祭。②

（天宝）七载五月，诏曰……用率典章，亦崇禋祀，其历代帝王肇迹之处未有祠宇者，宜令所由郡量置一庙，以时享祭；取当时将相德业可称者二人配祭，仍并图画立像，如先有祠宇未沾享祭者，亦宜准此。③

穆宗长庆元年七月……敕制：自古圣帝明王各令所在致祭。④

上述 6 条引录，对古帝王都强调"所在致祭"，看来与古帝王没有关系的地方，是没有资格致祭的，也没有理由致祭。特别是天宝七年条，明确指出"历代帝王肇迹之处未有祠宇者"也命令"所由郡量置一庙"，韶州是舜帝南巡奏韶乐的地方，属于"帝王肇迹之处"，在开元五年（717 年）的诏令下，可能已把建虞舜祠表奏朝廷，更在天宝七年（748 年）的制诏命令下，韶州当局自然不敢怠慢，必建虞舜庙祠，以完成朝廷之命。

但是，韶州唐代虞舜庙的资料匮乏，不能窥其全貌，明代陈谟《海桑集》卷四录有《韶州虞帝庙碑》，⑤ 是主要的材料，录如下：

韶郡西北百五里许，⑥ 岭曰皇冈岭，水曰皇潭水，古者于焉庙祀虞帝。以故山水胥以皇称，庙莫详厥初。郡志云：故老相传，帝常奏乐于邑东磐山上，故石号韶而州以韶名。或曰：帝时巡亦南岳止耳，不狩荒服。蘷取磬材于韶，至今韶多磐石。殆是耶？唐谢楚《碑》云：曲江有虞祠，率诚莫绘，栋宇过逼，仪刑弗称。元和末，刺史张蒙改作清庙。祠事始严。楚碑唐长庆元年所树，代不废祀。

---

① （宋）王溥：《唐会要》卷二十七《行幸》，文渊阁《四库全书》本。
② （宋）王溥：《唐会要》卷二十七《行幸》，文渊阁《四库全书》本。
③ （宋）王溥：《唐会要》卷二十七《行幸》，文渊阁《四库全书》本。
④ （宋）王溥：《唐会要》卷二十七《行幸》，文渊阁《四库全书》本。
⑤ （明）陈谟：《海桑集》卷四《韶州虞帝庙碑》，文渊阁《四库全书》本。（宋）王象之：《舆地碑记目》卷三作《新修虞舜庙碣文》，《御定佩文斋书画谱》卷六十三同。（清）倪涛：《六艺之一录》卷七十五作《新修虞舜庙碣》、卷一百五作《新修虞舜庙碣文》。
⑥ 注："百"字衍。

此碑乃明洪武二年（1369 年）韶州太守徐炳文重修虞帝庙时，邀陈谟撰文而作。其叙韶州虞帝庙始末最为详尽。其间所谈"唐谢楚《碑》"，最早录于宋代王象之《舆地碑记目》卷三《韶州碑记》："'新修虞舜庙碣文'，唐岭南东道节度推官谢楚撰，长庆元年立。"唐代岭南道分为东、西两道是在唐懿宗咸通三年（862 年），其时谢楚已死多年，绝无立碑之举。因此撰此碣文必在立碑之前或立碑当年，即长庆元年（821 年）以前或当年，前后错了 41 年，多处文献记载谢楚是唐宪宗时人（806—820 年），主要活动在元和时期，假如其 20 岁当官，到岭南道分东西时已是 80 多岁老人，再任岭南东道节度推官实在有悖常理，或疑宋代王象之记录其官职有误，似当去一"东"字。

谢楚碣文既言"新修"，可知长庆元年谢《碑》初立之时，韶关皇冈山上已有虞舜庙，陈谟《韶州虞帝庙碑》云"庙莫详厥初"是其有失考证。据上引唐玄宗天宝七年（748 年）五月之诏令，韶州官府的虞舜庙至少始建于公元 748 年，如果遵照（开元）二十三年正月的敕制诏，"自古圣帝明王，并令所在长官以礼致祭"，那么公元 735 年时，韶州已有虞舜庙，供所在长官"以礼致祭"了。

谢《碑》全文，惜无史录，但摘文有四：一是明李贤等撰《明一统志》卷七十九《祠庙》："虞帝庙在皇冈岭下，有唐谢楚庙碣。宋廖德明重建，改帝像作跪坐，刻朱文公（朱熹）跪坐拜说，置庑下。"

二是《钦定大清一统志》卷三百四十一《韶州府·虞舜庙》下注："在曲江县北七里皇冈，后改为翠华亭。今迁城东旧王府，唐谢楚《虞帝庙碣》：曲江 [有] 虞帝庙，故老言：舜奏乐于邑东磐石上，故石号韶而州以韶名。"

三是光绪元年《曲江县志》卷六《祠》："虞帝祠旧在皇冈岭。唐谢楚《碣》曰：曲江有虞帝庙，故老言：舜作乐于邑东磐石上，故石号韶而州以韶名。"与《钦定大清一统志》所摘大同小异。

四是明代陈谟《韶州虞帝庙碑》，把"故老言：舜作乐于邑东磐石上，故石号韶而州以韶名"引作"郡志"内容，又多出"或曰"和"唐谢楚《碑》云"等内容。

我们认为，陈谟《韶州虞帝庙碑》撰在洪武二年（1369 年），时代早而摘录内容详尽，较为可信。据其所摘引谢楚《碑》，可得出两条很有意义的结论：

第一，陈谟《韶州虞帝庙碑》所引明代以前韶州的郡志根据"故老相传"，最早记录了"舜作乐于邑东磐石上"的魏晋以来的传说，给"石号韶而州以韶名"作了合理的解释，也给唐开元天宝间在韶州建虞舜庙提供了"古帝王所在"的根据。这种解释为李吉甫《元和郡国志》和唐宋士人所接受，成了他们公认的地理文化概念。从此，祭舜帝韶乐的文化权被韶州掌握，有关韶乐的一系列文化形式也都建在韶州，如九成台、望韶亭、凤来亭、熏风楼、观风亭、韶亭、尽善亭等在韶州先后兴起，形成了一种浓郁的舜文化和韶乐文化。

同时陈谟《韶州虞帝庙碑》还记录了另一种说法：舜帝南巡止于南岳（湖南衡山），韶石、韶州得名是因为舜的乐官"夔取磬材于韶"，即夔在韶关采伐了能够演奏韶乐的乐器磬的石材，所以"石号韶而州以韶名"。这种解释满是文人泥古气息，故而不传。

第二，韶州人在唐初或以前纪念舜帝韶乐的自发行为，在中唐开元天宝以后，遵照朝廷的诏令，对虞舜致祭，变成了官方的正统教化行为，纳入官方的国家祀典。唐谢楚《碑》明确讲："曲江有虞祠，率诚奠飨，栋宇过逼，仪刑弗称。元和末，刺史张蒙改作清庙。祠事始严。楚碑唐长庆元年所树，代不废祀。"这告诉我们，韶州曲江"虞祠"的祭祀，官民都非常虔诚地奠飨，只是祀堂过于狭小，仪式无法展开，与古帝王的祭祀很不相称，于是刺史张蒙把"虞祠"改作"清庙"，即太庙，专祀舜帝的宗庙，名作"虞舜庙"，并由唐岭南道节度推官谢楚撰《新修虞舜庙碣文》，于长庆元年立于庙。从此由官方正式祭祀，"代不废祀"。观以后历代对韶州虞舜庙的祭祀、修缮历程，可清楚地看到这一点。

最早的"虞祠"改作"清庙"，它的原址在哪里？宋乐史撰的《太平寰宇记》卷一百五十九《岭南道》提供了一些线索："韶州：皇潭，潭侧有舜祠，昔为舜游之处。"明李贤等撰《明一统志》卷七十九："虞泉在皇冈虞祠东，崖味甘美，与他泉异。宋方信孺有《铭》。"《钦定大清一统志》卷三百四十一《韶州府》："虞泉在曲江县北三里"。所谓"皇潭"，明代又称"虞泉"，位于今皇冈山山脚。

四、历代韶州虞舜庙的修缮及用朱熹"迎飨送神曲"

自唐代因舜帝奏韶乐于韶石而建立虞舜庙以后千余年，都在韶州

崇舜之韶乐，祭舜之功绩，如古人所说"代不废祀"，史不绝书。如：

王圻《续通考》："宁宗嘉定时，廖德明重建舜庙于韶州。"[1] 明陈谟《海桑集》："宋嘉定元年，提刑廖德明复大新构，正南面位建跪坐像，皋、益、稷、契四臣从焉。朱文公为作迎飨送神曲。有元之季，群不逞倡乱，庙落为墟。大明启运，金陵建都，吴元年信安徐公炳文，由股肱旧臣擢知韶府……首复相江书院，乃眷帝庙，大惧。明德馨香，只荐无所，或寄他宫，不亦野哉！躬履祠基，稽度位序，斩木陶埏，费不鸠民，僚佐悉力，工劝吏勤，作貌显敞，盘焉困焉，轮焉奂焉。二妃是室，四臣就列，咸复其旧。落成之日，山增水益，松茂柏悦，耋稚呼舞，嘉栗肥香，是蒸是飨，惟帝陟降。"[2]

以上两条文献说明宋代对虞舜庙进行了一次大修，修缮的时间是在宋嘉定元年（1208 年）。修的人是韶州提刑廖德明。"正南面位建跪坐像，皋、益、稷、契四臣从焉"，是说在虞舜庙正堂中坐北朝南的正方向，塑了舜帝面南的"跪坐像"，又塑皋陶、伯益、后稷、祖契四臣像，分列两旁配祀。明初韶州知府徐炳文再修虞舜庙，说是"二妃是室，四臣就列，咸复其旧"，疑宋嘉定时已有娥皇、女英二妃配享。

"朱文公为作迎飨送神曲"，朱文公即朱熹，乃南宋文坛的泰山北斗，他如此重视虞舜庙建设，并专门为祭祀舜帝作了"迎飨送神曲"，朱熹本人对韶乐情有独钟，认为《尚书》记载的赓歌"便是作韶乐之本也，所谓'九德之歌，九韶之乐'是也"[3]，可见他对舜韶乐崇仰已久，南宋韶州修舜庙、祭韶乐之时，为庙作"迎飨送神曲"，当是很自然的事情。但遍查文献，朱熹的"迎飨送神曲"非为韶州虞舜庙而作，而为桂林虞帝庙而作，只是韶州拿来用而已。其原因与朱熹配享韶州虞舜庙有关，明李贤等撰《明一统志》卷七十九《祠庙》："虞帝庙在皇冈岭下，有唐谢楚庙碣。宋廖德明重建，改帝像作跪坐，刻朱文公（朱熹）跪坐拜说，置庑下。"此处有两点值得注意，一是"改帝像作跪坐"，早期唐代的帝像似当为站立之像；二是以朱熹配享在大殿的廊庑之下，作跪姿说经之状。至此，廖德明此次大修，殿堂宽

① （秦）蕙田：《五礼通考》卷一百一十六引《王圻·续通考》。
② （明）陈谟：《海桑集》卷四《韶州虞帝庙碑》，文渊阁《四库全书》本。
③ （宋）朱熹：《朱子语类》卷二十五《论语七》。

敞，舜帝作跪姿于大堂正中，娥皇、女英分列两旁，四臣居堂下两侧，朱熹就在廊庑说经。祭祀时，供以太牢之礼，唱以朱熹的"虞帝庙迎送神乐歌"，场面恭敬肃穆。

朱熹的"乐歌"歌词见于《朱子全书》，前有序言曰："桂林郡虞帝庙迎送神乐歌者，新安朱某之所作也，某既为太守张侯栻纪其新宫之绩，又作此歌，以遗桂人。使声于庙庭，侑牲璧焉"，其词有"迎神三章""送神三章"，不赘录。① 从此韶州祭祀舜帝的仪式完备，进一步正规化。这次大维修，使虞舜庙更加庄严肃穆。

又隔几十年，至淳祐八年（1248 年）二月，虞舜庙又有新变化。宋李昴英《韶石说·送曲江赵广文》曰："韶，尽善之乐也。以名州，嘉矣。名之则昉于唐初，去舜之时如此其远也。山有异状石，耆老相传：尝于此九成焉。故石之形肖之。其说甚荒唐无稽。粤岭秦始通，南巡狩故未必至此。然圣人声教之溥如日月所照，霜露所坠，粤当舜之世，独不在舜之天地中乎？甚矣！圣人之德感人之深且久矣，后乎舜千有余岁，季札观乐，三叹不已；夫子闻遗音，肉食焉而不味；至于今又千有余岁，而石其思，庙其依，常隐然在人心，舜何以得此于州之人，州之人何以不能忘于舜也，孰谓州之人非其遗民乎！则此石特人心感触之一机，不必致疑可也。教授赵君崇裡，既模南海礼乐器以文丁奠，且将乐于有虞氏之祠，以实是州之名，好古敏以求之者也……淳祐八年二月朔。"②

赘引此文的原因在于韶关的舜帝庙、九成台都来源于舜帝在韶石奏韶乐的传说。此文从史实角度，虽断然否定了传说的"荒唐无稽"，但从文化传播、邦化教化的角度，又十分肯定韶州"石其思，庙其依"的原因在于韶乐精神在韶人心中的巨大影响和教化，从韶石上追思、舜庙中致祭。宋代李昴英的这一观点颇有见地，舜文化和韶乐的和合、善美精神凭着这个近两千年来的传说，深入政府官吏、缙绅士人、普通百姓的心中，产生的社会效益是无法估量的，它所形成的文化传统，影响韶人世世代代，因此，对此传说"不必致疑可也"。

教授赵君，即宋代曲江教授赵广文。他根据舜帝韶石奏韶乐之传说，模仿南海礼乐器式样，制作了一套韶乐乐器放置虞舜庙中，以显

① 《朱子全书》卷六十六《赋·虞帝庙迎送神乐歌词》。
② （宋）李昴英：《文溪集》卷十二《韶石说·送曲江赵广文》。

示韶州之"韶"来源于舜帝韶乐之"韶",故韶州的虞舜庙中应放置韶乐的乐器。此事被李昴英赏识,特撰《韶石说》以送曲江赵广文。据此,淳祐八年(1248 年)又放置了韶乐的一整套乐器,供人祭祀舜帝的韶乐。到了明初,韶关虞舜庙又有一次大修。明湛礼《虞帝祠记》曰:"有元之季,庙落为墟。洪武二年,郡守徐炳文作门廊寝殿,栋宇聿新,圣像凝旒,皋稷契益,群公在配。"①

明陈谟撰《韶州虞帝庙碑》曰:"有元之季,群不逞倡乱,庙落为墟……吴元年信安徐公炳文,由股肱旧臣擢知韶府……作貌显敞,盘焉困焉,轮焉奂焉。二妃是室,四臣就列,咸复其旧……洪武二年正月庀工,三月毕事,门廊殿寝,靡不严正……颂曰……爰作新庙,有岩有翼,灵星启门,褕翟端室,臣哉邻哉,巍巍岩廊,吁咈都俞,复萃一堂。"②

综合上述《虞帝祠记》《韶州虞帝庙碑》所说大修内容,一是重新建了"门廊寝殿",门为"棂星门"又新增"寝殿";二是"圣像凝旒",舜帝戴上了皇帝流苏冠冕;三是"二妃是室",娥皇、女英各有供致祭的"端室";四是皋、益、稷、契四臣配享在侧;五是"作貌显敞",增加了舜帝庙的面积,使"栋宇聿新",美轮美奂。只是"群公在配",不知为谁,据"咸复其旧"之说,可以确定的是朱熹配享。

洪武以后,虞舜庙时有修缮,代不废祀。据《曲江县志》卷六《祠·虞帝祠记》载:"正统二年,知府湛礼重创;天顺七年,金事戈立作正殿,广拜台。宏(当为"弘")治七年,知府曾涣去像易以牌。嘉靖九年,知府彭大治以祠荒僻,时享不便,迁于城东旧王府。十七年,知府符锡重修,守以一僧。"③

明洪武以后韶州虞舜庙的变化比较大,时隔 60 余年,到 1437 年,虞舜庙需要"湛礼重创"才能致祭,可以想见其毁坏程度;1463 年戈立重新"作正殿",新增广拜台;1494 年,舜帝塑像可能毁坏,被曾涣换作舜帝牌位以供祭祀;1530 年,因虞舜庙又荒废又偏僻,为方便

---

① (明)湛礼:《虞帝祠记》,《曲江县志》卷六《祠》,台北:成文出版社 1967 年清光绪元年刊本影印版。

② (明)陈谟:《海桑集》卷四《碑·韶州虞帝庙碑》。

③ (明)湛礼:《虞帝祠记》,《曲江县志》卷六《祠》,台北:成文出版社 1967 年清光绪元年刊本影印版。

官员百姓的春秋二祀，知府彭大治"迁于城东旧王府"；1538年，知府符锡重修虞舜庙，并指派一个僧人守护。

至清代，《钦定大清一统志》说"虞舜庙：在曲江县北七里皇冈，后改为翠华亭。今迁城东旧王府"，修缮事无记。

韶关的舜韶乐文化反映在虞舜庙的太庙祭祀上与其他地方不同，虞舜庙是因韶石、韶乐而立，故庙中祭祀对象列有韶乐及其乐器，"既模南海礼乐器以文丁奠，且将乐于有虞氏之祠，以实是州之名"①。宋代的"南海礼乐器"，不知由何种乐器组成，但好古者赵广文看作是与舜帝韶乐有关的礼乐器，故能以实韶州之名。将韶乐礼乐器置于皇冈山上的虞舜庙，使乐、庙合一，正是要突出祭舜帝韶乐的文化权是在韶州虞舜庙，而非他地。

当清代虞舜庙"寻毁。而虞帝之主屡迁于梵宇神祠、春秋享祀讫无常所"的时候，舜帝祭祀又放在九成台，再次使乐、庙合一。有清黄文炜《重修九成台记》为证："昔有虞氏南巡，奏乐兹土。阅今四千余载，而九成一台，久而弥新，盖帝德广运，有所以沦浃人心者，感慕奋兴而不能已，此祀典所由起也……韶郡旧有虞帝祠，在皇冈之麓，寻毁。而虞帝之主屡迁于梵宇神祠、春秋享祀讫无常所。因窃病之……遂捐俸，命旅鸠工，易其栋梁之朽腐者，榱栌瓦甓增其残缺，而屏幛、壁落之漫漶不鲜者赤白之。今而后崇祀于台。庶乎！重华之来享也夫。"② 因此，韶关舜文化的特色不在于"舜为天下，其治之大要：举八元八凯、去四凶、敷五教、明五刑"，而在于韶乐和韶石，在于韶乐的演奏权、文化权被唐宋及其以后士人公认在韶州。

五、韶州历代民间的自发祭舜活动

从上节所述可知，韶州的虞舜祭祀长期由官方主导，但是地方官府祭祀的地方神祠在当地有着民众基础，它们往往在纳入官方祭祀之前，早已作为地方民众的崇拜中心，长期接受民众的祭祀。民众是地方神祠信仰（无论是官方的还是民间的）的主要传承者，其生命力最终由民间力量决定，这些神祠及其信仰若无民间信仰的基础，一旦遭

---

① （宋）李昂英：《文溪集》卷十二《韶石说·送曲江赵广文》。
② （清）黄文炜：《重修九成台记》，《广东通志》卷六十二《艺文志四》。

遇改朝换代等致命打击，便会消失得无影无踪。就韶州的虞舜庙而言，在元末遭到毁灭性破坏，虽"只荐无所"，但通过"或寄他宫"①，民众仍对其保持着信仰。这或许正是明初韶州地方官员甫一上任就着手重修虞帝庙的动力之所在。可见正是依靠深厚的民间基础，韶州皇冈山的虞帝庙及其祭祀活动才能绵延千年之久。

当然，我们也看到，在由历代官府主导的虞舜祭祀中，民众仅仅是祭祀活动的默默参与者而已，很难寻觅到他们在祭祀中的具体表现。2013年9月15日，时逢民间传说中的虞舜诞辰日——八月十二日，乳源县大桥镇五指山下，人头攒动，鼓乐齐鸣，在这里举行的是舜帝诞辰即宝像升座祭典。

在经历鸣炮、鸣金、击鼓致敬后，礼生献上三牲、五谷、百果，在主祭人率领下，与会民众向虞舜像鞠躬。在庄严肃穆的气氛中，主祭人恭读《祭舜帝文》，地方学者讲述了相关传说，表演队表演了具有地方特色的《圣祖祭——孝道》《雄狮祈福》。之后，虞舜像在民众簇拥下，起驾回殿。② 这次活动中，虽然邀请了当地政府领导参与，但整个祭典基本上由民众自发组织，第一次向世人完整展现了韶关地方民众祭祀虞舜的全过程。之后，乳源"圣祖祭"每年举行一次，并且在2015年成功列入韶关市第五批市级非物质文化遗产名录。

乳源"圣祖祭"活动有着深厚的历史文化渊源。当地长久流传有虞舜巡游至南岭的传说，为祭祀虞舜，民众在举行"圣祖祭"所在的大桥镇五指山下建有舜帝祠。舜帝祠在20世纪70年代被拆毁，2009年，民众集资重建。重建后舜帝祠曾一度被命名为"石头祠"，经当地耆老多次要求正名，在2013年改回"舜帝祠"。

乳源五指山舜帝祠始建年代，当地人相传为唐代，但目前尚难找到文献佐证，亦不见历代方志的著录。舜帝祠遗址残留有两通残碑，虽只剩下片言只语，多少还是提供了祠庙的一些信息。一碑为明代万历年间重修舜帝祠碑。③ 据此可知，乳源舜帝祠至少在明代已经存在。另一通碑立于清代乾隆五十四年（1789年），碑文主要记载当地民众集资造香炉钱库。从发起者和参与者来看，主要为一般民众，不见地

---

① （明）陈谟：《海桑集》卷四《碑·韶州虞帝庙碑》。

② 祭典的大致过程，此处参考了谷立辉、许化鹏、赖南坡：《南岭民众举行舜帝诞辰暨宝像升座祭典》，《南方日报》，2013年9月17日。

③ 许化鹏编著：《西京古道行》，广州：广州出版社2011年版，第81页。

方官府的踪影，可见舜帝祠为纯粹的民间神祠。碑文记载，舜帝祠"凡祈丰佑，民皆有求而必应"①。有求必应，屡次显灵，这是舜帝祠能长期被当地民众祭祀的重要原因。甚至，由于屡屡显灵，虞舜被当地民众视为"乳水之名神，乃一方保障"②，几乎取得了地方保护神的地位。清代韶州府辖下的英德县也有祭祀虞舜的神祠。比较特别的是，英德之神祠称尧舜二帝庙，应该为尧、舜二位圣君合祭之地。③这是韶州地区除皇冈山之外，第二处为官修史志记录的虞舜庙，应该也是一处由官府祭祀的神庙。除了这些官府神庙外，估计在韶州还存在不少像乳源舜帝祠一样的民间神祠。这些虞舜庙的存在，可证经过长久的发展，虞舜信仰为韶州民众普遍接受并长期流传。由此来看，乳源"圣祖祭"可视为韶州历代民众的虞舜祭祀在当代的展示，堪称活化石，显示出在历经千年之后，虞舜仍在韶关大地上有着深远影响。

第五节　韶乐的象征——九成台始末考

一、九成的含义

《尚书·益稷》最早提到"《箫韶》九成，凤凰来仪"，孔安国传曰："韶，舜乐名。言箫，见细器之备……备乐九奏，而致凤凰，则余鸟兽不待九而率舞。"由此可知，箫是乐器，《世本·作篇》说"舜造箫，其形参差，像凤翼，长二尺"；韶指韶乐，是由箫、管、磬、琴、鼓等乐器合奏的有备的乐舞，故称"备乐"。九成，指"备乐九奏"，唐孔颖达《疏》的解释是："成犹终也，每曲一终，必遍更奏。"即成有终了之意，乐曲终止称作成；一成就是一奏，也即一终，九成即九奏、九终。韶乐的九奏、九终可以招致"凤凰来仪""百兽率舞"，标志着舜帝的南巡大业经"九成"而成功。

---

① 许化鹏编著：《西京古道行》，广州：广州出版社2011年版，第156页。
② 许化鹏编著：《西京古道行》，广州：广州出版社2011年版，第156页。
③ （清）穆彰阿、潘锡恩等纂修：《钦定大清一统志》卷四四四《韶州府》，上海：上海古籍出版社2008年版，第117页。

二、九成台始末考

（一）九成台的传说

九成台，最早传说是奏韶乐的仙台。《吕氏春秋·音初》有一个美丽的传说：

有娀氏有二佚女，为之九成之台，饮食必以鼓，帝令燕往视之。鸣若谥隘，二女爱而争博之，覆以玉筐。少选，发而视之，燕遗二卵，北飞，遂不返。二女作歌一终，曰"燕燕往飞"实始作为北音。[1]

有娀氏，指商祖先契的母方氏族，为有娀氏。"二佚女"，佚，美也，契母亲简狄与其妹妹，长得美貌，故称"二佚女"。她们（在南方）修了九成台，在台上吃饭饮食，悠闲地听着大自然发出似音乐的鼓声。天帝令南迁的鸿雁往视之。鸿雁在台上发出音乐般的"谥隘"叫声，二女听到这美妙的自然音乐，非常喜欢，跳来跳去像舞蹈一样争着捉鸿雁，捉到了就盖在"玉筐"里。过了一会儿，掀开筐想看一看，鸿雁趁机出筐，往北方飞去不复返。筐内只有"燕遗二卵"。二女遂"作歌一终，曰'燕燕往飞'"，从此，北方的音乐"北音"肇始。这是"北音"源于九成台的美妙故事。九成台在此处是演奏美妙自然音乐韶乐的仙台。以后，九成仙台曾引起人们的无限遐思，南齐谢朓撰诗云："朔风吹飞雨，萧条江上来。既洒百常观，复集九成台。空蒙如薄雾，散漫似轻埃"，"耳目暂无扰，怀古信悠哉"。[2] 一幅清新空蒙的九成台仙境展现眼前。唐上官仪有"奕奕九成台，窈窕绝尘埃"[3]。李峤（一说李义）有"仙跸九成台，香筵万寿杯"[4]。人们对九成仙台的憧憬，产生了强烈的建九成台的需要。于是自魏晋以来有众多舜帝韶乐传说的韶州，就成了最理想之地。韶州因韶乐而得名，古人早有定论，九成台建在韶州，是再自然不过的事情。

---

① 《吕氏春秋》卷六《音初》。
② （南齐）谢朓：《谢宣城集》卷三《观朝雨》。
③ 《御定全唐诗》卷四十《上官仪·酬薛舍人万年宫晚景寓直怀友》。
④ 《御定全唐诗》卷五十七《李峤·奉和春日游苑喜雨应制》。

（二）改"闻韶台"为九成台

至北宋，九成台终于在韶州出现了，其始建修缮始末如下：

《钦定大清一统志》卷三百四十一《韶州府》载："九成台，旧名闻韶台。在府治北城上，宋郡守狄咸建。《韶州府志》：宋建中靖国元年，苏轼与苏伯固北归，狄守延饮台上。伯固谓：舜南巡奏乐于此台，宜名九成。轼即席为铭，自书刻石台上。后以元祐党事，碑毁台圮。"①

《韶州府志》卷二十五《古迹略·九成台》接着说："遂以西城武溪亭为台，上立虞帝牌位。蒋之奇《武溪深》词碑原在延祥寺，元祐八年郡守曹粹移亭中，后人于碑阴模九成台字，二一小楷，子瞻书；一大篆，湖南曹文公书。明洪武元年千户赵贵（重）修，成化六年千户赵雄建楼。嘉靖六年知府唐升复刻子瞻铭，通判符锡书。"②

以上记载，可澄清下列史实：

其一，韶州城北门原有"闻韶台"，不知何年所建。清唐宗尧《重建九成台记》："前台名闻韶，不知起自何代，北门城楼即其旧址。"③韶州太守狄咸"延饮台上"时，"闻韶台"已存在，似非"狄咸建"，起建时代当在1101年以前。闻韶，取孔子在齐闻韶三月不知肉味之意，闻韶台在山东济阳东北三十里曲堤镇，元代建有大成殿。韶关闻韶台至少北宋初年已建，当取韶石奏韶乐而闻韶之意，与孔子闻韶无涉。

其二，宋建中靖国元年（1101年）改"闻韶台"为"九成台"。个中原因，一是二者都是纪念韶乐之处，二是

图2 九成台

---

① 《钦定大清一统志》卷三百四十一《韶州府》，文渊阁《四库全书》本。

② 《韶州府志》卷二十五《古迹略·九成台》，台北：成文出版社1966年同治十三年刊本影印版。

③ （清）唐宗尧：《重建九成台记》，台北：成文出版社1966年同治十三年刊本影印版。

苏伯固认为"舜南巡奏乐于此台，宜名九成"，代表了当时人的观点。《广东通志》卷五十三《古迹志》认为苏伯固是苏轼兄弟，故说："苏轼兄弟谓：舜南巡奏乐于此，因更名曰九成"，是完全错误的。苏轼弟名苏辙，字子由，都是眉州眉山人。清查慎行撰《苏诗补注》卷三十二《苏轼〈次韵苏伯固主簿重九〉》谓"苏伯固，名坚，镇江人"①，与苏轼过从甚密。现不少文章和网络消息沿袭此误。

其三，"碑毁台圮"的时间。《钦定大清一统志》卷三百四十一《韶州府》所载"后以元祐党事，碑毁台圮"，说是受"元祐党事"影响，九成台铭及北城的九成台都被毁。

原来，韶关九成台于建中靖国元年（1101年）改名不久，"元祐党事"发，此党事自哲宗元祐起，直到徽宗崇宁年间（1086—1106年）。当时的司马光、吕大防、苏轼兄弟首当其冲，多次被迫害。据宋彭百川撰《太平治迹统类》卷二十四《元祐党事本末下》载：崇宁二年四月"诏毁苏轼所刊《东坡集》"；"九月，诏天下监司长吏右各立元祐奸党碑"，② 即持以司马光为首、苏轼为从的122位"元祐奸党"名字，刻于石碑，广布天下，以示其恶。苏轼的《东坡集》也被毁。覆巢之下无完卵，推测苏轼在韶关"自书刻石"的《九成台铭》碑同时被毁，当在崇宁二年，即1103年，按"碑毁台圮"的记载，九成台也应在此时被毁。但到了崇宁四年（1105年）五月，宋徽宗已认识到"时政之失"，下诏"除党人父子兄弟之禁"，五年，"罢蔡京所造乙巳诏"，朝堂所立奸党碑被毁弃。因此推测韶关恢复西城九成台当在崇宁五年（1106年）以后。

其四，西城九成台的恢复。《曲江县志》《韶州府治》都载："碑毁台圮"之后，"遂以西城武溪亭为台"，武溪亭是为纪念汉伏波将军马援的《武溪深》一诗所建，宋蒋之齐书碑，原在延祥寺，元祐八年（1093年）郡守曹粹移武溪亭中。至北城九成台毁，遂改西城武溪亭为九成台。"遂"，表示时间较短，推测当在宣和前后（1119—1125年）完成此事。并在《武溪深》碑阴模仿苏轼真迹，书二一小楷"九成台"三字，又由湖南曹文公用大篆体书"九成台"三字。今颇费精

① （清）查慎行：《苏诗补注》卷三十二《苏轼〈次韵苏伯固主簿重九〉》注，文渊阁《四库全书》本。
② （宋）彭百川：《太平治迹统类》卷二十四《元祐党事本末下》文渊阁《四库全书》本。

力，已得九成台两个碑拓，小楷书落款是"苏轼书"，篆体书落款是"郡守狄咸模□"，此篆书"九成台"似应为后代人模仿曹文公而作，楷书"九成台"与唐升复刻的九成台铭字体非常相近，当是共同模仿苏轼原迹的结果。

其五，西城九成台的历代修缮。据上引《韶州府志》载，九成台由北城移到西城后，因武溪亭而改作九成台。"上立虞帝牌位"，敬祀舜帝。明洪武元年（1368年）千户赵贵重修。至明成化六年（1470年）千户赵雄在原基础上建楼。清康熙二十六年（1687年），"重楼尽圮"，知府唐宗尧率乳源令张洗易等"协力建复"，比旧台"加楼一层，左右增二楹，护以栏杆"。康熙四十年（1701年）知府薛戴德重修，并留篆书重修九成台墨迹。嘉庆四年（1799年）袁大令主持修缮。同治元年（1862年）南韶连道方睿颐捐修。同治十三年（1874年），南韶连道张铣、知府段锡林、曲江县张希京等又重修九成台。

《韶州府志》所载的七次缮修并不是全部修缮，至少遗漏了四次：

第一次是"嘉靖六年（1527年）知府唐升复刻子瞻铭"时，修缮屋顶，使"甍瓦更新"。[1]

第二次是万历己丑年（1589年）知府陈奇谋的修缮，陈作有《九成台记》载其事。因当时九成台已"岁啮而又渐以圮"，处于半塌状态，因此才大修。陈奇谋以下官员都捐俸禄，连郡文学小官也"出四栋而输为楹"，大修规模"广袤丰杀，一踵旧基"。"由是鸠工聚财，品画经制"，按营造法式，绘图设计。建成后，"上架以重楼，八窗洞朗渺渺，可受烟霞。额曰：'空中楼阁'其尧天之境界乎！台制面东，月出而当楼之中，斯冰壶映彻，月到天心处也。不妨取康节句矣。而楼之上额复曰：'云里帝城'，盖又为虞氏之遗而取唐人语相肖也。至其苍崖白云，江流湍悍，寓目寥旷，若增而胜昔"，"中设帘帏屏案，而时时供缙绅贤豪长者游"。[2] 此次下架重修，专门设计，工程浩大，不知《韶州府志》《曲江县志》为何未收。

第三次是雍正四年（1726年），黄文炜任韶州知府，作《重修九成台记》："昔有虞氏南巡，奏乐兹土。阅今四千余载，而九成一台，久而弥新，盖帝德广运，有所以沦浃人心者，感慕奋兴而不能已，此

---

① 陈奇谋：《九成台记》，《广东通志》卷六十《艺文志二》，文渊阁《四库全书》本。
② 陈奇谋：《九成台记》，《广东通志》卷六十《艺文志二》，文渊阁《四库全书》本。

祀典所由起也……丙午冬，文炜来是邦，与寮佐登台凭眺，不特万家烟景、四社书声尽入耳目，而貂蝉笔峰拱其北，芙蓉莲花锁其南，诸山旋绕如玉环，正（浈江）武（武江）潆洄若锦带，远近十景皆一览而得之，可谓旷如者矣！至四时之鸟语虫吟，各舒天籁；水流花放，自成文章；兼以渔师舟子，击楫歌呼于化日光天之下，即谓鸣球余韵，舞羽休风，犹留于九成台畔可也……召郡中缙绅议所以祀帝者，佥谓：台名九成，志古遗迹，有虞氏灵爽，实式凭之。即是台以安以祀，或者挥熏弦而解民愠，恍惚声闻于层霄朗月中，以庇佑韶人乎。文炜曰：然。遂捐俸，命旅鸠工，易其栋梁之朽腐者，榱栌瓦甓增其残缺，而屏幛、壁落之漫漶不鲜者赤白之。今而后崇祀于台。庶乎！重华之来享也夫。"①

此次重修九成台，实为崇祀舜帝，把舜帝及其韶乐作为韶州府的保护神，望其"挥熏弦而解民愠"，在恍惚冥冥之中"庇佑韶人"。虽未下架大修，但也使九成台焕然一新。黄文炜此文超然洒脱，其中特可注意者有二：一是"祀典所由起也"，"祀典"即祭祀舜韶乐的规章制度，说明在韶州九成台上祭祀舜帝和韶乐已是各朝各代的规章制度；二是舜帝"挥熏弦而解民愠"，即韶乐的和谐善美声韵，传颂于九天云霄，给人民带来福祉，进而护佑韶人。

第四次是光绪十年（1884 年）韶州守孙楫修九成台，"夫古迹流传，一方之盛也；兴废举坠，官司之则也"，以保护修缮文化古迹为己任，实堪嘉许。七月始修，"十二月而告成"。②

---

① （清）黄文炜：《重修九成台记》，《广东通志》卷六十二《艺文志四》，文渊阁《四库全书》本。

② 孙楫：《重修九成台记》，作者藏拓片照片，原拓片在北京大学图书馆。

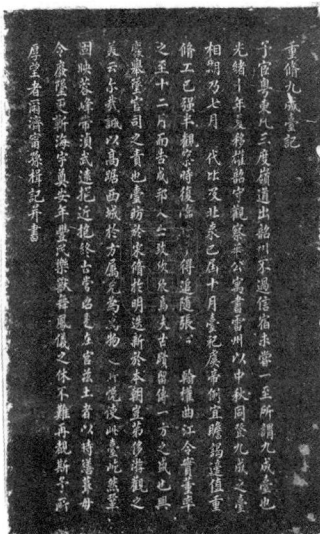

图3 清《重修九成台记》碑

图4 1928年以前的九成台

以后，至1928年拆城墙建马路时，城拆台没，九成台被毁。

三、苏轼《九成台铭》

苏轼《九成台铭》，载于各种史籍，互有讹误。应以苏轼所撰《东坡全集》卷九十七《九成台铭》（文渊阁《四库全书》本）和明嘉靖六年（1527年）知府唐升复刻的"子瞻铭"为准，唐升碑早已亡佚，幸亏韶关图书馆苗仪先生用数十年之功，收集到该碑拓片和苏轼"九成台"三字真迹，并借录于笔者，如图5所示。两相对照，正文如下：

九成台铭（二一楷书，左下题"苏轼书"，碑下部残缺两排

图5 明唐升仿苏轼《九成台铭》碑

字）韶州太守狄咸，新作九成台。玉局散吏苏轼为之铭，曰："自秦并天下，灭礼乐，韶之不作盖千三百一十有三年，其器存，其人亡。则韶既已隐矣，而况于人器两亡而不传。虽然韶则亡矣，而有不亡者存。盖常与日月、寒暑、晦明、风雨并行乎天地之间，世无南郭子綦，则耳未尝闻地籁也。而况得闻其天籁使耳！得闻天籁则凡有形、有声者，皆吾羽旄、干戚、管（碑作莞）磬、匏弦。尝试与子登夫韶石之上，舜峰之下，望苍梧之渺莽、九疑之联绵；览观江山之吐吞、草木之俯仰、鸟兽之鸣号、众窍之呼吸；往来唱和，非有度数而均节自成者，非韶之大全乎！上方立极以安天下，人和而气应。气应而乐作，则夫所谓箫韶九成，来凤鸟而舞百兽者，既已粲然毕陈于前矣。"建中靖国元年正月一日（《东坡全集·九成台铭》至此完。唐升碑此句作：建中靖国元年五月吉日，眉山苏轼记）。

唐升碑接着有铭："宋碑不知毁于何时，至我明嘉靖改元壬午太守周叙刻石，丁亥太守唐升□□之，通判……"

"壬午"，即嘉靖元年（1522 年），"丁亥"为嘉靖六年（1527 年）。可知 1522 年，太守周叙已刻此石，五年后，唐升复刻《九成台铭》，由通判"符锡书"。此既补县、府志所记太守周叙已刻此石之缺，又补碑之通判为"符锡书"之残。

苏轼《九成台铭》，把舜帝韶石奏韶乐，解释为韶州以韶石山为主的美丽的自然山川发出的"江山之吐吞、草木之俯仰、鸟兽之鸣号、众窍之呼吸"的"天籁"之音，这种天籁之音"往来唱和，非有度数而均节自成者"，难道不是韶乐的大全吗？从而说明了把九成台赋予韶州的合理性。从此以后，祭祀舜韶乐的祭祀权被韶州占有，历史的传说变为祭祀舜韶乐的现实，舜文化的熏风沐浴着粤北的大地，韶城被赋予了"舜城"之美名，"韶"字成了粤北最响亮的传统文化符号。

第六节　韶关地区其他舜文化韶乐遗迹

一、韶石

《韶州府志》《曲江县志》均引《太平寰宇记》："韶州，科斗、劳水间有韶石……永和二年有飞仙衣冠分游二石上。昔舜游登此石，奏韶乐，因以名之。"其实乃唐李吉甫《元和郡国志》和唐代韶州《郡志》首倡"昔舜游登此石，奏韶乐，因以名之"。宋罗泌《路史》有另一种说法："尝又讯之《大传》《符子》之书，虞帝逊禹于洞庭，张乐成于洞庭之野，于是望韶石而九奏。则帝盖尝履洞庭而乐韶石，亦既逊位而归国矣。"[1] 唐宋至清士人作诗赋铭记百余首（篇），记舜帝在韶石奏韶乐事。如：韩愈《全唐诗》卷三百四十四诗："暂欲系船韶石下，上宾虞舜整冠裾。"《苏轼集》卷二十三《次韵正辅同游白水山》："首参虞舜款韶石，次谒六祖登南华。"宋王安石诗："怪石巉巉上沉寥，昔人于此奏箫韶。"宋叶庭圭（少王）：《海录碎事》卷三上《韶石》："在韶州，昔舜登此石，奏韶乐，因以为名。"宋周去非《岭外代答·古迹》："韶石山在韶州东北，高七十丈，阔一百五十丈。昔虞舜登此石奏韶乐。晋永和二年，有飞仙游其上。张循州韶石图，有三十六石。"

二、韶亭

《曲江县志》卷八："在韶石山，宋知府潘凤建。"明李贤等撰《明一统志》卷七十九："韶亭：在韶石山，宋潘伯恭建，余靖作记。"《钦定大清一统志》卷三百四十一："韶州府韶亭：在曲江县东北韶石之东，宋建。余靖有记。又有望韶亭，在县东八十里，宋范端臣有记。又东二十里有尽善亭，苏轼尝登此望韶石赋诗。"

宋余靖有《韶亭记》："请名，太守曰，亭以山构而能尽山之美，

---

① （宋）罗泌：《路史》卷三十六《发挥五·辨帝舜冢》，文渊阁《四库全书》本。

其名韶云。"①

三、望韶亭

望韶亭在县东八十里甘竹都望韶庵。宋范端臣有《记》："韶之名以山，山之名以石。"② 宋杨万里有《题望韶亭》诗，洋洋三百余字。③ 元代何中有《别高申伯》："前迎无限佳山水，最好望韶亭上看，三十六峰太古之色拂天半。恍若后夔骑凤从天来，带得虞庭九奏回。"④ 堪为一读。

宋华镇撰《云溪居士集》卷七《闻韶亭》："重华祠宇下，危构压山椒，壁石因天设，茨茆得旧条。云山排笋簴，风竹度笙箫，想见来仪羽，飞飞下沈寥。"

四、尽善亭

《曲江县志》卷六"在城东百里"。《方舆胜览》说"在建封寺"。⑤ 宋苏轼有《宿建封寺晓登尽善亭望韶石三首》，⑥ 咏舜帝巡守至韶石功成之事。

五、帽峰五古亭

《曲江县志》卷四《笔峰山》："城北一里，郡主山也。初名笔峰，后人呼帽子峰，以其端圆如帽。宋绍兴间舍人朱翌屏居（字新仲，舒州人，中书舍人，遭秦桧恶，贬韶州十九年），有《登帽峰序》。淳熙间郡守梁安世创亭于上，曰'整冠'，又薙草得断碑毕文简公《登笔峰诗》，始知为笔峰。今《序》《诗》皆无存。明成化九年，知府苏韡建亭曰'偕乐'。十五年知府王宾于半山创'观风亭'，商辂《记》。

① （宋）余靖：《武溪集》卷五《韶亭记》，文渊阁《四库全书》本。
② 《明一统志》卷七十九《望韶亭》下注，文渊阁《四库全书》本。
③ （宋）杨万里：《诚斋集》卷十六《题望韶亭》，文渊阁《四库全书》本。
④ （元）何中：《知非堂稿》卷四《别高申伯》，文渊阁《四库全书》本。
⑤ （宋）祝穆：《方舆胜览》卷三十五《韶州·尽善亭》，文渊阁《四库全书》本。
⑥ （宋）苏轼：《东坡全集》卷二十二《宿建封寺晓登尽善亭望韶石三首》，文渊阁《四库全书》本。

嘉靖元年知府周叙重建观风、半山二亭，随废。七年，通判符锡始建八角亭于山顶，颜曰'凤来'，植松夹道。十七年复由闾丞出守，作石阑，修复'观风''半山'二亭。并于'半山'后结'普济庵'，有重修'凤来亭'，宴集《记》。崇正（当为祯）九年知县潘复敏修葺。国朝康熙十二年知府马元、刘世豸、通判池凤翼、知县周韩瑞重修。"

上述在韶关帽子峰自宋以来建的整冠、偕乐、观风、半山、凤来等古迹，都因舜帝南巡至韶关奏韶乐而创意命名，纪念主题明确贴切。

整冠亭为纪念韩愈咏韶石诗而建。《曲江县志》卷八："整冠亭在笔峰上，宋淳熙郡守梁安世建。取韩退之'上宾虞舜整冠裾'之句以名。"梁安世《整冠亭记》："左瞰真水，右俯武溪，方山衮衮，悉在目前。"①

偕乐亭为明成化九年（1473年）知府苏韡建，取韶乐教化万邦，万民同乐之意。

观风亭为明成化十五年（1479年）知府王宾建，明商辂有《观风亭记》："《观风》云者，观民风也。"

凤来亭为嘉靖七年（1528年）明通判符锡建。取韶乐"凤凰来仪"而名。符锡作有《笔峰山记》，云："兹峰，郡主山也。古称地灵人杰，若郡有二相（张九龄、余靖），标揭千载，庸知钟灵不根于此。而笔反为帽，名实不称，何如？余促应曰：'曷不名"凤来"乎！'《书》云：箫韶九成，凤凰来仪。"遂改笔峰曰"凤来"。

六、翠华亭

在皇冈山上舜庙遗址。取舜帝名重华而名。清王士禛有《舜祠翠华亭》诗："仿佛南巡迹，重华事有无。雨痕上斑竹，云气接苍梧。仪凤何年逝，啼鹃岁又阻。不胜怀古意，江色日荒芜。"

七、舜峰寺

《明一统志》卷七十九《韶州府·舜峰寺》："在府城西北五里。宋

---

① （宋）祝穆：《方舆胜览》卷三十五《韶州》，文渊阁《四库全书》本。

建，本朝洪武中重修。"《韶州府志》卷二十六《舜峰寺》："在府治北五里皇冈岭虞帝祠之下，时享虞帝于此宿斋，山水幽迥。祠今移城中，寺仍不废。嘉靖十九年重修。"明符锡有《舜峰寺》诗。

八、敬一亭

《韶州府志》卷二十五《敬一亭》："在学宫内，明知县潘复敏建。"潘复敏有《敬一亭记》，曰："敬一何仿，仿于唐虞之钦一也。"

九、熏风楼

因舜帝《南风歌》而得名。《韶州府志》卷二十五《熏风楼》："在南门外济渡处。明弘治间郡守曾涣建，嘉靖辛丑郡守符锡重建。"《广东通志》卷五十三《古迹志·韶州府·熏风楼》："在城南，明弘治间郡守曾涣建，刘在业记。"

十、熏风亭

《韶州府志》卷二十五《英德县·熏风亭》："在南山鸣弦峰下，明知县杜宥张慎重修。国朝康熙年知县张斗复修。"张斗有《熏风亭记》："故粤之上流，郡以韶名，邑以英名，皆从虞舜圣人巡行至止，因乐得名，其名尚矣。尝考英邑南山之巅称为鸣弦峰，传闻大舜抚琴其上，奏《忘娥》之曲，歌《熏风》之诗，匡坐指挥，南风不竞。一时山灵，爽焉称胜。后世凭吊其上，构亭以志，名曰熏风。……从兹以来，财可阜兮，愠可解兮。庶几古圣巡行之风教，流传不朽。"

十一、众乐亭

《韶州府志》卷二十五《英德县·众乐亭》："在涵晖谷外，绍圣元年太守方希觉建。"宋李修有《众乐亭记》："度庾岭而南，唯九韶之石为天下最。峦阜秀拔，接于真阳。而南山之致，尤为殊绝，孤峰擎天，峭立千仞。昔舜鸣弦于其上，因以名之。"

十二、凤仪楼

取韶乐"凤凰来仪"而名。《韶州府志》卷二十五《英德县·凤仪楼》:"在西门大街中约。"

十三、与韶乐有关的名胜

九成遗响、笔峰写云、皇冈夕照(明萧远诗曰:"南巡帝子今何处,愁见青山夕照中。")、韶石生云、紫箫仙籁、乐石鸣韶、锦水涛声、丹梯铁锁、南山呈秀等。

十四、与韶乐有关的坊、街、村

九成坊、化成坊、岭南名郡坊〔即宣化坊,明嘉靖二十年(1541年)推官郑锡麟改建后题额"古虞名都"〕、三凤鸣韶坊(在风度楼北)、皇华坊、凤冲都、凤田都、熏风路、闻韶村等。

第二章 舜帝南巡及韶乐起源史实考

舜帝南巡至韶石奏韶乐的传说是不是历史事实？其关键在于舜帝是否有"南巡"之举，清代著名学者胡渭对此有精辟之论："九嶷之葬，二妃之溺，韶石之奏，斑竹之痕皆以南巡为根柢，南巡之事虚，则其余皆不足辨矣。"[①] 此语反过来讲，南巡若是史实，则"九嶷之葬，二妃之溺，韶石之奏，斑竹之痕"都有历史"根柢"。就"南抚交趾""南巡狩"之说作一详细考察，对弄清舜帝韶石奏韶乐传说有没有历史根据，十分必要；进一步讲，对厘清岭南早期历史、中原文化与岭南文化在韶关地区最早的碰撞、交流和融合，也十分必要。

第一节 舜帝南巡、南抚考
——岭南早期史实初探

一、学者聚讼——古人的认识

司马迁《史记》以前，可靠的古籍所记舜帝往南方之事有二种，一是南巡狩，到过南岳；二是"南抚"，到了交趾。

南巡狩的记载最早见于《尚书·虞书·舜典》："五月南巡狩，至于南岳，如岱礼。"[②] 汉孔安国传："南岳，衡山。"司马迁《史记》也说"五月南巡狩"，未言巡狩所到之地，但在《五帝本纪》中记载了舜帝南巡狩于苍梧之事："（舜）践帝位三十九年，南巡狩，崩于苍

---

① （清）胡渭：《禹贡锥指》卷十九。
② 《尚书注疏》卷二《虞书·舜典》，《十三经注疏》本，北京：中华书局1980年版。

梧之野。葬于江南九嶷，是为零陵。"

南抚交趾①的记载最早见于《尚书·虞书·尧典》："申命羲叔，宅南交，平秩南讹，敬致。"但"宅南交"是否南抚交趾，说法不一，到了先秦诸子才明确说"古者尧治天下，南抚交趾"②。

五帝时代"南抚交趾"的历史真实性，被古今学者聚讼不已，几乎成了先秦史学界的一段公案。学者们信者疑者都颇多，信者如清著名学者阎若璩，其《潜邱札记》卷二云："息慎既为营州，如是其远则扬州之有交趾亦复何疑，且不独舜抚，颛顼已南至于交趾矣。"

疑者如清著名学者胡渭，其《禹贡锥指》卷十九云："《太康地志》云：'交州本属扬州，为虞之南极，真妄谈，不足信。'《史记》言：'四海咸戴帝舜之功'，曰'南抚交址，北发息慎'。遂有据此文以证交州为虞之南极者，不知此特言声教之所讫耳。"

现代学者多数都疑此条史料，认为颛顼、尧舜乃传说人物，且交趾远在南疆数千公里，设置交趾在西汉武帝时代，西周以前各代疆域从不及岭南，五帝时不可能至交趾而抚之。

这段公案牵涉到先秦史研究中的一系列重大问题，如我国文明起源时的中原与南方的政治关系，部族迁徙，各部族间的文化交流、融合等等。我们认为，对于《尚书》《史记》等可靠古籍的记载不能一概否定，也不能简单听之信之。欲从中探究历史真实因素，关键不在于颛顼、尧舜是否到过交趾，而是五帝时代中原部族是否到过交趾；南北民族文化交流与民族迁徙是否从那时已开始并见于文献记录。因此本书对"宅南交""抚交趾"的相关材料进行了较全面的梳理，着重探讨交趾在先秦到底是部族文化概念还是地域概念；根据考古资料探讨五帝时代中原部族是否有知道极南数千公里以外的交趾部族情况的可能性，其目的在于合理解释这一重大的"历史"事件，恢复《尚书》《史记》等文献关于这一事件记录的史料价值，对岭南早期文明状态进行较深入的探讨。

---

① 交趾：又作"交阯""交址"，因所引文献不同，不作统一。
② 《墨子》卷六《节用中》第二十一，文渊阁《四库全书》本。

二、关于"宅南交""南抚交趾"的史料疏证

1. 宅南交

"宅南交"载于《尚书·虞书·尧典》，原文为："（舜）申命羲叔，宅南交，平秩南讹，敬致。"① 这是"南抚交趾"最早的文献记载。但古人对"宅南交"有着不同的解释。

一是夏官与春官交说。汉孔安国《传》曰："申，重也。南交，言夏与春交，举一隅以见之。此居治南方之官。'平秩南讹敬致'传：讹，化也。掌夏之官，平叙南方化育之事，敬行其教，以致其功，四时同之，亦举一隅。"②

南方主夏，东方主春，夏与春交，即指气候在春、夏交替时的变化。用此解释"南交"，殊难理解。宋代著名经学家刘敞就指出此说没有道理，其在《公是七经小传》卷上说："《尚书·尧典》曰：'申命羲叔，宅南交'，说者曰'春与夏交'，非也。冬与秋交、秋与夏交、春与冬交，亦何不曰西交、北交、东交乎？且春曰嵎夷、曰旸谷；秋曰宅西、曰昧谷；冬曰朔方、曰幽都，此皆指地而言。不当至于夏独以气言也。"

二是交趾说。刘敞认为，"宅南交"原文当作"宅南，曰交趾"，即宅南方，其地曰交趾。他在《公是七经小传》卷上继续说："本盖言：宅南，曰交趾。后人传写脱两字故尔，非真也。春云宅嵎夷；秋云宅西，推秋之西，而知嵎夷为东也。夏云宅南，冬云宅朔方，推夏之南而知朔方为北也。此盖尧舜时四境所至、四岳所统也。故举以言尔。"③

宋代刘敞据句式特征认为宅嵎夷、宅西、宅朔方均指地域，宅南交也当指地域，"不当至于夏独以气言也"。因此他认为"宅南交"原文当作"宅南，曰交趾"，即宅南方，其地曰交趾。此说把"交"释为交趾，使上下文义全部贯通，为宋代以后多数学者承认。如宋苏轼的《书传》卷一，宋林之奇的《尚书全解》卷一，宋夏僎的《尚书详

---

① （汉）孔安国传，（唐）陆德明音义，（唐）孔颖达疏：《尚书注疏》卷一《虞书·尧典》。
② （汉）孔安国传，（唐）陆德明音义，（唐）孔颖达疏：《尚书注疏》卷一《虞书·尧典》。作者注："春官夏官秋官冬官等指'候气'之官。"
③ （宋）刘敞：《公是七经小传》卷上《尚书》。

解》卷一，宋黄伦的《尚书精义》卷一，清阎若璩撰《潜邱札记》卷二等均持"南交为交趾"之说。此一成果，也被后代志书采用，如《广东通志》卷六《编年志一》首列事件为："颛顼创制九州岛，南至于交趾。尧命羲叔宅南交。舜巡狩至衡之南。"

此说显然认为尧舜时代已有作为地域概念的交趾。果真如此，从考据史学角度讲，至少在《尧典》成书以前（春秋战国以前）交趾就存在了，但当时专门的地理著作《禹贡》没有交趾，春秋战国以前的古籍也全未提到交趾，不免令人生疑。

三是"非谓居是地也，特使之定其方隅"说。宋夏僎撰《尚书详解》卷一："宅嵎夷、宅南交、宅西、宅朔方所谓定方隅也。宅者，李校《书》训为奠，盖谓嵎夷在正东，交趾在正南，陇西之县在正西，幽都在正北。作历之法，必先准定四面方隅以为表识，然后地中可求。即地中，然后候日月之出没，星辰之转运。故尧所以使四子各宅一方者，非谓居是地也，特使之定其方隅耳。"

此说从《尧典》用"四中星"以定二分二至的原意出发，认为四宅皆表示"方隅"，即"嵎夷在正东，交趾在正南，陇西之县在正西，幽都在正北"，宅训作"奠"，宅四方隅，即确定四方而立"表识"，因此"宅南交"是确定南方交趾为正南标志，并非尧已经到达交趾"居是地也"。此说否定尧曾居交趾，是合乎情理的推测，较前两说进了一步。

2. 南抚交趾的记载与考证

即使"宅南交"不指"南抚交趾"，南抚交趾之说也载于大量可靠文献。《史记·五帝本纪》中就有两处记载："帝颛顼高阳者……北至于幽陵，南至于交趾，［正义］曰：'趾，音止，交州也。'""唯禹之功为大。披九山，通九泽，决九河，定九州岛。各以其职来贡，不失厥宜，方五千里，至于荒服。南抚交阯。"按《史记》的说法，颛顼已"南至于交趾"，舜朝廷的大禹已"南抚交阯"。《史记》向不妄说，当有所据。比《史记》更早的有下列文献：

《墨子·节用》："古者尧治天下，南抚交趾。"

《韩非子·十过》："昔者尧有天下，饭于土簋，饮于土铏，其地南至交趾，北至幽都，东西至日月之所出入者，莫不宾服。尧禅天下，虞舜受之。"

《大戴礼记·五帝德》："孔子曰：颛顼……北至于幽陵，南至于交趾。"

《大戴礼记·少闲》："昔虞舜以天德嗣尧……南抚交趾，出入日月，莫不率俾。"

《吕氏春秋·求人》："禹东至榑木之地……南至交趾、孙朴、续㭉之国。"

《水经注》卷三十七引《尚书大传》曰："尧南抚交趾。于《禹贡》荆州之南垂，幽荒之外，故越也。"《周礼·南八蛮》："雕题、交趾，有不粒食者焉。春秋不见于传，不通于华夏，在海岛，人民鸟语。秦始皇开越岭南，立苍梧、南海、交趾、象郡。"

《楚辞·大招》："德誉配天，万民理只。北至幽陵，南交趾只。西薄羊肠，东穷海只。"

《淮南子·修务训》："尧立……西教沃民，东至黑齿，北抚幽都，南道交趾。"

《淮南子·泰族训》："纣之地，左东海，右流沙，前交趾，后幽都。"

《淮南子·主术训》："其（神农）地南至交趾，北至幽都，东至旸谷，西至三危，莫不听从。"

观上述文献，可知《史记》两条所本。《大戴礼记》《吕氏春秋》以颛顼至交趾，禹"南抚交趾"为说，但《墨子》《韩非子》《尚书大传》《淮南子·修务训》均说是尧抚交趾，《淮南子·主术训》则说神农的地域"南至交趾"，《淮南子·泰族训》则说纣之地域南到交趾。《史记》以后的汉代文献又有舜抚交趾之说：

刘向《说苑》卷十九："南抚交趾……四海之内皆戴帝舜之功，于是禹乃兴九韶之乐，致异物，凤凰来翔，天下明德也。"卷二十："臣闻尧有天下，饭于土簋，啜于土铏，其地南至交趾，北至幽都，东西至日所出入，莫不宾服。"

《新序·杂事》："北发渠搜，南抚交趾，莫不慕义，麟凤在郊。故孔子曰：'孝弟之至，通于神明，光于四座。'舜之谓也。"

由此可以看出，这些文献所讲的南抚交趾之人，有神农、颛顼、尧、舜、禹，附会成分颇大，不能当作史实，但都概言在五帝时代，不能排除五帝传说时代中原与岭南发生交往的可能，《墨子》《韩非子》《吕氏春秋》都是战国中晚期文献，故南抚交趾之说当始自战国中晚期，交趾作为地域概念至少始自战国。交趾与幽陵、流沙、蟠木等三地对举，虽是地域概念，但更多的是表示笼统的方位概念，即正东、正南、正西、正北，四地合起来指"四海之内"，用来说明"东西至日所出入，莫不宾服"的大一统思想。至于实指交趾地，似乎应是西汉武帝时设交趾郡以后的事。

第二节　指地名的交趾和指族名的交趾

"卧则僢"的交趾

以上文献的交趾，都是指的地域、方位概念，四五千年前传说中五帝到过距其数千公里以外的岭南交趾，实在难以想象。但是，如果"南抚交趾"的交趾指某一部族名，则尧舜等五帝未必亲到交趾，像胡渭所说，只要"声教之所讫"就是"南抚"，这样《尚书》《史记》中尧舜亲到交趾的不合情理的记载就可能得到较合理的解释。

古籍中关于交趾还有一种指部族体格特征和文化习俗的说法，最早的见于战国时成书的《礼记·王制》："修其教，不易其俗，齐其政，不易其宜……南方曰蛮。雕题、交趾，有不火食者矣。"汉郑元注："雕文，谓刻其肌，以丹青涅之。交趾，足相向然，浴则同川，卧则僢。不火食，地气暖，不为病。"孔颖达疏："卧则僢者，言首在外而足相向。"

《礼记·王制》此处说的是南方蛮部族中一个称为"交趾"的部族，按汉郑元注，其体格特征是"足相向"，其习俗是"浴则同川，卧则僢。不火食"，其环境是"地气暖，不为病"。

所谓"足相向""卧则僢"，按孔颖达的解释二者同义，即"言首在外而足相向"。这种姿势《中华大辞典·僢》据《集韵·线韵》"僢，蛮夷卧以足相向也"解释成"两人抵足相对而卧"，有悖原义，因为，其一，古人未讲是两人；其二，"首在外"没有解释。

这种"足相向"的交趾人在《山海经·海外经·海外南经》中被称作"交胫"人，所谓"交胫国在其东，其为人交胫"。晋郭璞注云：

"言脚胫曲戾相交，所谓雕题、交趾者也。"郝懿行注云："《广韵》引刘欣期《交州记》云：'交趾之人，出南定县，足骨无节，身有毛，卧者更扶始得起。'"又《太平御览》卷七百九十引《外国图》曰："交胫民长四尺。"《淮南子·坠形训》"自西南至东南方"有交股民，高诱注云："交股民脚相交切。"

可见，交胫民指的就是交趾民，交胫民的"脚胫曲戾相交"和交股民的"脚相交切"也是同义，故指的都是同一部族。《山海经》对"脚胫曲戾相交"附有形象，为一人站立，小腿交叉，形成外脚背相对状况。观其画中形象，如果小腿不交叉，则双膝间的空隙很大，因此我们认为这可能是对"膝内翻"的一种描述。只有四尺的矮小交趾民长期从事重体力劳动，且以渔捞为主的食品没有庄稼营养丰富，故出现较普遍的双膝内翻，站立时双膝间的空隙颇大，而侧卧时两腿必相交。宋乐史撰《太平寰宇记》卷一百七十二就有这种看法："雕题、交趾者……趾，足也，言蛮卧时头向外，足在内而相交，故曰交趾。"此处的"外"指的是侧卧时头必然向外，"内"指这种膝内翻侧卧时两小腿必然交叉才能舒服，结果是足心与头必然"相向"，于是乎就有了"足相向""卧则僻""脚胫曲戾相交""脚相交切"的形象描述，而非"两人抵足相对而卧"。换句话说，岭南古越人的一支因为膝内翻，盛行着一种站立时两腿横向弯曲好像交叉，卧时多侧向（面向上仰卧对膝内翻者很不舒服），头向外、两腿弯曲交叉、足心向内的文化习俗，这种习俗可在广西顶狮山文化、广东韶关石峡文化中盛行各种屈肢葬，特别是侧身屈肢葬中得到证实。

我们认为所谓交趾，最早是古代中原人对岭南越部族形体上的一种印象概念。根据《礼记·王制》和《山海经·海外经·海外南经》的记录，这种概念应当在战国以前就已形成了，同时由这种形体概念衍生为对当时极南的岭南越人的一种称呼，是对"地气暖，不为病"的南方荒服之外民族的一种泛指。

因此，《尚书》"宅南交"的交趾和先秦诸子的"南抚交趾"的交趾，都当指文化习俗意义上的交趾，而非地名意义上的交趾。这样，因秦代才设交趾郡而否定五帝时"南抚交趾"可能性的观点就失去了根据。

交趾显然是他称，是中原部族对南方具有"足相向"特征的交趾

部族的称呼，以后这一部族的所居地被认为是在极南的正南方，就把其所居地也称为交趾，这个地名源于他称的部族名。同时，由于《尚书》《墨子》《韩非子》等古籍均成书于春秋战国时代，而这一时代的华夏"大一统"思想占统治地位，诸子在这种思想影响下，把夏商以来口耳相传的关于交趾部族在中原最南边的正南方位的知识应用于春秋战国时代尧舜"大一统"思想的政治需要，于是就有了宅南交、南抚交趾之说。如果这一推测不误，那么宅南交、南抚交趾的记载起码反映了这样一个历史事实：在中原文明初期，中原人已经知道了其极南边有一个以膝内翻为特征、卧时两足交叉相向的交趾民族。这一知识的取得，必然与当时的民族文化交往、交流，甚至是民族迁徙、融合分不开的。反过来讲，宅南交、南抚交趾记载的价值，就在于其反映了我国文明初期南北方的部族文化交流、部族迁徙融合的历史事实。

这一推测，否定了宅南交、南抚交趾记载中的五帝本人曾亲到交趾的春秋战国人的臆测之说，因为它有悖常理；同时肯定了五帝时代的中原人已经掌握了交趾部族的人体特征和其在极南方居住的相关知识的合理成分的记录。

只有解决这一推测的前提，才能解决上述推测成立与否。这一推测的前提是：五帝时代有没有可能知道远在数千公里之外的交趾部族的情况和方位，中原和岭南部族可不可能在四千多年以前发生交流、迁徙融合等种种形式的接触。

第三节　先秦中原与岭南的文化交流与民族迁徙

一、中原丹朱——驩兜部族的迁徙和岭南定居

作为一家之言，我们已经证明在四千多年以前，中原丹朱部族和南方苗蛮部族的一支驩兜部族曾因共同抵御舜部族而联合起来，在丹水失败后，被放之"丹渊""崇山"而逐步南迁，"历经河南丹水，湖南澧水、大庸，广西崇善等地，最后沿左江、郁水东徙，"其子居南

海而祠之"，成为岭南先秦时期的较早古国。[①]

丹朱——驩兜部族迁徙所经的广西崇善地区（太平府）在左江，属交趾。先秦时为古百越人所居。既然五帝时代有中原人已迁至交趾部族居地，那么当时中原知道交趾部族情况不足为奇。

二、考古数据显示的中原与岭南的文化交流

上述乃一家之言，即使其不成立，关于交趾部族情况还可从互相接触和文化交流中得到，目前的考古数据可以证明我国文明初期直至上古三代，中原与岭南有着密切的文化交流关系：

（1）韶关曲江区的石峡文化下层大型墓随葬品较为丰富，多达60～110件，其中有不少精美的装饰品，如琮、瑗、璧、璜、环、玦、珠、管等，遗址三期则又出玉钺、玉璧等。玉琮、玉璧等在山东龙山文化、河南龙山文化、湖北龙山文化、江浙良渚文化等文化中都有发现，对比二者器型，有些显然是中原传入的，如 M105 出土的大玉琮和江苏吴县草鞋山上层出土的大玉琮，从玉料的选择、内圆孔的对钻到浅雕的花纹几乎一模一样，显然是传入的。这种源于中原地区的礼器在岭南出现，说明岭南与中原的交流早就开始了。

（2）广西资源县晓锦新石器时代中晚期遗址（第一期，6 000—6 500；第二期，4 000—6 000；第三期，3 000—4 000 年）出现了湖南皂市下层文化、汤家岗文化，湖北大溪文化、石家河文化的元素，有的甚至雷同，如"在大溪文化中还存在个别器型与晓锦有诸多共性，如丁家岗遗址第二期的Ⅸ式罐与晓锦遗址第二期的 C 型直领罐雷同；湖南华容刘卜台遗址第二期 CI 陶釜与晓锦遗址第二期出现的折腹罐器型风格相近，而大溪文化所见的束腰状器座以及支脚也见于晓锦遗址第二期"，"晓锦遗址作为处于长江和珠江水系中间的新石器时代文化的重要遗址……为我们认识岭南与岭北地区在新石器时代的文化交流路线提供佐证，大约在新石器时代早期晚段，洞庭湖地区原始人类中至少有一支古人类是通过资江逆流而上进入越城岭腹地，在这里生息繁衍，最后影响珠江流域本土文化，两地在相互往来过程中，珠江流域先民的先进文化也通过这个交通要道影响岭北，从而形成晓锦

---

① 宋会群：《驩兜国考——岭南早期文明初探》，《岭南考古研究》2004 年第 12 期。

文化的多样性"。①

（3）以石峡上层、博罗铁墟场遗址、广州萝岗遗址为代表的两广200余处夔纹硬陶遗址（几何印纹陶的鼎盛阶段），出土了大量印有夔纹、云雷纹、回纹、勾连回纹、圆点纹等中原夏商时期盛行元素的陶器，这显然是当时南北文化互动的结果。黄崇岳认为："几何印纹陶……曾给中原地区华夏族的商周文化以有力的影响。"何成轩先生则认为："在（广西）桂东地区出土大量的几何印纹硬陶文化遗存，其中一些陶器纹饰是仿中原商代青铜器的。"②

（4）岭南商周青铜文化以中原传入的为主。"广东清远等地发现的商代青铜礼器、乐器、兵器和工具，其中有些与中原地区的同类器物相同。"③

（5）广西武鸣马头元龙坡墓葬是岭南地区规模最大、遗物最丰富的墓葬群，共出土商周青铜器110件，多数为兵器，有戈、矛、钺、斧、匕首、刀、簇，容器有铜卣、铜盘等，"马头方国与商王朝的文化交往已为考古学所证实，全苏勉岭出土的铜卣、铜戈以及那堤敢猪岩出土的铜戈皆系北方器物，元龙坡墓葬出土的铜卣、铜盘以及部分矛的实物，如柳叶形的Ⅰ式矛；骹下部有对称的两个半环钮的Ⅳ矛应当都是来源于中原地区。这些器物应当是马头方国与商王朝高层次交往所获的赠送品"。④

（6）广西那坡县感驮岩遗址第二期文化后段地层中（距今3 800—3 000年）出土牙璋1件，系用动物角体或肢骨的密质部分切割琢磨而成。广东虎门村头遗址出土三件牙璋，石质两件残长18.3厘米，骨质一件残长5.5厘米（年代为3 920±90，贝壳样品）。香港南丫岛大湾遗址出土用高岭岩制成的牙璋一件，通长21.8厘米，年代在晚商。越南冯原文化出土有4件牙璋，其中一件狭长多齿歧尖的牙璋与偃师二里头的48.1厘米的典型牙璋非常接近。其有锯齿五排，阑上

① 何安益：《晓锦遗址的文化性质及其初步认识》，《广西博物馆文集》（第1辑），桂林：广西人民出版社2004年版，第33页。

② 何成轩：《夏商周时期中原文化的南渐及其影响》，《贵州社会科学》1997年第5期，第21－27页。

③ 郑超雄：《武鸣马头元龙坡墓葬的社会性质》，《广西博物馆文集》（第1辑），桂林：广西人民出版社2004年版，第45页。

④ 郑超雄：《武鸣马头元龙坡墓葬的社会性质》，《广西博物馆文集》（第1辑），桂林：广西人民出版社2004年版，第45页。

一处带小齿饰若干阴线小纹，与二里头、二里岗和三星堆出土的牙璋也是一脉相承的，时代与中原商代同。牙璋最早见于山东龙山文化，至二里头、二里岗文化相当发达，以后分别传入我国湖北、湖南、四川、福建以及广东、广西、香港地区和越南。牙璋是祭山川、天地、占神的礼器，也是"王使之瑞节""以起军礼，以治兵守"的符节。从岭南出土的这些牙璋，可以看出中原和岭南在夏、商、周时的互相往来和交流，看出中原文化在商周时期对岭南文化的深刻影响。

三、结语

考古数据证明，在我国中原文明初期以及商周时期，中原华夏部族和南方苗蛮部族已有很多接触，他们的文化交流，甚至是民族迁徙融合也已发生，在这种历史背景下，文明初期的中原人掌握了其极南方有一个以膝内翻为特征、卧时两足交叉相向的交趾民族是很自然的事。《尚书》《史记》及先秦诸子所记的"宅南交""南抚交趾"绝非空穴来风，它是对尧舜时代关于交趾部族知识的一种忠实记录，尽管这种记录在春秋战国时被加工处理成"尧舜曾到过交趾"的臆测之论，但并不影响其重要的史料价值，那就是：交趾作为中原极南方的一个特征突出的部族，已被尧舜部族认识；中原部族和岭南部族的文化交往、交流、民族迁徙、融合绝不像现在认识的那样至春秋以后才开始，而是自五帝传说时代就已经开始了。它不仅肇始了岭南文明的萌芽，而且催生了像驩兜、阳禺、缚娄等一批岭南的"无君长"的部族小国。

综上所述，"舜帝南巡"实际上代表着中原部族向南方"荒服"地区的扩张。所谓"九嶷之葬，二妃之溺，韶石之奏，斑竹之痕"都有历史根柢；舜韶乐发祥地在南方地区，绝不是无稽之谈，而是有充分的历史根柢。

第四节　舜韶乐的发祥地疏证

一、传说中舜奏韶乐的地区

上述结论所据都是魏晋隋唐及其以后的文献，而舜的韶乐至少当是此前 2 000 多年以前的乐舞，所以不能盲目地把它作为信史，必须根据更早的文献来说明这一问题。另外，与舜奏韶乐有联系的地区不仅限于韶关市，我们必须全面地掌握资料，方能使这一问题的研究接近历史真实。根据文献记载，传说中舜奏韶乐的地区至少有下列几个：

1. 湖南九嶷山区

明徐宏祖《徐霞客游记·楚游日记》："（九疑山）二十六日……转出箫韶峰之北。盖箫韶自南而北，屏峙于斜岩之前，上分两岐，北尽即为舜陵矣。""东与箫韶水合。其西一溪，又自应龙桥来会，三水合而胜舟，过下观，始与箫韶水别，路转东南向。"

湖南九嶷山古为苍梧，乃舜葬之地，自古以来有许多舜的传说和故事。这些故事传说往往是山水命名的源头。九嶷山九峰之一被命名为"箫韶峰"；而峰下之水也被命名为"箫韶水"，当源于此地远古的舜奏韶乐的传说。

2. 广西桂林虞山地区

《徐霞客游记·粤西游日记》："（游虞山）是为熏风亭。亭四旁多镌石留题，拂而读之，始知是为虞山，乃帝舜南游之地。其下大殿为舜祠，祠后即韶音洞，其东临江即熏风亭。"

今熏风亭刻诗有明正德藩臬王骥与同僚九日登虞山一律颇可观。诗曰："帝德重华亘古今，虞山好景乐登临。峰连大岭芙蓉秀，水接三湘苦竹深。雨过殊方沾圣泽，风来古洞想韶音。同游正值清秋节，更把茱萸酒满斟。"

韶音洞、大舜祠、虞山都与此地舜的传说和舜奏韶乐有关。"风来古洞想韶音"，是说风吹洞中发出的音响像韶乐一样。可能正因为如此，才命名为"韶音洞"。

3. 粤北韶关地区

其实，粤北的韶石得名也与这种神秘的自然声响大有关系，如清

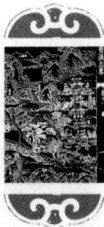

初屈大均《广东新语·卷五·石语》云："韶石皆空心，窍穴相通，风入其中，大小声一时响应，箫韶遗音，犹可仿佛其一二也。"这种声响，始动于风，终成于窍，风大则余韵长鸣，风小则微微动听。变化万千，令人遐思无限。此时把这种美妙的自然音乐想象为我国文化中最突出的尽善尽美的韶乐是很自然的事。但是，中国大地上的"响石"不在少数，为何独南岭周边地区的"响石"与舜奏韶乐相连？其关键在于这一地区自古以来就流传（或记录）的关于舜的传说。

二、南岭周边地区舜帝遗迹众多

这一地区舜的传说和遗迹很多。突出的有下列数事：

（1）舜和其子叔均（又称商均）、尧子丹朱葬于苍梧（九嶷）。

《山海经·海内南经》："苍梧之山，帝舜葬于阳，帝丹朱葬于阴。"

《山海经·海内经》："南方苍梧之丘，苍梧之渊，其中有九嶷山，舜之所葬，在长沙零陵界中。"

《山海经·大荒南经》："赤水之东，有苍梧之野，舜与叔均之所葬也。"

《山海经·大荒南经》："有阿山者。南海之中，有泛天之山，赤水穷焉。赤水之东，有苍梧之野，舜与叔均之所葬也。"

至今九嶷山仍有舜帝的众多遗迹。

（2）舜弟象在始兴（今韶关始兴）。

《史记·五帝本纪》正义引《帝王世纪》云："舜弟象封于有鼻。"

《路史·发挥五·辨帝舜冢》："泌尝考之，象封有鼻，故墓在于始兴。"罗泌子罗苹注引《幽明录》云："始兴有鼻天子冢、鼻天子城。即《南康记》南康县鼻天子城者，亦见《虞宾录》。盖地后贯南康，昔人不明为何，乃象冢也。"[①]

《广东新语·坟语》："始兴县南二十里，有鼻天子冢，或以为象。"

舜之二妃在今湖南，《楚辞》《山海经》《史记》等都有记载，从略。

舜作为中华文化的突出代表之一，其故事和传说遍布于大江南北，但关于韶乐一事，却集中在南岭周边地区，包括今湘南、粤北和

① （宋）罗泌：《路史》卷三十六《发挥五·辨帝舜冢》。

广西东部。而在其他地区不可见，这不能不引起我们的深思。

如果再向前追溯早期文献，晋代及其以前南岭周边地区已有关于韶乐的传说：

《艺文类聚》卷九十引晋枣据诗曰："有凤适南中，终日无欢娱；自怨梧桐远，行飞栖桑榆。奋迅振长翼，俯仰向天衢；箫韶逝无闻；朝阳不可须。"

此诗说"南中"的"箫韶"之音已逝，说明南中原有"箫韶"。据有关文献，南中或指云贵，或指岭南，或泛指南方地区（《中华大辞典·南中》）。既然如此，南岭地区至少在晋代就有关于"箫韶"的传说了。如果再上溯，先秦文献也有记载：

《楚辞·远游》："泛容与而遐举兮，聊抑志而自弭。指炎神而直驰兮，吾将往乎南疑。览方外之荒忽兮，沛罔象而自浮。祝融戒而还衡兮，腾告鸾鸟迎宓妃。张《咸池》奏《承云》兮，二女御《九韶》歌。使湘灵鼓瑟兮，令海若舞冯夷。"

"南疑"，汉王逸注："过衡山而观九疑也。""二女御《九韶》歌"，二女即舜妃娥皇、女英，《九韶》即韶乐；二女奏韶乐时"使湘灵鼓瑟"，王逸注："百川之神，皆谣歌也。"由此可见，在屈原所处的战国时代，楚之南国（今南岭周边地区，见《通典·州郡·古南越》："自岭而南，当唐、虞、三代为蛮夷之国，是百越之地，亦谓之南越……韶州，春秋、战国时，皆楚地。"）已有舜奏韶乐的传说。

还有的先秦文献，直接记载了舜（或启）舞九韶的地方：

《今本竹书纪年》："帝舜有虞氏十年，帝巡狩，舞九韶于大穆之野。"

《山海经·大荒西经》："西南海之外，赤水之南，流沙之西，有人珥两青蛇，乘两龙，名曰夏后开。开上三嫔于天，得《九辩》与《九歌》以下。此天穆之野，高二千仞，开焉得始歌《九招》。"

《山海经·海外西经》："大乐之野，夏后启于此儛九代；乘两龙，云盖三层。左手操翳，右手操环，佩玉璜。在大运山北。一曰大遗之野。"袁珂注："郭璞云：'大荒经云：大穆之野。'"郝懿行云："大荒西经作天穆之野，此注云大穆之野，竹书天穆、大穆二文并见。此经文又云大遗之野、大乐之野，诸文皆异，所未详。"珂案："天、大古本一字，穆、遗、乐音皆相近。"

以上三种文献，都直接提到了舜（或启）舞九韶（或称"九招"）的地方，但所言名称不一，据袁珂按语，则"天""大"本为一字，大穆之野即天穆之野，又"穆、遗、乐音皆相近"，则大乐之野、大遗之野也即天穆之野。

天穆之野在哪里，史无载，清代学者郝懿行也云"所未详"。但《山海经·大荒西经》说是在"西南海之外，赤水之南，流沙之西"，据《山海经·大荒南经》云"赤水之东，有苍梧之野，舜与叔均之所葬也"可知，湖南的苍梧（九嶷山）在赤水之东，则赤水之南必然指九嶷山南或西南一带地区，也即今粤北、粤西、云贵以东一带。经文"西南海之外"的"西南海"，一般认为，当指古洞庭湖西南一带地区，也与这种推测不谋而合。因此，舜（或启）"舞九韶"的地方当在今湖南九嶷山（或古洞庭湖）以南或西南一带，正值南岭周边地区。

至于"流沙之西"，我们认为，流沙的方位在《山海经》中较乱，如《海内东经》："苍梧在白玉山西南，皆在流沙西。"苍梧指九嶷，前引文献言之凿凿，则此流沙必然在湖南的东面。然而，《海内西经》又云："流沙出钟山，西行又南行昆仑之虚，西南入海，黑水之山。"郝懿行注云："高诱注《吕氏春秋·本味篇》云：'流沙在敦煌郡西，八百里。'《水经注》（禹贡山水泽地所在）云：'流沙地在张掖居延县东北。'注云：'流沙，沙与水流行也。'亦言出钟山，西行，积崄嵫之山，在西海郡北（今青海东北湟河之源地区）。"这样，流沙又应在湖南西北数千里之遥的青海地区。既然流沙方位较紊乱，证明其不能作为方位判断的根据。

三、"三苗格而《韶》舞"的含义

广东、湖南及其西南地区的居民，古代统称为"蛮夷"，其部族在上古时主要有三苗和百越，如唐杜佑《通典》：

《州郡·古荆州》："荆，强也，言其气躁强；亦言荆，惊也。或取名于荆山焉。盖蛮夷之国，盘瓠之种。"注云："昔高辛氏有畜犬，曰盘瓠，帝妻以少女。其子孙滋蔓，号曰蛮夷，今长沙武陵蛮是也。"

《州郡·古荆州》："潭州今理长沙县。古三苗国之地。"

《州郡·古荆州》："岳州今理巴陵县。古苍梧之野，苍梧野不止于此郡界，侧近之地皆是。亦三苗国之地，凡今长沙、衡阳诸郡，皆古三苗之地。青草、洞庭湖在焉。"

《州郡·古南越》："自岭而南，当唐、虞、三代为蛮夷之国，是百越之地，亦谓之南越。"

既然舜舞九韶的天穆之野在今湖南九嶷山以南或西南一带南岭周边地区，而这一地区在上古时又分布着蛮夷部族的三苗和百越，则舜韶乐的发明当与这一地区的蛮夷有很大关系。这种关系在古籍中有清晰的记载，表现为舜舞韶乐，"三苗来格"，如：

《清史稿·乐一》："盖三苗格而《韶》舞，十一税而《颂》讴。"格，至也。"三苗格而《韶》舞"，是说三苗族到舜廷朝拜而献上了韶舞。《清史稿》的这一说法来源于秦汉以前的文献记载：

《尚书·大禹谟》："帝乃诞敷文德。舞干羽于两阶。七旬有苗格。"

《战国策·赵二》："昔舜舞有苗，而禹袒入裸国。"

《天禄阁外史·巡幸》："有苗之格乎虞廷之舞，闻其干羽矣。""干羽格苗，凤凰仪《韶》。"

干，即盾牌；羽，是韶舞必用的道具。又称翟，翟是雉羽，树之以杆，执之而舞，故亦称为羽。如《汉书·礼乐志》："礼乐殷殷钟石羽籥鸣。"师古注曰："羽籥，《韶舞》所持者也。"因此，干羽乃韶舞的突出特征，"舞干羽"，即舞韶舞。以上三条文献是说舜舞了韶舞，导致三苗的顺从而来朝拜。

三苗即苗民，苗民的一支即羽民，《淮南子·原道训》："使舜无其志，虽口辩而户说之，不能化一人。是故不道之道，莽乎大哉！夫能理三苗，朝羽民，徙裸国，纳肃慎；未发号施令而移风易俗者，其唯心行者乎！"是说舜能用乐使三苗、羽民同化。"朝羽民"，即羽民朝于舜廷，与"有苗之格乎虞廷之舞"同义，因此疑羽民当是苗民的一支。羽民的特征是：《山海经·海外南经》："羽民国，其为人长头，身生羽。"《吕氏春秋·求人篇》注："羽人，鸟喙，背上有羽翼。"其居地在：《淮南子·坠形训》："赤水之东，弱水出自穷石，至于合黎……洋水出其西北陬，入于南海羽民之南。"据此，居于南海的羽民，身着带羽翅的服装，入于舜廷而朝，其舞必被命名为"羽舞"，

故曰："三苗格而《韶》舞"，"舞干羽于两阶。七旬有苗格"。由此可见，以扮相为鸟兽的"羽舞"为突出特征的韶舞，当是三苗羽民的乐舞风格。不是舜舞了韶舞使得苗民来朝，而可能是舜征服了苗民，苗民以本部族的舞蹈去朝舜，表示臣服和拥戴。《尚书·益稷》所示韶乐的主题"鸟兽跄跄"围绕着凤凰起舞，也形象地证明了这一点。因此，韶乐当是南方苗蛮部族的发明与创造。

四、纳夷蛮之乐于大庙

或许有人会问，中原华夏族祭祀天地、四望、宗庙的韶乐怎么可能起源于南方的苗蛮地区？其实这不足为奇，因为古人原本就是这么认识的：

《宋书》卷十九《乐志一》："又《周官》：'靺师掌教靺乐，祭祀则帅其属而舞之，大飨亦如之。'靺，东夷之乐也。又：'鞮鞻氏掌四夷之乐与其声歌，祭祀则吹而歌之，燕亦如之。'四夷之乐，乃入宗庙；先代之典，独不得用。大飨及燕曰如之者，明古今夷、夏之乐，皆主之于宗庙，而后播及其余也。夫作先王乐者，贵能包而用之也，纳四夷之乐者，美德广之所及也。"

《礼记·明堂位》："季夏六月，以禘礼祀周公于大庙……升歌《清庙》，下管《象》；朱干玉戚，冕而舞《大武》；皮弁素积，裼而舞《大夏》。昧，东夷之乐也；任，南蛮之乐也。纳夷蛮之乐于大庙，言广鲁于天下也。"

纳"夷蛮""四夷"之乐用于祭祀之大礼，是为了"作先王乐者，贵能包而用之也，纳四夷之乐者，美德广之所及也"。因此把苗蛮的韶乐作为华夏族的祭祀之乐，是古人有意为之，也是当时各民族文化交流、融合的必然结果。

五、韶关石峡的舞蹈浮雕图案

南岭周边地区作为韶乐的起源地，除有文献记载外，还有考古数据的支持。据《曲江县志》[①] 载："1985 年 6 月，广东省考古工作者

---

① 广东省曲江县地方志编纂委员会编：《曲江县志》，北京：中华书局 1999 年版，第 883 页。

于石峡文化层之下发现一层数十厘米厚的另一种文化遗存层，出土的陶片以泥质黄陶为主，饰以粗细绳纹、刻画纹、刺点纹、小圆镂孔为特点。可归入新石器时代中期，称前石峡文化层。前石峡文化层还出土了一块陶片，拍印有曲尺纹，纹下方有6个手牵手舞蹈人像浮雕图案，此陶片为研究石峡先民的人物形象及广东舞蹈史提供了极其珍贵的数据。"

若据此，前石峡文化层在石峡文化层之下，石峡文化层年代在距今4 000—5 000年，则此层年代当在距今5 000年以前。但是，在1988年版的《曲江县文物志》中却把带有舞蹈纹陶片的这一文化层归于"石峡文化

图6　韶关石峡的舞蹈浮雕图案

中层"来叙述。若此，则其年代当在距今3 500—4 000年。作者曾专程到曲江马坝博物馆，看到该陶片被陈列于"早期铜器文化"序列中，认为其文化年代与后者一致。由于公开发表的资料只上述两项，而正式的考古报告至今未见，所以该陶片的年代仍是一个疑问。但是，据笔者的实物观察，该陶片年代不会晚于西周，因此，它是继青海大通县舞蹈彩陶盆之后的我国早期舞蹈场面的又一重大发现，说明这一地区的先民早在3 500年以前就擅长舞蹈，这一地区作为韶乐起源地也是顺理成章的。

第五节　结论：舜韶乐发祥于南岭周边地区

（1）韶乐作为中国古代社会礼乐制度的一个核心内容，从先秦直到明清，对中国的政治、教育教化曾起过重大作用。特别是对古代以民本主义为基础的"文治"思想体系形成有重大影响。但学界对韶乐起源及其文化影响的研究显得相当薄弱，究其原因，乃年代久远、史阙有间所致。我们所考，也只是凤毛麟角，是诸种可能中最有可能的一种而已。

（2）就目前的材料而言，从先秦到明清，关于韶乐起源的传说都是集中在湘南、粤北、桂东一带，中原地区虽有许多关于舜、禹、启的传说，但关于韶乐起源的传说没有记录。根据目前的这种材料，我们也只能说对中原古代文化产生巨大影响的韶乐，可能原来不是中原地区的乐舞，而是南岭及其周边地区新石器时代晚期的一种乐舞。随着中原华夏族与南方百越、苗蛮各民族的文化接触和融合，它逐渐进入中原，并融会于中原文化。由此我们可以推测：中原文化与苗蛮文化的接触与融合自我国新石器时代晚期就开始了，换句话说，韶乐作为苗蛮文化，在传说的五帝时代就融入中原文化是完全有可能的，不然的话，无以解释韶乐起源的传说集中在苗蛮地区而其又是中原礼乐制度的核心之间的矛盾。

（3）舜时南北文化接触和融合的时代和途径，在史籍中并无明确的记载，但尧子丹朱在南方建立"驩头国"的传说或许能够提供一些线索。

《山海经·海外南经》："驩头国在其南，其为人人面有翼，鸟喙，方捕鱼……或曰欢朱国。"郭璞注云："驩兜，尧臣，有罪，自投南海而死，帝怜之，使其子居南海而祠之。画亦似仙人也。"袁珂注："据近人研究，驩头、驩兜及欢朱，皆丹朱一名之异称。郭注所谓'驩兜，尧臣'者，实丹朱尧子也，所谓'有罪，自投南海而死'者，丹朱兵败，自以为'有罪'，因'自投南海而死'，盖丹朱结局之另一传说也。'帝怜之，使其子居南海而祠之'者，丹朱妻子本随丹朱败逃南海，丹朱死后，亦居南海勿去，其后子孙繁衍成国，遂为此驩头国或驩朱国，盖赦而勿究之意也。"

尧子丹朱联络三苗，与舜争位，结果战败南逃，在南方建立了驩头国。"帝怜之，使其子居南海而祠之"，说明中原部族和南方部族在战后的和平共处。史籍所记的舜帝南巡、"南抚交趾"并非都是空穴来风。正是在这种又战又和的形势下，加速了南北双方文化的交流与融合，因此，苗蛮部族的韶乐在帝舜时融入中原部族文明之中，不仅是可能的，而且有其必然性。正如清初著名学者屈大均在谈及始兴"有鼻天子冢"时所说："其葬始兴也，或当舜南巡狩，象尝朝见于南岳，因从舜以至曲江、始兴之间，象薨，即葬于其地欤？……舜放驩兜（即驩头）崇山以变南蛮。《考书疏》：崇山在衡岭（衡山、南岭）

之间，与有鼻不远。南蛮风俗于变为中华，意象必有力焉。南裔之人，为之建祠庙、守丘墓，必不偶然。"

（4）目前的几处与舜奏韶乐有关的地区，一是韶关地区，二是湖南九嶷山地区，三是广西桂林虞山地区。虞山地区的舜奏韶乐传说与汉代所置的苍梧郡有关，比较晚起，后人附会的程度较大；湖南九嶷山地区乃古苍梧，可靠文献记录了这一地区的许多关于舜的传说，包括奏韶乐的传说。但《山海经·大荒西经》明言奏韶乐在"赤水之南"，而《山海经·大荒南经》又说苍梧（九嶷）在"赤水之东"，显然苍梧非奏韶乐之地。奏韶乐之地当在赤水之东的苍梧以南或西南，才符合在"赤水之南"的方位条件，符合这个条件的只有南岭的粤、湘、桂交界的南岭周边地区，而粤北韶关，地处南岭，连接湘南、桂东，正是这一地区的中心，且魏晋学者认为"南中"有箫韶遗音，唐代以来的学者都言之凿凿地说舜在粤北的韶石奏韶乐。再者韶关众多古迹与舜奏韶乐有关（如韶石、九成台等），更重要的是，韶州在1 400多年以前的得名就是取自韶乐，说明了韶乐的传说在韶关地区源远流长，是古人对此地发明韶乐的朦胧记忆。韶关曲江马坝又发现了西周的舞蹈陶片，雄辩地证明了韶关地区的乐舞起源早、流传广，因此，韶关地区作为最有可能、最重要的韶乐起源地，是极其有利于开发韶乐文化的。

第三章 韶乐的基本概念与演变

　　吾从中原到韶关，初闻舜帝南巡至韶石奏韶乐的传说，并未注意。后翻看县志、府志，确有记载，兴趣虽稍昂，却也未深究。偶翻魏晋、唐人关于韶乐、韶石的诗、记，对此事也言之凿凿，始知舜帝、韶乐的传说，是在粤北流传了千余年以上的古老传说。至少隋代置州时，取因韶乐而得名的韶石之义，而置韶州。韶乐、韶石、韶州成了1 000余年来粤北地区风华最著的代表性符号，具有强大的号召力和影响力。"韶"的尽善尽美的意蕴和韶乐"与天地同和"的精义也成了此地传统的处世理念，千余年的传说给此地的历史发展和文化打上了深深的烙印，形成了一种以舜文化和韶乐文化为主的文化传统。

　　这种传说和当地历史发展之间的互动，十分耐人寻味，传说不能作为信史，但传说也绝非空穴来风，传说中有讹传和附会，更有史影，正像黄帝的传说支撑了中华民族共识的人文祖源一样，舜帝韶乐的传说也支撑了此地数千年的人文精神。否定了黄帝或五帝传说中的史实和史影，就无从谈中华民族的起源和早期文明。因此，那些在粤北文化中一谈舜帝、韶乐，就以是传说而讳言、讳用进而加以否定的观点，是片面的、短见的。史学作为一门科学，首先是从众多的资料中（传说史料、历史记载、考古数据）去伪存真，分析数据的可信度，特别是对早期文明，所依赖的主要是传说史料，更不能盲目地加以肯定或否定，要以详细的分析、认真的综合的方法，抽象各历史事件之间的有机联系，整体全面地把握数据，并考证其真正价值，进而才可能把传说中的合理史实挖掘出来，恢复历史的本来面目。

第一节　韶乐的概念及其名称

一、韶乐的功能与概念

粤北地区的韶文化起源于舜帝韶乐文化传统，因此，首先弄清韶乐的概念、嬗变及文化内涵，是阐明韶文化起源的第一步。

我国漫长的古代社会制度的核心是礼乐制度。礼，讲的是身份等级，是社会的基本规范和秩序。乐，讲的是"与天地同和"，是古代帝王进行祭祀、教化的基本方法和手段。礼乐是国家之根本，礼崩乐坏意味着国家的灭亡。

最早的"乐"有六种：《周礼·春官宗伯·大司乐》："以六乐防万民之情，而教之和"；"以乐舞教国子，舞《云门》、《大卷》、《大咸》、《大磬（磬，即韶的别字，下详证）》、《大夏》、《大濩》、《大武》"。汉代郑玄注："此周所存六代之乐。黄帝曰《云门》……《大咸》《咸池》，尧乐也……《大磬》，舜乐也……《大夏》，禹乐也……《大濩》，汤乐也……《大武》，武王乐也。"① 六乐之中，《韶》为最。"自《咸池》、《云门》、《大章》之乐作而舜因之，则《韶》之为乐，尽善尽美而无以加之矣"。② 先秦的六乐至汉代大都消亡，唯余舜帝《大韶》、武帝《大武》。以后历代皇朝以《韶》为文，倡导和合思想，普及封建教化；以《武》为武，彰显国威，倡导武功，为大一统的封建社会服务。因此，韶乐是跨越我国原始社会末期、奴隶社会、封建社会直至清末的祭祀天地四望之神、郊庙及宴飨时所用的"大乐"，是对贵族、平民进行教化的主要形式和工具。其不仅对我国礼乐制度的形成、人"与天地同和"的基本理念、以民本主义为基础的"文治"思想的形成有深刻的影响，而且对朝鲜半岛、日本等周边国家的政治教化和宫廷音乐也都产生了重大影响。③ 其在中国传统文化中的突出地位及其几近五千年的声名，决定了韶乐是一种旅游价值和

① 《周礼注疏》卷二十二《春官·宗伯下》，文渊阁《四库全书》本。
② （宋）黄伦：《尚书精义》卷八引胡氏语，文渊阁《四库全书》本。
③ 宋会群：《韶乐对朝鲜半岛雅乐的影响》，《韶关学院学报》2008 年第 2 期。

文化价值非常巨大的、潜在无形的文化资源。

二、韶乐在先秦的诸名称

"韶乐"广泛地记载于先秦可靠的历史文献中，其历史存在不容置疑。但不同的古籍对其名称有不同的记载。据我们的研究，至少有"韶""箫韶""韶箾""招箾""韶乐""招乐""九磬""大磬""九韶""大韶""九招""大招"等十几种名称：

（1）对"韶""箫韶"的最早记载是《尚书·益稷》："《箫韶》九成，凤凰来仪。"孔安国传曰："韶，舜乐名。言箫，见细器之备。雄曰凤，雌曰凰，灵鸟也。仪，有容仪。备乐九奏，而致凤凰，则余鸟兽不待九而率舞。"

据孔安国传，"韶"为舜之乐名，箫，只是奏"韶"乐所需之器。孔子就称韶乐为"韶"。以后箫韶连称，也为乐名。如《楚辞·九叹·忧苦》："恶虞氏之《箫韶》兮，好遗风之《激楚》。"因此，自《尚书·益稷》始，韶乐就有"韶""箫韶"两个名称。

（2）"韶箾""招箾"较晚一点的记载见于《左传·襄公二十九年》。（吴公子札）见舞《韶箾》者，曰："德至矣哉，大矣。如天之无不帱也，如地之无不载也。虽甚盛德，其蔑以加于此矣。观止矣，若有他乐，吾不敢请已。"

"见舞《韶箾》者"，《史记·吴太伯世家》作"见舞《招箾》"。服虔注曰："有虞氏之乐《大韶》也。"索隐云："'韶''箾'二字体变耳。"《说文·箾》也说："虞舜乐曰'箾韶'。"由此可见，《韶箾》《招箾》指的都是"韶乐"。再晚一点是孔子的《论语·八佾》："子谓韶：'尽美矣，又尽善也。'"《论语·述而》："子在齐闻韶，三月不知肉味。曰：'不图为乐之至于斯也！'"

孔子对韶乐的推崇更在吴公子札之上，竟在听了韶乐后痴迷沉醉，乃至三个月内失去了味觉，虽然夸张，但沉醉于尽善尽美的韶乐之中忘乎外界事物也是可能的。这种极力的推崇对以后的礼乐制度影响极大，"叙《书》则断《尧典》，称《乐》则法《韶舞》"成了以后叙礼作乐的根本依据。① 以上三种文献都是先秦的可靠文献，且吴季

① 《汉书》卷八十八《儒林》，文渊阁《四库全书》本。

札亲眼"观"到，孔夫子亲耳听到，说明直至先秦时期，我国确有一种可耳闻目睹的韶舞或韶乐。

（3）"招乐"是韶乐的又一异称，见于《汉书·礼乐志》："夫乐本情性，浃肌肤而臧骨髓，虽经乎千载，其遗风余烈尚犹不绝。至春秋时，陈公子完奔齐。陈，舜之后，《招乐》存焉。"

此处是在解释春秋齐国为什么有韶乐，它认为，陈公子是舜的后代，流亡到齐国后就把舜的韶乐带到了齐国。因此此处的"招乐"即"韶乐"。

（4）《九磬》《大磬》。

《周礼·春官宗伯·大司乐》："九德之歌，《九磬》之舞。"孙诒让正义："磬、韶古今字，经例作'磬'，注例用今字作'韶'。"

《周礼·春官宗伯·大司乐》："以乐舞教国子，舞《云门》《大卷》《大咸》《大磬》《大夏》《大濩》《大武》。"郑玄注："《大磬》，舜乐也。"显然，舜之韶乐又称为"九磬""大磬"。

（5）《九韶》《大韶》。

《庄子·至乐》："奏《九韶》以为乐，具太牢以为膳。"唐成玄英疏："《九韶》，舜乐名也。"

《潜夫论笺校正》卷八："世号有虞，作乐九韶。"

《今本竹书纪年》："元年己未，帝即位，居冀。作大韶之乐。"王国维疏证《尚书·益稷》："《箫韶》九成。"《艺文类聚》卷十一、《太平御览》卷八十引《帝王世纪》："（舜）乃作大韶之乐。"这样，韶乐又称为"九韶""大韶"。

（6）《九招》《大招》。

《风俗通义·声音》："故黄帝作咸池……舜作韶。"注云："'韶'，汉志作'招'，下同。乐记：'韶，继也。'注：'舜乐名也。韶之言绍也，言舜能绍尧之德。周礼曰'大招。'"

《史记·五帝本纪》："四海之内，咸戴帝舜之功。于是禹乃兴《九招》之乐，致异物，凤皇来翔。天下明德皆自虞帝始。"索隐曰："招，音韶，即舜乐《箫韶》。九成，故曰《九招》。"

把韶乐称为"招""磬"，是因为韶、招、磬三字音同相假互用，韶、磬又为古今字。把"韶"称作"九韶""九招""九磬"，则因为"《箫韶》九成"，成，即终，九终即所谓"备乐九奏"，把韶乐奏了

九遍而终，故曰"九韶""九招""九磬"。正如汉王逸注《楚辞·远游·离骚》"二女御《九韶》歌"时所云："《韶》，舜乐名也。九成，九奏也……（舜）于是遂禅以位，升为天子。乃作《韶》乐，钟鼓铿锵，九奏乃成。"

在"韶"前加一"大"字，成"大韶""大招""大磬"，古籍无解。我们认为这是以《韶》为"大乐"的缘故。《史记·乐书》云："大乐必易，大礼必简。乐至则无怨，礼至则不争。大乐与天地同和，大礼与天地同节。"《韶》正是这样的大乐，前引《左传·襄公二十九年》言吴公子札使鲁，遍观周南、召南、邶、鄘、卫、郑、齐、豳、秦、魏、唐、陈、小雅、大雅、颂、象箾、大夏等十余种乐舞，但都有美中不足之处，最后见舞《韶箾》者时则说："德至矣哉，大矣。如天之无不帱也，如地之无不载也。虽甚盛德，其蔑以加于此矣。观止矣。"所谓大乐，像天无不包容，像地无不载育，能够"顺阴阳律吕生养万物，是大乐与天地同和也"（《史记·乐书》正义）。再加上孔夫子谓韶，"尽美矣，又尽善也"，使韶乐具有了无比崇高的地位，故称为"大韶"。

第二节　韶乐的发明者及其创制时代

关于韶乐的发明者及其创制时代，史籍中有四种说法，如下：

（1）帝喾时的咸墨作《九招》。

《吕氏春秋·古乐》："帝喾命咸墨作为声歌：九招、六列、六英。"南朝梁刘勰《文心雕龙·颂赞》："昔帝喾之世，咸墨为颂，以歌《九韶》。"

此处九招、九韶据上所证，都为韶乐之别名，但把所作之人归为帝喾时的咸墨，而咸墨似乎不是作乐、作舞之人，而是作歌词、颂辞之人。此说以韶乐有颂辞为特征，与先秦古籍一般看法不同。

（2）大舜时代的夔作《韶》（或《箫韶》）。

《尚书·益稷》："夔曰：戛击鸣球，搏拊琴瑟以咏，祖考来格，虞宾在位，群后德让。下管鼗鼓，合止柷敔，笙镛以间，鸟兽跄跄。《箫韶》九成，凤凰来仪。夔曰：於予击石拊石，百兽率舞，庶尹允谐。"孔传曰："韶，舜乐名。言箫，见细器之备。雄曰凤，雌曰凰，灵鸟也。仪，有容仪。备乐九奏，而致凤凰，则余鸟兽不待九而率舞。"

《尚书·益稷》认为韶乐是五帝舜时代的产物，或名《韶》，或名《箫韶》，发明者是典乐官夔。

（3）大禹作《九招》。

《史记·五帝本纪》："四海之内，咸戴帝舜之功。于是禹乃兴《九招》之乐，致异物，凤皇来翔。"据史载，帝舜把帝位禅让于大禹，大禹率众臣"咸戴帝舜之功"，才作了《九招》之乐。在《史记》中，禹是韶乐的又一发明者。

（4）夏启作《九招》。

《山海经·大荒西经》："西南海之外，赤水之南，流沙之西，有人珥两青蛇，乘两龙，名曰夏后开。开上三嫔于天，得《九辩》与《九歌》以下。此天穆之野，高二千仞，开焉得始歌《九招》。"郝懿行注云："盖谓启三度宾于天帝，而得九奏之乐也。故《归藏·郑母经》云：'夏后启筮，御飞龙登于天，吉。'正谓此事。《周书·王子晋》篇云：'吾后三年，上宾于帝所。'亦其证也。"

夏后开即夏启，后世为避汉景帝刘启之讳，改启为开。此说其乘龙三次上天，在高两千仞的天穆之野，窃得九辩与九歌。"开焉得始歌《九招》"之"焉"，为虚词，但不表示疑问，故此处是说夏启开始舞《九招》。古人也是这样认识的，如《列子集释·周穆王》："奏承云、六莹、九韶、晨露以乐之。"补注："山海经，夏后开始歌九招。"既然是"始歌"，《九招》自当为夏启始作。问题是，启上天所得的是"《九辩》与《九歌》"，他不舞所得，而舞《九招》，令人费解。郝注以"九辩、九歌、九招"都为九奏之乐，即箫韶九成，来解释此疑。王国维先生对此则有精辟的看法：

《古本竹书纪年·夏纪》："《竹书》曰：夏后开舞九招也。"王国维案："'夏后开'即夏后启，汉景帝名启，避'启'字讳，汉人因改'启'为'开'。吴大澂《字说》云：'古文召、绍、韶、招、昭为一字。'（《字说》，据《说文解字诂林》补遗卷三上）是'九招'即'九韶'。《帝王世纪》：'启升后十年，舞九韶。'（《太平御览》卷八二引）《山海经·大荒西经》：'开上三嫔于天，得九辩与九歌以下。'

066

又《海外西经》：'夏后启于此舞九代。'《楚辞·离骚》：'启九辩与九歌分，（夏）康娱以自纵。'又《天问》：'启棘宾商，九辩九歌。''九招''九韶''九歌''九辩'，当为一事。"

　　据此考证，"九招""九韶""九歌""九辩""九代"，实指一事，前面费解之事自然冰释。要之，为什么韶乐之作有虞舜、夏启（或夏禹）两个时代四个人呢？愚以为，韶乐原是我国古代文明初期的一种民间祀神祭天的乐舞，虞夏时把它作为宫廷所用的祭祀乐舞，反复奏舞九遍，以示对天地祖先的敬意。形成了"九奏""九成"的礼乐制度。由于最早称作"箫韶九成"，所以"九韶"当是其主要名称，随着时代的发展，其"九成"的制度形式保留，但内容屡变，于是就有诸"九"之乐舞。换句话说，"韶乐"并非虞舜一人发明，也并非虞舜一代之舞，而是自我国文明初期就开始发明，在虞、夏、商、周四代都用并逐渐增益的宫廷乐舞，"九成"是礼乐制度的最早体现，必奏九遍，方合礼制。故极力鼓吹大舜、周公礼乐制度的孔子对其特别推崇，称其为"尽善尽美"。

　　《吕氏春秋·古乐》为此观点提供了一些证据："帝喾命咸墨作为声歌：九招、六列、六英。""帝舜乃令质修九招、六列、六英，以明帝德。""禹立……，于是命皋陶作为夏籥九成，以昭其功。""殷汤即位，夏为无道，暴虐万民，侵削诸侯，不用轨度，天下患之。""汤于是率六州以讨桀罪，功名大成，黔首安宁。汤乃命伊尹作为大护，歌晨露，修九招、六列，以见其善。"

　　"修九招"即对韶乐的继承和修改。继承者，九成之制也；修改者，《九辩》《九歌》《九代》也。"修九招"成了舜、禹、汤、伊尹等政治家们的大事，它意味着以"文"治国，以"善"感民，这在以武力取得政权之后，显然是必须采用的治国方略，孔子的"尽善尽美"其真正含义也正在于此。所谓"韶乐"，其实是三代时一种代表当时礼乐制度的乐舞而已，它的起源时代可追溯至我国文明起源的初期，因此，《韶乐》之作有五帝、夏两个时代的帝喾、帝舜、夏禹、夏启四个人是不足为奇的。

第三节　韶乐在三代的继承和修改

韶乐被发明以后，逐渐成为夏、商、周三代乐制的最重要内容。各代都继承其乐舞并有所修改。正如《乐府诗集·雅舞》所说：

周存六代之乐，至秦唯余《韶》《武》。汉魏已后，咸有改革。然其所用，文武二舞而已，名虽不同，不变其舞。故《古今乐录》曰："自周以来，唯改其辞，示不相袭，未有变其舞者也。"

首先是商代的继承和修改，前举《吕氏春秋·古乐》"汤乃命伊尹作为大护，歌晨露，修九招、六列，以见其善。"即证明。

据"周存六代之乐"看，西周宫廷当有韶乐。但遍检古籍，仅有周穆王时一条记录，《列子集释·周穆王》："奏承云、六莹、九韶、晨露以乐之。"是否汉人追记，已不可考。

至春秋时代，可信的古籍多次记载了鲁国、齐国有《韶乐》：

《左传·襄公二十九年》："（吴公子札）见舞《韶箾》者，曰：德至矣哉，大矣。如天之无不帱也，如地之无不载也。虽甚盛德。其蔑以加于此矣。观止矣，若有他乐，吾不敢请已。"

"见舞《韶箾》者"，《史记·吴太伯世家》作"见舞《招箾》"。服虔注曰："有虞氏之乐《大韶》也。"索隐云："'韶''箾'二字体变耳。"

《说文·箾》也说："虞舜乐曰'箾韶'。"由此可见，《韶箾》《招箾》都是韶乐。

除吴公子札在鲁见《韶乐》外，晚一点的孔子在齐也有"闻韶"记录，《论语·述而》："子在齐闻韶，三月不知肉味。曰：'不图为乐之至于斯也！'"《论语·八佾》："子谓韶：'尽美矣，又尽善也。'"此即当今学界讨论较多的"齐韶乐"。

第四节　汉至隋——韶乐的直接传承

入汉代，宫廷乐制开始规范化和正规化。其基本原则是在继承先秦六乐内容的基础上，把名称改变，同时自创了新乐，以显示改朝换代后与前代乐制"不相袭也"。

《汉书·礼乐志》："夫乐本情性，浃肌肤而臧骨髓，虽经乎千载，其遗风余烈尚犹不绝。至春秋时，陈公子完奔齐。陈，舜之后，《招乐》存焉……《文始舞》者，曰本舞《招舞》也，高祖六年更名曰《文始》，以示不相袭也。高祖六年又作《昭容乐》《礼容乐》。《昭容》者，犹古之《昭夏》也，主出《武德舞》（高祖创）。《礼容》者，主出《文始》《五行舞》。"

在"不相袭也"的思想指导下，汉初把"韶舞"改名为"文始舞"，并根据韶乐创作了《礼容乐》，同时，又创作了《武德舞》等。自韶乐改名以后，两汉俱用之。

曹魏时期再改头换面，为显示自己有乐舞，就把汉的《文始舞》改曰《大韶舞》。

《宋书》卷十九《乐志一》："文帝黄初二年，改汉《巴渝舞》曰《昭武舞》……《文始舞》曰《大韶舞》，《五行舞》曰《大武舞》。其众歌诗，多即前代之旧。"

"歌诗"即歌词，"多即前代之旧"，说明《大韶舞》在内容上与汉代没有多大差异。

晋代乐制进一步规范化，礼祀郊庙的音乐和舞蹈分为文舞、武舞。文舞为前舞，武舞为后舞。

《宋书》卷十九《乐志一》："晋氏之乐，《正德》《大豫》。"又引何承天《三代乐序》云："晋《正德》《大豫舞》，盖出于汉《昭容》《礼容乐》，然则其声节有古之遗音焉。"《正德》为文舞、前舞，《大豫舞》为武舞、后舞；自此以后，各代宫廷大乐都以文舞、武舞统领概括，故舜之《韶乐》和周武王的《大武》，也成了后世文舞、武舞的代称。晋文舞《正德》出于汉《礼容乐》，《礼容乐》又出于《韶乐》，故曰："其声节有古之遗音焉。"

至南北朝，处于分裂局面，汉以来的宫廷正统歌舞主要被南朝继承。南朝宋初沿用晋制，以《正德》为前舞、文舞，以《大豫舞》为后舞、武舞。至宋孝武帝时，改《前舞》为《凯容》之舞，《后舞》为《宣烈》之舞。《凯容》继承《韶》乐为文舞。其证如下。

《宋书》卷十九《乐志一》："及宋不更名，直为《前》《后》二舞。依据昔代，义舛事乖。今宜厘改权称，以《凯容》为《韶舞》，《宣烈》为《武舞》。"《乐府诗集》卷五十二引《宋书·乐志》曰："武帝永初元年，改晋《正德舞》曰《前舞》，《大豫舞》曰《后舞》，并蕤宾厢作。孝武孝建二年九月，建平王宏议，以为舞不更名，直为前后二舞。依据昔代，义舛事乖，宜厘改权称，以《凯容》为《韶舞》，《宣烈》为《武舞》。"只是文、武舞的冠服用了曹魏的冠服。

南朝齐承宋乐制，《南齐书·乐志》曰："宋前后舞歌二章，齐微改革，多仍旧辞。《宣烈舞》执干戚，用魏武始舞冠服，《凯容舞》执羽籥，用魏《咸熙舞》冠服。宋以《凯容》继《韶》为文舞，据《韶》为言。《宣烈》即是古之《大武》，今世谚呼为《武王伐纣》。齐初仍旧，不改宋舞名。其舞人冠服，亦相承用之。"

南朝齐的文、武舞都沿宋之旧名为《凯容舞》《宣烈舞》，"舞人冠服，亦相承用之"，只是舞歌词微改，"多仍旧辞"。

南朝梁的文舞为《大观》，武舞为《大壮》，皆系改前代文、武舞的名称而来。

《乐府诗集》卷五十二引《古今乐录》曰："梁改《宣烈》为《大壮》，即周《武舞》也。改《凯容》为《大观》，即舜《韶舞》也。"

梁之《大观》源于宋齐之《凯容》，《凯容》继承晋代的《前舞》，即《正德舞》，而晋的文舞《正德》又出于汉《礼容乐》，《礼容乐》又出于《韶乐》，故曰"改《凯容》为《大观》，即舜《韶舞》也"。由此看来，梁之《大观》也是韶乐的直接传承者。

至南朝陈，仍沿用前代乐制，没有更名，但在用乐的场合上略有改变。

《乐府诗集》卷五十二引《古今乐录》曰："陈以《凯容》乐舞用之郊庙，而《大壮》《大观》犹同梁舞，所谓祠用宋曲，宴准梁乐，盖取人神不杂也。"

换句话说，南朝陈的文舞有二，一是把宋的文舞《凯容》用之郊庙，二是把梁的武舞《大壮》、文舞《大观》用于宴飨。

当时的北朝与南朝对峙。北周以前，其宫廷礼乐都沿袭北魏。恭帝元年平荆州后，获得南朝梁的礼乐，始用传统的先秦乐舞。

《隋书》卷十四《音乐志》："周太祖迎魏武入关，乐声皆阙。恭帝元年，平荆州，大获梁氏乐器，以属有司，及建六官，乃诏曰：'六乐尚矣，其声歌之节，舞蹈之容，寂寥已绝，不可得而详也。但方行古人之事，可不本于兹乎？自宜依准，制其歌舞，祀五帝日月星辰。'于是有司详定：郊庙祀五帝日月星辰，用黄帝乐，歌大吕，舞《云门》。祭九州、社稷、水旱雩祟，用唐尧乐，歌应钟，舞《大咸》。祀四望，飨诸侯，用虞舜乐，歌南吕，舞《大韶》。祀四类，幸辟雍，用夏禹乐，歌函钟，舞《大夏》。祭山川，用殷汤乐，歌小吕，舞《大濩》。享宗庙，用周武王乐，歌夹钟，舞《大武》。"

其中的"祀四望，飨诸侯，用虞舜乐，歌南吕，舞《大韶》"，便是用的《韶乐》歌舞。

第五节　隋代的乐制改革

至隋主要以北朝齐乐而改庙舞乐制，"自造郊歌"，"不备宫悬，不遍舞六代"，"倡优猱杂，咸来萃止。其哀管新声，淫弦巧奏，皆出邺城之下，高齐之旧曲云"。郊庙宴飨之乐虽有文舞、武舞之设，但尊齐制"舞不立号"，《大观》舞虽记于《隋书·音乐志》，但"悉罢不用"。故韶乐直系传承至《大观》而止。唐以后，韶乐的遗韵和形式，只在历代文舞和大乐中有所反映。

《乐府诗集》卷五十二《雅舞》："周存六代之乐，至秦唯余《韶》《武》。汉魏已后，咸有改革。然其所用，文武二舞而已，名虽不同，不变其舞。故《古今乐录》曰：'自周以来，唯改其辞，示不相袭，未有变其舞者也。'"

《乐府诗集》认为，汉魏以后唯用文武二舞，而先秦六乐的名称均不用而改用其他名称，并据各代不同的政治需要改了歌词，但舞的内容未变。这种看法基本符合实际。据前考，汉以后的文舞，主要继承韶乐韶舞仅改变名称而已，从《韶乐》到汉的《礼容》、梁陈的《凯容》，其传承线索清晰，渊源有自。至于北朝"永嘉之寇，尽沦胡、羯。于是乐人南奔，穆皇罗钟磬，苻坚北败，孝武获登歌。晋氏不纲，魏图将霸，道武克中山，太武平统万，或得其宫悬，或收其古乐，于时经营是迫，雅器斯寝。孝文颇为诗歌，以勖在位，谣俗流传，布诸音律。大臣驰骋汉、魏，旁罗宋、齐，功成奋豫，代有制作。莫不各扬庙舞，自造郊歌，宣畅功德，辉光当世，而移风易俗，浸以陵夷"①。这种"乐人南奔""雅器斯寝""莫不各扬庙舞，自造郊歌"的状况，使得传统乐制在北朝崩溃，只能"移风易俗，浸以陵夷"。至于隋代，有下列记录：

《隋书·音乐志上》："御史大夫裴蕴，揣知帝情，奏括周、齐、梁、陈乐工子弟及人间善声调者，凡三百余人，并付太乐"，"不备宫悬，不遍舞六代，逐所应须"。

《隋书·音乐志中》："（齐）斑因采魏安丰王延明及信都芳等所著《乐说》，而定正声。始具宫悬之器，仍杂西凉之曲，乐名《广成》，而舞不立号，所谓'洛阳旧乐'者也。"

《隋书·音乐志下》："隋去六代之乐，又无四望、先姚之祭，今既与古祭法有别，乃以神祇位次分乐配焉。"

《隋书·音乐志下》："今据《尚书》直云干羽，《礼》文称羽籥干戚。今文舞执羽籥，武舞执干戚，其《矛俞》《弩俞》等，盖汉高祖自汉中归，巴、俞之兵，执仗而舞也。既非正典，悉罢不用。""更详故实，创制雅乐歌辞。"

由上所引可以看出，隋代对传统乐制进行了大改革，一是"去六代之乐"；二是"舞不立号"；三是祭祀宴飨乐制统称雅乐，"更详故实，创制雅乐歌辞"。在这种情况下，韶乐未被启用，传承结束。但其雅乐中"文舞执羽籥，武舞执干戚"还是多多少少保留了一些韶乐的因素。

---

① 《隋书》卷十三《音乐志上》，文渊阁《四库全书》本。

第六节　唐宋及以后雅乐文舞的嬗变

以后的唐、宋、元、明、清，都把祭祀宴飨乐制统称雅乐，雅乐中的文舞，都多少保留了一些韶乐因素。

唐贞观中，祖孝孙改隋文舞为《治康之舞》、武舞为《凯安之舞》。又有武舞《秦王破阵乐》、文舞《功成庆善乐》二舞。是舞有四焉。

五代后晋文舞为《昭德》之舞，武舞为《成功》之舞。

《五代史·乐志》曰："文舞六十四人，左手执籥，右手执翟。五代后汉改唐文舞《治康之舞》为《治安之舞》，改武舞《凯安之舞》为《振德之舞》，用于郊庙；文舞《功成庆善乐》改为《观象之舞》，《秦王破阵乐》改为《讲功之舞》，用于宴飨。"

《旧五代史》卷一四四《乐志上》："贞观中二舞名：文舞《功成庆善乐》，前朝名《九功舞》，请改为《观象之舞》；《秦王破阵乐》，前朝名为《七德舞》，请改为《讲功之舞》。其《治安》《振德》二舞请依旧郊庙行用，以文舞降神，武舞送神。其《观象》《讲功》二舞，请依旧宴会行用。"宋代雅乐总名《大晟》，文舞曰《右文化俗》，武舞曰《威功睿德》。

《宋史》卷一二九《乐志四》："崇宁四年七月，铸帝鼐、八鼎成。八月，大司乐刘昺言：昔尧有《大章》，舜有《大韶》。三代之王亦各异名。今追千载而成一代之制，宜赐新乐之名曰《大晟》，朕将荐郊庙、享鬼神、和万邦。与天下共之。其旧乐勿用。"

《宋史》卷一二七《乐志二》："文舞曰《右文化俗》，武舞曰《威功睿德》。"

元代雅乐总名《大成》，文舞曰《武定文绥之舞》，武舞曰《内平外成之舞》。大德九年，又制郊庙文舞曰《崇德之舞》，武舞曰《定功之舞》。

《元史》卷六十八《礼乐志二》："宋总名曰《大晟》，金总名曰《大和》。今采舆议，权以数名，伏乞详定，曰《大成》。文舞曰《武定文绥之舞》，武舞曰《内平外成之舞》。第一成象灭王罕，二成破西夏，三成克金，四成收西域、定河南，五成取西蜀、平南诏，六成臣高丽、服交趾。"

《新元史》卷九十一《乐志一》："文舞曰《崇德之舞》，武舞曰《定功之舞》。"

明代，雅乐以"和"为名，教坊司设总乐《中和韶乐》，用于郊庙、宴飨、朝会等。文舞曰《车书会同之舞》，武舞曰《平定天下之舞》，又设四夷舞曰《抚安四夷之舞》，用于宴飨、朝会等。

《明史》卷六十一《乐志一》："武舞曰《平定天下之舞》，象以武功定祸乱也；文舞曰《车书会同之舞》，象以文德致太平也；四夷舞曰《抚安四夷之舞》，象以威德服远人也。"

清代"修明之旧，有《中和韶乐》，郊庙朝会用之"。其舞有《队舞》和《佾舞》，各有文舞、武舞。《佾舞》用于祀神，文舞曰《文德之舞》，武舞曰《武功之舞》。《队舞》用于宴飨，文舞曰《喜起舞》，武舞曰《庆隆舞》。

结　语

先秦《韶乐》《韶舞》至汉高祖六年，《韶乐》被改名为《文始》，名异实同。汉代人自创的《昭容》《礼容》也吸收了《韶乐》的一些因素。以后，历代都有《韶》《武》，并加了不同的歌词，但其舞乐变化不大，正如《乐府诗集》卷五十二《雅舞》所说：

> 周存六代之乐，至秦唯余《韶》《武》。汉魏已后，咸有改革。然其所用，文武二舞而已，名虽不同，不变其舞。故《古今乐录》曰："自周以来，唯改其辞，示不相袭，未有变其舞者也。"

汉初改《韶乐》为《文始》以后，两汉俱用之，曹魏初改为《大韶舞》，明帝时又以《凯容舞》之名替之，至南朝梁犹用《凯容》，后改为《大观》，至此，韶乐的直系传承结束。以后，隋之《昭夏》、唐之《云韶》、宋元之《大晟登歌之乐》，明、清之《中和韶乐》都先后继承了前代乐舞之风，多多少少含有《韶乐》的余韵。因此，无论是从文献角度还是从流传角度讲，《韶乐》是自古流传下来，并对中国礼乐制度和文化产生重大影响的一种乐舞。

第四章 韶文化的确立
——区域文化概论

谈到文化，大家似乎都很熟悉和理解，但如果细究起来，却不是一个简单的事情。如谈到中华文化、华夏文化、汉族文化、瑶族文化等，当指一种区别于他民族的民族文化；如谈到齐鲁文化、中州文化、岭南文化、粤北文化等，当指一种区别于其他地区的区域文化；如谈到北京猿人文化、曲江马坝人文化、仰韶文化、石峡文化等，当指不同时期的一种以物质遗存为研究对象的考古学文化。另外还有诸如宗教文化、民俗文化、艺术文化、园林文化、建筑文化、生态文化等许多可冠以文化的诸种事物。一句话，从不同的角度、不同的空间、不同的时间对文化所下的定义或理解会有很大的不同。原因很简单：由人所创造的或受人活动影响的世界上的万事万物、思想知识等都可称为文化，换句话说，文化与自然是相对的，文化的实质是人类所创造的或受人类影响所形成的事物、思想、知识。人类活动和人类思维所涉及的事物范围极其广阔，所以以上诸种文化名称的存在是不可避免的。文化的种类和范围可以说是随着人类活动的扩展在无限扩张的。现代高速信息时代所创造的"高速信息文化"对人类社会及其生产、生活方式，甚至对自然界的影响都是巨大的，这是高科技发展带来的一种新的文化形式。但文化在种类范围上的无限扩张与其有限的概念界定是相辅相成的，一旦某种文化被界定，它就是具体的、可被逐渐显现表达的了，特别是历史上的各种文化尤是如此。

第一节　区域文化的概念及我国区域文化的独特性

"所谓区域文化（area cultural），是按照地域界定而出现的文化类型（cultural type），是某一地区囿于地理环境和民族发展所呈现出的文化形貌（cultural configuration）。区域文化的产生和成型，既脱离不了环境和历史这两大要素，也脱离不了时间—空间的一体化结构。在时—空范畴中，侧重于时间的表现为文化史；侧重于空间的表现为文化地域。然而，对于区域文化而言，'时间形式是事件之间最原始而基本的关系'，即使侧重于空间的文化地域也必须经过不断的发展才能成为区域文化。这个过程使时间成为过客而将历史上产生的文化沉淀在某一区域中，从而使区域文化更加成型稳定。"[①]

长期的大一统社会格局，使我国区域文化具有自然与人为共同构成的特殊性。既有以空间地域而定的中国文化和以文化品位而定的华夏文化等第一级文化；又有由中原区系、南方区系、北方区系、青藏区系四大地域构成的第二级区域文化；还有属于南方区系的岭南文化、吴楚文化、闽越文化、湘赣文化等第三级区域文化。而岭南文化中，又有南越文化、广府文化、潮汕文化、客家文化、五邑侨乡文化、粤北韶文化等更次一级区域文化。

文化的界定是研究某种文化首先必须解决的问题。其间的关键是解决特异性问题。如果某种文化能被学界认同，那它必然是具有区别于同类文化的突出特征。就区域文化而言，中国文化（或称中华文化）中有北方草原文化、中原文化、黄河文化、中州文化、荆楚文化、齐鲁文化、长江文化、珠江文化、岭南文化等。这些文化主要因地域的不同，而有着不同的特征，但同属于中国文化。也就是说，中国文化中存在着不同区域的文化。这些不同区域的文化内部又可根据不同的特点再分成若干个文化。如岭南文化，学界一般认为至少应由广府文化、潮汕文化和客家文化构成。这告诉我们，任何区域文化都

[①]　李德勤：《中国区域文化简论》，《宁波大学学报（人文科学版）》1995 年第 1 期，第40 – 41 页。

是有层次的，越高层次其区域越广泛，在同层次文化中特征清晰、明显，如中国文化和欧美文化等；越低的区域文化地域越狭窄，范围越小，在同层次文化中的共性较多，特征并不十分明显，如黄河文化与中州文化等。因此低层次的区域文化不宜分得过细，过细而无实质性特征，只能是纸上谈兵，与实际不符，于应用无益。

文化中的特征主要是由人的行为特征、思维特征造成的。因此，任一区域文化中的民族或民系主体所表现出来的特征是这一区域文化的主要特征。这样，区域文化和民族文化在同一范围内其基本特征是一致的、重叠的。如潮汕文化、广府文化、岭南文化都是区域文化之名，但都可称作潮汕人文化、广府人文化和岭南人文化。客家文化是一个民系文化之名，其分布主要在江西、福建、广东、四川，其在岭南的客家文化构成了岭南文化的重要部分，因此广东客家文化又可理解为一种分布在梅州、韶关等地区的一种区域性文化。所以民族文化和区域文化在一定的环境中是互相交叉重叠的，它们既有区别，又有联系。区别者，是作为研究对象时所强调的侧重点不同；联系者，是二者在同一范围内所表现出来的基本特征是一致的。

我国区域文化的独特性主要表现在整体文化的二重（或多重）构造模式方面。整体文化中的多层次结构决定了文化间的相互区别、相互渗透和融合，表现出共性与个性组合的交互状态，这是形成文化实体的自然和人为的综合现象。区域文化的"核心结构"和"边缘"都在交互中游移并发生变化，最终形成多层次、多类别的区域文化。

确定一个区域内的文化是不是一个独立的区域文化，关键有两点：一是由地理环境造成的生产方式的差异；二是由不同民族、民系所造成的生活方式的差异。这些差异越突出，该区域的文化特质就越明显，抽象文化特质并与上一层整体文化比较，才能确定该区域文化是否确立。

地域文化的文化特征不是固定的、一成不变的。在历史长河中的不同时期在同一区域内发生的人类文化都处在不断的变化之中。比如，有些学者总结岭南文化具有开放性特征，这确实不假，岭南确实是吸收、融合外来文化的桥头堡，改革开放之后尤为如此，没有开放性特征是不可能的。但春秋战国以前的岭南是否也如此？吾不敢言。因为先秦资料显示，当时岭南还是一些"无君长"的部族形态，可能还处在小国寡民甚至是部落社会阶段，封闭、保守可能是当时文化的主流。因此概言岭南文化有开放性特征可能不符合历史事实，审慎的学者会区分历史不同时期的内涵变化，抽象其文化特征。其实，某既定区域内文化的变化主要有三种形式：一是自变，即主体居民长期居住在既定区域，由对外的战争、交流、通婚、融合等引起的文化内部变化，其特点是变化缓慢、表面稳定、趋向自然；二是他变，即主体居民被征服且又留居原地，征服民族文化被强植于社会之中引起区域文化变化；三是突变，因自然灾害或战争等因素引起原居民举族迁徙，若干年后新居民纷至沓来而引起的区域文化变化。因此，确定或考察一个区域文化，必须全面把握其历史发展的整体情况，不能以偏概全、以今概古。

在中国区域文化的形成过程中，随着时间推移的远近、文化积淀的程度大小，大体上经历了三个阶段：一是只有考古和文献意义的、自然属性强人为因素少的萌芽阶段，如龙山文化等；二是以封国独立为主要形式的区域文化成型阶段，表现为齐鲁、闽越、南越等方国地域文化；三是以地方行政区划为特征的区域文化发展的史志阶段，如广府文化、潮汕文化、韶文化等。

第二节　形成韶文化的自然环境与人文环境

一、自然环境

自然环境是决定一个地区经济、政治、文化起源、发展、嬗变的重要因素。韶文化的形成与发展、演变，也要受到历史、地理环境的影响和制约。韶关地处粤北，背靠南岭的骑田岭和大庾岭，南望一线城市广州，西南邻清远，东北接江西，总面积30 687平方公里。

从地理角度看，"韶文化"当指以粤北山区为主的一个山地区域文化。南岭山区山高林密，由不同岩性和形态的山地丘陵组成。其间分布有许多灰岩盆地和局部红岩盆地的丹霞山。山间沟壑繁多，形成各种大小川流：骑田岭岭北有湘江的主要支流潇水、春陵水、耒水、资江、沅水。大庾岭岭北有江西赣江支流章江、贡江。岭南有珠江水

系中的北江支流武水、浈水、涟江；西江支流中的贺江、漓江、融江；东江支流中的寻乌江、定江等。这些江水造成了深切峡谷嵌入曲流和串珠状河谷平原、山间盆地。同时，由于水流切割和岩性、构造的不同，使南岭山体破碎，出现褶岭、隘道，形成天然的险关隘口。诸如湘桂夹道、河路口、龙虎关、永安关、梅关、横浦关、阳山关、湟溪关等均是南北间的山垭低谷和走廊地带，历来为我国南北方重要的交通孔道，也是军事要冲，更是中原文化南渐、海洋文化北传的必经之路，向有"岭南咽喉""广之北门"之称。

韶关地貌类型多样，山地丘陵面积占全区山地总面积的 80% 以上。气候、生物等垂直分异规律明显，总体上为温暖湿润的亚热带季风气候。光照充足、雨量充沛，平均气温 17～21.6 摄氏度，平均降水量 1 400～2 200 毫米，70% 集中于春夏两季。植被为亚热带常绿阔叶林，具有成分复杂、种类繁多、基底资源丰富的特点，有利于多种经济林木的繁育和发展。森林覆盖率 70% 以上，是我国的重要林区。地质地貌有以下三个特点：①野生动物种类繁多，仅脊椎动物就有 700 余种，经济价值较大的有 100 多种。②岩石风化强烈，形成深厚的红色风化壳，土壤以红壤和山地黄壤为主，自然肥力较高。③矿产丰富，尤以有色金属为最，铅、锌、银、铜、钨、铋、钼等储量均居全国前列。

二、人文环境

韶关历来是一个以汉族为主体的多民族（或民系）杂居地区，除历代涌入广东的汉人外，又有在唐、清时不断迁徙而来的瑶人、壮人、畲人等。改革开放以前，大部分群众以"耕山为业"，山地农业是粤北地区的主要生产方式，为岭南的开发做出重大贡献。现在，韶关共辖浈江、武江、曲江三区和始兴、仁化、乳源、瓮源、新丰五县以及乐昌、南雄两市。面积约 1.82 万平方公里，人口约 334 万人（2016 年数据），全市有汉族、瑶族、畲族等 43 个少数民族。改革开放后，工业和服务业发展较快。

韶关民风淳朴，虽是多民族杂居，但在隋以后舜帝韶乐精神的影响下，各民族之间和睦相处。正如清代韶关诗人欧堪善所言："熏风千载解民愠，山川名胜有歌赓。"此外，因韶关特殊的"交通要冲"位置，此地自古以来就是南北文化荟萃与融合之地，古代的中原文化、湘文化、赣文化首先在此地落根，然后传至广府；近现代的广府文化（珠三角文化）、西洋文化等也通过韶关北传，商业贸易发达。

第三节 韶文化的概念与基本特征

韶文化是岭南文化中一个主要的文化类型。12.9万年前，早期智人阶段的马坝人已在韶关居住，肇始了岭南最初的人类文化。进入新石器时代，韶文化的特色在其萌芽阶段以石峡文化为代表已初现端倪。目前，韶关地区已发现新石器时代遗址83处。石峡文化有木骨泥墙的地表房子，石器已经标准化和专业化，已种植栽培稻，并有精美的璜、珠、瑗、笄等，私有化已达到相当的程度，更有显示等级和权力的石圭、石琮出土，说明此地在距今四五千年间进入文明阶段和部落国家阶段。至中原的夏商周时代，这里可能已建立了岭南最早的"无君长"的方国之一——阳禺。[①]

在南越国阶段及两汉以后，粤北地区步入区域文化的最初发展阶段，曲江（又称曲红，因曲红冈得名）、始兴郡皆当时岭南重要的中心城市之一。特别是此地极富特征的以丹霞红岩为主的生态自然风光逐渐被人们认识，并根据舜帝南巡在南岭地区奏韶乐的历史传说，把原名"曲红冈"的丹霞地貌，赋予了"尽善尽美"的韶乐精神，命名为"韶石"。"隋平陈，为韶州，以韶石为名。"（唐初梁载言《十道志》）至此，以"韶"为核心的优美的自然环境和善美和合的韶乐人文精神，在粤北地区被有机地结合，韶乐、韶石、韶州成了这一地区最响亮的文化符号。基于地方行政区划和自然环境特殊性而形成的区域文化——韶文化，在保留了岭南文化一般特征的同时，逐渐展现了自己的一些地域文化特征。

一、自然特征

交通要冲，山川秀丽，植被茂盛，矿产资源丰富，是构成此地区

---

① 谭其骧：《中国历史地图集·战国分册》（第1辑），北京：中国地图出版社1982年版。

域文化特色的主要方面。与珠三角以丘陵平原为主的环境相比，韶文化则以高山和小盆地为主，八山一水一分田的格局，造成山地经济特征；武江、浈江、北江、涟江等是水运交通命脉，使韶关成为交通要冲、广之北门；它们切割山体，同时又因岩性不同造成诸多关隘，使之成为岭南咽喉、战略要地；动植物繁多，植被覆盖率达70%以上，生态资源优势至今突显；矿产丰富，自唐宋以来，一直是全国和岭南的矿业中心之一。以上地域环境决定的粤北人民生产、生活、政治、军事特色，都是韶文化特有的或更为突出的，是与岭南文化的广府文化、潮汕文化显著区别的。

二、民族（民系）特征

民族（民系）特征是构成区域文化的主导要素。像其他区域文化一样，此地的居民虽然也是不断变化的，但韶文化更加源远流长，历史悠久。12.9万年前，此地已有马坝智人居住。新石器时代的石峡人及其文化，是当时岭南三大（或五大）文化类型之一，出土物反映的特征突出，是全国典型的文化类型之一，其所反映的新时代文化发展程度，在广东首屈一指。至先秦时期，北江流域居住着古越族，可能建立有"无君长"的阳禺小国。至秦汉，随着中原汉族政权对岭南的多次经营（包括秦略岭南、赵佗立国、汉武帝灭南越国、马援南征等），不少汉族留居粤北，形成了南越族与汉民族的第一次大融合。魏晋南北朝时期北方动乱，不少世族南迁，张九龄祖先就是在这一时期迁居岭南的。隋唐时，源于早期湖南五溪蛮的"莫瑶"族形成，逐山而居，不纳税赋，受唐、宋、明历代排斥，自唐至明清，逐渐迁入粤北，构成了韶文化民族成分的一个主流。唐宋至元初，中原汉族因战乱多次大规模经赣州涌入南雄，珠玑巷成了其聚集地，经数代后，这些汉族又举族南下珠三角，与当地百姓融合，形成了现在广府人的主体。明清时期，又有不少汉族越岭定居粤北地区，这就是现代珠玑巷、始兴、韶关、翁源、曲江等地的客家人，他们构成了韶文化又一主流民族成分。除此之外，至少自明代以来活跃在岭南各大水系的水上人家——疍民，相当一部分生活在始兴、韶关等北江流域，韶文化的母体上也留下他们深深的印记。

可以看出，韶文化在历史发展中，融合了古越族、不同时空的汉族、瑶族等多民族民系的文化、风俗和习惯，其中的主流是汉族和瑶族。改革开放以后，广府文化迅速发展，对以开放包容为核心精神的韶文化产生了重大影响，但远远不足以融合韶文化和泯没其由自然生态环境、两千年行政区划不同所造成的文化传统。

三、包容和谐、尽善尽美的精神特征

韶文化是一个开放性很强的区域文化。自古以来韶关就是南北方文化、大陆与海洋文化交融的重要节点。在北方战乱或闭关锁国时期，这里是各民族难民、移民的理想聚集地（如各时代南迁的客家人）；也是异域文化渗透、生根的理想区域（如南禅宗佛教和基督教）。韶文化以其博大的胸怀，包容了不同民族、民系的共生，也以兼容并取的姿态，吸纳了不同的文化精神。这种文化状况的形成，与地理上的交通枢纽、民族民系上的多元化关系重大，更与自隋唐以来大力崇尚舜文化、舜韶乐的文化传统密不可分。舜帝在韶石奏韶乐虽然是一个历史传说，但隋唐以来的历代政府、史志和士人都极力主张这一说法，不仅在韶关建造了舜帝庙、舜祠、望韶亭、九成台等一大批纪念、祭祀建筑，而且从隋置韶州以来，张九龄、韩愈、苏轼等一大批名人用诗赋铭记等形式，大力讴歌了舜帝韶乐的"与天地同和""尽善尽美"的和谐善美精神。千百余年的引导和教化，在粤北地区形成一种以包容、和谐为精神内核的韶文化传统，强调自然与人、人与人之间的和谐，造成了生态环境的原汁原味，也造成了民族民系之间的交流、融合及整体趋势上的和谐共处。

四、文化结构特征

韶文化在结构上呈现出复杂、多变的态势。汉武帝以前，以南越本土文化为主，附属于百越文化，封闭性、保守性都较强。汉武帝以后，逐步纳入中原汉文化轨道，同时保留一些本土文化特征。其构成的基本要素有：

（1）舜帝、韶乐文化。讲究和谐、尽善尽美，影响韶关地区千

余年。

（2）客家移民、乳源瑶族等构成了韶文化的民族民系主体。既有汉族文化的同一性，又有不少民族民系个性。

（3）南禅宗佛教文化及其他宗教文化，是韶文化精神层面的重要补充。

（4）粤北交通文化和名人文化突出，前者是世界海上丝绸之路的陆上重要节点；后者都是岭南人杰，影响全国。

图7　韶文化的文化类型结构图

（5）粤北矿冶文化历史悠久，规模巨大，在世界上第一次运用"淋铜法"炼胆铜，有重大科技史意义，至今仍是韶关重要经济命脉，也是最突出的城市文化特色之一。

（6）民主革命文化在近现代史上占有重要地位。

（7）以丹霞山、韶石和南岭、车八岭为主的山区生态文化。秉承韶乐"与天地同和"精神，环境优良，是韶文化又一突出特色和今后发展的重要资源。

当然，构成韶文化的基本因素远不止这些，我们只是就其主要部分大略而言。其中舜帝、韶乐文化已在前两章详细论述，其他因素将从资源挖掘的角度有重点地展开论述。

五、韶文化的定义

韶文化是岭南文化中富有特色的文化类型，是历时两千余年，深受舜帝、韶乐文化影响的，分布在粤北地区的，由历代行政区划和自然环境所决定的一种反映多民族民系特点的区域文化。其精神特质是"包容和谐""诚信耕读"，追求"尽善尽美"。

这一特质的形成，一方面是由交通要冲所决定的长期频繁的民族迁徙，以及文化交流、冲突和融合，必然带来此区域开放包容、和谐善美的文化传统聚核，并影响其他区域。另一方面也是隋唐以来频繁

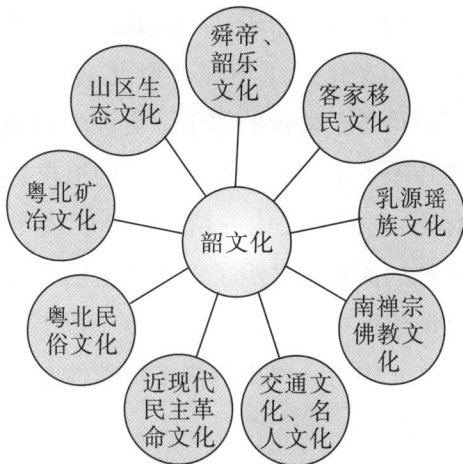

宣扬的舜帝、韶乐"与天地同和""尽善尽美"的基本精神体现。称作"韶文化"（不称"粤北文化"）的原因，不仅在于韶关、韶州、韶石得名于舜帝的韶乐，更在于隋唐以来韶乐的善美、和谐精神在此地传颂了千余年，形成了一种追求善美和谐的文化传统。冠以"韶文化"，把握了文化的精神实质，突出了文化的区域特征，彰显了文化的源远流长，显示了善美和谐的文化传统在当今维护社会安定和精神文明建设中的作用。正是由于以上在自然环境、生态、民族构成和历史文化中所反映出的诸多特殊性，才使得以"韶"为主题的韶文化得以确立。

第四节　以"韶文化"替代 "粤北文化"的原因

韶关地区的文化，以前被称为"粤北文化"。称粤北文化并无错，但这一名称不能直观地反映这一地区的人文特征及自然特征，更不能切实地反映粤北地区数千年来有血有肉的历史事实，特别是不能反映自隋以来宣扬千余年的和谐、尽善尽美的传统文化精神，使得世人不能从"粤北文化"这一名称中了解到该区域的文化内核和基本的传统文化元素，从而认为它只是广府文化的附庸，在文化建设中不被重视，在文化的整理中去重就轻、模糊不清；在优秀传统文化的继承中既无重点挖掘，又无有效益的重点开发。总之，缺乏对这一地区文化的整体把握、细致分析，因此也很少受到政府和学界的青睐。

我们以"韶文化"替代"粤北文化"，主要基于以下四点：

（1）粤北地区的人类活动可追溯到12.9万年前，是目前发现的最早的人类居住区；至新石器时代的石峡文化，是南岭地区最发达的原始文化；至中原的方国时代，这里出现了岭南最早的方国——阳禺；至秦汉时，这里又出现了岭南最早的城邑——曲江。在所谓的"化外之地""蛮夷之乡"的早期岭南地区，韶关始终占有举足轻重的文化地位，可以说，中原文明的南渐、岭南文明的北传，在早期都首先在韶关地区开花结果，韶关是肇始岭南文明的最前站。因此，独特的地理环境及薪火相继的早期文化传统，首开了这一地区区别于其他地区

地域文化方面的独特性。

（2）本书前两章颇费笔墨地论证了韶关关于舜帝韶石奏韶乐的美丽传说和舜帝韶乐起源于南岭周边地区的史实。这个历史事实在岭南文化中是独有的，在韶关地区诸文化类型中是首屈一指的：一是舜韶石奏韶乐在这一地区传颂几近两千年；二是隋唐以后的士人们把原始传说的故事化为教导一方人们"和谐""尽善尽美"的实践活动，在韶关留下了千余年的传统。这个传统构成了韶关地域内文化的核心内容。

（3）"韶"文化具有巨大的品牌效应。韶关因"韶"而得名。"韶"字在中国历史上十分有名，其本义即指舜帝韶乐，是专为韶乐造的一个字。进入春秋战国，又有了"尽善尽美"的含义。对韶关而言，以魏晋时代的韶石传说（今丹霞山）开始与舜文化和韶乐结缘，至隋代开皇九年（589 年），此地州郡原来叫东衡州，但由于韶石传说路人皆知，故改东衡州为韶州，从此粤北地区被冠以"韶州"之名，应用千余年，延续至今。毫无疑问，"韶"字成了粤北地区最响亮的文化符号，这是我们改称粤北文化为韶文化的基本原因。

（4）舜帝韶石奏韶乐与其说是一场大型乐舞，不如说是一种强大的精神食粮。"大乐与天地同和"，而韶乐正是这样的大乐，其和谐精神贯穿一切事物；其尽善尽美的特质导致对善美的世世追求。在美丽的丹霞山上、韶石之下，倾听着自然界发出的似韶乐般的天籁之音，人们会更加热爱、保护大自然；在曲江古邑的闹市中，"大和流韵，宜为淑气，郁为人文"①，韶州人会更加和睦融融、和气生财、和谐生活。一个传说、一曲妙唱、一种精神在韶关的山岗、街头回响了千余年，人们自觉或不自觉都会受到它的影响、熏陶，进而融合到人们的各种实践之中，形成颇具特色的宗教文化、客家文化、矿冶文化等。这就是以韶文化代替粤北文化的主要原因。

---

① 《韶州府志》卷三十九《唐宗尧序》。

第五节　韶文化在岭南文化中的地位和作用

一、韶文化是岭南文化的源头

就人类文明起源而言，韶文化所处的粤北地区首先发现了岭南文化中最古老的人类化石——马坝智人，这一考古发现把岭南地区的人类文化上溯到了 12.9 万年。另外，以石峡文化为代表的新石器文化，出土了不少精美玉器，红烧土房屋及大墓所显示的财产占有的巨大差别，意味着粤北地区较早地出现了阶级分化，进入了早期文明时代。毫无疑问，韶文化是肇始岭南文化的源头，在岭南文化中具有不可或缺的地位和作用。

二、接受与传播——岭南文化的源泉

岭南文化的蛮荒状态是怎样一步一步结束的，这与韶文化首先接纳中原文化并利用其地理优势向岭南广泛传播有密切关系。韶文化地处南岭南麓，北接内陆，南连海洋，是中原华夏文化与岭南苗蛮文化、内陆文化与海洋文化、农业文化与狩猎、采集、渔捞文化交接、对抗、融合的必经之地；历史上中原文化的南渐首先经过粤北后，使岭南人知廉耻、习礼仪、懂稼穑、重耕读、崇善美，逐渐脱离蛮荒阶段，步入近现代文明，此与韶文化的包容、开放、和谐的舜帝韶乐的善美精神有密切联系，不是拒绝，而是接纳；不是故步自封，而是积极传播，唐以来韶州的书院、私塾包括官府对舜文化的推崇，大大加快了岭南文明的发展，为现阶段的岭南文明做出了巨大贡献。

三、加快岭南开发

自秦以后，戍徒、难民、流民、工匠等由于各种原因自中原、湖湘等地经五岭纷纷进入粤北，大的移徙活动至少有五次，成千上万的移民到达粤北后，利用先进的技术和铁制工具修桥铺路、开垦荒田、

挑沟筑堰、兴修水利、重建家园。以明末清初的韶关为例，受"湖广填四川"政策的影响，韶州、南雄州的客籍人离开本境大量入川，使本境人口密度由明初的每平方公里6.1人降至明末的3人、清初的4.3人。但到了清中期嘉庆末年（1818—1820年），粤北人口密度迅速跃至每平方公里33人，增长了7.7倍，大大高于同期广东增长率4.7倍，① 可见这一时期落户客籍在迅速增加。如韶州府，清初丁口数为78 101人，至嘉庆二十四年，有558 327人，南雄府，清初丁口数为17 605人，至嘉庆二十五年，为234 058人。② 因此，在明清时代，开发粤北的主力军主要为不同时代迁来并留居的客家人。再以曲江县的水利开发为例，用来蓄水的陂、塘、坑等有153个，用来集合自然水以灌溉农田的圳有5个，利用山泉水灌溉的有3个，用于灌溉挖的井有3个。③ 其中城北二十里的罗源洞陂由乡人捐资兴建，"灌田千余亩"，城北四十里的南岸山陂是乡人在山谷间"砌石注水"而成，"溉田六百余亩"，南华寺的方伯陂"遍灌漠溪鞍山等处田亩"；建于乾隆四十九年的火山镇迳口大陂"灌田千余亩"；周田较坑六个塘，"灌田两千余亩"；芦溪山麓打的三眼井"灌田千余亩"，龙归东铺岩水经修建"灌村田两千余亩"，曲莲陂、官陂、罗旺陂都各"灌田千余亩"，除灌溉千亩以上的陂塘外，多数蓄水工程灌溉面积在500亩左右，最小者也在百亩以上。④ 特别是现存于韶关市大塘镇新桥村村委会东南约2公里的悬崖石圳水利工程，凿穿峭壁，引水于深山，设计精妙，虽历三百多年无数次山洪未被冲垮，至今灌溉着新桥盆地2 000多亩水田。

事实证明，岭南的历次大开发，都与勤劳的粤北客家人分不开，特别是与他们带来的先进技术和先进的生产、生活工具分不开。因此粤北是岭南先进技术的肇始地之一，在岭南科技文化发展史上占有重要地位。

---

① 韶关市地方志编纂委员会编：《韶关市志》卷三《人口》（第7版），北京：中华书局2001年版，第373页。

② 韶关市地方志编纂委员会编：《韶关市志》卷三《人口》（第7版），北京：中华书局2001年版，第350 - 354页。

③ 张希京等：《曲江县志》卷七《舆地书·陂塘井》，台北：成文出版社1967年清光绪元年刊本影印版。

④ 林述迅等：《韶州府志》卷十三《水利·曲江》，台北：成文出版社1967年清光绪元年刊本影印版。

四、粤北客家促成广府民系形成

就岭南民系的形成而言，离开韶关就很难梳理。特别是广府文化的民系构成，大多源于南雄珠玑巷，珠玑移民多次南迁三角洲，转徙我国港澳地区和南洋，不仅是开发珠三角的主力，而且与当地少数居民融合，形成了粤语、粤习、粤风等一个新的民系，如今广府人锐意进取，蜚声海内外，与韶文化的主体精神——耕读传家、从善崇美密不可分。

五、优异的生态文化是岭南文化进一步发展的环境保障

粤北生态保护良好。南水水库、白龙江水库是重要的饮水水源重地，而大量的山间林地、湿地为岭南的发展提供了优异的环境保障。这个保障来之不易，是千百年来韶州人崇尚舜韶乐文化的"与天地同和"精神，进而从善如流、援及草木的结果。岭南文化若要进一步大发展，离不开韶文化的环境保障和韶关人民的无私担当。

六、韶文化特色突出，充实了岭南文化的内涵

韶文化明显区别于潮汕、广府、五邑等地方区域文化，它的形成，增强了岭南文化的活力，扩大了岭南文化在全国甚至世界上的知名度和影响力，举其大要有如下诸项：

1. 辉煌的古代矿冶文化

韶关作为城市，最突出的是自魏晋以来直到今天的矿冶文化，一是宋代的岑水铜场，最高的产铜量占全国的86%以上；矿工十万余，又专设矿冶县——建福县管理民事，再设永通监铸钱；更为重要的是韶州岑水铜场创造的淋铜法，在中国矿业史、化学史上都有记录，是世界上最早的湿法炼铜技术之一，比西欧早了600余年，为此国家在韶关专设了国家矿山公园。二是韶州人在北宋发明的"韶粉"，在医药界赫赫有名，载于《本草纲目》《普济方》等数十种典籍之中，至今应用于医药等多个领域，多少患者因它而愈。如今韶关的矿冶仍闻

名于亚洲各地，是其重要特色。

2. 禅宗文化

以《六祖坛经》为标志的佛教中国化，首先完成于韶州，其影响自不待言。如今六祖真身还在南华寺，作为南禅宗祖庭，享誉海内外，其影响远及日本、朝鲜、东南亚各国，这是岭南文化中其他类型文化不能比拟的。

3. 瑶族文化

粤北韶州、连州的瑶族特色在于一是时间早，唐代就开始以联排居住形式在粤北定居；二是以过山瑶为主，耕山狩猎，习俗特殊，其瑶绣、还盘王愿等数项已被列入国家非物质文化遗产保护名录；三是"二战"及以后，粤北部分瑶族走出大山，分布于东南亚、美国及西欧各地，对我国"一带一路"倡议的实施有很大价值。

4. 珠玑巷的寻根文化

珠玑移民是我国历史上六次民族大迁徙中最有特色和活力的一次，一方面珠玑移民的多次转徙，不仅加速了广府民系的形成，更大大促进了珠三角地区的大开发，进而形成了今日的大繁荣；另一方面，他们以港澳为基点辐射全世界，使岭南文化走向海外，对岭南文化的扩散、影响及自身发展，都有重大意义。

第五章 开辟鸿蒙——韶关发展轨迹例证

第一节 马坝人——华南地区唯一的早期智人

韶关曲江马坝人是目前岭南发现的最早人类之一，他们所创造的文化，不仅是韶文化的源头，而且是岭南文化的源头。上溯岭南文化的历程，开始于马坝人。同时，对我国古人类的进化而言，马坝人的发现，扩大了我国早期智人的分布范围，填补了华南人类进化系统上的空白，表明了韶关地区是中国为数不多的原始人类生息繁衍的地区之一。

一、马坝人的发现

马坝人生活在距今 12.9 万—16.9 万年之间，是中国早期智人较晚的类型。马坝人骨骼化石是当地农民开挖狮子山洞穴中的堆积土时发现的。1958 年 6 月，曲江马坝当地农民在挖取狮子山洞穴里的堆积土时，挖出许多动物骨骼化石和牙齿，其中有古人类的头骨骨骼化石。后经中国第四纪考古权威裴文中先生等专家对人类头骨反复鉴定，确定是一种非常重要的人类化石标本。并根据发现地区的名称，命名为"马坝人"。

后经中国科学院古脊椎动物研究所的专家到现场勘察和对化石标本鉴定后，才确定是一个非常重要的发现。

二、马坝人在古人类发展中的位置

人类从 300 万年前就开始出现在地球上，被称为直立人（或猿人）。直立人大致生活在距今 300 万—25 万年。他们面部像猿，四肢如人，能够直立行走。脑容量从早期的 800 毫升左右增加到晚期的 1 200 毫升左右。大概到了距今 25 万—1 万年，人类发展进入了第二个阶段——智人阶段，其中早期智人生活在距今 25 万—5 万年时，晚期智人生活在距今 5 万—1.25 万年时（见表 1）。

表 1　古人类及其文化对应表

人类	直立人		智人		现代人
	早期直立人	晚期直立人	早期智人	晚期智人	
考古时代	旧石器时代				新石器时代
	早期		中期	晚期	
距今时间（年）	300 万—100 万	100 万—25 万	25 万—5 万	5 万—1.25 万	1.25 万—0.5 万

根据学者对马坝人生存年代的科学研究成果，马坝人的生存年代为距今 12.9 万年（正负误差约 1 万年）之时。因此，对照上表可知，马坝人是介于直立人和现代人之间的一种古人类——早期智人，他们生活在旧石器时代的中期阶段，在体质上虽然保留有许多原始特征，但与现代更为接近。马坝人是中国早期智人的典型代表之一。

三、马坝人的体质特征

根据专家研究，马坝人头骨属于中年男性个体，头部像猿人又有点像现代人，表现了一种居于直立人和现代人之间的形态。如头骨厚度越厚，原始性就越强，北京猿人是 9.7 毫米，马坝人是 6.85 毫米，现代人是 5.2 毫米。再如头骨的颅盖高度指数决定了脑容量的多少和智力发展程度，北京猿人颅盖高度指数为 35～41，马坝人为 41.6，现代人为 51～59。因此，马坝人是一种介于直立人与现代人之间的中间类型，而且是偏早的中间类型——早期智人。

马坝人是蒙古人种的原始祖先之一。马坝人眉脊发达、前凸；颧骨也较前凸；鼻骨较宽甚至显得有些扁平，这些都是蒙古人种的特

图 8　马坝人头骨复原照片

征。但马坝人的眼眶较圆，与中国其他古人类化石眼眶较方有差异。故有人认为马坝人和欧洲的尼安德特人之间确有一些基因的传承关系。

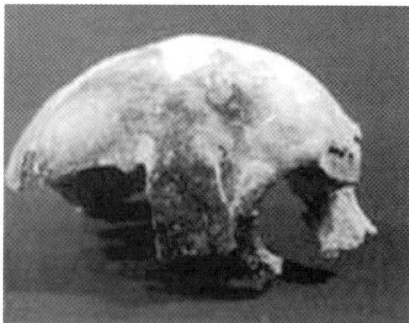

四、马坝人的生存环境和生活方式

马坝人生活的 12.9 万年前，正值全球冷期到来之际，但因其地处低纬度地区，气候仍然适宜人类生存。与马坝人伴生的动物群总计有 38 个种属，其中哺乳动物 27 种，如纳玛象、大熊猫、水牛、金丝猴等。这些动物群反映的是一种温带生态环境：森林茂盛，水域广阔，动植物繁盛，四季分明。尤其在夏季，气候变得炎热潮湿，到处一片生机盎然，马坝人的主要狩猎对象可能是赤鹿、水鹿、水牛，有时甚至是大型中国巨貘、中国犀等；渔捞对象是肥腻的鲤鱼、鲶鱼等，对马坝人的生存发展来说是一个比较好的环境。

我们的祖先马坝人正是在这样的环境中繁衍生息的。根据其他早期智人材料，马坝人的食物来源主要是采集的块根、瓜果和狩猎的禽兽，可能已经熟练使用天然火，甚至已会人工取火。使用火，解决了人类生存发展中的熟食、照明、御寒、驱赶野兽、围猎等重大问题，大大提高了原始人类适应自然环境的能力，促进了体质的发展和大脑的进化。

图 9　马坝遗址的环境照片

五、马坝人化石在我国人类发展史上的重要意义

马坝人头骨根据铀系法测定为距今 12.9 万年。这是目前岭南发现的最早人类之一，他们所创造的文化，不仅是韶文化的源头，也是岭南文化的源头。马坝人化石的发现，扩大了我国早期智人的分布范围，填补了华南人类进化系统上的空白，首次将广东的历史提早到一个远古时代，给华南原始社会史提供了极其重要的史料，韶关这块热土森林茂盛、水源丰富，是人类进化和生息繁衍的息壤。

马坝狮子岩在发现马坝人头盖骨之后，又在相邻各个洞穴中发现第二组共六颗人牙化石，他们"石化程度偏低，具有较多进步特征，与近代人的牙齿更为接近"，说明"狮子岩所在的马坝地区，自马坝人出现之后相当长的一段时间内陆续存在着人类活动的踪迹，古人类曾长期在这一地区生存、发展"。[①] 也就是说，自马坝早期智人开始直到晚期智人，曲江地区断断续续都有人类活动的足迹。

第二节　石峡文化在岭南发展史上的重要意义

一、石峡文化的分布范围和分期

进入新石器时代以后，粤北地区的人口繁衍速度加快。特别是新石器时代晚期的曲江马坝石峡文化（上限约距今 4 800 年，下限为距今 4 200 年），分布范围已相当大，以韶关曲江为中心，北到仁化长江镇的覆船岭遗址，南到英德九龙镇的穿岩遗址，东到粤东揭阳，西到封开，分布在曲江、始兴、翁源、仁化、英德、南雄、惠阳连平、汕头揭阳、肇庆封开等广东省的十个地区。其中，曲江 11 处遗址，始兴 6 处遗址，翁源 5 处遗址，都集中分布在浈江流域和北江中游以上。

石峡遗址位于韶关曲江区马坝人洞穴所在地狮头山和狮尾山之间

---

　　① 宋方义、张镇洪、黄志高：《广东曲江马坝狮子岩新发现的人类化石》，《曲江文物考古五十年（上）》，北京：中国评论学术出版社 2008 年版，第 21－25 页。又见《纪念马坝人化石发现三十周年文集》，北京：文物出版社 1988 年版。

的峡地，因此取名"石峡"。遗址面积 3 万平方米。1973—1976 年、1985 年先后多次发掘。

文化遗存分为四期：第一期文化遗物较少，年代为距今 6 000—5 000 年；第二期文化称作"石峡文化"，清理墓葬 102 座，年代距今 4 800—4 200 年；第三期文化距今 3 600—3 400 年，相当于夏商之交或早商；第四期文化为西周晚期至春秋时期。一至四期遗存向我们揭示了距今 6 000—2 700 年以前岭南人的生产和生活。

二、石峡文化的遗迹

石峡遗址的石峡文化（第二期文化）面积约 3 万平方米，发现墓葬 134 座，在有限的发掘中，发现"可能有三栋长条分间式房子"①，显然已是一个原始的氏族聚落。已发掘 102 座墓葬，出土 2 449 件随葬品。随葬品的多寡，显示了明显的贫富差别。104 号墓出土随葬品最多，有 172 件，并出有玉器；26 号墓出土随葬品最少，只有 1 件。明显显示财富和权力的玉石器琮、璧、瑗、璜、环、玦、钺等都出土在大、中型墓。阶级分化的倾向明显，社会分裂为剥削者与被剥削者，压迫者与被压迫者的条件已初步具备，父系氏族取代了母系氏族，原始社会的解体到了最后阶段。

图 10　石峡遗址出土的玉琮

图 11　石峡遗址出土的玉琮、玉玦

① 赵善德：《岭南文明化进程研究关节点之一：石峡文化研究》，《中国文物报》，2001 年 6 月 13 日。

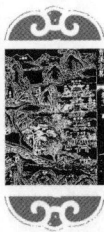

三、石峡文化的农业成就

原始农业比较发达。罕见的大型石镢出土 18 件，犹如现在的铁镐，是用来掘土和垦殖的有效工具；大型石铲出土 37 件，首部中央穿孔，用来安装牢固的柄，刃部平直锐利。这些工具随葬在男性墓中，显示石峡聚邑"已进入以男子为主要劳动力的'锄耕农业'（或称'耕作农业'）阶段，农业已成为当时生产的主要部门"①。

石峡遗址的二、三、四期文化中普遍发现了栽培稻遗迹，包括稻粒、米粒、谷壳和秆秣。其完好的保存状况在全国是罕见的。经鉴定，属于人工栽培稻的籼型稻（即籼亚种：O. S. 1. SUBSP. HSIEN TING）和粳型稻（即粳亚种：O. S. 1. SUBSP. KEENG TING）。韶关石峡遗址人工栽培稻的发现，填补了珠江流域新石器时代栽培稻发现史的空白，把我国南方地区已知的栽培稻历史从距今 3 000 多年提前到 4 800 年左右，为研究珠江流域、华南地区栽培稻的起源、演变及其传播增添了重要的实物资料。同时说明，石峡文化的原始农业栽培稻已是主要的农作物。

四、石峡文化的手工业

原始手工业也比较发达。陶器用轮制技术制造，器壁均匀，外形规整。石器形制基本划一，从选料、切割、琢打成型、穿孔到通体磨光，都有一套较完整的程序。特别是一批玉琮、璧、瑗、璜、环、玦、石钺，制作精细，技术高超，美不胜收。当是显示其身份等级与权力财富的特殊礼器。

图 12　石峡遗址出土的生产生活工具

---

① 杨式挺：《谈谈石峡发现的栽培稻遗迹》，《文物》1978 年第 7 期。

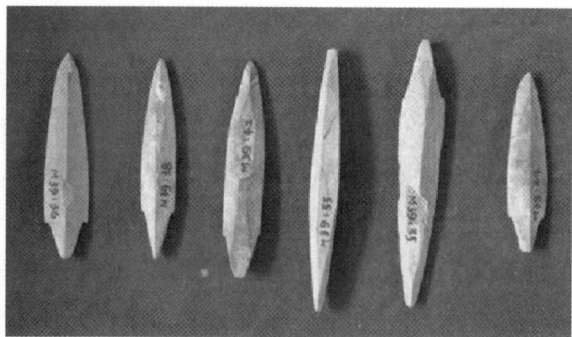

图 13　石峡遗址出土的剑簇

五、石峡人爱舞蹈的证据

出土于石峡遗址第三期文化。舞蹈纹用陶拍印制到折肩圈足罐上，属于拍印阳纹浮雕艺术类型。画面表达了 6 人手拉手跳集体舞的场面（见图 6）。这是全国发现的第二幅史前舞蹈图像，而拍印浮雕艺术则是全国首例。这一材料证明，3 500 年以前，粤北远古居民就能歌善舞，难怪汉唐之时有舜帝韶石奏韶乐的传说。

六、石峡遗址的意义

石峡遗址显示的这个以农业为主的父系氏族，自 4 800—4 600 年前，就开始在浈江、武江两河交汇处的三角洲地带（今韶关、曲江区一带）繁衍生息，是目前粤北地区可以确定的第一个聚落。韶关曲江一直是 5 000 年以来古代先民赖以生活、生产及活动的中心地区。两河交汇的三角洲冲击小平原，提供了大量的可耕地，自然下切的浈江、武江、北江河谷，提供了通向四面八方的交通便道；山间盆地和葱郁的山林溪谷，提供了采集、狩猎和居住的宜居环境，因此，它是先民理想的栖息地，先民们在此地的聚集是必然的，韶关城邑、城市的发展正是在这种必然性中成长起来的。

文献记载的岭南地区的历史只能上溯到两千多年前的秦汉时代。韶关石峡遗址的发现，填补了岭南古史文献记载的空白。石峡遗址提供的距今 6 000—2 700 年前的考古实物资料，为弄清岭南地区秦汉以前社会文化的发展找到了一把钥匙，还为今后探索这一地区社会发展

诸阶段与我国其他文化发达地区之间的关系找到了一个重要的对比材料。

第三节　韶关最早的城邑——任嚣城

南方进入有文字记录的时代是较晚的。目前所知，进入春秋时代时，韶关是"百越"居地。战国时代，当属楚，为楚之南境。秦始皇"三十三年丁亥，遣任嚣、赵佗定南越，置南海、桂林、象郡，以嚣为南海都尉"①。任嚣等初至岭南南海郡，所见未有城邑，于是筑城防御和控制四方，成了首要的任务。一般认为，任嚣城筑在番禺，如郝玉麟等《广东通志》卷五十三《番禺县》："任嚣城，在城东二百步，宋时为盐仓，即旧番禺县治。"番禺也是当时的南海郡治，此说似乎顺理成章。但史载说任嚣城在韶关曲江、乐昌粤北地区，如乐昌泷口说："秦以任嚣为南越尉，立南海郡。初居泷口西岸，俗名万人城。即乃入治番山隅，因楚庭之旧。"②

"番山隅"即番禺。此说任嚣初至岭南，最早在"泷口"筑城定居，并作为南海郡郡治，以后才迁居番禺。任嚣城在泷口说，起源颇早，北魏郦道元的《水经注》已有记录："泷水又南出峡，谓之泷口，西岸有任将军城，南海都尉任嚣所筑也。嚣死，尉佗自龙川徙居之。"③ 唐代的《元和郡县志·乐昌县》也载："任嚣故城在县南五里。秦楚之际，南海都尉任嚣因中国方乱，欲居岭南，故筑此城以图进取。嚣死，此城尉佗因之，遂有南越。"④ 泷口，即今武江出峡谷之口，当今乐昌县一带，故有人认为："任嚣城在乐昌县口（南）五十里。"⑤ 即在今韶关与乐昌之间一带。同治刊本《乐昌县志》却说："尉佗移檄告南安横浦关、桂阳湟溪关绝新道，且筑城二：一在仁化县北一百三十里，即今城口，以壮横浦；一在今之乐昌县西南隔河二里，以壮湟溪。"⑥ 此与《元和郡县志》所记基本吻合，当属可信。又

---

① 郝玉麟等：《广东通志》卷六《秦纪》，文渊阁《四库全书》本。
② 杜臻：《粤闽巡视纪略》卷二《康熙二十三年三月》，文渊阁《四库全书》本。
③ （北魏）郦道元：《水经注》卷三十八《泷水》，文渊阁《四库全书》本。
④ （唐）李吉甫：《元和郡县志》卷三十五《岭南道·乐昌县》，文渊阁《四库全书》本。
⑤ （明）沈炳巽：《水经注集释订讹》卷三十八，文渊阁《四库全书》本。
⑥ （清）徐宝符等：《乐昌县志》卷一《沿革考》，同治十年刊本。

有人说："（任嚣城）隋朝时还作过乐昌县城，可见其规模之大。"①
未知根据所在。

另一说是在曲江，《广东通志》卷五十三《韶州府·曲江县》："任
嚣城，在县南五里。"即今韶关市区范围内。此说无早期文献根据，疑
此条抄写时误系于曲江县，实是《元和郡县志》文，当系于乐昌县。

任嚣死后，赵佗继为南海尉。因岭筑关，聚兵自守，故粤北又有
赵佗城。赵佗城"在仁化县北九十里城口村，《舆地纪胜》：'昔尉佗
据粤，以五岭为界，乃筑此城，以定粤境'"②。《仁化县志》载："古
秦城在县治北一百二十里，秦末赵佗筑以绝秦兵。其境通郴州、桂阳，
所谓筑城以壮横浦者。今城口城址尚存，勒'古秦城'三字。"③

以上任嚣城在粤北韶关说，记载很早，多种古籍可相互参证，当
为信说。史载任嚣、尉佗先以粤北"万人城"为南海郡治和据点，然
后南下收服百越首领，又筑城和置郡治于番禺，也在情理之中。赵佗
城说起于宋代《舆地纪胜》，今城尚在，可备一说。

值得注意的是，任嚣在韶关筑城的目的是"以图进取"，以后尉
佗也因踞守此城而"遂有南越"，说明韶关自古以来就是粤北最重要
的聚落人口中心、政治中心和军事重镇，任嚣的"万人城"，在韶关
可获得"进取"全南越的给养、战略物资和人力支持。故韶关在秦汉
之交时，已是岭南一个非常重要的战略城邑和政治中心。

第四节　跨岭而治和始兴郡的设立

一、韶关最早的行政单位——曲江

入西汉以后至汉武帝元鼎六年（前 111 年），韶关所在的粤北地
区是南越国的北部边陲。南越国的九十余年中，粤北的行政区域和单
位无考。但《后汉书》说："含洭、浈阳、曲江三县，越之故地，武
帝平之，内属桂阳"④，说明含洭、浈阳、曲江三县本南越国"故地"，

---

① 何露：《韶关印象》，广州：广东人民出版社 2008 年版。

② 《钦定大清一统志》卷三百四十一《韶州府》，文渊阁《四库全书》本。

③ 何炯璋修：《仁化县志》卷五《古迹志·城址》，1931 年铅印本。

④ （南朝宋）范煜：《后汉书》卷一百六《卫飒传》，文渊阁《四库全书》本。

岭南文化书系

韶文化概论

武帝平南越后，把此三县北属汉初设置的桂阳郡（郡治在今郴州市），因此，含洭、浈阳、曲江三县当在南越国时期已置。又《史记》说："至二世时，南海尉任嚣病且死，召龙川令赵佗……佗即移檄告横浦、阳山、湟溪关曰：盗兵且至，急绝道，聚兵自守。因稍以法诛秦所置长、吏，以其党为假守……汉十一年（前196年），遣陆贾因立佗为南越王，与剖符通使，和集百越，毋为南边患害。"[①] 秦二世（前209—207年）期间赵佗去秦独立，独立十余年后，至高祖十一年，复归属中原，但仍保持独立割据状态。此时的南越国，在今南雄梅关一带已有横浦关，在今阳山一带已有阳山县和阳山关，在今含洭一带已有湟溪关。因此，南越国时期，粤北的行政单位至少有曲江、含洭、浈阳、阳山四县和横浦、阳山、湟溪关三关。这四县是否是秦置南海郡时所设，南越国沿袭，还是赵佗所设，无明确记载，至于各县人口，已无法查稽。但曲江（韶关）是粤北地区最早设立的行政县是不争的事实，其始置当在汉武帝元鼎六年（前111年）平南越国以前。

二、跨岭而治和始兴郡的设立

汉武帝元鼎六年（前111年）平南越国，彻底把岭南地区划入大汉版图。为巩固统治，对粤北地区实行"跨岭而治"的政策，西北部分并入原在湖南高祖时设立的桂阳郡，郡治在耒县，岭北有郴、临武、便、南平、耒阳五县，岭南有桂阳（包括今连县、连南、连山）、阳山、曲江（包括今曲江、乳源、仁化、乐昌）、含洭（今英西）、浈阳（今英东及翁源）、阴山六县，其中阳山、阴山为侯国所在地。东北部分并入豫章郡南埜县，两汉因之。

至三国吴时，才从行政上改变了跨岭而治的政策，其根本标志是始兴郡的设立。吴永安六年（263年），首先分南埜县地置始兴县，吴甘露元年（265年）又析始兴地置斜阶县（以后的大庾县，今南雄市），俱属始兴郡（郡治曲江），结束了粤北东北部的跨岭而治；同时，吴甘露元年又析桂阳郡南部（岭南部分）为始兴郡，辖曲江、桂阳、始兴、含洭、浈阳、中宿、阳山七县，结束了粤北西北部的跨岭而治。从此，始兴郡及郡治所在地的曲江，在行政区划上成了整个粤

① （汉）司马迁：《史记》卷一百一十三《南越尉佗列传》，文渊阁《四库全书》本。

北地区的中心城市，也是岭南地区重要的城市之一。此后的 1 700 多年行政建制，尽管名称和辖境稍有变化，但格局框架基本一致。粤北地区的人文地理范围概念，大致在始兴郡所辖县的范围内被确定，虽历代范围有所伸缩，但大致不出以下范围：北至骑田岭至大庾岭一线的南岭南麓以南，南至英德；东到南雄，西到"三连"、阳山。在这一地区，韶关曲江的兴衰是此一地区兴衰的晴雨表。下面，通过韶州、曲江、南雄州、始兴的人口变化资料，看一下这一地区社会、经济发展变化的轨迹。

第五节　从人口变化看两汉韶关发展的历史轨迹

一、两汉的人口统计

西汉以前，韶关及粤北地区人口数据无考。两汉至宋元时期，人口数据统计非常简略，一代数百年，有的只有一个数据，不能十分清晰、准确地说明问题，只能看出一个大概。明代以后，特别是清代，几乎各朝均有数据，这是本章分析的重点材料和重点年代。首先看两汉时期的人口变化：

表 2　两汉粤北地区郡县人口统计表

朝代	郡州名	辖县	郡州户口数	出处
西汉	桂阳郡（高帝置）	郴、临武、便、南平、耒阳、桂阳、阳山、曲江、含洭、浈阳、阴山 11 县	户 28 119，口 156 488	《前汉书》卷二十八《地理志》
东汉	桂阳郡（永和元年置，无阳山，他同西汉）	郴、临武、便、南平、耒阳、桂阳、曲江、含洭、浈阳、汉宁、阴山 11 县	户 135 029，口 501 430	《后汉书》卷三十二《地理志》

二、两汉人口说明的问题

1. 东汉后期的第一个发展高潮

西汉时，有了最早的人口统计。当时，跨岭而治的桂阳郡，辖郴、临武、便、南平、耒阳岭北五县和桂阳、阳山、曲江、含洭、浈阳、阴山岭南六县，总户数为2.811 9万户，人口为15.648 8万人。① 县均约有2 556户，1.42万人。如按此数计，除掉南岭南部的五县，当时的粤北西北部已有近9万人，实际上曲江人口当超过平均数，在2万人左右，主要原因是桂阳、阳山地区地广人稀，恐达不到平均数。再者，有万人城之称的曲江任嚣城，反映了当时人口在曲江的积聚度是全地区最高的，因此，曲江人口在2万左右的推测是中肯的。至于粤北的东北部，属豫章郡南埜县管辖，当时还没有较大的聚邑，只有横浦等关隘，因此也未设行政单位。时豫章郡郡治南昌，辖县18，有户67 461，口351 965，② 县均3 748户，19 553人。如按此平均数计，粤北东部人口在两汉时期当在2万左右。实际上，西汉后期地主庄园经济已发展起来，大量的"部曲"奴隶都未列入册籍，在册户数、人数往往都比实际的少，所以，当时粤北的实际人口当在11万人左右，作为中心城市的曲江人口当在2万~3万人。

进入东汉，中原地区王莽篡政，兵祸连年，政权率更，生产力遭到严重破坏。而岭南地区却偏安一隅，未披战祸，生产力反而迅速发展起来。粤北地区也迎来了历史上第一个发展高潮。据《后汉书》载：东汉桂阳郡册籍户数已达13.502 9万户，人口已达50.143万人；而所辖地区基本未变（永和元年新设汉宁县，撤阳山县），也就是说，与西汉相比，桂阳郡户数净增10.695户，是其3.8倍；人口净增34.494 2万，约是其2.3倍。如按平均数计，每县平均有户1.227 5万户，4.558 5万人。粤北六县总人口当在25万左右。如果考虑到东汉是庄园经济大发展时期，"部曲"数量庞大的因素，曲江县实有人数当在5万~7万人，实际较西汉增加了2~3倍。人口的成倍增长，使以曲江为代表的城邑迅速扩大，吴甘露元年设始兴郡于曲江，是势

---

① 《汉书》卷二十八《地理志·桂阳郡》，文渊阁《四库全书》本。
② 《汉书》卷二十八《地理志·豫章郡》，文渊阁《四库全书》本。

所必然。因此韶关地区的第一次发展高潮当在东汉后期至东吴时期。

以上人口未统计两汉属于豫章郡所辖的南埜县的今南雄、始兴地人口。

2. 发展的原因——凿山通道和劝令农桑

发展的原因是多方面的，如前举和平环境、人口南迁等，但根本原因在于粤北曲江地区交通枢纽作用的初步发挥和中原文化的迅速传入。

卫飒的"邦俗从化"和"凿山通道"。西汉后期至东汉初年，粤北含洭、浈阳、曲江等县的情况是："民居深山，滨溪谷，习其风土，不出田租"，[①] 即此时的聚邑偏小，多数人居深山峡谷之中，保持百越人的旧俗，不交纳田租。建武三十年（54年）左右，卫飒调任桂阳太守，"下车修庠序之教，设婚姻之礼，期年间，邦俗从化"。办学校、去旧俗，讲礼仪，中原文化大踏步南移，使南蛮百越向文明迅速迈进，提供了以后粤北发展的基本社会环境。

同时，针对当时"去郡远者或且千里，吏事往来，辄发民乘船，名曰传役。每一吏出徭及数家，百姓苦之"的严重问题，"飒乃凿山通道五百余里，列亭传，置邮驿"。[②] 这条路修通后，"于是役省劳息，奸吏杜绝，流民稍还，渐成聚邑，使输租赋，同之平民"[③]。值得注意的是，曲江等县此时的聚邑中，已有不少的"流民"，即汉民族中流亡者、做生意者，他们连同聚邑内本地的百越人，都已是编户齐民，交纳田租和人口赋税。这无疑加速了民族的融合和汉文化在岭南的传播与文化交流，也是汉人迁入岭南的早期证据。

卫飒的"邦俗从化"最重要的是书籍文化传播，"飒居官如家，所施悉中时宜。视事十年郡内清理。民不知书，尝约《史记》要言，以类相从为《史要》十卷，南土传诵之"。[④] 卫飒看到岭南人民不知书契，就把《史记》中重要的部分摘录出来，做成通行读本《史要》十卷，在岭南传诵。此举大大加强了汉文化的传播，为韶关早期的文化发展做出了重要贡献。

接替卫飒任桂阳太守的是茨充："南阳茨充代飒为桂阳，亦善其

---

① （南朝宋）范煜：《后汉书》卷一百六《卫飒传》，文渊阁《四库全书》本。
② （南朝宋）范煜：《后汉书》卷一百六《卫飒传》，文渊阁《四库全书》本。
③ （南朝宋）范煜：《后汉书》卷一百六《卫飒传》，文渊阁《四库全书》本。
④ 郝玉麟等：《广东通志》卷三十八《名宦志》。

政，教民种植桑、柘、麻、纻之属，劝令养蚕、织屡；民得利益焉。"① 原来，在东汉初的建武年间（25—55 年），岭南的越人仍是"多徒跣，盛寒足裂，春温或至脓溃"② 的状态，茨充就教他们"编草为屡"，民不知耕作，茨充就教他们"种桑麻，示以采桑、饲蚕之法"，这样岭南的越人才知道农桑。"至今江南颇知桑蚕织屡，皆充之化也。"③

东汉初以后，修路架桥改变交通、移风易俗风化粤北、学习汉人先进农业技术等成了粤北地区发展的主旋律。有以下记载为证：

东汉明帝时（58—75 年），桂阳太守邓彪"教民孝友，听讼平恕，部内悦服"④。

东汉和帝时（89—105 年），许荆"迁桂阳太守，郡滨南州，风俗窳陋，荆为设丧纪、婚姻制度，使知礼禁。有兄弟争财互讼者，对之叹曰：吾荷国重任而教化不行，咎在太守、顾吏。使上书陈状，欲诣廷尉，兄弟感悔，各祈受罪，诸不养父母、兄弟分析者，闻风感化盖千余人。在事十二年，民吏安之，为立庙树碑"⑤。

顺帝时（126—144 年），栾巴为桂阳太守，"以郡处南陲，不闲典训，为立学校以奖进之，虽干吏卑末皆课令习读"⑥。

初平时（190—193 年），熊乔任曲江长，"雍容莅事，往恶不咎，判断如流，海隅怀化爵廪英俊，序以礼范，郎吏督邮阴邪屏迹"⑦。

上述记载，记述了自明帝永平年间（58—75 年）到献帝初平四年（193 年），135 年中中原文化传至粤北地区的影响与变化。一是南越人知道了奉养父母、兄弟友爱；二是知道了婚姻、诉讼等中原制度；三是政府建立学校，无论"干吏卑末"，皆强令其就读；四是政治上"序以礼范"，使有"阴邪"行为的官员退出政治舞台。显然，一百多年的导向、教化，使粤北首先接受了中原文化和礼仪；从事农桑、养蚕、织屡，习读，知道婚丧、嫁娶、尊老爱幼等，使得其文明开化程度大大提高，也积极促成粤北城市人口的逐渐集聚。

---

① （南朝宋）范煜：《后汉书》卷一百六《卫飒传》，文渊阁《四库全书》本。
② 郝玉麟等：《广东通志》卷三十八《名宦志》。
③ （明）梅鼎祚编：《东汉文纪》卷八。
④ 郝玉麟等：《广东通志》卷三十八《名宦志》。
⑤ 郝玉麟等：《广东通志》卷三十八《名宦志》。
⑥ 郝玉麟等：《广东通志》卷三十八《名宦志》。
⑦ 郝玉麟等：《广东通志》卷三十八《名宦志》。

卫飒在粤北"凿山通道"500 余里，陆路交通大为改观；但水路不通。至桓帝时，周憬又开凿"泷水（今武江）"，使南岭南北水路沟通，建立不朽的功勋（下面有专题论证，此处不赘述）。

第六节　从人口变化看魏晋和唐宋元韶关发展的历史轨迹

一、南北朝时期的人口状况

魏晋南北朝时期，军阀混战，民不聊生，流民遍野，政权更迭频繁，政府无力进行人口统计。就韶关地区来讲，在进入西晋、东晋的155 年中（265—420 年），仅有一次人口记录，当时的始兴郡下辖桂阳、阳山、曲江、始兴、含洭、浈阳、中宿七县，有户5 000，口无记录。如按每户3 ~ 5 人计，人口总量为15 000 ~ 25 000 人，与东汉时期的户135 029，口501 430 人相比，户与口都呈大幅缩减，这与当时"八王之乱"造成的社会动乱及大官僚地主的"坞堡"隐瞒人口有密切关系。

又隔了50 余年，进入南朝宋时期，明帝泰豫元年（472 年）的宋安郡，辖七县，有桂令、阳山、曲江、始兴、含洭、浈阳、中宿，户11 756，口76 328 人，这是社会环境相对稳定时期的记录。可注意的是，此时的户数较东汉时期少了12.327 3 万，人口也少了近42 万，但比起两晋大有进步，户数增加了一倍多；人口也将近8 万，说明在这一时期，北方氏族、大族、望族为逃避祸乱，携家带口南迁，筑成"坞堡"组织武装自保的历史状况。张氏家族就是在魏晋南北朝时期迁入曲江的。

二、唐宋元时期的人口状况

进入隋唐后（589—907 年），社会基本安定300 余年，人口逐步繁衍，其间韶关所辖粤北地区数据有三：

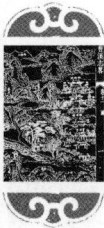

《旧唐书》卷四十一《岭南道·韶州》云：韶州"旧领县四，户六千九百六十，口四万四百一十六，天宝领县六，户三万一千，口十六万八千九百四十八"①。

《元和郡县志》卷三十五《韶州始兴下》："开元户二万七百六十四乡四十一，元和户九千六百六十六乡四十一。"②

韶州"旧领县四"的"四县"指谁？据《旧唐书》：韶州"武德四年平萧铣，置番州，领曲江、始兴、乐昌、临泷、良化五县；贞观元年改为韶州，仍割洭州之翁源来属，八年废临泷、良化二县"③。由此可知，"旧领县四"指的是曲江、始兴、乐昌、翁源四县，南北朝时期的含洭、中宿等县已不在管辖范围之内。同时，也未说明人口数据的具体时间，《旧唐书》地志循唐初梁载言的《十道志》，必然在天宝以前的唐代初年。

因此，据《旧唐书》唐初韶州的户6 960，口40 416。开元年间（713—741年）户数，据《元和郡县志》是20 764；《太平寰宇记》唐开元户21 000；《韶州府志》是户20 264；开元年间口数无记录。三者记录差别不大。

天宝（742—755年）户口数，据《新唐书》为户31 000，口168 948；元和年间（806—820年）户口数，据《元和郡县志》是户9 666，据《韶州府志》是户9 664，元和年间口数无记录。观上数据，有唐一代韶州人口发展趋势是：在初期、晚期较少，中期的开元、天宝年间较多。特别是天宝年间，户数已经发展到31 000，人口则近17万。这是一个骄人的数据，说明唐代中期用"两税法"替代"租庸调制"的改革已见成效，并一直应用至明代。加之较长时间的社会稳定，使得人口繁衍、五业兴旺。但与东汉末相比，差距仍十分显著。

天宝期间，发生安禄山之变，战争波及全国，使人口顿减，至宪宗元和年间，韶关户口由3万余下降到不足1万，少了三分之二，可见战争对生产力的巨大破坏。

至宋代初年，《太平寰宇记》中记当时韶关只辖曲江、乐昌、翁源三县，所记人口数是：主户9 200，客户954；《韶州府志》记主户

---

① （后晋）刘昫等：《旧唐书》卷四十一《岭南道·韶州》。
② （唐）李吉甫：《元和郡县志》卷三十五《韶州始兴下》。
③ （后晋）刘昫等：《旧唐书》卷四十一《岭南道·韶州》。

9 802。此时，粤北东部新置南雄州，《太平寰宇记·韶州》载："广州伪乾祐二年割浈昌、始兴二县置雄州。"①但《太平寰宇记·南雄州》则载："南雄州，理浈昌县，本始兴郡浈昌县地，广南伪汉乾和四年于此置雄州，仍割浈昌县、始兴县以属焉。皇朝以北有雄州，此加南字。"②所谓"伪乾祐二年"，用的是北方五代后汉的年号；所谓"伪汉乾和四年"，用的是南方十国南汉的年号，对照公元纪年，并无差别。即949年始置雄州，进入北宋以后，北方有"雄州"，故加"南"字以示区别。

韶关所辖粤北地区，历来包括始兴、浈昌，故宋代人口统计应把南雄州统计在内。《太平寰宇记·南雄州》宋初的人口是：主户7 738，客户625，故当时粤北的实际户数为，主户16 938，客户1 579。主客合计18 517户。这一数据比起唐晚期已是增加了8 851户，但依然比唐中期的31 000户减少了近一半。到了北宋神宗元丰（1078—1085年），韶州辖曲江、乐昌、翁源、仁化四县时，主户53 510，客户3 937；南雄州辖保昌、始兴二县时，主户18 686，客户1 653。《宋史》卷九十《南雄州》说是"元丰户二万三百三十九"，和《直隶南雄州志》的统计主客户数合计一致。粤北人口户数合计为主户72 196，客户5 590。但《宋史》卷九十《韶州》明言："元丰户五万七千四百三十八"，且说辖"县五"，除曲江、乐昌、翁源、仁化四县外，新增建福县。推测韶州辖四县时，当在元丰以前宋初以后。若按元丰年间57 438户计算，则当时粤北主户当为76 124，客户不变为5 590，总户数为81 714。若按每户3～5人计，当时人口数量在24万～41万范围内，已是接近或超过东汉末的人口水平，是粤北人口发展的第二个高峰。

宋室南渡以后，只余半壁江山。韶州人口无数据，南雄州则有南宋晚期的两个数据：宋孝宗淳熙年间（1174—1189年）户16 000，口48 886。宋宁宗嘉定年间（1208—1224年）户30 823，口50 357。

至元代，韶州辖曲江、仁化、乐昌、乳源四县，户19 584，口176 256，南雄州辖始兴、保昌二县，户10 792，口53 960。《直隶南雄州志》户19 000。按《元史·地理志》计，二州的总户数为30 376；

---

① （宋）乐史：《太平寰宇记》卷一百五十九《韶州》。
② （宋）乐史：《太平寰宇记》卷一百六十《南雄州》。

按《直隶南雄州志》计，总户数为 38 584。二州的总人数为 130 216。

南雄州在南宋晚期到元代的户数达到 3 万 ~ 4 万，若每户按 3 ~ 5 人计，则保昌、始兴二县就有 9 万 ~ 20 万人。这是一个较奇特的现象。据考南宋末到元末南雄有三次民族大迁徙，中原人由于躲避战乱、逃荒等原因曾大量涌入粤北，这一现象当是移民大增的直接原因。元代的韶州户数不足 2 万，人口却有 17 万之多，未知何故。

表 3　晋、南朝、唐、宋、元代粤北地区的人口统计

朝代	郡州名	辖县	郡州户口数	出处
晋	始兴郡	桂阳、阳山、曲江、始兴、含洭、浈阳、中宿	户 5 000	《晋书》卷五《地理志》
南朝宋	宋安郡	桂令、阳山、曲江、始兴、含洭、浈阳、中宿	户 11 756，口 76 328	《宋书》卷三十七
唐初	韶州	旧领县四：曲江、始兴、乐昌、翁源，（仁化、浈昌天宝后置）	户 6 960，口 40 416	《旧唐书》卷四十一《地理四·岭南道·韶州》
唐开元	韶州	曲江、始兴、乐昌、翁源、仁化、浈昌	开元：户 20 764，元和：户 9 666（注《韶州府志》为开元户 20 264，元和户 9 664）	《元和郡县志》卷三十五《韶州始兴下》
唐天宝		曲江、始兴、乐昌、翁源、仁化、浈昌	户 31 000，口 168 948	《新唐书》卷四十三《地理四·岭南道·韶州》

（续上表）

朝代	郡州名	辖县	郡州户口数	出处
宋	韶州	曲江、乐昌、翁源（仁化入乐昌，浈昌、始兴入南雄州）	唐开元户 21 000；宋户：主 9 200，客 954。《韶州府志》：主 9 802	《太平寰宇记》卷一五九《岭南道》，《韶州府志》卷十二
	南雄州	浈昌、始兴	主户 7 738，客户 625	《太平寰宇记》卷一六〇《岭南道》
宋元丰	韶州	曲江、乐昌、翁源、仁化	主户 53 510，客户 3 937（注《宋史》卷九〇《地理志》为户 57 438，新增建福县）	《元丰九域志》卷九《广南东路》
	南雄州	保昌、始兴	宋户：主 18 686，客 1 653（注《宋史》卷九〇《地理志》为户 20 339）	《元丰九域志》卷九《广南东路》
宋淳熙	直隶南雄州	保昌、始兴	户 16 000，口 48 886	《直隶南雄州志》卷九《户口》
宋淳熙	直隶南雄州	保昌、始兴	户 1 366，口 2 887	《直隶南雄州志》卷九《户口》
宋嘉定	直隶南雄州	保昌、始兴	户 2 860，口 5 399	《始兴县志》卷四《户口》
宋嘉定	直隶南雄州	保昌、始兴	户 30 823，口 50 357	《直隶南雄州志》卷九《户口》
元	韶州路	曲江、仁化、乐昌、乳源	户 19 584，口 176 256	《元史》卷六二《地理志》

朝代	郡州名	辖县	郡州户口数	出处
元	韶州路	曲江	户 4 772	《曲江县志》卷二
元至元	南雄路	保昌、始兴	户 10 792，口 53 960	《元史》卷六二《地理志》
元	南雄路保昌	保昌、始兴	户 19 000	《直隶南雄州志》卷九《户口》
元	始兴	始兴	户 883	《始兴县志》卷四《户口》

第七节　从人口变化看明代韶关发展的历史轨迹

　　明代及其以后，各州府县都作史志，人口数量增多。但明代实行的"户役制"是"年十六曰丁，成丁而役，六十而免"，这意味着十六岁以下、六十岁以上的人口都不在统计之列，因此下表统计户口数都非实际人口数。同时，明代还规定当役人口造户册时，以洪武初年为基数，大抵十年造一次，因此史志所记的"户减""口减"即编造户册时应役的户数、人数。现据《韶州府志》《曲江县志》和《直隶南雄州志》等列出下表。

　　明洪武年间，韶州、南雄州的基户分别是：18 900 和 7 431，合计 26 331 户；韶州、南雄州的基口分别是：82 006 和 58 186，合计 140 192 人。这一数据比元代 38 584 户少了 12 253 户，人口数比元代的 130 216 人多了 9 976 人。其原因之一当是元末农民起义，战乱不断，使得以家族为主的迁移成为粤北民族迁徙的主旋律，不少姓氏携家带口迁往他地，故户数大减；而中原不少流民在变乱之际又迁来粤北，故人口数非但不减，又增加了近一万人。

　　明初的赋税徭役逐渐加重，"以黄册为准册，有丁、有田；丁有

役；田有租；租曰夏税、曰秋粮；凡二等""以户计曰甲役，以丁计曰徭役，上命非时曰杂役，皆有力役、有雇役"。① 各州府县根据所造"户贴""黄册"，强令按户按丁纳税服役，每户的田地又要交"夏税""秋粮"，故户籍瞒报非常严重；到了明永乐年间，韶州、南雄州户各为 16 531 和 853，合计 17 384，比洪武时期减少 8 947 户，韶州、南雄州的人口分别为 38 145 和 27 266，合计 65 411，比洪武时期减少 74 781 人。洪武至永乐约 50 年之间南方并无战争，也无大灾大荒，但人口减少如此之多，实应归咎于明代的赋税制度对人民的强征暴敛。永乐以后的人口虽稍有上升，中间又有些波动，嘉靖年间，两州户数为 18 247 户，人口数为 96 052 人，对比洪武时的人口基数 26 331 户和 140 192 人，仍相差颇大。至万历年间明代人口达到高峰，两州户数达到 22 445 户，人口数达到 142 455 人。但到了明代末期，韶州只有 16 595 户，74 126 人。

表4　明代韶州、南雄州人口统计

朝代	郡州名	辖县	郡州户口数	出处
明	韶州府	曲江、乳源、英德、乐昌、翁源、仁化	户 17 934，口 90 658	《岭海舆图》
明	直隶南雄州	保昌、始兴	户 8 297，口 24 699	《岭海舆图》
洪武	韶州、南雄州	曲江、乳源、英德、乐昌、翁源、仁化、保昌、始兴	韶州户：18 900，口：82 006；南雄州户：7 431，口：58 186	《韶州府志》卷十二；《直隶南雄州志》卷九
永乐	韶州、南雄州	曲江、乳源、英德、乐昌、翁源、仁化、保昌、始兴	韶州户：16 531，口：38 145；南雄州户：853，口：27 266	《韶州府志》卷十二；《直隶南雄州志》卷九
正统	南雄州	保昌、始兴	户：1 528，口：34 310	《直隶南雄州志》卷九

---

① （清）张廷玉等奉敕修：《明史》卷七十八《赋役》。

朝代	郡州名	辖县	郡州户口数	出处
成化	韶州、南雄州	曲江、乳源、英德、乐昌、翁源、仁化、保昌、始兴	韶州户：13 477，口：52 500；南雄州户：1 620，口：33 788	《韶州府志》卷十二；《直隶南雄州志》卷九
弘治	韶州、南雄州	曲江、乳源、英德、乐昌、翁源、仁化、保昌、始兴	韶州户：15 443，口：74 777；南雄州户：1 130，口：35 446	《韶州府志》卷十二；《直隶南雄州志》卷九
正德	韶州、南雄州	曲江、乳源、英德、乐昌、翁源、仁化、保昌、始兴	韶州户：16 536，口：90 032；南雄州户：1 938，口：48 063	《韶州府志》卷十二；《直隶南雄州志》卷九
嘉靖	韶州、南雄州	曲江、乳源、英德、乐昌、翁源、仁化、保昌、始兴	韶州户：17 933，口：90 658；南雄州户：314，口：35 394	《韶州府志》卷十二；《直隶南雄州志》卷九
隆庆	韶州、南雄州	曲江、乳源、英德、乐昌、翁源、仁化（缺）、保昌、始兴	韶州户：14 876，口：63 517；南雄州户：290，口：36 155	《韶州府志》卷十二；《直隶南雄州志》卷九
万历	韶州、南雄州	曲江、乳源、英德、乐昌、翁源、仁化（缺）、保昌、始兴	韶州户：22 355，口：107 061；南雄州户：132，口 35 745	《韶州府志》卷十二；《直隶南雄州志》卷九
天启	韶州	只统计曲江、翁源、英德、乳源、乐昌，仁化数据缺失	户：16 464，口：71 668	《韶州府志》卷十二

朝代	郡州名	辖县	郡州户口数	出处
崇祯	韶州	只统计曲江、翁源、英德、乳源、乐昌，仁化数据缺失	户：16 595，口：74 126	《韶州府志》卷十二

第八节 从人口变化看清代韶关发展的历史轨迹

一、清初的"摊丁入亩"对人口统计的影响

清政权建立之初，战火仍在燃烧，百姓死伤流亡甚多。明末天启三年（1623 年），全国在籍人口尚有 5 000 多万人，而到清顺治八年（1651 年），却只剩下 3 000 余万人。明万历年间，在册耕地为 80 多万顷，而到清顺治八年，则只剩下 50 多万顷了。山河残破，经济凋敝。

清初，明代原有的户部税役册簿大量地毁于兵火，清政府便以仅存的《万历条鞭册》为依据，进行赋役的征发。在其征发的过程中，清朝统治者逐渐体会到了《万历条鞭册》中某些"摊丁入亩"措施的合理性，加之在康熙后期，国内土地兼并严重，"一邑之中，有田者十一，无田者十九"。土地兼并又造成大量的人口流动，不少人丁聚而复逃，"丁额缺，丁银失，财政徭役以丁，稽查为难，定税以亩，检核为易"。他们主张，"丈地计赋，丁随田定"，即实行"摊丁入亩"，以期通过采用赋役合一的办法来消除前弊。土地确实是完整的、稳定的，而人口却是变动的，因此，按田定役或"摊丁入亩"的制度就比按人丁定役的里甲制度要稳妥和适用。清朝也是顺应晚明的这种趋势，即本着明朝役法改革的精神，更为广泛地推行"摊丁入亩"，以用田编役之法逐渐代替了里甲编审制度。

康熙五十一年（1712 年），清政府规定以康熙五十年（1711 年）

的人丁数作为征收丁税的固定数,《康熙五十年》:"诏免广东全省地丁钱粮并各年旧欠,造盛世滋生户口册,自五十年编审丁数定为常额,续生人丁,永不加赋。"① 废除了新生人口的人头税。雍正元年(1723年)开始在全国普遍推行"摊丁入亩",把固定下来的丁税平均摊入田赋中,征收统一的地丁银,不再以人为对象征收丁税。同时,政府放松对户籍的控制,农民和手工业者从而可以自由迁徙,出卖劳动力;明代实行的一条鞭法,清代继续施行,部分丁银摊入田亩征收,部分丁银按人丁征收。其原则是派丁多者,必其田多者也,其派丁少者,亦必有田者也。

"摊丁入亩"结束了地、户、丁等赋役混乱的现象,完成了人头税并入财产税的过程,彻底废除了自西汉以来的人头税;由于征税的对象是土地,政府放松了对户籍的控制,增加了大量可以自由流动的劳动力,对活跃商品经济起了推动作用;无地少地的农民摆脱了丁役负担,不再被强制束缚在土地上,进一步松弛了农民对封建国家的人身依附关系,特别是户口统计农民没有必要再隐瞒不报,使得户口数趋向实际数,对当时的社会经济发展起到了积极作用。

二、清代粤北地区的第三次繁荣

清代顺治到康熙二十五年(1686年),沿袭明末的户籍制度,粤北二州人丁数是 90 692 人,至康熙五十年(1711年),为 109 408 人,已近 11 万。至乾隆时期,韶州六县人口已超过 20 万,南雄州二县在乾隆四十一年(1776年)人口已是 19 万余,乾隆四十二年(1777年)又增加一万多,达到 210 422 人。两州总计 419 625 人。也就是说,乾隆时期粤北地区的人口已达到历史最高水平。特别是南雄人口在明清之际大量增长,超过了辖有六县的韶州,说明此时有大量流民、移民,从江西的赣州,福建的汀州、漳州通过大庾岭的梅岭入住南雄州,给南雄州带来了很多劳动力。雍正时期在全国普遍推行的"摊丁入亩",其效益在嘉庆时期凸显出来,此时韶州人口已突破 50 万,达到 558 327 人,而南雄州人口也继续增加,为 233 591 人,两州合计 791 918 人。至道光年间增速缓慢,两州合计 797 948 人,已接近

① 《广东通志》卷七《编年志二·康熙五十年》。

80 万。

进入咸丰年间（1851—1861 年），适逢太平天国在南方发动，粤北地区受到一定影响，南雄州人口自此以后无统计；韶州人口却达到 908 229 人，到同治年间（1862—1874 年），韶州人口突破百万，达到 1 237 771 人。假定这一数据维持到宣统时期，加上宣统三年（1911年）的南雄州人口数 379 006，则清代末期韶关所在的粤北地区人口达到 1 616 777 人，已是 161 万多人。这是自汉代以来有户籍记录的最高额，也是封建社会韶关地区的最高人口数。

表 5　清代韶州、南雄州人口统计

朝代	郡州名	辖县	郡州户口数	出处
顺治八年	韶州、南雄州	曲江、乳源、英德、乐昌、翁源、仁化、保昌、始兴	韶州户：22 187，口：78 107；南雄州口：12 595	《韶州府志》卷十二；《直隶南雄州志》卷九
康熙元年	韶州、南雄州	曲江、乳源、英德、乐昌、翁源、仁化、保昌、始兴	韶州户：22 574，口：78 101；南雄州户：12 595	《韶州府志》卷十二；《直隶南雄州志》卷九
康熙二十五年	韶州	曲江、乳源、英德、乐昌、翁源、仁化、保昌、始兴	口：94 725	《韶州府志》卷十二
康熙六十年	南雄州		口：15 683	《直隶南雄州志》卷九
乾隆四年	韶州	曲江、乳源、英德、乐昌、翁源、仁化、保昌、始兴	户：67 410，口：209 203	《韶州府志》卷十二
乾隆五年	南雄州		户：193 784；口：210 422	《直隶南雄州志》卷九
嘉庆二十四年	韶州、南雄州	曲江、乳源、英德、乐昌、翁源、仁化、保昌、始兴	韶州户：87 034，口：558 327；南雄州口：233 591	《韶州府志》卷十二；《直隶南雄州志》卷九

朝代	郡州名	辖县	郡州户口数	出处
道光三年	韶州、南雄州	曲江、乳源、英德、乐昌、翁源、仁化、保昌、始兴	韶州户：91 100，口：562 300；南雄州口：235 648	《韶州府志》卷十二；《直隶南雄州志》卷九
咸丰	韶州	曲江、乳源、英德、乐昌、翁源、仁化	户：145 584，口：908 229	《韶州府志》卷十二
同治十一年	韶州	曲江、乳源、英德、乐昌、翁源、仁化	户：193 502，口：1 237 771	《韶州府志》卷十二
宣统三年	南雄州	保昌、始兴	户：73 095，口：379 006	《直隶南雄州志》卷九

综上所考，以韶关为主的粤北地区，历史上有三次大的发展，首先是东汉时期，桂阳郡已有 13.502 9 万户，人口已达 50.143 万人，撤去岭北 5 县，粤北 6 县人口要占一半以上，有 8 万户，25 万口左右。相比之下，直到清代乾隆时期才真正超过这个水平。第二次人口发展高潮是唐开元、天宝和宋元丰时期，唐开元、天宝的户数为 3 万左右，人口近 17 万；宋代元丰年间主客户合计达到 8 万左右，人口也在 25 万左右；第三次高峰在清代中后期。

第九节　韶关的商贸发展——以百年东街为例

一、明清时期的商贸简况

在广东，受永乐年间郑和下西洋的影响，广州成为最主要的对外贸易港口和广东最大的商业都市。外国香药、珠贝、犀角、象牙等贡品和商品以及岭南各地集散到广州的特产，如盐、糖、果品、药材等由广州发出，沿北江而上，经三水、清远、英德到韶州，再经始兴，然后接南雄州上岸，过大庚岭路到江西南安府，下赣江，运至南京、扬州等地。韶州坐落于北江、浈江、武江三江交汇处，扼江西、湖广

通粤之要津，为粤北中枢。因交通便利，明清时期商贸经济非常繁荣，湘、赣、闽、浙和广州等地商人云集于韶州，城内可谓"踵接肩摩、熙熙攘攘"。广州会馆、福建会馆、楚南会馆、赣州会馆、兴宁会馆、惠潮嘉会馆等商业会馆林立。城区和郊区开辟了清平墟、皇中墟、长坪墟等九大贸易市场；并在太平关周边形成七条街市，有牙行业、银楼业、典当业、米行业、盐行业、中药行业、烟茶行业、布匹行业等。今东堤路上遗留的一些建筑，均为明清、民国时建的商铺或各地商埠在韶建的办事处。

二、百年东街上的太傅庙

对于明清时韶关东堤路上商业繁华的情况，同在东堤路上的太傅庙里的《重修太傅古庙记》倒是为此提供了佐证材料。它记载了嘉庆戊寅年（1818 年）重修太傅庙时，各商号为求太傅保佑、安全经商而踊跃捐赠的实际情况，因此简略介绍一下"太傅"的神异故事。

所谓太傅庙，又称津头庙、忠惠庙，位于市区东堤北路太傅街 44 号，是韶关著名的古迹之一。庙内塑有卢太傅神像，故民间俗称太傅庙，庙前街道称太傅街。据碑文记载，庙始建于东晋咸和元年（326 年），道教炼丹大师葛洪从江苏乘船南下广州，途径韶州太平关码头，见帽子峰风景秀丽、古木参天，是修道的风水宝地，便在此结庐修炼，并在城西芙蓉山采药炼丹。

南汉时期，卢光稠攻岭南，陷韶州，使其子卢延昌任韶州刺史。据《韶州府志》卷十九《建置略·坛庙》光绪元年本记载："忠惠庙即太傅庙，在太平关税厂前，俗名津头庙。郡人感刺史卢光稠之德，立庙以祀之。"北宋时期，朝廷以卢光稠征战有功，为民除害，谥赠太傅，并赐额忠惠庙。据《韶州府志》卷十九《建置略·坛庙》光绪元年本记载："忠惠庙录与忠惠公：父老相传，云先时有物类蛟龙，行者每为所毒，公设法斩之。迄今枯骨二段犹存。"可见，卢光稠在韶州时曾斩蛟龙（可能就是鳄鱼之类，因庙临水，所以常常出现），为民除害，深受百姓拥戴。其实《韶州府志》还有描述忠惠公神勇以及保佑当地百姓的一些有趣故事。据《韶州府志》卷十九《建置略·坛庙》光绪元年本记载："旁有铁鼓，面稍损破，擎之有声。闻公有

一役，坐铁船挝铁鼓，仅一日夜往来五羊，后藏舟于壑，遗此鼓于祠。"说的是，曾有一面鼓，鼓面有点破损，敲起来声音很好，听说忠惠公曾有一次，拿着这面鼓乘着铁船，仅仅一天一夜，就在韶关和广州之间走了个来回。据《韶州府志》卷十九《建置略·坛庙》光绪元年本记载："伪果毅将军王虎，自南安投城即乘船先至韶城，将欲为患，盖虎北上时欲入城养兵。为百姓所阻，因乘机大肆屠戮，以报宿憾。舟将次忠惠庙忽大雨注，江水暴涨，虎及家人见有神人红袍持钢刀立舟首尾，噤不能语。而岸上居民有避难石寨者，见黑云一朵，尽罩虎舟。须臾即覆，一家尽溺。人皆以为忠惠公及本境城隍显灵所致也。"说的是一个名叫王虎的人，到了韶关，想入城养兵，为韶城百姓所拒绝。他乘机杀戮百姓以报心中怨气。王虎的船经过忠惠庙时，突然大雨倾盆，江水暴涨。王虎及其家人发现有穿红袍的神人手持钢刀立在船头尾，王虎当时就吓得不能说话。岸上有在石寨避难的百姓，看见江面上空有一朵黑云，却全部笼罩在王虎的船顶，很快这艘船就翻到江里，全家无人生还。众人都认为王虎的覆灭是忠惠公和本境城隍显灵所导致的。这也许仅仅是一个传说而已，但从中我们能感受到韶城百姓对忠惠公的爱戴和敬仰。

太傅庙建筑布局为四合院式，三进深，正门有一副对联："一隅资保障，捍灾无异许真君；千载颂贤明，遗爱直同韩刺史"，两侧附设黎母宫和水月宫。据《韶州府志》卷十九《建置略·坛庙》光绪元年本记载："忠惠庙左为水月宫，右为黎母宫，乾隆三十五年、嘉庆十六年俱重修，教喻萧世卫有祀。道光二十七年、同治十一年复重修。"

由此可见，历史上太傅庙曾多次重修。民国时期战乱，太傅庙遭到破坏；"文革"期间，庙内古建筑又遭毁坏。中华人民共和国成立后，太傅庙由市房管部门接管，一直为居民租用。2001年夏，市政府落实宗教政策，太傅庙为道教活动场所，庙宇进行了较大的扩建和修缮，之后韶关市道教协会成立并在此挂牌办公。

三、《重修太傅古庙记》记录的清代韶关的商号

《重修太傅古庙记》的后半部分记载了各地商家为此次重修太傅

庙所进行的捐赠活动，这个记录是按不同字簿进行的，分别如下：

月字簿缘首广字号，共敛捐银叁拾陆圆，麻阳（湘黔边界的湖南省西部，怀化市西北部）叶重，水南魏调。

盈字簿缘首大兴号，冈州（广东台山）何亚人，番禺李东苑，安徽德隆道记，义顺佛山利记号，省城怡茂，佛山陈珍记，省城泰源廖耀记，福建罗张罗发号，佛山同发记，安徽王冠春号，冈川（广东开平）李昌号、李益号，安徽胡大昌号，佛山市记号梁昆记，省城义隆程记，龙邑邹志茂，江右益泰号，始邑（始兴）陈灶子，省城源泰号，始邑张贵寿，宝安（深圳）李昭记，陕西穆同兴，江右（今上海、南京一带）兴顺号，南海万吉号，顺德昌记号，番禺邓广有，始邑许寿三，福建沈占记，童元亨彤盛号，万德兴，冈州邓发佑，许和丰黎和记，江右来茂号，永发号，省城怡茂号，浙绍傅大字，清远江南盛兴记，杭宁裕丰号，安徽程和春，江西益茂号，清江（江西）扬恒昌，始邑徐崇玉，南安（江西）雷。

昃字簿缘首大顺号。
寒字簿缘首联吉号，广府祺馨号成吉号，姚位记盛兴记。
辰字簿缘首广成店。
列字簿缘首刘义利。
宿字簿缘首信记号。
张字簿缘首大胜号。

月、盈、昃、寒、辰、列、宿、张八字都是天气星宿名，是众商户的"缘首"，也即商户推举的大商号，联络一些商贸、捐献等事宜。观其商号的地名可知，这些商号都与太傅庙相隔不远或崇信地方神灵，故重修太傅庙时都愿捐钱捐物，以求太傅保佑平安。

从上述捐赠名录能看出，捐赠银两的商家来自全国各地，近则广东省内，远则湖南、江西、安徽、浙江、上海、陕西等地，而这些商家当时很可能就在距太傅庙不远的东堤路经商。

第六章　韶州历史上几次重要的大开发

第一节　秦汉之"新道"

先秦以前，岭南交通道路无考。首见于记载的是秦之"新道"：《史记·南越列传》卷一一三："至二世时，南海尉任嚣病且死，召龙川令赵佗语曰：'吾欲兴兵绝新道'。索隐曰：案：苏林云'秦所通越道'。"

《史记·秦始皇本纪》卷六也曰："三十四年，谪治狱吏不直者，筑长城及南越地。"［正义］曰："谓戍五岭，是南方越地。"

此新道，是"秦所通越道"。筑道之役夫，当是"治狱吏不直者"，即罪徒。筑新道的时间，当是在秦始皇三十三年（前214年）置南海、桂林、象郡后的第二年开始。据余天炽先生的研究，岭南秦所筑新道，自西而东有四条：一是大庾岭道，二是连阳道，三是萌渚岭道，四是越城岭道。① 秦新道是与秦进军岭南的路线相吻合的，其军事目的性很强，并派重兵把守道上关隘。其道以水路为主，兼以陆路，大概都是在原有道路基础上改筑或扩筑而成。

大庾岭道上有横浦关，《史记·南越列传》索隐引《南康记》云："南野县大庾岭三十里至横浦，有秦时关，其下谓为'塞上'。"其关北距江西贡水数十公里，可直通赣江北上；其关南至南雄十数公里，可入昌水，沿浈江直下韶关。由此可见，新路建筑项目主要为扩充入

① 余天炽：《秦通南越"新道"考》，《学术研究》编辑部：《史学论文集》，广州：广东人民出版社1980年版。

岭孔道或峤道，然后利用南方河流纵横之特点顺流南下。

连阳道上有阳山关、涅浦关、湟溪关，都是湟水上的关隘。此路以连州为起点，下行180公里达连江口入北江，直达珠江三角洲。上行60公里左右抵星子镇，转陆路可达湘南江华、蓝山、桂阳各县，越骑田岭进湘江、入长江。

萌渚岭道上有九嶷之塞。过萌渚岭后入贺江，转广西郁江（今西江），可直达番禺。

越城岭据湘、漓二水上游，秦凿灵渠沟通二水，沿湘水可北入长江，沿漓水可南下郁江。

可见，秦之新路，是以水路为主的水陆交通线，陆路虽短，但山峦重重，扩充困难，关隘上多为"孔道""峤道"。

南越国时，闭关自守，各关隘把有重兵，沿袭了新路规模，但南北交通遂绝。

第二节　东汉卫飒等的"凿山通道"

汉武帝平南越国后，于元鼎六年（前111年），把南越国统治的地区分为南海、苍梧、合浦、郁林、珠崖、儋耳、交趾、九真、日南九郡。其中，交趾、九真、日南在今越南境，郁林在今广西，珠崖、儋耳大致在今海南，苍梧、合浦在今广东西、广西东地区，南海大部属今广东。

本属于南越国的粤北地区，被划入在汉高祖时就已设置的桂阳郡和豫章郡。二郡都实行所谓的"跨岭而治"。豫章郡所辖的南野县，其县境从大庾岭北伸至今南雄、始兴地，这与汉和南越国对峙时疆域的沿南岭交错有关。桂阳郡在武帝时则越岭向南部大大扩充，其下辖11县，除开在湖南南部、广西西北部的5县外，其余6县全在今粤北地区。这种设置显然是为了巩固汉对南越地区的控制而增治的。

《后汉书·卫飒传》卷一〇六："先是含涅、浈阳、曲江三县，越之故地（含涅故城在今广州含涅县东，浈阳今广州县也，曲江韶州县也），武帝平之，内属桂阳。民居深山，滨溪谷，习其风土，不出田租。去郡远者或且千里，吏事往来，辄发民乘船，名曰传役。每一吏出徭及数家，百姓苦之。飒乃凿山通道五百余里，列亭传，置邮驿。

于是役省劳息，奸吏杜绝，流民稍还，渐成聚邑。使输租赋同之平民……视事十年，郡内清理。"

《东观汉记·卫飒》卷十五："卫飒为桂阳太守，凿山通路，列亭置驿，视事十年。征还，飒到即引见，赐食于前，从吏二人赐冠帻，钱人五千。"

《广东通志》卷三十八："卫飒……擢桂阳太守。郡接交州，其俗不知礼度，飒下车修庠序之教，设婚姻之礼，期年间境内大化。含洭、浈阳、曲江三邑为越故地，武帝平越以属桂阳。民居山谷间，习其风土，不供田赋，去郡远者或且千里，吏事往来，辄发民挽舟，名曰传役。每一吏出徭及数家，百姓苦之。飒乃凿山开险，通道五百里许，列亭馆，置邮驿。于是役省劳息，流徙者还，渐成邑聚。咸乐输赋。飒居官如家，所施悉中时宜。视事十年，郡内清理。"

以上三条，是卫飒凿山通道的主要记载。卫飒，字子产，河内修武人也。幼年家贫，好学，帮人佣工以资学费。东汉初建武年间（25—55年）任桂阳太守。其所修之路，自浈阳、含洭经曲江越南岭至桂阳郡治（今郴州），长约500里，其修路的目的在于列亭馆、置邮驿，使田赋贡税可达桂阳郡治。路修通后，一是"役省劳息"，"传役"的劳役停止了，人民的负担减轻了；二是"奸吏杜绝"，害民的奸官被惩罚了；三是"流民稍还，渐成聚邑"，逃避徭役的流民逐渐归乡里，城市的人口增加了。说明自东汉初年开始，粤北的人口、经济已有所发展。

建初八年（83年）郑弘为大司农，"奏开零陵桂阳峤道，于是夷通，至今遂为常路"①。"峤"，岭也；"夷"，平也。所谓峤道，即高低不平的山道。说明卫飒以后的三四十年，又修了骑田岭上的峤道，使其平平整整，更加贯通了岭南岭北之间的交通。

第三节　周憬疏凿武溪考
——韶关早期交通开发史研究

周憬碑记载的"鸟飞不渡兽不能临"的武溪，在174年就被以周

---

① 《后汉书》卷六十三《郑弘传》。

憬（中原徐州下邳人。讳憬，字君光。以固始国相升任桂阳郡太守）为首的粤北人民征服。通过对这次工程的背景、规模、内容、动员的郡县力量等进行研究后，特别感慨周憬对韶关城市的形成和发展做出的巨大贡献，是有史可证的开发武溪的第一人。

汉碑在全国并不多见，其中谈到韶关历史文化的更少，而《神汉桂阳太守周府君功勋之纪铭》碑，不仅记述了韶关地区最早的城市当名曲红，而且详细记述了当时粤北地区的河道开发与商贸往来情况，是粤北历史上一篇极为重要的文献。

此文献曾被一些现代地方史志多次引用，如《韶关市志·大事记》："嘉平三年（174年），桂阳太守周憬募民疏凿武溪，夷高填下，迄安聂（在今韶关市区武水西岸），商旅称便。"[1] 其中"嘉平三年"当作"熹平三年"，而开凿的工程内容仅为"夷高填下"，与史籍所载"排治湍梗，人得利涉"，即疏浚险滩河道也有出入。至于韶关地区记载最早的城市曲江为何称"曲红"，《区域概况》仅称："县名曲江，以溱水回曲为名。因江、红二字古时通用，故而又称曲红。"既有悖《水经注》"县昔号曲红，曲红，山名也，东连冈是矣"的记载，也未道出其名"曲红"的真正原因。

更为重要的是，此碑真实地记载了粤北第一次大规模的航道开发，在只有原始工具的条件下，其艰难程度、工程之巨是我们今天难以想象的。昔东汉初年，马援南征至武溪，见其"岸参天兮无路傒，石纵横兮流泂泂"（碑文）的景象，遂作歌曰《武溪深》，其辞曰："滔滔武溪一何深，鸟飞不渡兽不能临，嗟哉！武溪何毒淫。"征服如此"毒淫"的武溪，把它变作"小傒乃平直，大道允通。利抱布贸丝，交易而至"的坦途水道，不啻开创了万年之功，以后曲江、韶关之所以成为"粤之北门"的要冲重镇，在很大程度上依赖于此次开发。因此，对此文献详加研究，弄懂其中真正含义，对于阐明粤北和韶关的开发史、交通史和商贸史，纠正此因史实考之不详而出现的种种偏颇，都具有重大意义。

---

① 韶关地方志编纂委员会编：《韶关市志·大事记》，北京：中华书局2001年版，第24页。

一、疏凿武溪的背景

汉武帝平南越国后，于元鼎六年（前111年），把南越国统治的地区分为南海、苍梧、合浦、郁林、珠崖、儋耳、交趾、九真、日南九郡。其中，交趾、九真、日南在今越南境，郁林在今广西，珠崖、儋耳大致在今海南，苍梧、合浦在今广东西、广西东地区，南海大部属今广东。

本属于南越国的粤北地区，被划入在汉高祖时就已设置的桂阳郡和豫章郡。二郡都实行所谓的"跨岭而治"。这种设置使岭南的粤北地区最早也最快地接受中原文化，各民族逐渐融合，社会和经济迅速发展，成为百越地区中原文化发展的前站。

但这种"跨岭而治"，同时也给汉代桂阳郡的行政统治带来了极大困难。其中最大的困难是交通被大岭峻山壅阻。《后汉书·卫飒传》曰："先是含洭、浈阳、曲江三县，越之故地，武帝平之，内属桂阳。民居深山，滨溪谷，习其风土，不出田租。去郡远者或且千里，吏事往来，辄发民乘船，名曰传役。每一吏出徭及数家，百姓苦之。"这种局面从西汉元鼎六年（前111年）一直持续到东汉才稍有缓解。建武十六年至二十六年（40—50年），卫飒任桂阳太守，"飒乃凿山通道五百余里，列亭传，置邮驿。于是役省劳息，奸吏杜绝，流民稍还，渐成聚邑"。这次疏凿从"凿山通道五百余里，列亭传，置邮驿"来看，主要是凿通由含洭、浈阳、曲江至湖南郴县（古桂州郡治）的陆路通道，而所谓"传役"的水道涉及不多。因此，并未从整体上缓解岭南岭北的交通问题。

据周憬碑文载，东汉熹平元年（172年）以前："商旅所臻，自瀑亭（武溪上游）至于曲红（今韶关市），一由此水。""此水"指的是武溪，即今武江。"一由此水"，是说行人、商旅从曲江至郴县必须经由武溪水才能到达，即这条水路和岸上之陆路是当时的交通命脉。但这条路的路况在周憬碑文中记载的却是"未由骋焉"，其险恶无与伦比：

其水源也，出于王禽之山，山盖隆崇，峻极于天，泉肇沸踊，发

123

射其颠。分流离散，为十二川。弥陵隔阻，丘阜错连，隅陬雍蔼，末由骋焉……千渠万浍，合聚溪涧。下迄安聂，六泷作难，湍濑潺潺，泫沄潺湲，虽《诗》称百川沸腾，高岸为谷，深谷为陵，盖莫若斯天轨所经，恶得已哉。改其下注也，若奔车失辔，狂牛无縻，（阙）勿亢忽胪，（睦或陆）不相知。及其上也，则群辈相随，檀柁提携，唱号慷慨，沈深不前。其成败也，非徒丧宝玩、陨珍奇、替珠贝、流象犀也。往古来今，变甚终矣。

"王禽之山"是武溪之源，其名已不可考。今武江源于湖南临武县三峰岭，流经乐昌、乳源、曲江，在韶关市沙洲尾与浈江合。宋欧阳修撰《集古录》卷三引《韶州图经》说："周府君开此溪，下合浈水。桂阳人便之。为立庙刻石。武水源出郴州临武县鸬鹚石，南流三百里入桂阳，而桂阳桂水、浈水、梨溪、卢溪、曹溪诸水皆与武水合流，其俗谓水湍浚为泷，韩退之诗云南下乐昌泷即此水也"，可知《韶州图经》认为武溪源于临武县鸬鹚石，或鸬鹚石即在三峰岭区域内。

汉代的武溪流经之地是山"峻极于天"，其中"弥陵隔阻，丘阜错连，隅陬雍蔼，末由骋焉"，多处高山隔阻，陆路不通。山涧有十二个，称十二川，其中"泉肇沸踊，发射其颠"，涧水能激射至山巅，可见其澎湃之势。"下迄安聂"，（是说自武溪源至安聂。安聂，《水经注》卷三十八有"泷水东至曲江县安聂邑"，可知安聂为曲江一邑，在今韶关市区武水西岸西河区）都是"千渠万浍，合聚溪涧""六泷作难，湍濑潺潺，泫沄潺湲"。

泷，粤北俗谓"水湍浚为泷"，即指湍急的河流。湍，水势急旋。这是说在武溪水水势急旋的泷有六个，而且其中有不少浅滩之险。在粤北的泷上搞运输，十分艰难，宋陈思《宝刻丛编》卷十九有一段精彩记述：

予尝侍亲庭岭，留英州。其郡东亦有泷，问之，云：彼处壤沃宜稻，而山甚高峭，仅有鸟道，负担者不可下。土人斩竹为箪，以器贮米置其上，俟雨至涧道，随飞瀑鱼贯而下，注于深潭。入水底始再出，碎于石者十五六，谓之泷如此。

在泷上运输，要等到下雨时，把货物置于竹排之上，趁水大而下放，"注于深潭。入水底始再出"，而货物"碎于石者十五六"，如此险恶的"涧道"，就是"泷"。

泷水的水道尽管险恶，但它是"商旅所臻"的要道，是岭南粤北通向湘、鄂以至中原的必由之路。行于此路商旅的状况痛苦不堪，要是顺流而下，就像"奔车失辔，狂牛无縻"，若是逆流而上，"则群辈相随，檀柁提携，唱号慷慨，沈深不前"，此处的"檀柁提携，唱号慷慨"，说明当时上水船必须靠众多纤夫拉纤，纤夫号子慷慨激荡，但还是"沈深不前"，其艰难可想而知。故行人商旅在此段路上，"徒丧宝玩、陨珍奇、替珠贝、流象犀也。往古来今，变甚终矣"。这种艰难险阻，岭南北的人民古往今来已历经多少代而无终结。

这种交通状况，不仅给商旅带来生命、财产的威胁，也给政府的吏事往来"辄发民乘船，名曰传役。每一吏出徭及数家，百姓苦之"的水上交通带来极大困难，直接威胁桂阳郡的行政统治和东汉对岭南的控制。因此，疏凿这条水路，对东汉统治者来讲，已是刻不容缓的任务。

二、周憬疏凿武溪的规模及其内容

关于此次工程的规模、设计、施工、参加者等，碑文和碑阴都记载了一些线索，现结合其他资料，分析研究如下。

1. 疏凿的起始点及长度考

首先是此次疏凿武江的长度。据碑文"自瀑亭至于曲红，一由此水""下迄安聂"，可知，此次疏凿的终点为曲江安聂邑，在今韶关市区武水西岸西河区。起点为瀑亭，瀑亭虽无考，但在武溪上游无疑。其区域可据周憬庙的位置大致推测出来。因为此歌功之庙一般应建在其功德彰显所及之地。关于周憬庙碑位置有如下记载。

碑文云："建碑于泷上。"

宋欧阳修撰《集古录》卷三曰："按《韶州图经》云：后汉桂阳太守周府君碑：按庙在乐昌县西一百一十八里武溪上，武溪惊湍激石流数百里……周使君开此溪，下合真水，桂阳人便之，为立庙刻石。"

《韶州图经》唐代作，其言"庙在乐昌县西一百一十八里武溪

125

上"，当可信。由此，所谓"泷上""武溪上"，当东距乐昌118市里（唐里），近60公里。

又：《广东通志》卷三十八记载："熹平三年，曲江人于泷头、泷口（今名虎口，在乐昌县北约10公里处）并为立庙勒石纪功，至今颂之不衰。"泷头，即泷水之头，开始称泷水的地方。此泷头，亦称"泷中"，如北魏郦道元撰《水经注》卷三十八："泷水又南径曲江县东……泷中有碑文。"宋洪适《隶释》卷二十称作"曲江泷中碑"，在《水经注》中，"泷中"并非泛指，而是一个实在的地名。《水经注》卷三十八云：

溱水（今武江）出桂阳临武县南……径县西而北与武溪合……武溪水出临武县西北桐柏山，东南流右合溱水，乱流。东南径临武县西，谓之武溪。……溪又东南流，左合黄岑溪水（当为今白沙水，在坪石西北与武江合），水出郴县黄岑山（今郴县黄岑山），西南流右合武溪水。武溪水又南入重山，山名蓝豪，广圆五百里，悉曲江县界。崖峻险阻，壁峻阻岩；岭干天交，柯云蔚霾，天晦景，谓之泷中。悬湍回注，崩浪震山，名之泷水。

由上可知，武溪水发源于郴县黄岑山的黄岑溪水（今白沙水），即进入"重山"，重山中"崖峻险阻，壁峻阻岩；岭干天交，柯云蔚霾，天晦景"的峡谷称作"泷中"，又因此处"悬湍回注，崩浪震山"，故武溪至此又称"泷水"。显然，此"泷中"，即泷水之头，故亦称"泷头"。《韶州图经》所说庙在距乐昌西118市里的"武溪上"、《广东通志》所说庙在"泷头"，都是周憬碑文所说的"泷上"、《水经注》所说的"泷中"，四名其实都指一地，即武溪合黄岑之后入"重山"之地。据实地调查，今周府君庙（又称将军庙、韩泷祠）在罗家渡九泷十八滩的第一泷——老泷南岸的山腰上，故"泷头""泷中"即指今罗家渡附近地区的江道。

据上考证，此次疏凿武溪，至少从距乐昌西"一百一十八里武溪上"开始，即从今罗家渡附近江道开始，直至曲江安聂邑，即今韶关市西河区，全长110公里以上（今从韶关上航至乐昌为66.4公里，加118市里，约等于110公里），此长度与《韶州图经》"武溪惊湍激石

流数百里"的记载相吻合。

2. 工程内涵考

关于周憬疏凿武溪的工程，碑文中是这样记载的：

于是府君乃思夏后之遗训，施应龙之显画，伤行旅之悲穷，哀舟人之困厄，感蜀守冰，珍绝犁貊，嘉夫昧渊，永用夷易。乃命良吏、将帅、壮夫，排颓磐石，投之穷壑，夷高填下，凿截回曲。弭水之邪性，顺导其经脉，断矶溢之电波，弱阳侯之汹涌。由是小溪乃平直，大道允通。利抱布贸丝，交易而至。升涉周旋，功万于前……故舡人叹于水渚，行旅语于涂陆。孔子曰：禹不决江疎河，吾其鱼矣。于是熹平三年，岁在摄提，仲冬之月，曲红长零陵重安区祉，字景贤，遵承典宪，宣扬德训，帅礼不越，钦仰高山。乃与邑子故吏龚台、郭苍、龚雄等，命工击石，建碑于泷上，勒铭公功，传之万世，垂示无穷。

上述记载提供的疏凿武溪工程的线索有以下几个：

（1）疏凿的目的：

"夏后"指夏禹。"遗训"，指夏禹的治水经验。"应龙之显画"，应龙是传说中一种有翼的龙。禹治水时，应龙以龙尾划地，形成了有序的江河，顺利入海。此处喻周憬也要学大禹的韬略，使应龙"显画"，用神的力量疏导武溪。

"伤行旅之悲穷，哀舟人之困厄，感蜀守冰，珍绝犁貊，嘉夫昧渊，永用夷易"，此句说明疏凿的目的，周憬怜悯陆路行旅的"悲穷"，水路舟人的"困厄"，"蜀守冰"，即李冰，感其修都江堰。"犁貊"，黑色兽，似小熊。"昧渊"，昏暗之渊。这是说通过疏凿，要使武溪野兽珍绝，昏暗的渊谷变好，永远成为平易之路。

（2）疏凿所动员的郡县力量：

为达到此目的，动员了桂州郡的"良吏"，即各县的政府官员；"将帅"，桂州郡的驻军；"壮夫"，各县征发的民夫，都参加了工程开发。这支工程队伍相当庞大，据周憬碑阴所录，参加刻碑者共有32人，其中以曲红长区祉、舍洭长苍陆、浈阳守长南平丞赛祇3人为首。前两人为县长，赛祇为"浈阳守长南平丞"，是否也为县长，耐人寻味。守，在此处并非太守义，因汉代县长官不设守，郡才设守。此处的"守",是官员在初次任命时先命其试署而称的"守",对塞柢而言,其已被任命为"南平"国丞,因初次试署而代浈阳县长,故称"浈阳守长"。此三个县长,显然是周憬疏凿武溪工程的三个最关键的核心人物,他们有实权,是主要的组织者和指挥者,与桂林郡守周憬一起,构成了领导核心。

另几个关键人物是,行事耒阳华戛,荆州从事龚台、郭苍、王鼎,南部督邮龚雒。这五人都是州郡层面的官员。由此可知,当时的荆州州治对此次疏凿也是甚为关心的。

行事,是代行州军府长官职权者的称呼,碑文"乃命良吏、将帅、壮夫"之将帅,只有州刺史或代行其职权的"行事"才能向其下达命令,故将帅军兵参加疏凿工程,必须有行事从中协调指挥。

荆州从事,为荆州州部佐吏。东汉的州部名义上虽仍为监察官,但实际上不仅对郡县管理有监察权,而且负责指挥州境军事,实与地方行政长官无异。因此,荆州从事龚台、郭苍、王鼎三人,是代表州部刺史对此次工程进行监察、协调的重要人物。

督邮为郡、国重要属吏,代郡守、国相监察属吏,督送邮书、奉诏捕贼、催租点兵等均是其职责,督邮的巡查属县是分部的,一郡可分2~5部,以东西南北中名之,故"南部督邮"龚雒是负责桂阳郡南部各县巡查任务的。在此次疏凿工程中,可能是催征"壮夫"、监察各级官吏的重要官员。

最后一个关键人物是排在最后一名的"工师南阳宛王迁,字子强"。故南阳宛县王迁的官职名应为"工师"。工师即工官,春秋战国时为工官之长,掌百工营造事物。西汉工官属少府,当时南阳宛县就置有工官官署。东汉改隶郡国。碑阴所录的工师王迁,注明来于"南阳宛",可能是专门从南阳宛县工官官署中调来参加此次疏凿工程的技术人员,王迁当是一个精通水利工程的专门人才。

除上述9人外,余下23人均为各县吏员。有一人作"故浈阳左尉",非常费解。尉官,春秋时始置,掌军事。秦汉时设太尉,主全国兵事,郡设都尉。然未闻于县设尉官者。且尉官在秦汉时未有分左右者,此职官暂存疑。但有一点可以肯定,此左尉当是浈阳县带兵之官,与周憬碑文"乃命良吏、将帅、壮夫,排颓磐石……"合。其他22人官职都为故"吏"。汉代职官中无故吏一职,"吏"前名"故"

字，大概是表达对周憬敬仰之情，或是表示"周府君原来的属吏"之义。既然如此，则碑阴中所显示之人，可能都是参加过周憬疏凿武溪工程之人，都是完成这次工程的基层领导人。其中曲红故吏13人，浈阳故吏4人，含洭故吏3人，耒阳县、郴县故吏各1人。这些故吏在此次工程中的任务当是征发本县的"壮夫"，并带领或管理他们完成"排颓磐石，投之穷壑，夷高填下，凿截回曲"的任务。如果这种推测不误的话，那么，此次工程以岭南的曲红县征发的壮夫最多，占近60%；浈阳次之，占18%；含洭第三，占13%；岭北的耒阳县、郴县加起来占9%。

（3）疏凿的工程内容：

周憬碑文、碑铭及碑阴多处反映了此次疏凿的内容："乃命良吏、将帅、壮夫，排颓磐石，投之穷壑，夷高填下，凿截回曲。弼水之邪性，顺导其经脉，断砏溢之电波，弱阳侯之汹涌。由是小徯乃平直，大道允通。利抱布贸丝，交易而至。升涉周旋，功万于前。"

"排颓磐石，投之穷壑"，《广东通志》《百越先贤志》作"挑移磐石"，即移去阻碍航道的磐石，然后运到"穷壑"投下，即运到水深的地方投下，这样一举两得，使航道变得较平整，改变武溪泷水段的湍急之势。

"夷高填下"，此举是为了改变河道的高差，"夷高"即铲掉高处，"填下"，即填平低处。使河道高差缩小，陡坡变成缓坡，抑制泷水汹涌澎湃。

"弼水之邪性，顺导其经脉"，弼乃假借，同"避"。这是此次工程的又一大任务。即通过仔细的实地勘查，找出泷水通向下流的主要航道"经脉"，然后"凿截回曲"，即凿开阻碍主流通过的峡谷，截断非主干航道，使原来像蛇龙一样"蛄屈"奔流的"回曲"泷水裁弯变直，使泷水不再乱流，在人工疏导的主航道上平缓流过。

"断砏溢之电波，弱阳侯之汹涌"，"砏"，石上被急水冲刷的痕迹。阳侯，古代传说中的波涛之神。武王伐纣师渡孟津时曾遇"阳侯之波，逆流而击"。此句是说通过疏凿，平息像电一样在石上冲刷出无数痕迹的到处横溢的巨浪，抑制阳侯的汹涌波涛。

"小徯乃平直，大道允通"，这是此次工程的又一任务。"徯"，同"蹊"，小路。汉郑玄注《礼记·月令》"孟冬之月，谨关梁，塞徯径"时曰："徯径，禽兽之道也。"唐孔颖达疏："徯径，细小狭路。"此处"小徯"，指武溪流经处山林间禽兽走的小道。通过这次工程"小徯乃平直，大道允通"，说明此次工程不但修了泷水水道，而且配套修了沿泷水流域的山林间小路和大道。关于这一推测，还可以从受惠百姓的口中得知，他们说：此次工程"虽非龙门之鸿绩，亦人君之德宗。故舡人叹于水渚，行旅语于涂陆"，如果没有修山林间的大道、小路，"行旅语于涂陆"就成了无的之矢，无法解释。

问题是，修这些小路、大道不应是此次工程的主要部分，而应是附属部分。特别是修鸟兽走的小路，如果没有其他原因，对此次巨大工程似乎完全没有必要。因此我们推测：在航道疏浚的同时，此次工程还在适宜的地方增设了不少渡口、码头。这在当时有两个需要：一是加强控制和管理岭南含洭、浈阳、曲江诸县的需要，改变岭南诸县"去郡远者或且千里，吏事往来，辄发民乘船，名曰传役。每一吏出徭及数家，百姓苦之"的局面，故在疏浚好的110公里领域内，增设和修建渡口、码头，增修往这些渡口、码头出入的大道、小路，即适应官家需要；二是满足民间交通的需要。如果一条费巨工、斥巨资修好的水运干道，由于"崖峻险阻，壁峻阻岩；岭干天交，柯云蔚霏，天晦景"无法进入，或无码头而无法利用，则是天下第一蠢事。因此，修鸟兽小径、大道、码头、渡口，是此次疏凿工程的重要组成部分。

综上所述，此次工程应包括下列内容：

①工程设计。勘查泷中直到曲江安聂的武溪水流域的山势、河流走向等，规划出主要航道（经脉）应走的路线，制订怎样"弼水之邪性，顺导其经脉"的实施计划。实际上，周憬曾多次亲临泷中勘查，这从其功勋铭中可以看出来："氾舟楫兮有不避，沉躬躯兮于玄池。委性命兮于芒绳，憯寒栗兮不皇计。忽随流兮殆忘归，懿贤后兮发圣荚，闲不通兮治斯溪。"说周憬不顾性命之危，泛舟险泷，时而随波逐流，时而命系悬崖芒绳，虽寒栗害怕，但无暇顾及。在泷谷中涉险往往忘归。只有周憬这种精神，身历险境，亲自勘查，才能顺利完成这疏凿武溪的千秋大业。

②工程施工。包括四大内容：一是"排颎磐石，投之穷壑"。二是"夷高填下"，整平河道。三是"凿截回曲""顺导其经脉"，凿开

山脉，截断回曲，拉直河道。四是增建或修整泷水流域内的鸟兽小径、大道、码头、渡口，以构成一个完整的水运系统。

三、工程的影响及周憬其人

碑文载：通过疏凿的武溪泷水流域，"由是小徯乃平直，大道允通。利抱布贸丝，交易而至。升涉周旋，功万于前。除昔□颠，树表于兹，虽非龙门之鸿绩，亦人君之德宗。故舡人叹于水渚，行旅语于涂陆"。

"功万于前"，确是的评。在当时来讲，征服这"鸟飞不渡兽不能临"的"毒淫"武溪，是岭南岭北人民的迫切愿望，因为当时的郴县至曲江的交通"一由此水"，虽行旅有"丧宝玩、陨珍奇、替珠贝、流象犀"之险，但也必须涉险。疏凿后不仅消除了危险，而且使其变成通途，这样带给百姓的便利可想而知。"故舡人叹于水渚，行旅语于涂陆""睦老唱兮胪人歌"（碑铭）。这种歌谣俚语碑声，对于巩固当时的政治统治，无疑起到巨大作用。

从经济角度讲，此道修好后，"利抱布贸丝，交易而至"，大力促进了岭南岭北的经济贸易往来和经济发展。这可从当时人口的迅速增加得到证实。东汉初班固的《汉书·地理上》记当时桂阳郡有"县十一"，"户二万八千一百一十九，口十五万六千四百八十八"。到了东汉晚期，据范煜《后汉书·郡国四》载当时桂阳郡版图未变，也为"十一城"，而有"户十三万五千二十九，口五十万一千四百三"，东汉初期与晚期相比较，户增加了近5倍，口增加了3倍多。这与武溪开凿后，桂阳郡岭南岭北的交通、贸易和经济的发展密不可分。

从文化角度讲，武溪的疏通，十分有利于当时中原文化与百越文化的交流与融合，同时也有利于泷水流域各民族的交流与融合。东汉以后，岭南百越族的族称已不见史载，说明其中相当部分已被融合了，而粤北地区由于这次武溪的疏凿，其融合和发展的步伐领先于百越其他地区。

从长远看，东汉以后直到唐代，由于有了这条南北要冲的通道，以曲江为中心的城市逐步发展起来，辐辏了各地商旅，其在岭南、粤北的地位也逐步提高。三国时，始兴郡治已设于此，后东衡州州治也设于此。至隋唐，终于有了韶州之设，以后其作为粤北第一重镇、交通要冲、粤之北门的地位一直未有动摇，成为历代统治都举足轻重的岭南重要城市。可以这么说，武溪水路和越大庾岭浈江水路是今韶关的母亲路，它们既孕育了雏形的曲江，同时也哺育了今天的韶关。

因此我们认为，周憬是有史可证的开发粤北地区的第一人。尤其他的那种"氾舟楫兮有不避，沉躬躯兮于玄池。委性命兮于芒绳，憪寒栗兮不皇计。忽随流兮殆忘归"的忘我精神和实地勘查的科学精神，将永远值得我们学习。

图 14　乐昌峡的周憬庙

碑铭中最后一句"君乎君乎寿不訾"的催人泪下的感叹，使我们知道，周憬生时并不希求长寿（訾，希求），可能正是在这次疏凿武溪的事业中使其丧失了生命。众多知名或不知名的同侪和壮夫疏凿的武溪工程，为韶关的发展及其今天的繁荣，曾做出过巨大贡献，人民不会忘记他，至唐宋时代，人民还把他当作神来祭祀，路过周憬庙要"行放鸡散米"，入庙祭拜要"忌着湿衣入庙"。[①] 至今周憬庙依然矗立在乐昌泷上，受韶关人敬拜。

第四节　张九龄开通大庾岭路

一、修路的背景

大庾岭属南岭五岭之一，《江西通志·山川·南安府》："大庾岭，在府城西南二十五里，汉志名台岭，汉高帝时番君将梅鋗驻兵岭下，因名梅岭；武帝时庾胜筑城于此，又名庾岭；为五岭之一，其山延袤

---

① （宋）乐史：《太平寰宇记》卷一百五十九。

二百里，螺转九磴而至顶，登者难之。"①《太平寰宇记》卷一〇八引《太康地理志》也云："岭路峻阻，螺转而上，踰九□二里至岭下七里平亭。"② 由上可知，大庾岭一名最初称作台岭；汉高祖时梅鋗驻兵岭下，又名梅岭；汉武帝平南越，大将庾胜筑城于此，所以又名庾岭，由于"其山延袤二百里"，就加一"大"字，称大庾岭。大庾岭路本是"峤道"，峻阻异常，路盘山修筑，螺转而上，绕山转九圈方能至山顶，故"登者难之"。大庾岭路的"峤道"状况大概一直维持到唐开元年间，张九龄《开凿大庾岭路序》自言修路之前的状况是"初岭东废路，人苦峻极，行径夤缘，数里重林之表，飞梁嶪峨千丈，层崖之半颠跻，用惕慄绝其元，故以载则曾不容轨，以运则负之以背。而海外诸国，日以通商，齿革羽毛之殷，鱼盐蜃蛤之利，上足以备府库之用，下足以赡江淮之求。而越人绵力薄材，夫负妻戴劳亦久矣。不虞一朝而见恤者也。不有圣政其何以臻兹乎"③。张九龄是曲江人，对通往中原的大庾岭路相当熟悉，也深知百姓过路之疾苦，"峤道"用"以载则曾不容轨，以运则负之以背"，故上表请修。对修路以后的好处也陈词条条："海外诸国，日以通商，齿革羽毛之殷，鱼盐蜃蛤之利，上足以备府库之用，下足以赡江淮之求"。对国家来讲，海外之货、州郡之贡可以填充府库；对百姓而言，"足以赡江淮之求"。于是，唐玄宗批准了他的请求。

二、修路时间

唐开元四年（716 年）冬十一月，张九龄组织各种工匠、民夫开始修路。"饮冰载怀，执艺是度，缘磴道披灌丛，相其山谷之宜，革其坂险之故，岁已农隙，人斯子来役，匪逾时成者。不日则已。坦坦而方五轨，阗阗而走四通。"由于是冬天十一月，正当农闲之时，父子兄弟齐来上阵服役，他们渴了喝怀中的冰水，虽是艰苦，但"执艺是度"，攀沿着高低不平的"磴道"，劈开茂密的灌木丛，工作绝不马马虎虎。管工程的工匠根据地势走向，选择容易开凿的地方，大刀阔

---

① 《江西通志》卷十三《山川·南安府》。

② （宋）乐史：《太平寰宇记》卷一〇八《江南西道六·虔州》引《太康地理志》。

③ （唐）张九龄：《曲江集》卷十七《开凿大庾岭路序》。

斧地凿开岩石（长20丈，高10丈的大山坳），同时扩宽路面，费了很大功夫，"不日则已"，大功告成。张九龄奉诏开凿的岭路，通宽2~4米不等，路面均用鹅卵石和花岗岩铺砌。古道向南北延伸，南通广东南雄，北接江西南安大余，全程约60公里。

梅岭古道的开辟，给南北交通带来极大的便利，"阗阗而走四通，转输以之化劳，高深为之失险。于是乎镂耳贯胸之类，殊琛绝赆之人，有宿有息，如京如坻"，转输省力省工，山虽高而路平，险要尽失。因此古道上商旅不绝，有客栈饭庄、茶房酒肆服务，古道两旁出现像京城一样的繁华热闹景象。

不仅如此，大庾岭路的开辟，使中原文化和岭南文化更迅速地交流、融合，《开凿大庾岭路序》中言："宁与夫越裳白雉之时，尉佗翠鸟之献，语重九译，数上千双，若斯而已哉！"《铭》中言："役斯来兮力其成，石既攻兮山可平。怀荒服兮走上京，迁海商兮重九译"。"越裳白雉"指的是秦汉时南方进献的祥瑞之物，其时指的是秦汉；"尉佗翠鸟之献，语重九译"，指的是南方粤语像鸟语一样，需经过"重译""九译"方能与中原语言相通，语言不通一直是南北方文化交流的一大障碍，大庾岭路开通后，荒服地的南蛮与中原华夏之间的文化障碍逐渐被消除，使语言互训，商贸互通。这一文化殊勋比起修路功绩更加巨伟，影响长久。

为了纪念张九龄开辟岭路之功，后人在岭半建"文献祠"，张夫人戚宜芬，传说为协助张九龄开凿岭路，在筑路中不幸病故，后人为纪念她，在古道上修建了"夫人庙"，今已修葺一新。

第五节　唐代以后梅岭古道多次维修

一、宋代的修缮

文献记载有下列五条：

（1）《宋史·蔡挺传》："自大庾岭下南至广，驿路荒远，室庐稀疏，往来无所庇，挺兄抗时为广东转运使，乃相与谋，课民植松夹道，

以休行者。"①

（2）《江西通志》："梅关亦在岭上，即唐张九龄凿通东粤处。宋提刑蔡挺既甃岭路，以岭故多梅，因长，曰梅关。"②

（3）《江西通志》："唐开元四年诏内供奉张九龄开梅岭路，嗣后可通车马，宋嘉祐八年提刑蔡挺与弟岭南转运使蔡抗，分甃岭南北路。"③

（4）明彭大翼撰《山堂肆考》："梅岭即大庾岭……张九龄开凿新路，两壁峭立，中涂坦夷，上多红梅，故名梅岭，岭表有关曰梅关，宋横浦居士张九成所筑。"④

（5）《江西通志》卷十三《山川·南安府》："大庾岭在府城西南二十五里……岭分南北，是曰梅关，亦名横浦关，上有曲江祠。宋淳熙间知军管锐多植梅，以实其名。赵孟□以岭下官驿皆梅，扁曰梅花国。明成化己亥，知府张弼重修岭路，并作均利记，勒之于石。"⑤

上述（1）～（3）条，说的是北宋仁宗嘉祐八年（1063年）广东转运使蔡抗与其兄蔡挺江西提点刑狱，商议各自在南北管辖的路段，课民植松造阴，"以休行者"；并在山巅分水岭界立碑，名曰"梅关"，以分江广之界。第（2）（3）条的"甃岭路""分甃岭南北路"，指以砖石修砌岭南、岭北路。

上述第（4）条记载了宋代梅关建筑，是"宋横浦居士张九成所筑"。

上述第（5）条记载了宋代"淳熙间知军管锐多植梅"，又言"岭下官驿皆梅，扁曰梅花国"，虽然第（2）条言"岭故多梅"，但人工植梅，大概始于宋淳熙间，已实梅关、梅岭之名。

二、明代的修缮

明代修大庾岭路有下列记载：

1. 郑述修路

"郑述，字季述，莆田人。永乐中进士，正统初判惠州……知南

---

① （元）托克托等修：《宋史》卷三百二十八《蔡挺传》。

② 《江西通志》卷三十四。

③ 《江西通志》卷十六。

④ （明）彭大翼：《山堂肆考》卷十七《地理梅岭》。

⑤ 《江西通志》卷十三《山川·南安府》。

雄，政急先务兴利除害，修凌陂，砌岭路，知庾关夫役久累，为之节省均调，阖邑赖之。所招集流亡不下二百余户，以循良著称。"①

郑述的"砌岭路"，未知何时，查《钦定大清一统志》卷三百四十三："正统七年（1442 年），按察使郭智等荐其行谨才优，擢南雄知府"，可知其砌岭路当在正统七年后的一段时间内。这次修路对民夫的政策有所改变，被役之人的"均调"钱粮可以免去，所以大家愿意参加，即使流亡户，也被召回二百余户。但记载简略，砌岭路的长度、人数等都不甚了了。

2. 张弼修路

张九龄所开的大庾岭路，到明代成化年间已逾 750 多年，虽经宋蔡抗兄弟、明郑述等几次修复，但也只是"往来粗便"，桑悦《重修岭路记》记载当时大庾岭路的情况是：

开辟以来，岭之元胎嶕崒刺天，良艰于行。有唐开元四年丞相张公九龄凿石开道，往来粗便。自岭至府治，旧有砖石细街，岁久碎没，尺点丈缀，散如列星。路之真形，邱陇阴夺，积雨连旬，洿者吹渎，往往人驴俱仆，摩虬蹞触，货随覆败，殴争讼辨，卒至求珉废玉，主客俱困，公移綦烦。前守兹土者，明解其故力，绵材弱付之，叹息而已。②

此时路虽可通，但"良艰于行"，岭北原有的"砖石细街，岁久碎没，尺点丈缀，散如列星"，岭上若是"积雨连旬"，往往是"人驴俱仆""货随覆败"，由此引起不少"殴争讼辨"，闹得官府难以收拾，最后的判决也是"绵材弱付之"，遭受损失的只能"叹息而已"。在此状况下，张弼下决心修大庾岭路。

《江南通志》载："张弼，字汝弼，华亭人。成化丙戌进士，由兵部郎出知南安府。其地当两广要冲，亡命者聚山谷为民害，弼至悉平之。大庾岭路险隘，取商税傭工辟之，架桥甃石二十里，以便行者。毁淫祠，立社学，俗为一变。弼襟度恬旷而敦，尚行履以风节，自持

---

① 《广东通志》卷四十《郑述传》。
② 《江西通志》卷一百三十《艺文·桑悦·重修岭路记》。

为诗清健有风致，尤以草书名。"①

《江西通志》也载："唐开元四年诏内供奉张九龄开梅岭路……明成化十五年，知府张弼重修，起郡治迄梅岭铺，凡二十里许，俱甃以石，并定役夫中途传换法，弼自记之。常熟桑悦亦有记。弼又凿平过步滩巨石，以便行舟"。②

桑悦《重修岭路记》又载："华亭张侯由进士任兵部员外郎，出守兹土，首询厥事，因私计曰：吾能少劳，民大有逸；矧劳有时，贻逸无涯。吾何惮而不为耶。用集父老，率工师，亲陟岭举，抗路巨石尝逃九龄斧凿者，悉用椎削取其荦确，以补道陷，如昔负固。今皆献忠。又砌以石磴，步级而升，开元遗险，脱于回旋，人可掉臂醉行，负任者昏夜可以陟降矣。岭路之修，其费不赀，因会盐商之直，每千税一，彼此挹注。然是役之兴，适值岁歉，福建江西列郡饥民趋役者，日计万指，荒政暗修，全活甚众。工兴于成化十五年八月，次年十月告成，其长二十五里，其阔一丈，悉用碎石块平砌其中，而青石长条，固其边幅，旋取巨材遇水架梁，以免病涉；又以余石补甃城中衢及城外，至迎恩坊而北，则斩新修治，与岭相准，凡为路者三十余里。而学宫前后寓贤祠后城址东北及通济街谢行头诸处，置堤捍水又三百余丈，皆坚致不苟，可为数百年，规利生民，功皆非细。周礼以通道浚川为为政首务，岂无意哉。是役也，巡视刑部侍郎金公金宪、陈公李公皆有区画，以相其成，理宜联书其名以诏无穷。侯名弼，字汝弼，修政立教，百废具兴。其修岭路之功，识者以为宜配九龄庙食兹土云。"③

张弼修大庾岭路首先想到的是"矧劳有时，贻逸无涯"，虽然修路费力费工，但可一劳永逸，"何惮而不为耶"；其次是解决了技术测量、民夫征召、工程费用三大难题。他亲率工师勘察，自南安府治直到大庾岭路山顶山下，一路仔细观察，有哪些巨石挡道，哪些"逃九龄斧凿者"，哪些道路塌陷者，都一一做好规划，命人"悉用椎削取其荦确"，进行修整。再次，"是役之兴，适值岁歉"，福建、江西两省饥民众多，张弼趁机雇用，使"饥民趋役者，日计万指"，大概有

---

① 《江南通志》卷一百四十一《人物志》。
② 《江西通志》卷十六。
③ 《江西通志》卷一百三十《艺文·桑悦·重修岭路记》。

数万到十几万的役夫、工匠、饥民参加到修路的行列，不仅解决了劳力问题，而且"全活"了不少饥民。同时，在工程管理方面还发明了"定役夫中途传换法"，即役夫在施工期间请假后如何传唤回来的办法。最后，采取"取商税僦工辟之""会盐商之直，每千税一"的办法，加盐商之税，一贯抽一钱，筹集了工程费用，解决了雇用工费的问题。不能不说张弼是一个聪明而又务实的官员。

此次工程"兴于成化十五年八月，次年十月告成"，前后用了15个月才大功告成。所修之路，长25华里，宽一丈（明量地尺，一丈长327厘米）。整个路面"悉用碎石块平砌其中，而青石长条，固其边幅"，若遇水则"旋取巨材"架桥梁，"以免病涉"；"又以余石补甃城中衢及城外"。同时，自岭下的"迎恩坊而北，则斩新修治，与岭相准，凡为路者三十余里"，使岭下路直通南安府治。工程质量"皆坚致不苟，可为数百年"。修路的主要组织者除张弼外，又有"金公金宪、陈公李公皆有区画，以相其成"。可见这样的大工程的管理非一人之力，有众多管理者的相助，才可能取得成功。

此次工程完工后，不但有利于行人，而且方便了后世的交通、文化交流和融合，明代大批客家人由此路南下，在粤北建房、建围楼，劈山造田、挖陂引水，开发粤北，为后来者留下了不朽功勋。

三、成化以后修关楼和路

宋淳熙间（1174—1189年）横浦居士张九成所筑关楼，建在梅岭巅分水坳以南处，明成化年间南安知府张弼和南雄知府，都先后在梅岭山顶修缮关楼，并定名为"岭南第一关"。以后，南雄历代州县几乎都有修葺之举。关楼为砖石结构，颇为雄伟壮观，现高5.8米，宽6米，门高3.6米，门内阔3米，门洞长5.5米。关楼门朝北者，上方石额名曰"南粤雄关"，朝南者，石额曰"岭南第一关"，署名南雄"知府蒋杰题"，时间是"万历戊戌"年，已有400多年的历史。另在关楼北侧，有一石碑高矗，碑高2.4米，宽1.4米，刻"梅岭"两个楷书大字，落款是"康熙岁次己未三月谷旦，南雄府知事张凤翔重立"。碑存，但落款文字有损。

郁郁梅岭，伟伟雄关，曾陶醉了多少诗人雅士，清代诗人杭世骏

赞叹道"绝岭谁教一线通，雄关横截岭西东。搀天路回盘蛇细，拔地峰奇去雁空"。1935 年冬，陈毅、项英带领赣粤边特委机关干部顺利通过敌人封锁线，越过梅关天险后，站在仙人岭上，写下了《偷渡梅关》七绝："敌垒穿空雁阵开，连天衰草月迟来。攀藤附葛君须记，万载梅关著劫灰。"

第六节　由韶至广之路的修筑

一、宋初凌策"伐山开道，直抵曲江"

《宋史·凌策传》："凌策，字子奇，宣州泾人……先是岭南输香药以邮，置卒万人，分铺二百，负担抵京师，且以烦役为患。诏策规制之，策请陆运至南安，泛舟而北，止役卒八百，大省转送之费。卢之翰任广州，无廉称，以策有干名，拜职方员外郎，直史馆命代之，锡金紫。广英路自吉河趣板步二百里，当盛夏时瘴起，行旅死者十八九，策请由英州大源洞伐山开道，直抵曲江，人以为便。"①

凌策是宋太宗时人，精明能干。原先岭南的香药等货物以邮驿来运输，耗费兵卒万人、驿站二百，他建议陆运，走大庾岭路至南安，然后沿赣江北上，只用役卒八百，"大省转送之费"，由此得到宋廷的赏识，任命为拜职方员外郎，管理四夷之事。当他得知广州到韶州的官道"当盛夏时瘴起，行旅死者十八九"的状况后，就奏请修了"由英州大源洞伐山开道，直抵曲江"的新官道，给商旅带来很大便利。

二、荣諲作栈道通广州

《宋史·荣諲传》："荣諲，字仲思，济州任城人……为广东转运使，广有板步古河，路绝险，林箐瘴毒。諲开真阳峡至洭口古径，作栈道七十间，抵清远趋广州遂为夷途。"②

① 《宋史》卷三百七《凌策传》。
② 《宋史》卷三百三十三《荣諲传》。

《广东通志》："嘉祐四年己亥冬十月广东转运使荣諲治栈道于清远。"①

以上两条，记载了由广至韶的板步古河一段，山高林密，瘴毒肆虐，道路奇险，荣諲于宋仁宗嘉祐四年（1059 年），在真阳峡至洸口的古道上，"作栈道七十间"，解决了路中瓶颈，遂使韶州到清远再到广州的道路成为坦途。

三、许申驿道植树，陈宗庆韶州架浮桥

《广东通志》："许申，潮阳人。天禧元年知韶州，爱民勤政，有甘露之祥。令驿程夹道植松榕数万，遂成茂林，行旅便之。后六年，有陈宗庆者，爱民勤政有申之风，尝修造东西二江浮桥，以通往来，复造水车，引水入城防火患，两人者兴利久远，至今赖焉。"②

宋真宗天禧元年（1017 年），许申任韶州知府时，了解到驿道上无遮无掩，热浪滚滚，就令各地"驿程"夹道种树，"植松榕数万，遂成茂林，行旅便之"。后六年即真宗乾兴元年（1022 年），陈宗庆为便利韶州城内交通，修了浈江、武江的浮桥，并造水车引水入城，以防火患。这是韶州城市建设鲜见的事例，证明早在北宋初年，韶州已是车水马龙，繁华异常，不然无须造浮桥、防火患。有记载的韶州城市管理，大概起于此时。

第七节 明清时期客家人的大开发
——以石圳悬崖水利工程为例

韶关所处的粤北地区，自宋代以来，客家人一直占着人口的多数。据 1987 年的数据，市区加 12 县共有人口 445.93 万，客籍人口占到一半以上。③ 即大于 223 万人。其中始兴、翁源两县为纯客家县，南雄

---

① 《广东通志》卷六《编年志·宋纪》。

② 《广东通志》卷三十九《名宦志·许申》。

③ 韶关市地方志编纂委员会编：《韶关市志》卷三《人口》，北京：中华书局 2001 年版，第 363、379 页。

居民十之九来源于岭北，曲江、仁化、乳源等县，都以客籍人为多，因此，有200多万客籍人居住的韶关地区，其社会、经济的发展，无论在历史上还是在现在，都离不开客家人的努力和贡献。

一、客家人迁居粤北及其农田水利工程的开发

中原人举家迁居粤北，至迟在秦汉时期已开始了。较早者如梅鋗，楚汉之际迁居台岭，筑城浈江之上。其后人多留居粤北，如北宋梅鼎臣、梅佐父子，南宋梅氏后裔注籍珠玑巷，后又流徙顺德、南海或海外，今翁源还有梅村。东汉颍川人唐珍，其祖徙居桂阳（韶关汉属桂阳郡），至其已历三代。魏晋六朝时期，移民、流民大量迁入，至少有三国初年、永嘉乱后、刘宋时期三个高潮。韶关地区发现的不少三国六朝墓葬，就是明证。唐宋以来，随着大庾岭路的修建，大量中原移民越岭南下珠玑巷一带，此后又三次大规模南迁珠三角地区，其中有家谱可考者156姓，其后裔现达4 000万人，[①] 被公认为广府居民的发祥地。

现居韶关的客籍人，大多是明清时期迁来的。自洪武初年到明中叶，从福建上杭迁入翁源、始兴、曲江的客户很多，今始兴陈、何、曾、官、钟、朱、华、赖、卢、林、聂各姓；翁源许、陈、黄、张、郭、官、沈、丘、何、李、叶、郑、吴、杜、温、涂、王各姓都是这一时期进入粤北的。

另外，连山的周、李（原籍金陵）、卢、邓、莫、韦（原籍怀集）、梁、覃、蒙、韦（原籍贺县）、王、成、李（原籍湖南）、黄、彭等也在明中期以前迁入。

客家人的生产方式，是一种自然经济下的小农生产。垦荒开地、兴修水利营造上好农田，是其生产的主要内容之一。但粤北山多地少，所谓"八山一水一分田"是真实写照。在如此的自然条件下，如何充分利用水资源，获得旱涝保收的水田，是客家人生存繁衍的关键。因此，兴建各种水利工程一直是历代，尤其是清代客家人开发粤北的主要表现形式。

---

① 韶关市地方志编纂委员会编：《韶关市志》卷三《人口》（第7版），北京：中华书局2001年版，第383页。

可惜的是，历代兴建的水利工程经我们的调查，至今大多无存。但曲江大塘镇建于康熙年间的"石圳陂"还存在如初，依然灌溉着2 000余亩水田，实为难得的客家开发的大型水利工程实物。

二、石圳古渠悬崖工程的发现与研究

1. 石圳渠的资源特征及其建造技术

石圳位于今韶关市大塘镇新桥村村委会东南约2公里山北坡的悬崖峭壁上。经实地考察，峭壁长1公里余，出山之后，在缓坡上向西南流，全长约2.5公里，渠横断面呈长方形，宽0.8～2米，深1～1.5米。当地老乡世代相传该工程为张姓六世祖张大才出资兴建，我们又根据光绪版《曲江县志》的相关记载和调查的张大才墓葬的考古资料，初步确定石圳建于清代前期，绝对年代不晚于康熙年间（1662—1722年），距今有300～350年的历史。

该渠建于崇山峻岭之间的峭壁之上，距谷底最大高差超过80米，不仅工程浩大，而且设计精妙，充分展示了古人的聪明才智，以至于至今还屹立在峭壁之上，未被无数次山洪冲垮，仍灌溉着新桥盆地2 000多亩水田。

该渠是广东至今发现的在悬崖上开凿的唯一一处古代大型农田水利工程，它对于岭南开发史、水利工程史的研究具有重大意义。同时，由于其时代较早且保存完好，周边山势险峻，百年古树众多，空气清新，植被茂盛，是开发休闲旅游和文化旅游的极好资源。

图15　石圳口小湖和分水坝　　　图16　瀑布上端石梁和石圳渠分流

石圳渠有很高的建造技术，值得我们深入探究和学习。主要表现在引水勘探技术、建渠工程技术、保护维修技术方面。

（1）引水勘探技术。

该渠水源是一条在山谷中常年不断的自然溪水，流经风隔口时，被一自然的横山梁阻隔，形成一道长约30米的天然大坝，形成一片数十亩大的高山小湖，山梁下即是深约数十米的峡谷。溪水出湖后缓缓流过横山梁，水大时在山梁下形成一个大瀑布，水小时也至少有每秒2吨的水流出。石圳渠口正选在风隔口。其设计的妙处在于仅在横山梁一侧（左边）修了一个分水坝，使湖水一边导入石圳，成了石圳用之不涸的水源；一边顺山梁流下，不仅呈现一个美丽的瀑布，又在山洪暴发时起到分流作用，极大地保护了左边的人工渠堤不被冲毁，历经300余年，完好如初。

（2）建渠工程技术。

石圳为粤语。"圳"在粤语中指水沟、水渠。清钮琇《觚賸·粤觚》："粤中语少正音，书多俗字……通水之道为圳。"[①] 郝玉麟等《广东通志》曰："合水曰圳。"[②] 这种水渠在古代有很多，往往是"穿池以引溪水，筑埠导圳""定启闭蓄泄之法"。[③] 但凿山引水的石圳，仅见此一例。所谓石圳，即凿山所成的石渠，水在石道中流淌。石圳的工程难度比一般水渠要高。

图17　分水坝

图18　石圳渠口及水量

---

① （清）钮琇：《觚賸·粤觚》，文渊阁《四库全书》本。
② 郝玉麟等：《广东通志》卷十五《水利志》，文渊阁《四库全书》本。
③ 《清史稿·循吏传三·曹瑾》。

图19 渠口人工挡洪盖板和渠堤上的泄洪口　　图20 渠上凿穿的天然挡洪岩石

　　据我们的实地考察，新桥石圳在设计上确定了引风隔口之水为水源后，就必须顺悬崖凿开1公里余的水道。其建法是：悬崖处向内凿，陡坡处向下、向内凿，使之出现一条底部基本平整、横宽不能小于2米、高不小于1.5米的甬道，在甬道外侧垒渠墙，渠墙宽30～50厘米，高约1米。系用块石垒砌，灰浆系白灰加沙，用江米米汁搅拌，黏性很强。渠墙上面平整，宽30～40厘米，可供人行走站立。渠墙每隔50米左右做一凹口，用作水大时的溢水口，石圳前端则分别人工或自然地在渠墙上面做了四处盖板，厚50～80厘米，也是用作水大时让水溢出渠道，保护渠墙不被冲垮。

　　（3）保护维修技术。

　　石圳建造充分利用了风隔口的自然横山梁和梁前的小水库，不仅可以时刻调节进圳的水量，而且只建一个小小的分水坝，就完成了引水处工程，大大节省了财力物力，设计奇妙，为保护渠道而设置的溢水装置——凹口和盖板，更是体现了古人的聪明才智。

　　2. 石圳古渠的始建年代和兴建者

　　石圳建设年代此前无考。我们走访了许多村民，一致讲世代相传此渠是由一个叫"大才公"的人出资兴建。一位现年76岁的新桥村民张玉引是大才公后裔，他讲："大才公是他第六世祖宗，明末清初人，做生意发了财，修了山头渠（石圳渠）。"村民张平汉说："大才公名张大才，迁新桥始祖为张应昂，三世祖张仲祥，生贵荣、贵珠、贵华，贵华公的孙子即张大才。"现新桥张氏家谱仅遗贵珠一支，无贵华后裔记载，但其上记录：贵珠子名张大兆，按家谱辈分字诗谱推理，大才应和大兆平辈，属贵华一支的六世祖。关于大才公所处年代，只有根据贵珠一支家谱推断。

贵珠一支家谱记载八世祖"德顺公生于己丑年十一月十三日丑时"（清顺治六年，即1649年）；其孙子十世祖张围龄"生于丙戌年壬辰月甲戌日庚午时"（清康熙四十五年三月十六日，即1706年）；其子十一世祖张泮魁"生于甲辰年丙子月辛酉日壬辰时"（雍正二年十一月二十一日，即1724年）；其子十二世祖张国祥"生于甲午年四月初三"（乾隆三十九年，即1774年）；其子十三世祖张余世生于"嘉庆乙丑年又六月癸未初七日戊子丁巳时"（清嘉庆十年，即1805年六月初七。注：陈垣《二十四史朔闰表》此年六月癸丑朔，初七日为甲辰，不为戊子，戊子当为二十七日，故初七当为"初二十七日"之误）。此家谱从八世开始记祖先生辰，此前未及。自德顺公始，至其得孙为57年，围龄至其子为18年；泮魁公至其子为50年（寿63，50岁得次子国祥）；国祥公至其子为31年。从整体来看，此谱年代可信，辈间年距多为18~28年，国祥一辈，属特殊情况。由德顺公时（1649年）上推至六、五世祖，差二到三辈，故36~56、54~84年。如果德顺至大才为两辈，则其大致生于1613—1593年；如果是三辈的话，其大致生于1595—1565年。按大才公寿60岁计，其应是明代末期至清代初期之人。以上基于家谱的研究推论被新发现的张大才墓葬材料所证实。

张大才墓位于新桥村委会东南200米处，墓表现存墓碑、墓坟、石雕刻长方形供案等。墓碑呈长方形，放置石刻的门框内，门额上书"钟灵毓秀"，左联为"馨香绵万古"，右联为"俎豆荐千秋"。石碑阴刻文字，竖行自右至左书写，总共四行。第一行：经定坤山艮向兼申寅黄道吉度分金。第二行：前清六世祖诰封"考大才公"（在右）、"卢、何氏"（在左）张老"府君"（在右）、"安人"（在左）佳城。第三行：祀男祖"龄"（在右）、"皋"（在左）合房裔孙等立。第四行：民国五年季冬月初九日重修。（见图23）

此碑说明了两个问题。一是张大才确实是前清时期的人，而且是新桥张姓六世祖。如果按其八世祖顺治六年即1649年生，前推两世40~50年的话，当生于1600年左右，即明万历年间（1573—1619年）。若其寿60岁左右，则逝于1660年左右，即顺治至康熙早期（1644—1680年）。二是村民世代相传石圳渠是大才公所修，而墓碑有"馨香绵万古"之语，说明大才公确实曾办过流芳千古之事。准此，如果石圳渠确为张大才所建，则建渠时间不应晚于1660年左右。

图21　张大才墓

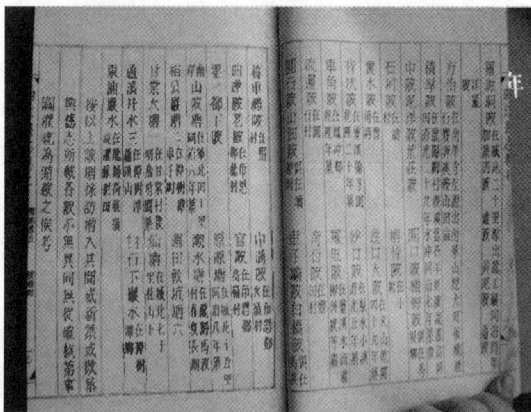

图22　《曲江县志》石圳陂在浒村

图23　张大才墓碑碑文

图24　张大才墓碑

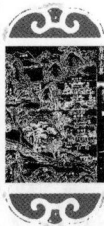

无论怎样，石圳渠当为清代古渠。最有力的证明是石圳渠见于史籍记载，清光绪元年版（1875 年）张希京等撰《曲江县志》卷七《陂塘井》载："石圳陂，在浒村。"[①] 此句明显采自清同治十三年（1874 年）刊的《韶州府志》卷十三《水利·曲江》。新桥村古名浒村，石圳渠在新桥无疑。《陂塘井》后张希京案语云："按以上陂塘，采访增入，其间或新筑，或改筑，与旧志所载各陂不无异同，无从确核第。事关灌溉，备载之，俟考。"看来，1875 年以前，张希京已"采访"过石圳渠，只是其始建年代由于久远，无从确核。因此，我们可以下结论：石圳渠至少修建于 1875 年以前。再根据当地张氏后裔世传为张大才出资所修以及张氏家谱、张大才墓联"馨香绵万古"和碑文"前清六世祖诰封'考大才公'府君佳城"等一系列逻辑证据来综合分析，石圳渠建于清代顺治至康熙早期，即 1644—1680 年之间是大致可信的，出资兴建之人很可能是明末清初人士张大才。

3. 石圳古渠的重大价值

（1）它是广东至今发现的在悬崖上开凿的唯一一处古代大型农田水利工程。处在悬崖峭壁之上，历经三四百年的风风雨雨，至今完好如初，还灌溉着 2 000 多亩山坡水田，是广东甚至全国为数不多且保存完整的古代水利工程古迹和科技文化古迹。

（2）石圳古渠有重大的历史文化研究价值。第一是为岭南开发史的研究提供了新的实物资料，证明了客家人进入岭南之后，面对如此宏大的工程，不靠官府，而靠客家人以家族为纽带的团结合作精神，有钱出钱、有力出力，是典型的民间互惠互利、功在千秋的水利工程，这对于研究岭南开发过程中客家人的经济形态、家族精神、生产活动等都有很大的研究意义。第二是为我国水利工程史的研究提供了重要实物资料。此渠虽建在悬崖，但很巧妙地解决了很多技术问题和减少投资问题。

其中最值得提出的有三项：①水源不涸。此渠水源不近大河而在高山之上，季节性很强的地表山涧水，必然导致时断时流。但该渠水流常年涓涓不断，即使在 2007 年韶关地区秋旱连着冬旱的条件下，其11 月的水量仍然很大（见图 25），显然是选址的时候下了大功夫，巧

---

① 张希京等：《曲江县志》卷七《舆地书·陂塘井》，台北：成文出版社 1966 年清光绪元年刊本影印版。

妙地利用了不少的地下泉水作水源，保证了此渠开凿后的效益和效率，技术上具有科学水利勘察的重大意义。②凿渠和省资。此渠在崖壁上开凿约一公里，如果凿出深 2 米、宽 2 米的隧洞，工程量浩大，耗资巨多，古代靠民间技术力量难以施工。但此渠是先凿一条宽约 2 米不等的悬崖小路，在路上的悬崖对侧人工垒砌渠墙，渠墙上可行人，渠头的分水坝简单又实用，不仅解决了资金庞大的问题，而且也解决了渠的长期人工维护问题，设计方面实在是务实而巧夺天工。③防止山洪暴发冲垮渠墙。渠墙系用块石垒砌，石缝中抹灰浆，若遇山洪暴发，必然冲毁。但建造人一是充分利用了风隔口的自然横山梁和梁前的小水库，时时刻刻可以调节进圳的水量，若遇山洪时，大部分水会顺自然横山梁流到山涧。二是建造人在距石圳前端约 50 米的地方做了四处大的石条盖板，厚 50 ~ 80 厘米；同时，一公里长的悬崖渠墙每隔 50 米左右做一凹口，这两种设计不仅使进入石圳口的山洪迅速溢下，保护渠口不被冲垮；而且在水流湍急时使整个渠墙受到保护。可以说，凡此种种是石圳历经三四百年依然完好的秘诀所在。以上所说的勘察技术、设计施工技术及水利工程的长期维护设施和技术，在我国水利工程史上都有巨大的科学价值和现实的工程设计意义。

图 25　石圳渠墙（左悬崖右渠）

图 26　石圳渠挡洪盖板

图27　出峡口的石圳渠

图28　悬崖上的石圳渠

（3）石圳渠有很大的旅游资源和旅游开发价值。从石圳头所在的风隔口到新桥村委南的缓坡地，此渠蜿蜒在山岭之间，其间山高林密，涧深水清，古树耸天，空气清新，一条伟大的岭南唯一的人工古渠横空出世，实在是游人理想的瞻仰、休闲之地，具有极强的文化旅游和休闲旅游的吸引力。这种集特色文化和近似原始风貌的生态环境于一体的旅游资源，是难得和珍贵的。

第八节　粤北客家迁徙珠三角及其影响

一、问题的提出

粤北南雄市珠玑巷在20世纪80年代以前只是一条具有古朴风貌的小街，它沉寂千年，无闻于世。但80年代以后，随着中国的改革开放，却有不少华人华侨不远万里自发地来到珠玑巷寻根问祖。以后每年剧增。1995年以来，平均每年到珠玑巷的访问者有15万人次以上，至2007年止，已有2 000多万人次来访。而珠玑后裔的总人数，据不完全统计已有4 000多万人。

珠玑巷和香港宗亲会的关系最为密切。据我们对香港数个宗亲会的调查，其姓氏直接起源于珠玑巷的占37%；间接起源于珠玑巷的（珠三角）占40%；从珠三角迁港的占到89%。说明香港宗亲会族源绝大部分来源于珠玑巷和由珠玑巷再迁的珠三角。特别是1995年召开的"广东南雄珠玑巷第一届恳亲大会"，有来自美国、加拿大、澳大利亚、新加坡，以及中国香港、澳门、珠三角地区的数百个宗亲会、同乡会、工商商会等单位或个人参加，其中，香港的最多，达131个宗亲会、同乡会。

如此大规模的对某一具体地点的寻根问祖现象，在中国汉民族的移民史上是鲜见的。中国汉民族历史上曾发生6次大规模的移民活动，除珠玑巷外，有山西洪洞大槐树（明初，分布11个省）、湖北麻城孝感乡（元末，分布在湖广地区）、山东枣林庄（明初，安徽的长江以北）、江苏苏州阊门（元末，苏北）、江西波阳瓦屑坝（元末明初，安庆桐城长江下游），这5次汉民族的大迁徙与珠玑巷移民相比，后者有突出的特征：一是珠玑巷大规模移民最早，是在南宋晚期。二是跨洋过海，珠玑巷移民方向是面向珠三角和南海，而非向长江或黄河流域；对现代的海洋经济文化影响较大。三是姓氏较多，有153姓。四是形成广府民系，是广府民系的主要来源。五是中原传统保存完整。六是寻根标志明显，珠玑巷有遗留至今的胡妃塔、古巷等标志。其他的或有标志（如大槐树、阊门）但已毁坏，或无标志，仅余地名，瓦屑坝甚至连地名也消失了。因此，汉民族历史上虽然有6次大迁徙，但唯余珠玑巷成为海内外寻根问祖的圣地。

珠玑巷吸引海外华人以及香港宗亲会同胞，其特殊的寻根问祖功能，不仅是增强中华民族凝聚力的重要源泉，而且是保持香港繁荣稳定不可或缺的重要因素，极具典型意义和现实意义。这不能不引起我们的高度重视和进一步的深层次研究。

二、珠玑移民向珠三角、香港的迁徙人口数量及史实

珠玑巷向香港和海外的移民活动，主要有三次大的风潮：一是宋室南渡后中原大量移民涌入珠玑巷南雄盆地；二是宋咸淳元年（1265年）后，珠玑巷居民大量逃亡或移出，进入珠三角区域，与当地人融合后，形成今天的广府人；三是1840年以后，特别是"二战"以后，珠三角居民大量徙出，进入中国港澳地区及东南亚、美国、澳大利亚等。这个过程在新加坡《联合早报》上有切实的叙述："我们的祖先在元军攻陷南雄前后，沿着浈江至韶州，又从韶州沿着珠江中的北江南到广州，再从广州逐渐迁到珠江三角洲各地……从七十多姓族人散

居珠江三角洲的史实看来，大部分粤语方言群的广东人是珠玑巷的后人，又随着近代史上的多次移民浪潮，珠玑巷的后人更跨出中国大陆的版图，越过南中国海，越过印度洋、大西洋、太平洋，走向世界各地去。"①

1. 珠玑移民的来源

珠玑移民的来源主要是岭北汉民族，最早的入迁是在战国晚期。清道光《直隶南雄州志》"周末越人徙此"指的是越王子孙梅鋗移驻梅关之事。以后，秦始皇的50万大军"戍五岭"、赵佗的绝断横浦关（大庾岭上）聚兵自守、汉武帝裨将筑大庾城等都有人留居南雄。魏晋南朝时，大批流民进入江淮，其中不乏"中国之人避地者"世族，他们"多入岭表"（《广东通志》），唐代张九龄祖先即此时迁粤，后又移居南雄。其开凿的大庾岭新路和唐末黄巢大起义导致的五代大动乱，都导致岭北大批氏族南迁和难民来归。至宋初太平兴国年间南雄州有户20 339，比唐代初增加了2倍多。族谱对此也有记载："避朱温之乱，南迁南雄府保昌平林。"（民国《高要县志初编·荔林孔氏》）"至五代后梁……复迁保昌县。"（《区姓五代及北宋远祖记略》）。南宋初年，入居珠玑又形成高潮，南海黎姓和聂姓、佛山梁姓、东莞刘姓、宝安沙井陈姓、高要李姓等许多家谱都记载是这一时期来到珠玑巷的。如顺德龙山《黎氏家谱》"赵宋南渡时徙保昌珠玑巷"。

珠玑巷何以吸引众多的移民？一是唐代大庾岭道路的开通，在清代粤汉铁路修通之前，它是沟通岭南岭北的最重要的道路。这使得珠玑巷的交通功能大为提高，成为大庾道上最重要的驿站。所谓"由中原入广东，必以珠玑巷停驿"（《开平县志》卷二）是真实写照。二是在中原战乱的情况下，此地却相对安定、经济繁荣。三是南雄盆地南北18公里、东西40公里，河道纵横，土地平旷肥沃，地广人稀，具有较广阔的拓展空间和较好的生存条件，对移民有很强的吸引力。

2. 珠玑巷的移民活动和去向

（1）宋代珠玑巷居民的南迁。

由唐及宋元明清，珠玑巷小型的居民南迁从未间断过，但大规模的南迁，史载大致有三次，其中一次是南宋末年的结伴大批南迁。原

---

① 区如柏：《我们是珠玑巷的后人——粤语方言群广东人的祖先》，（新加坡）《联合早报》，1991年1月31日。

因是多方面的，胡妃事件、自然灾害和闽粤赣交界处的农民起义战乱等都是重要原因，但最直接的原因当是咸淳末年（1273—1274年）元军自大庾道入粤，宋军民奋起反抗，至祥兴二年（1279年），南雄、韶州一带成为拉锯战争的战场。其间，元军两过大庾岭，三占南雄城，大军过处，人走地荒，足以形成彻底的移民。现在所见的广府民系族谱大多记载于"咸淳""德祐""景炎""南宋末"南迁，就是这次大规模南迁的真实写照。据《南雄珠玑巷

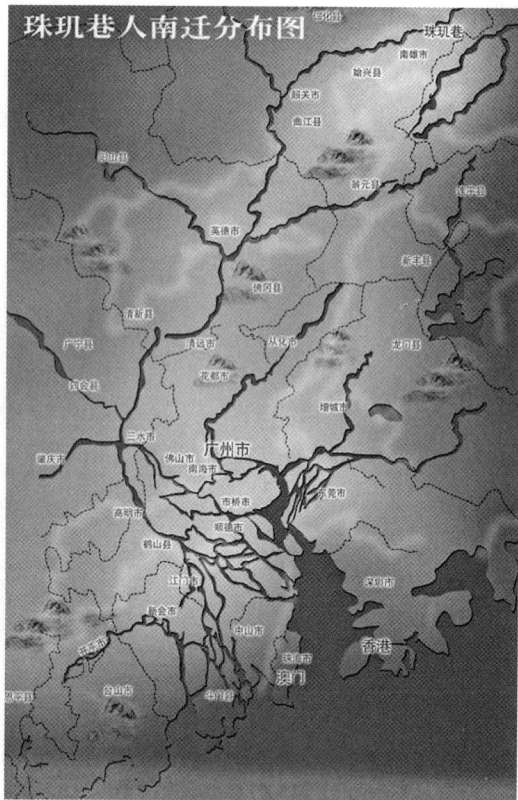

图 29 粤北客家南迁分布图

移民的历史与文化》一书估计："有宋一代，直接由珠玑巷及其附近58村迁出的人口将近十万。"① 现在珠江三角洲大多家族都称自己来自珠玑巷，是有一定历史根据的。

宋代珠玑人的南迁，主要走水路，南迁的目的地也不十分明确，只要能找到栖身和发展之地，就登岸长期居住。因此，其南迁路线前段几乎是一致的，即由南雄下浈水，经始兴、韶州入北江，顺北江一路漂流南下。至清远后，迁徙路线分叉：有的开始登岸，如潖江口一带的横石圩等区域，都为广府移民居住，如潖江朱氏"度宗咸淳末年，保昌氏因事迁徙……散居九江、上沙及清远潖江、铁头岗、新会水尾等处"（《九江朱氏家谱》）。有的继续下漂，过飞来峡后，两岸地势突然平坦，此为北江的第一个冲积三角洲，广义的珠三角也从这里开始。此地是珠玑移民第二个登岸点。北岸白庙以下至今还有广大的

① 曾祥委、曾汉祥主编：《南雄珠玑巷移民的历史与文化》，广州：暨南大学出版社1995年版，第43页。

"白田"区；坪塘一线还有不少山村都是当日移民的后裔。东岸、西岸的大片淤积地区域中，也有不少移民的后裔，如三坑朱氏。

继续下漂的会到三水，这里是严格意义上的珠三角。移民在这里

图30　珠玑巷人水陆南迁

开始了更大规模的疏散，或沿绥江进入四会、广宁，或进入花县。

三水以下沿西江上溯，不少移民进入高要、云浮、新兴，今高要有100余族移民后裔，新兴也有32族。

沿西江、北江合流南下，可进入古南海之地，古南海到宋末还在珠江口内，海岸线在九江、乐山、佛山一线。但海中有无数洲潭岛屿经淤积成为新生的河、坝。今佛山、南海、中山、顺德、番禺的大片土地，其时还是浅海区，其中的洲潭岛屿即移民上岸的定居之处。

沿古南海西岸，可到达新会、中山一带登岸。不少家谱都记载冈洲（在新会）是其登岸之地。看来新会是大批移民上岸地区。新会往西，可进入开平、台山、恩平等地，今恩平圣堂梁族、司徒族、旧驿冯氏等皆是珠玑移民。

沿古南海北岸可直到南海东岸，进入东莞及东江三角洲。上溯东江可达惠州，也可沿东岸至虎门一带上岸。

（2）元明清珠玑移民的南迁。

元以后的大规模南迁有两次，一次发生在元末明初；一次发生在明末清初。这两次的起因主要是农民起义和天灾，主要根据是1947年《高要县志初编》和族谱提供的资料。如对元末明初珠玑移民南迁，《高要县志初编》卷三载："腰冈李氏，其先南雄珠玑巷人，明初有名元其者，迁居县东南傍湖腰冈村，为其始祖，至今二十一世，丁口五百余人。"类似记录有数十条。对明末清初珠玑移民南迁，《高要县志初编》载："东坑口余氏，清初有名汝安者，由南雄珠玑巷迁居南东坑口村，为其始祖，至今十三世，丁口约一百五十人。"类似记载也有数十条。这两次移民都以高要为主，原因可能是元明时期，古南海

已被淹平，而西江流域有更多的新生河坦能容纳新的移民。

珠玑巷移民的宋代南迁，有据可查的，绝大部分陆续迁到了珠江三角洲，它对于广府民系、粤语体系的形成和珠三角的开发都起到了决定性作用。

（3）珠玑移民后裔在珠三角的分布与数量。

根据《宋代珠玑巷迁民与珠江三角洲农业发展》的资料，珠玑巷迁民遍布三角洲 29 个市县的 668 个乡、镇、村，共有 141 姓。据广东珠玑后裔联谊会 2007 年的《广东珠玑后裔联谊会成立 11 年来的工作总结》（2007 年 3 月 10 日），南迁珠玑移民姓氏扩展为 153 姓。[①] 上述研究都客观谨慎，言必有据，根据主要是族谱和相关地方志。据曾昭璇等的著作，各地的姓氏分布是：清远 3（实际当多于 3）；三水 8；佛冈 1；新兴 6；高要 109（实际当为 123）；高明 13；佛山 16；南海75；顺德 53；广州 28；花县 5；中山 67；珠海 10；新会 92；江门 8；台山 20；开平 32；恩平 7；鹤山 57；番禺 24；博罗 12；惠阳 2；东莞78；增城 55；龙门 10；深圳 7。

南迁珠玑移民数量统计是个十分复杂的工作，至今没有一个完整、系统、可靠的数字。每族到现在有多少人，更是难以统计，现据民国年间的《开平乡志》、《香山县志》、《高要县志初编》（1947 年）的各族姓的男丁数加以统计，以窥见一斑。

《开平乡志》载："张桥张族系出曲江文献公之后……六传至嚳，初由南雄珠玑里迁居古冈州韩屋桥……至今三十三传，男丁约八千人。"《香山县志》载："泮村邝姓，为宋三七之后，三传至一声，由南雄珠玑巷迁惠州河源，再迁新会古冈……自三七至今凡二十九传，男女人数两万余。"《高要县志初编》载："榄冈伍氏：宋时伍南安，由南雄珠玑巷迁居县东榄冈都平坦村，即今榄冈，为其始祖。至今凡三十世，丁口约五十人。"

上举三例中，如果书"男女人数两万余""丁口约五十人"，则分别按 20 000 人、50 人计算。书"男丁约八千人"，明显未加女子人口，男女比例常为 1∶1，则女子人口也应有 8 000 人；再据清代的人口政策："男曰丁，女曰口。男年十六未成丁，未成丁也曰口，丁口

---

① 曾昭璇、曾宪珊：《宋代珠玑巷迁民与珠江三角洲农业发展》，广州：暨南大学出版社 1995 年版。

系于户"(《清史稿·食货志一》),"男丁"指的是有劳动能力的 16
岁以上的"丁口",16 岁以下的小孩未算入内,现按小孩在人口总数
中占 20% 计算,这样"男丁约八千人"的记录,实际人口 17 600 人左
右。根据此原则,得出结果如下:

开平乡 22 族,约 227 700 人;香山县 38 族,共 96 040 人;高要
县 123 族,共 23 470 人。三地总计 183 族,347 210 人。每族平均
1 897 人,约 1 900 人。若具体算,开平乡族均 10 350 人;香山县族均
2 527 人,高要县族均 191 人。族群人数最高者为开平沙坝张氏,有
50 000 余人;1 万至 3 万人以上者 8 族,5 000~10 000 人以上者 16 族,
1 000 人以上者 44 族。高要县上 1 000 人者仅 3 族,余 120 族均在 1 000
人以下。以上是我们有据可查的珠三角后裔移民的民国时期三处人口
数量情况。至于其总数,《南雄珠玑巷移民的历史与文化》有一个推
定:"珠玑移民后裔约占今广府民系的 60% 以上,为 2 000 余万人。其
中珠江三角洲宋以后成陆的地区(包括东莞、顺德、番禺、南海、中
山、新会等地)是分布的高密区,约占 80% 以上,其他地区则在 40%
以上。"[1] 我们据以上资料,按三地族均人数分别乘以 29 个县市有记
载的族姓,得出 1949 年以前的珠玑移民平均值为 154.28 万,最高值
为 840.42 万,中值为 205.19 万,最低值为 15.5 万。最低值在已知数
之外,去除。高、中的平均值为 522.8 万人,考虑到 1949—2009 年人
口实际增长 3 倍多的情况,现在在珠三角的珠玑巷移民后裔约为
1 568.4 万~1 829.8 万人。

这一结论和《南雄珠玑巷移民的历史与文化》的结论相差无几,
可以相互参证。因此珠玑移民后裔在广府民系的人数占 55%~60%,
约 2 000 万人。其中珠江三角洲宋以后成陆的地区密度最高,占
75%~80%,其他地区也在 40% 左右。

(4)珠玑巷后裔在香港及香港宗亲会中的分布及数量。

香港到底有多少珠玑巷后裔,香港移民史和人口史均未有系统的
统计。我们只能根据香港历年人口的变化、珠玑后裔在香港说粤语的
人群中的大致比例、香港宗亲会数目和宗亲会中珠玑后裔的比例以及
我们对香港宗亲会的调查材料作一大致估计。

---

① 曾祥委、曾汉祥主编:《南雄珠玑巷移民的历史与文化》,广州:暨南大学出版社 1995
年版。

①香港移民人口的历史变化。

香港在 1841 年前，属新安县管辖，有明代久已存在的村庄赤柱、香港仔、黄泥涌、箫箕湾等，大多以捕鱼为生，主要是客家民系群体，有 7 000 余人。以后"大量华人来港，其数字一直占香港人口的 90%以上"，"是典型的移民社会"。① 香港移民的变化和增加与广东珠三角的局势变化息息相关。每一次珠三角发生动乱，当地居民都会跑到香港，这几乎是一条规律。如表 6 所示，从 1841—1901 年，香港人口从7 450 增加到 386 229，从渔村变为较大的城镇。1911—1931 年增幅都比较大，主要原因是内地局势动荡不安。1931—1941 年，达到香港历史上最高增幅，主要原因是日本侵华，广州被日占领，大量难民到香港避难。香港也被占领后，有 100 多万人又逃离香港，抗战胜利后的1945 年香港仅剩下 60 万人。战后香港又有几次大的移民浪潮，即中华人民共和国成立初期、20 世纪 60 年代三年自然灾害时期和改革开放初期。1997 年香港回归以后人口数量相对平稳，维持在 600 万到700 万人。

表 6　香港地区历年人口统计

年份	人数	年平均增长率（％）
1841	7 450	—
1845	24 000	—
1858	75 000	—
1861	120 000	—
1871	130 000	—
1901	386 229	—
1911	456 739	1.68
1921	625 166	3.12
1931	840 473	2.96
1941	1 639 337	6.65

---

① 王赓武：《香港史新编》，香港：三联书店（香港）有限公司 1998 年版，第 158 页。

（续上表）

年份	人数	年平均增长率（%）
1951	2 015 300	2.06
1961	3 129 648	4.40
1971	3 936 630	2.10
1976	4 402 990	2.30
1981	5 109 812	3.30
1986	5 495 488	1.50
1991	5 674 114	0.60
1995	6 210 000	—
1996	6 300 000	—

注：1845—1871 年人口数据来源于司徒尚纪：《泛珠三角与珠江文化》，香港：中国评论学术出版社 2006 年版，第 116 页。1841、1901 年人口数据来源于王文祥主编：《香港澳门百科大典》，青岛：青岛出版社 1998 年版，第 50 页。

香港人口中，内地的移民占绝大多数。在香港的内地居民原籍情况：以原籍在广东珠三角一带者为最多，其次为四邑人（台山、新会、开平、恩平等县），再次为潮汕人，其余为广东省其他市、县及其他省份的人。

因此，在常用语言上，据杨奇等人的研究，讲广东话的占88.7%，讲潮汕话的占 1.4%，讲客家话的占 1.6%，讲福建话的占1.9%，讲普通话的占 1.1%，讲英语的则占 2.2%。有些在香港土生土长的下一代，对其原籍语言很少使用甚至不会使用，而多使用广东话和英语。①

根据我们对香港宗亲会的调查，香港宗亲会数目在 85 个以上，有的宗亲会会员达 1 000 余人（如香港溯源堂雷方邝宗亲会等），少的也有三四百人。平均按 500 人保守计算，约有 5 万人。同姓而不参加宗亲会的香港居民大有人在，而参加宗亲会的占少数。这些人中有的是老香港人，多少代都记不清楚的占 14%，1949 年以前就居住在香港的占 36%，1949—1978 年迁港的占 40%，1979—1996 年迁港的占 10%。

---

① 杨奇等主编：《香港概论》，香港：三联书店（香港）有限公司 1990 年版，第 340 页。

②珠玑巷后裔在香港的人口数量。

珠玑巷移民是形成广府粤语民系的主体。据上所证，其在广府民系中占55%~60%，约2 000万人。其中珠江三角洲的东莞、顺德、番禺、南海、中山、新会等宋以后成陆的地区约占80%以上，其他地区也在40%左右。因此历史上内地向香港移民中的大多数是广府粤语民系的人，这些人中多数都是珠玑巷后裔。据此，我们的测算是：以香港1996年人口总数6 300 000为基数，其中属于广府讲粤语民系的占88.7%，即香港广府民系人数为5 588 100人。这些香港的广府人中，大多来源于珠三角和四邑（我们的问卷调查也为此提供了佐证，即知道自己姓氏起源于珠玑巷的占到了45%以上，起源于珠三角的占到了50%）。所以香港广府人中的珠玑后裔应该至少占60%以上，即3 352 860人。

三、历史上的珠玑移民文化对香港民众认同意识的作用和影响

分析香港人口的构成、背景、族属和文化传统要解决两个实际性的理论问题：一是珠玑移民文化的传统内涵是什么？二是香港珠玑后裔对这种文化传统是否还认同，认同的程度如何。

1. 珠玑文化的精髓

珠玑文化最重要的精髓可说是"重根""寻根"文化。所谓"重根"，即这种文化特别注重自己所出的祖望、族源姓源，祠堂所在，尊祖、拜祖、祭祖是其重大风俗习惯，也是其日常生活中不可或缺的文化行为。可以说，来自中原的移民，受中国数千年家族文化传统的影响，都有这种特性。但与其他五次大的汉民族移民相比，来到珠玑巷的移民更有其特殊性。即在所有的迁徙地、暂住地、居住地都顽固地保留了自己的生产生活传统，家族制度、家族观念、家族信仰是其唯一遵循的信条和行为规范。因此在异民系和异民族的环境中，即使经过千余年，也很难被当地同化，而是逐渐同化当地。珠玑移民迁往珠三角同化了当地的越人，逐步形成了广府民系就是最好的证明；而其他五次或迁长三角，或迁苏北、河南、河北、山东、四川等地，现在都被淹没在汉民族的汪洋大海之中。

所谓"寻根"，即这种文化的移民，无论迁徙到哪里，对自己的

祖望地和远祖祖先，都念念不忘，下大力气去追寻。这种追寻往往是以家谱的形式存在，虽然由于年代久远，有些不尽是事实（或被迫改姓，或附会生祖），但都以旺族为标、荣家为本，有着一种对中原华夏衣冠氏族强烈的认同和归属意识。珠三角的移民中有一些把自己附会于珠玑后裔，正是珠玑这种寻根文化所致。这种认同和归属意识，对于增强民族的凝聚力和向心力，有着不可替代的作用。

珠玑文化的又一精髓在于它在行动上的开拓性和创新性。珠玑移民迁徙到珠三角的宋以后成陆的地区，包括东莞、顺德、番禺、南海、中山、新会等地，条件十分恶劣，但他们不畏艰难，拓荒建堤，拦海造田，对珠三角（包括香港）的开发做出了主要贡献。

2. 香港珠玑后裔的归属意识

重根意识是中华民族一个历史悠久的民族传统，即使是漂洋海外的华夏子孙，也时刻不忘家乡和祖宗，并以此教育后代，世世不忘。在香港的珠玑后裔的归属意识同样表现强烈。一是在珠玑巷已建的卢、黄、刘、邓、林等姓宗祠已达20余个，每年都有成千上万的后裔到珠玑巷寻根问祖。二是香港的珠玑后裔至今仍保留着浓厚的祭祖的风俗习惯和文化传统，每逢清明、春分、秋分、中元、重阳、元宵等重大节日一家都要集合在一起祭祖、拜墓、超度亡灵等，向先人表示哀思和致敬；最重大的春节期间，腊月廿九和正月初一，都要非常隆重地祭祀祖先。[1] 正如王赓武先生所说："祭祖也非常重要，慎终追远。其目的是缅怀祖先开族之势，建村立业之苦；每年于祭典期间，分处各地的子孙，齐集一堂，除向先人致敬外，还能维系族内的团结。族坟、祠堂都是这方面的重要象征，而祖、堂的蒸尝涉及实际的利益，更是维持家族联系的重要工具。"[2] 三是根据我们对宗亲会的问卷调查，到内地寻根祭祖三次以上者占到57.14%，1～2次者占28.31%，没有的只占14.54%。也就是说，85%以上的宗亲会成员都到过内地祭祀祖先。以上三者证明：祭祖、寻根在香港珠玑后裔的意识和文化行为中，表现是相当强烈的。

---

① 蔡志祥：《节日、民间宗教与香港的地方社会》，《历史与文化：香港史研究公开讲座文集》，香港：香港公共图书馆2005年版，第76－81页。

② 王赓武主编：《香港史新编》，香港：三联书店（香港）有限公司1998年版，第182页。

四、结语

综上所论，珠玑巷在中国移民史上是唯一一个现存完好的，被其后裔普遍认同的祖先移民标志点；珠玑文化是一个以重根、寻根为主的，具有强烈海外移民特色的广府民系区域文化。这个文化及其文化传统源于中原，定型于宋代珠玑巷，发展于元、明、清时代的珠江三角洲，促成了广府粤语民系的形成，最后鼎盛于近现代的珠江三角洲（包括香港、澳门），并扩展于世界五大洲。

珠玑巷是现代香港和广东珠三角一半以上民众思乡、爱乡的精神依托点，也是众多华人华侨寻根祭祖的圣地。珠玑文化传统在海内外都被完整保留着，每年数以几十万计的珠玑后裔都会不远万里来到珠玑巷，缅怀祖先、追思桑梓、抒发乡情，他们对南雄的贡献总值已达3.3亿元。这一寻根态势和对中华文化的认同，不仅可以促进香港稳定，还可以进一步密切和海外华人华侨的联系，大大增强我们民族的凝聚力和向心力。

第二部分　韶文化特色资源研究

第七章 韶文化的矿冶资源调查与研究

第一节 千年矿都——韶关矿冶的起源和初期发展

韶关被称为"矿冶名都",并非虚言,这是由两个最基本的条件所决定的。一是韶关矿冶资源丰富,在岭南可谓首屈一指,特别是有色金属资源,在全国独占鳌头;二是这些资源不仅在历史上很早就被开发利用,知名度很高,而且直到现在,仍是岭南甚至全国的重要矿冶基地。因此,矿冶工业、矿冶文化是韶关城市的突出特色之一,研究和宣传韶关的矿冶文化,对于韶关地区的社会、经济发展有重大现实意义。

一、粤北地区矿冶的起源

韶关矿冶起源于何时,过去研究的成果很少。据公开资料所见,仅《韶关市志》有所述及:"韶关有色金属和黑色金属矿产的开采与冶炼起源较早,南北朝时期的梁朝在曲江已置有银场。"① 此说未提供注释,文中也未有说明,不知根据何在。

最早的相关记录是《汉书》卷二十八《桂阳郡》所记:"有铁

---

① 韶关地方志编纂委员会编:《韶关市志》卷七《工业》第三章"冶金·行业沿革",北京:中华书局 2001 年版,第 780 页。

官。"汉武帝平南越后，把高帝时在湖南设的桂阳郡扩大，实行"跨岭而治"，辖郴、临武、便、南平、耒阳、桂阳、阳山、曲江、含洭、浈阳、阴山十一县。桂阳郡"铁官"下的矿冶开发当在这十一县之内，即粤北、湘南一带的南岭山区。《后汉书》卷三十二《桂阳郡》说"耒阳有铁"，未明指在粤北有铁冶，故以此断言粤北矿冶起源于西汉是根据不足的。

粤北地区矿冶起源的确切材料是《宋书》卷九十二《徐豁传》的记录："元嘉初，为始兴太守。三年，遣大使巡行四方，并使郡县各言损益，豁因此表陈三事……其二曰：郡领银民三百余户，凿坑采砂，皆二三丈，工役既苦，不顾崩压，一岁之中，每有死者。官司检切，犹致逋违，老少相随，永绝农业，千有余口，皆资他食。讵唯一夫不耕或受其饥而已，所以岁有不稔，便致甚困，寻台邸用米，不异于银，谓宜准银课米，即事为便。其三曰：中宿县俚民课银一子丁，输南称半两寻。此县自不出银，又俚民皆巢居鸟语，不闲货易之宜，每至买银，为损已甚；又称两受入，易生奸巧，山俚愚怯，不辨自申，官所课甚轻民，以所输为剧。今若听计丁课米，公私兼利。"

元嘉是南朝宋文帝的年号，元嘉三年即 426 年。徐豁，历史上的韶关名人，始兴太守，《韶州府志》卷二十七有传记。徐豁所上之《表》，至少说明两件史实：

（1）始兴郡当时所辖桂阳、阳山、曲江、始兴、含洭、浈阳、中宿七县，实行"计丁课银"制度，由于中宿县"自不出银"，俚民要用粮食换银交课税，被奸商又盘剥一次，受的损失"为剧"，所以要改作"计丁课米"。这从一个侧面说明始兴郡其他县都是出银之县，都有银矿冶炼。

（2）始兴郡有专门从事银矿冶炼的专业户（手工工场）"银民三百余户"，这些人完全脱离农业生产，"凿坑采砂，皆二三丈，工役既苦，不顾崩压，一岁之中，每有死者。官司检切，犹致逋违"，即挖深井掏矿砂，再烹炼初银，工役很苦，被"崩压"死亡者每每有之，所以不少人逃亡，往往被官司抓回。而其所得银子在荒年物价腾贵时不值钱，所以其税课要"准银课米，即事为便"，即听其交银、交米自便。

上述史料证明，在南朝宋初，粤北地区从事银矿冶炼的已有三百余户、千余口，政府已高度重视，一方面纳入专业银户，"官司检切"，严加管理；另一方面则尽量怀柔，照顾其生活。因此，南朝宋初时始兴郡的银矿冶炼已具相当规模，在当时已有相当影响。

粤北矿冶的起源当比此更早。南朝宋时，王韶之撰的《始兴记》载："冷君西北有小首山。元嘉元年夏，霖雨山崩……居人聚观，皆是银砾。铸，得银也。"[①] 冷君，指冷君山，又名灵君山。《水经注·泷水》："泷水东至曲江县……又南合冷水。冷水东出冷君山。"注："冷水，《明一统志》作灵水，在乐昌县东北五十里，源出灵君山。"[②]

《大清一统志》也说："冷君山在乐昌县东北，一名灵君山……在县东北四十五里。"[③] 因此，冷君西北的"小首山"在乐昌无疑。小首山崩后乡民见到"银砾"，冶铸后得到银金属，再证粤北金属冶炼起源于南朝宋元嘉元年，即424年或以前。

其实，早在东晋时就有韶关出银的传说，北魏郦道元《水经注》卷三十八《泷水》记载："东至曲江县……王韶之《始兴记》曰：林水源里有石室，室前盘石上行罗十瓮，中悉是饼银，采伐遇之，不得取，取必迷闷。晋太元初，民封驱之家仆密窃三饼，归发看，有大蛇螫之而死。"

《湘州记》曰："其夜驱之梦神语曰：君奴不谨，盗银三饼，即日显戮，以银相偿。觉视，则奴死银在矣。"这个传说的主题是告诫人们不要贪取妄财，但成瓮的银饼出现在曲江县，反映了当时（晋太元是东晋孝武帝年号，376—396年，太元初当在380年前后）已有曲江产银的看法。产银的地点"林水源"，在《曲江县志》卷四中亦称林源山："在城北七十里，山有银山，石室之下林水出焉"，按里程估计，应在今桂头至犁市一带，由于山中出银，故称银山。同类的传说还有一则：唐徐坚撰《初学记》卷二十七《宝器部》："王韶之《始兴记》曰：劳口东岸有石，四方高百余仞，其状如台。注云：父老相传，此石昔有三人伐木以作桥于石顶，戏见数瓮钱，共取半瓮，还。"劳口在韶石旁，劳水汇入浈江处，瓮饼银和瓮钱同记于《始兴记》，共出于一地域，可能有着共同的传说来源。

① （宋）李昉：《太平御览》卷八百一十二《珍宝部》十。
② （清）沈炳巽撰：《水经注集释订讹》卷三十八《泷水》。
③ 《大清一统志》卷三百四十一《韶州府·乐昌县》。

岭南文化书系

韶文化概论

无论如何，韶关的金属冶炼至少起源于南朝宋时期，或可进一步追溯到东晋太元年间。这样，把"南北朝时期的梁朝（502—557 年）在曲江已置有银场"的说法至少向前推进了七十余年，若据《水经注》晋太元初的说法，粤北矿冶起源的时间当在公元 380 年前后。

二、粤北矿冶业的初步发展

到了北魏宣武帝时期（500—515 年），又有粤北阳山县出银的记载，唐徐坚撰《初学记》卷二十七、《广东通志》卷五十二《物产志》都引《后魏书》曰："银出始兴阳山县，又出桂阳阳安县，宣武帝诏并置银官。"阳山出银，当是粤北银矿冶的又一地点，专置"银官"管理，说明其银冶炼已达到一定规模。

隋唐时期，已有"水银、丹砂、铁、金、银的开采和冶炼"[①]，查史料，《新唐书》卷四十三上《连州连山郡》："本熙平郡，天宝元年更名。土贡赤钱、竹纻、练白纻、细布、钟乳、水银、丹砂、白蜡"，"县三：桂阳，有银、有铁；阳山，有铁；连山，有金、有铜、有铁。"《大清一统志》卷三百五十二《连州》："土产：银，《唐书·地理志》桂阳有银，《明统志》连州出。铜，《唐书·地理志》连山有铜，《宋史·地理志》阳山有铜坑。铁，《唐书·地理志》桂阳、阳山、连山有铁。《明统志》连州出。"《新唐书·地理志》载：连州桂阳（今连县）有银有铁，阳山有铁，连山有金有铜有铁，广州浈阳（今英东）有铁。唐刘恂《岭表录异》载："广州洸匡县（今英西，笔者注）有金池。彼中居人，忽有养鹅鸭，常于屎中见数金片。遂多养，收屎淘之。日得一两或半两，因而致富矣。"清屈大均《广东新语》卷十五载："考唐建中初，赵赞判度支，采连州白铜，铸大钱一以当十。"

以上记载说明，唐代粤北的金属冶炼已有较大发展。此前，粤北以出银为主，现在又出铁、铜、金、水银、丹砂等，粤北的丰富矿藏逐步地被发现和开发。以前的开发集中在曲江、仁化一带，现在又扩展至连州（桂阳）、连山一带。品种的增多和开发地点的扩大，使粤

---

① 韶关地方志编纂委员会编：《韶关市志》卷七《工业》第三章"冶金·行业沿革"，北京：中华书局 2001 年版，第 780 页。

北矿藏逐渐显露于世，至北宋终于迎来了发展的鼎盛时期。

第二节　宋代粤北矿冶发展的高峰

　　降至宋代，韶关矿冶文化大为发展，形成一个高峰。其主要标志是：①冶炼场遍布粤北，有数十处之多；②铜产量一度占到全国产量的86%以上；③湿法炼铜技术——淋铜法得到大规模应用，其发明比西欧早了600余年；④北宋政府专门设立空前绝后的矿冶县——建福县管理矿冶；⑤设有专门的钱监——永通监就地铸钱。以上五项，显示了粤北矿冶文化在历史上的辉煌成果，粤北矿冶资源首度大规模的开发使其在当时国内外具有举足轻重的作用。现分别叙述之。

一、北宋韶关的冶场众多

　　据马端临《文献通考》卷十八载：宋兴，全国产银有三监五十一场，韶州之乐昌螺阮、灵源，连州之同官，英州之贤德、尧山（俗称八宝山）、竹溪等六场有载；产铜有三十五场，英州之礼平有一场；产铁有四监、十二冶、二十务、二十五场，英州黄石有一冶，连州牛鼻有一场；产铅有三十六场，韶州有二场，英州、连州各有一场。不久，坑冶布局作了调整。

　　全国产银有二十三州三军一监，粤北英、韶、连三州都有；产铜有十一州一军，粤北有韶、英二州；产铁有二十四州二军，粤北有英、韶二州；产铅有九州岛二军，粤北英、韶、连三州都有。

　　《元丰九域志》（成书于元丰三年，1080年）载："曲江，有永通一钱监，灵源、石膏、岑水三银场，中子一铜场，乐昌有伍汪、黄坑二银场，太平一铅场；仁化有火众、多田二铁场，多宝一铅场；翁源有大湖一银场，大富一铅场；桂阳有同官一银场；阳山有铜坑一铜场；真阳有钟岬一银场，礼平一铜场；洸洸有贤德、尧山、竹溪、师子四银场。"

　　《续资治通鉴长编》载：天圣八年（1030年）二月戊子，复置韶州乐昌县银铅场。又载：庆历八年（1048年）九月癸亥，三司言，韶州天兴场铜大发，岁采二十五万斤。皇祐元年二月，置永通监，铸钱名曰"皇祐元宝"。

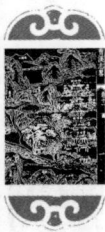

另据《广东有色金属工业大事记》载：天圣元年，仁化县凡口有多宝铅场。康熙二十五年（1686年）《仁化县志》亦载：宋有银场坪。道光《阳山县志》载：宋时银冶，一在同官场大宝岭，一在元鱼场赤岩。宋元符（1098—1100年）间，烹炉粉（纷）集，岁上供银六千余两。说明粤北矿业又有了新的大发展。

《翁源县志·古迹篇》载："古大富铅场，大湖银场，开阳里铁场，皆宋皇祐元年开创，宋末采无，因而久废。"

综合以上史料，现把北宋一代粤北建立的坑冶工场列表如下：

表7　宋代粤北坑冶工场大全

时代	州县名	坑冶名	金属种类	来源
宋初	乐昌	螺阮、灵源	银	《文献通考》卷十八、《元丰九域志》
宋	连州	同官场大宝岭	银	道光《阳山县志》、《文献通考》卷十八
宋	连州	元鱼场赤岩	银	道光《阳山县志》
宋	英州	贤德、尧山、竹溪	银	《文献通考》卷十八
宋	英州	礼平	铜	《文献通考》卷十八
宋	英州	黄石冶	铁	《文献通考》卷十八
宋	连州	牛鼻场	铁	《文献通考》卷十八
宋	韶州	（二场）	铅	《文献通考》卷十八
宋	连州、英州	（各一场）	铅	《文献通考》卷十八
开宝五年（972年）	英州、韶州、连州		银	《文献通考》卷十八
宋	英州、韶州		铜	《文献通考》卷十八
宋	英州、韶州		铁	《文献通考》卷十八
宋	英州、韶州、连州		铅	《文献通考》卷十八
庆历八年（1048年）	韶州	天兴	铜	《续资治通鉴长编》

时代	州县名	坑冶名	金属种类	来源
皇祐元年（1049年）	翁源	大湖	银	《翁源县志·古迹篇》《元丰九域志》卷九
皇祐元年（1049年）	翁源	大富	铅	《翁源县志·古迹篇》《元丰九域志》卷九
皇祐元年（1049年）	翁源	开阳里	铁	《翁源县志·古迹篇》
元丰三年（1080年）	曲江	永通监	皇祐元宝	《元丰九域志》卷九
宋	曲江	灵源、石膏、岑水	银	《元丰九域志》卷九
宋	曲江	中子	铜	《元丰九域志》卷九
宋	乐昌	伍汪、黄坑	银	《元丰九域志》卷九、《宋史》卷一八五
宋	乐昌	太平	铅	《元丰九域志》卷九
宋	仁化	火众、多田	铁	《元丰九域志》卷九
宋	仁化	多宝	铅	《元丰九域志》卷九
宋	阳山	铜坑	铜	《元丰九域志》卷九
宋	真阳	钟峒	银	《元丰九域志》卷九
宋	真阳	礼平	铜	《元丰九域志》卷九
宋	浛洸	贤德、尧山、竹溪、师子	银	《元丰九域志》卷九
政和元年（1111年）	韶州	曹峒、铜冈、思溪		《宋史》卷一八五
政和元年（1111年）	英州	银冈、清溪、钟峒、竹溪		《宋史》卷一八五
政和元年（1111年）	连州			《宋史》卷一八五
宋	英德府贡阳	钟峒、礼平	银、铜	《宋史》卷九〇
宋	阳山	铜坑	锡	《钦定续通典》卷二八
宋	南雄州		铁	《宋会要辑稿·职官》四三之一七二

由表 7 可知，见于记载有名可考的北宋矿场，乐昌有五场：螺阮、灵源、伍汪、黄坑、太平；连州有七场：同官场大宝岭、元鱼场赤岩、牛鼻场、铜坑、黄田、白宝、同安；英州有九场：贤德、尧山、竹溪、礼平、黄石冶、银冈、清溪、钟岬、竹溪；韶州有四场：天兴、曹岬、铜冈、思溪；翁源有三场：大湖、大富、开阳里；曲江有一监四场：永通监、灵源、石膏、岑水、中子；仁化有三场：火众、多田、多宝。总共有一监 35 场。另有一些不知名者（如阳山铜坑铜场），其总数当在 40 场左右，在全国是少见的，可见宋代粤北矿冶规模之大。

二、冶炼的有色金属品种齐全

就矿冶品种看，主要为金、银、铜、铁、铅、锡，以银、铜为大宗。银为粤北最早开发的贵金属，主要因其是货币的硬通货，增一银可直接增加不少财富；铜是铸钱的主要原料，铅、锡是辅助原料，所谓"十分其剂，铜居六分，铅、锡居三分，皆有奇赢"，故无铜、铅、锡就会产生钱荒，影响封建社会的货币经济运转。很明显，有宋一代及其以前，对粤北有色金属的开发目的，就是增加金属货币的数量，以适应货币经济发展的需要。

第三节　举世闻名的岑水铜场研究

一、岑水铜场的始置

岑水铜场是当时规模最大、技术先进、产量一度居全国第一的大铜场，在北宋货币经济发展中起着举足轻重的作用，特别是其"淋铜法"生产胆铜技术，居当时世界领先地位，因此对其发展的始末，有必要认真研究。

韶州曲江岑水场始建于何时，学界很少论及。游战洪、华觉明先生认为："岑水，冶场名，北宋仁宗庆历七年（1074 年）置，属韶州（今广东韶关），产金和黄铜。"[1] 庆历七年，当为 1047 年，1074 年

---

① 游战洪、华觉明：《从〈大冶赋〉看宋代矿冶铸钱管理体制》，《中国钱币》1999 年第 1 期。

误。汪圣铎先生认为："据地志载，本州岛最重要的铜场系'庆历七年（1047 年）置'。"① 所谓地志指的是《舆地纪胜》，其中卷九十《韶州》所记的岑水场"庆历七年置"。我们在清徐松辑的《宋会要辑稿》中也检到"银……岑水场，庆历七年置"的记录。②

刘业程先生却认为，"岑水场其实在宋真宗（998—1022 年）时已经具有相当规模"，根据是《曲江县志》引《宋国朝会要》："咸平二年（999 年）徙治岑水场善政坊"。③ 查县志，这条记录在卷一《历代沿革表·宋代·曲江县》注引《宋国朝会要》，但在《韶州府志》卷二《附考》引宋王象之《舆地纪胜》中也有此条记录，云："曲江：国朝会要云：'咸平二年（999 年）徙治岑水西善政坊。'"岑水场又作"岑水西"，一字之差，义谬千里。岑水场作为矿冶管理机构，其下属一般无坊，坊是行政管理机构的最小单位，故"岑水善政坊"联句似有所不通。所以《韶州府志》作"岑水西"是正确的。结合各种记载，庆历七年（1047 年）始置岑水场是可信的记录。

二、两宋时期岑水铜场的产量

岑水场建立之前，韶关的矿冶向以银著名，从前表《文献通考》卷十八所反映的宋初开宝五年（972 年）矿场情况看，乐昌的螺阮、灵源；连州的同官大宝岭；英州的贤德、尧山、竹溪等，都是当时知名的矿场，但都是银场。虽然当时韶州、英州有铜场、铁场、铅场，但都不具名，可见铜、铁、铅、锡在宋初产量很少。连 1047 年置的岑水场也是银场。

韶关何时开始产铜，最早的记载是《新唐书》卷四十三上的"连山：有金、有铜、有铁"，至宋初，产铜的地点又扩大至韶州、英州，但铜场名和产量都不甚了了。余靖 1050 年写的《韶州新置永通监记》中描述的宋初韶州产铜情况是："初，郡之铜山，五岁共市七万"，④ 一年也就生产 1 万余斤。但是当以大宝山为主脉的大铜矿山被逐渐发现之后，情况随之大变。《韶州新置永通监记》载："今天子嗣位之二

①　汪圣铎：《宋代对铸钱业影响最大的几个铜场》，《中国钱币》2003 年第 3 期。
②　（清）徐松辑：《宋会要辑稿·食货》三三之三，北京：中华书局 1998 年版，第 5375 页。
③　刘业程：《古韶州岑水铜场史实初考》，《韶关师专学报》1981 年第 2 期。
④　（宋）余靖：《武溪集》卷五《韶州新置永通监记》。

十七年，特诏翰林学士叶公清臣、宋公祁经度山泽之禁，以资国用。乃金作奏曰：谨校郡国产铜和市之数，惟韶为多……初，郡之铜山，五岁共市七万，前太守潘君，一岁市百万；及栾公继之，乃市三百万，明年又差倍之。岁运羡铜三百万以赡岭北诸冶。苟非主计者通其神、提纲者扬其职、守土者宣其力，则何以协规创模成效之速如是哉！且韶披山带海，杂产五金，四方之人弃农亩、持兵器，慕利而至者，不下十万，穷则公剽，怒则私斗，轻生抵禁，亡所忌惮……初以远方置监，议者不一，故朝廷有以待之。明年四月乃下敕，赐名永通。时天子亲享明堂之岁五月记。"

"亲享明堂之岁"，指皇祐二年（1050 年），此年秋九月大享天地于明堂，故余靖此文写于 1050 年 5 月。

此文说，管理山泽之禁的官员在 1048 年校检全国"产铜和市"的数量之后，向仁宗报告产铜"惟韶为多"。这是非常重要的史料，说明 1048 年以前，韶州的铜产量已居全国第一，而且是逐年猛增，潘君（潘君指潘夙，仁宗时任韶州太守）时是"一岁市百万"；到了其继任栾公（栾公指栾温故，继潘君为韶州太守）时，"乃市三百万，明年又差倍之"，即从年产一百万增至三百万，到了第二年，又增至六百万斤。这种高产铜量，证实了 1048 年校实的"惟韶为多"，史无前例，犹如神话。虽有人提出怀疑，① 但韶州大铜场被发现后，"四方之人弃农亩、持兵器，慕利而至者，不下十万"，却是事实。这十万之众，为财富自发而来，政府此时还未遑管理，所以导致"穷则公剽，怒则私斗，轻生抵禁，亡所忌惮"的社会动乱局面，也正因为政府一要平息动乱，二要控制铜产地的国家财源，所以才要置监、设场加强管理，在这种情况下，岑水场和永通监在此后几年内都应运而生。

韶州岑水场 1047 年设置时是产银而非产铜。余靖在 1050 年 5 月所说全国产铜"惟韶为多"是否指岑水场呢？查阅史料，岑水设场的第二年，即庆历八年（1048 年）九月"癸亥，三司言：韶州天兴场铜大发，岁采二十五万斤，请置监铸钱"②。显然，余靖"惟韶为多"的根据是"韶州天兴场"而非"韶州岑水场"。那么韶州岑水场何时产铜呢？史载岑水设场后的第九年，"至和二年三月……诏三司：韶州

---

① 汪圣铎：《宋代对铸钱业影响最大的几个铜场》，《中国钱币》2003 年第 3 期。
② （宋）李焘：《续资治通鉴长编》卷一百六十五《仁宗庆历八年》。

171

岑水场铜大发，其令转运司益募工铸钱"①。另一条史料也说："至和二年，韶州岑水场铜发，诏漕司益铸钱。"② 据此，岑水场产铜始自建场后的第九年，即 1055 年。天兴场自此以后史无载，推测后来可能并入岑水场或改名为岑水场，这从置韶州永通监后所用铜都来源于岑水场可看出来。

从至和至元丰年间的三十一年里（1054—1085 年），"韶州岑水场在熙宁、元丰间岁收铜无虑六百万斤，除留充本州永通监鼓铸，应副岑水场买铜外，其余尽输岭北诸监"③。这条记载明确说明了在熙宁、元丰年间岑水场的年产量都在六百万斤或以上，除留永通监铸钱外，还输送到岭北各钱监铸钱。

根据《宋会要辑稿》的记载，由于韶州岑水场产量特高，仁宗后期确定各场产铜指标（祖额）时，韶州曲江的岑水场、中子场被指定为 1 000 万斤。而当时全国的产铜指标为 10 711 466 斤，韶州曲江岑水、中子二场占

图31　宋代岑水铜场生产的铜锭（重 6.5 公斤）

93.36%。一直到元丰元年，全国实际铜产量总计 14 605 969 斤，而曲江两场此年实际产量为 12 808 430 斤，占全国铜产量的 87.69%。

值得注意的是，《宋会要辑稿》中把中子场与岑水场合称，可见中子场是当时能和岑水场相匹敌的一个重要铜场。《元丰九域志》卷九《韶州始兴郡》载曲江有"灵源、石膏、岑水三银场，中子一铜场"，《宋会要辑稿·食货》三三之四载："曲江县中子峒场，（熙宁）六年置"，《食货》三三之一五载："中子场，（熙宁）十年置"。根据这些记载可知，岑水场、中子场都在韶州曲江县，中子峒和中子两处或为一地，或相距不远，若为前者，则六年置的中子峒场，至十年改

① （宋）李焘：《续资治通鉴长编》卷一百七十九《仁宗至和二年》。

② 《钦定续通典》卷十一《食货》。

③ （宋）章如愚编：《群书考索》后集卷六十《财用门·铜钱类》。

称为中子场；若为后者，则两场在熙宁年间并存，至元丰时中子峒场已为中子场替代。无论如何，从岑水、中子都在曲江的情况看，两场所用的铜矿苗，都属今大宝山矿脉，可视为当时韶州的矿场，即在元丰年间，韶州的铜产量祖额占全国的 93.36%，实际的铜产量占全国的 87.69%。显然，当时的韶州矿冶对北宋的金融货币体系而言，具有举足轻重的作用。

三、岑水铜场的矿工规模

与高产量相应的是较大的生产规模。岑水建场之初的庆历年间（1041—1048 年），余靖就讲韶州聚集了弃农经冶"不下十万"之人，其中绝大多数当为自发到韶采铜的人。至神宗熙宁五年（1072 年），王安石言："今岑水聚浮浪至十余万，所收铜已患无本钱可买。"① 浮浪，本指无业游民，这里指采铜的坑户人。南宋人洪迈曾数次到韶州岑水场考察，"问父老所谈，见石刻题识。方其盛时，场所居民至八九千家，岁采铜铅以斤计者至数百万"②。由上引文献可知，自庆历到神宗熙宁、元丰的四十多年间，岑水场的工匠规模维持在十万人左右，每年产铜都在数百万斤以上。显然这是韶州岑水场最辉煌的时期。

四、岑水铜场的萎缩

到了北宋晚期，岑水场生产量开始下滑。宋尚书省的报告称："韶州岑水场……自元祐后，永通监鼓铸不敷买铜本钱，遂至岑水场铜浸亏旧数。岭南岭北诸监例多阙铜，因此省废数监。今户部与诸处调度艰窘，理当措置勘会。"③ 这是说，自宋哲宗元祐年间以后，岑水场没有完成产铜指标，原因是"永通监鼓铸不敷买铜本钱"，即永通监铸的钱不够买岑水场的铜。坑户的铜不能兑换成钱，必然影响生产。另一则记载也证明了这一点："（元祐元年四月）户部尚书李常言：岑水等场自来出产铜矿最为浩瀚。近年全然收买不敷。欲乞选差谙晓坑

---

① （宋）李焘：《续资治通鉴长编》卷二百四十。

② （元）富大用编：《古今事文类聚外集》卷九引（宋）洪迈《论岑水场事宜劄子》。

③ （宋）章如愚编：《群书考索》后集卷六十《财用门·铜钱类》。

173

冶鼓铸之事、干力文官一员，前去逐场体访事理，务令招坑户使铜利兴发。然后于见废监州郡相度，随买到铜多少，逐旋兴复鼓铸钱宝，从之。"① 看来，岑水场产量的"浸亏旧数"，不是没有生产能力，而是因为收买不力。故一方面要坑户尽快产铜，另一方面要鼓励钱监和已废的钱监，尽力买铜，不管多少，要迅速恢复铜钱生产。

在这种情况下，岑水场的铜生产从"无虑六百万斤"下降到了北宋后期的祖额：黄铜 3 164 700 斤、胆铜 80 万斤（见表8）。虽然比熙宁、元丰以前的祖额少了二三百万斤，但与同时的诸铜场祖额相比，仍占产铜第一位，比第二位的漳州永兴场（黄铜 1 796 000 斤，胆铜 640 000 斤）仍高出近一倍。实际上，岑水场的生产会超出祖额，据《宋史》卷一百八十五载："（崇宁四年）广东漕臣王觉自言：尝领常平，讲求山泽之利。岑水一场去年收铜比祖额增三万九千一百斤，较之常年亦增六十六万一千斤，遂增其秩。"

综上所述，直到北宋末，岑水铜场仍是全国产铜最多、绝对处在第一位的生产企业，它对北宋金融货币的经济命脉，一直起着至关重要的作用。

两宋之交，宋金交兵，战祸四起。偏处粤北的韶州，也受到不小的影响，南宋名臣洪迈说："自建炎以来，湖湘多盗，浸淫及于英、韶，焚掠死徙，无有宁岁。（岑水场）今所存坑户不能满百，利入既鲜，饥寒切身，无由尽力为国兴利。"② 看来，两宋之交时，以岑水场为主的粤北矿冶生产受到战祸盗掠的严重冲击，坑户从八九千户降至不满百户，规模急剧缩小，产量迅速下降。

绍兴年间宋金议和后，南宋政府采取种种措施恢复岑水场生产，至乾道二年（1166 年），岑水场初步恢复生产，已产黄铜 10 440 斤，胆铜 88 948 斤。此年全国共产铜 263 169.9 斤，而岑水场占 37.77%，产量仍居全国第一，比第二位的信州铅山场多 3 052 斤，依然保持着全国最重要铜生产基地的地位（见表8）。

至南宋中后期，岑水场产量定额为二十一万斤，有时可高至五十六万斤。时人刘克庄记载："（赵汝昙）调冶司检踏官，分司曲江，铜课旧额岁二十一万，仕者率减削场丁月给，多逃去者。君始按月支给，

---

① （宋）李焘：《续资治通鉴长编》卷三百七十六《哲宗元祐元年》。
② （元）富大用编：《古今事文类聚外集》卷九引（宋）洪迈《论岑水场事宜劄子》。

铜额增羡。岁余，泉枯矿阙，若地爱宝者，君祷于神，忽呈现。未再岁，课累增至五十六万。"① 赵汝寈，宝祐年间（1253—1258 年）曾任惠安县令，后调任冶司，管理韶州曲江岑水场。先前的管理者总是克扣场丁薪水，赵则"按月支给"，因此超额完成二十一万的"旧额"。后又出现"泉枯矿阙"，赵又"祷于神"，使矿、水呈现，结果年收铜五十六万斤。另一位南宋后期人也记载："韶州岑水场以卤水浸铜之地，会百万斤铁浸炼二十万铜。且二广三十八郡皆有所输，或供铅锡，或供银，或供钱，岁计四五万缗。"② 综合上两条记载可知，南宋中后期韶州岑水场的产铜量较初期增加一倍以上，多时可达五十六万斤，在整个南宋所占的比重越来越大，依然是南宋最重要的产铜之地。

到了南宋末年，岑水场的矿铜和使用"淋铜法"的原料胆土，经过近百年的挖掘，已所剩无几，需要再深挖才行，深挖带来了一系列问题，如宋孔平仲《谈苑》就载："韶州岑水场：往岁铜发，掘地二十余丈即见铜，今铜益少，掘地益深至七八十丈。役夫云：地中变怪至多，有冷烟气中人即死，役夫掘地而入，必以长竹筒端置火先试之，如火焰青即是冷烟气也，急避之勿前乃免。有地火自地中出，一出数百丈，能燎人，役夫亟以面合地，令火自背而过乃免。有臭气至腥恶，人间所无者也。忽有异香芬馥，亦人间所无者也。地中所出沙土运置之穴外，为风所吹即火起焰焰然。"③ 因此，南宋末期岑水场的铜产量每况愈下，直至停铸。到了元代初期，韶州岑水又有置场的记录："（至正）十二年三月，置铜冶场于饶州路德兴县、信州路铅山州、韶州岑水凡三处，每所置提领一员，正八品，大使一员，从八品，副使一员，正九品，流官内铨。注：直隶宝泉提举司，掌浸铜事。"④

至正十二年（1352 年），距南宋末已有七八十年，韶州岑水又置场浸铜，但毫无下文，不知生产了多少铜。推测虽然置场，但已无法浸铜了。

① 《后村先生大全集》卷一六五《赵通判》。

② （宋）张端义：《贵耳集》卷下。

③ （宋）孔平仲：《谈苑》卷一。

④ （明）宋濂等修：《元史》卷九十二《志》第四十一下。

五、两宋时期岑水场冶铜在全国的地位

有比较才有鉴别，今列出两宋冶铜最盛时期各个铜场的产量，以资比较。

表8　两宋冶铜最盛时期各铜场铜产量对比表

场名	元丰前（祖额：斤）	元丰元年（实际产量）	资料来源	北宋后期（约徽宗政和时期）（祖额：斤）	乾道二年（实际产量）	资料来源
陇州古道场	9 019	9 019				
虢州百家川场、栾川冶场	7 417	6 392				
处州永丰场	68 566	47 511				
饶州兴利场	740	1 608		胆 51 029.8	胆 23 482	
信州铅山场				胆 380 000	胆 96 336	
信州弋阳宝丰场				黄 2 000	黄 20	
池州铜陵县			《宋会要辑稿·食货》三三之一一至一二	胆 1 398	胆 408	《宋会要辑稿·食货》三三之一九至二零
兴国军大冶县				黄 1 400		
虔州九龚、云都场	674	130				
潭州		1 078 250				
衡州茭源县	5 570	4 350				
郴州桂阳延寿坑	77	84				
梓州潼川府铜山县冶	350	350			黄 6 000	
利州青坭县					黄 7 000	
兴州须政县青阳场	154 049	277 328			黄 1 662	

场名	元丰前（祖额：斤）	元丰元年（实际产量）	资料来源	北宋后期（约徽宗政和时期）（祖额：斤）	乾道二年（实际产量）	资料来源
福州黄洋场、玉秣场	32 822	95 308				
建州天受等五场、余生蕉溪二坑、大同山一	92 493	71 260				
婺州永康县				胆 2 000		
南剑州漆坑等五场	125 974	114 051				
南剑州尤溪县				黄 69 958	黄 3 654	
剑浦县大演场			《宋会要辑稿·食货》三三之一一至一二	黄 8 190		《宋会要辑稿·食货》三三之一九至二零
建宁府浦城县因将场				黄 28 800	黄 8 317.4	
崇安县				黄 1 140		
汀州上宝等三场	35 495	16 472				
汀州长汀县				黄 62		
漳州宝兴、大消场	46 849	40 936				
漳州永兴场				黄 1 796 000 胆 640 000	胆 3 414	
邵武军太平等三场	128 564	42 515				
邵武军光泽县				黄 325	黄 323	
韶州岑水、中子场	10 000 000	12 808 430				
韶州岑水场				黄 3 164 700 胆 800 000	黄 10 440 胆 88 948	

第二部分 韶文化特色资源研究

（续上表）

场名	元丰前（祖额：斤）	元丰元年（实际产量）	资料来源	北宋后期（约徽宗政和时期）（祖额：斤）	乾道二年（实际产量）	资料来源
连州元鱼场			《宋会要辑稿·食货》三三之一一至一二	黄 109 260	黄 2 880	《宋会要辑稿·食货》三三之一九至二零
英州竹溪场	2 795					
总计	10 711 454	14 613 994		7 056 262.8	252 884.4	

表 8 是两宋时期的铜产量统计表。其中，元丰以前的产量用"祖额"表示，仅供参考；元丰时的产量是实际产量；北宋后期一栏也用"祖额"表示，乾道二年为实际产量。

观上表可知：①在元丰以前，全国的铜生产量定额为 10 711 454 斤，但元丰元年（1078 年）实际完成 14 613 994 斤，比定额多出 3 902 540 斤。其中韶州岑水、中子两场就完成了 12 808 430 斤，占总额的 87.64%；其他 32 场总共完成了 1 805 564 斤，只占总额的 12.36%。说明至元丰年间，北宋的铜产量达到历史最高峰，这个高峰的到来，主要是因为韶州岑水场（原天兴场）、中子场的铜产量猛增造成的。此时的高产量是由这两个原因造成的：一是"熙丰钱荒"①，二是王安石变法以"免役法"代替了"劳役制"，当时"乞以熙宁法（王安石的变法），以金银坑冶召百姓采取，自备物料烹炼，十分为率，官收二分，其八分许坑户自便货卖"②。王安石的这种新法，大大提高了坑户们的积极性，十万人聚集韶州岑水场，取得巨大的铜冶成就。

②元丰以前，无胆铜祖额及实际产量，元丰以后的北宋晚期，开始有胆铜生产。饶州兴利场，祖额为 51 029.8 斤，乾道二年实际生产 23 482 斤；信州铅山场，祖额 380 000 斤，实际生产 96 336 斤；池州铜陵县，祖额 1 398 斤，实际生产 408 斤；婺州永康县，祖额 2 000

---

① 宋会群：《王安石变法对北宋货币经济的影响——兼论熙丰钱荒的成因》，《金融理论与实践》1995 年第 12 期。
② 《宋会要辑稿·食货》三四之一六。

斤，乾道二年未生产；漳州永兴场，祖额 640 000 斤，实际生产 3 414 斤；韶州岑水场，祖额 800 000 斤，实际生产 88 948 斤。以上生产胆铜的六场祖额以岑水场最多，乾道二年实际产量以信州铅山场最多，岑水场第二，饶州兴利场第三，总计 212 588 斤，但都离祖额差之甚远。说明南宋以后，政权偏处一隅，国土面积和人口都迅速缩减，铜冶生产大幅度下降。即使如此，通过对比可知，岑水场的矿冶地位在南宋仍是十分重要的。

综上所述，韶州岑水场在宋代社会商品货币经济发展中起着举足轻重的作用，它的兴衰，不仅标志着宋代冶铜业的兴衰，也显示了宋代商品货币经济的兴衰。韶关历史上的这一影响全国的社会地位，既是大自然的赐予，更是韶关人民汗水的结晶，它值得韶关人民骄傲，更值得利用这一资源，为韶关今后的社会经济发展服务。

第四节　因岑水场而设的建福县始末

北宋晚期，岑水场是全国第一大原铜生产点，其规模越来越大，居民也越来越多。置场初期，余靖说它是"四方之人弃农亩、持兵器，慕利而至者，不下十万，穷则公剽，怒则私斗，轻生抵禁，亡所忌惮"；稍后，王安石说它"聚浮浪至十余万"[1]，在其盛时的熙丰至大观时期，洪迈说"方其盛时，场所居民至八九千家，岁采铜铅以斤计者至数百万"[2]。弃农经冶的这八九千户、十万余人聚在一处，盗窃、抢劫、恶斗，甚至杀害管理场监、军兵等事件多发，使当时的社会和法律受到严重挑战，岑水场的生产也受到严重威胁。若光靠场监管理实在难以支撑，所以，北宋政府决定在岑水场专门设立主要从事矿业管理的行政县——建福县。

建福县何时置，何时废，存在多少年，《韶关市志·大事记》载："宣和二年……次年析曲江、翁源二县地，在岑水场置建福县（宋室南渡后废）。"这种看法来源于元托克托等修《宋史》卷九十《地理六·韶州》，其云："建福：宣和三年，以岑水场析曲江、翁源地置县。南渡后无建福。"[3] 以后，清马端临的《文献通考》卷三百二十三

---

① （宋）余靖：《武溪集》卷五《韶州新置永通监记》。
② （元）富大用编：《古今事文类聚外集》卷九引宋洪迈《论岑水场事宜劄子》。
③ （元）托克托等修：《宋史》卷九十《地理六·韶州》。

179

《韶州》、清《钦定续通典》卷一百二十八《州郡》、明李贤的《明一统志》卷七十九《韶州·古迹》都从这种说法。以后的嘉庆《翁源县志》卷一《沿革表》、同治十三年版《韶州府志》卷二《郡县沿革表》、光绪元年版《曲江县志》均沿袭宣和说。但不少宋代人及其文献却有另外一种说法：

（1）成书于政和年间的宋欧阳忞撰《舆地广记》卷三十五《广南东路·韶州》："建福县皇朝崇宁元年，以岑水场析曲江、翁源置。"

（2）成书于北宋末的宋李攸撰《宋朝事实》卷十九《广南东路·韶州》："崇宁元年，以岑水场析曲江、翁源县地置建福县。"

（3）《钦定大清一统志》卷三百四十一《建福废县》引宋人《舆地纪胜》："《会要》云：崇宁元年，升岑水为建福县，拨曲江之廉平、建福二乡，翁源之太平乡隶焉。不知废于何时。"

以上三条，都是宋人记录，前两条都是北宋当时人记录。崇宁元年即1102年，宣和三年即1121年。比较两说，崇宁说早了近20年，都是宋人记录，特别是《舆地广记》成书于政和年间，其时还无宣和年号；《宋朝事实》原本纪事也只到北宋末，故对建福县的记载应是当时实录，可信度较元人作的《宋史》高得多。再者，建福县因岑水场而设，而岑水场在大观以后已经开始衰落，规模缩小，产量减少，在北宋即将灭亡的前六年，又因衰落的岑水场而设建福县，甚不合情理。只有在大观以前的崇宁年间，岑水场年产达到黄铜3 164 700斤、胆铜80万斤，仍是全国第一大场时而设县管理矿业民户，才是合理之举。因此，据更可靠的北宋文献记录，建福县应为崇宁元年设置。

另据上引《钦定大清一统志》"拨曲江之廉平、建福二乡，翁源之太平乡隶焉"的说法，建福县是由曲江县的廉平乡、建福乡和翁源县的太平乡合在一起，组成建福县。其地在现今哪里？嘉庆《翁源县志》载："宣和二年，析翁源县岑水场地与曲江县地合置建福县，（在）县西北四十里，即今江镇铺。"[①] 由此可知，建县时翁源的太平乡，就是清代嘉庆时期的江镇铺；又《钦定大清一统志·建福废县》载："在曲江县东南……又按《翁源县志》云：建福废县在县西北四十八里，地名岑水场。"[②] 由此可知，宋时曲江县的廉平乡、建福乡应在曲江的东南方向；而太平乡（江镇铺）应在翁源的西北方向；建福

① 嘉庆《翁源县志》卷一《沿革表》。
② 《钦定大清一统志》卷三百四十一《建福废县》。

县所在的地名，在清中期还称为"岑水场"。因此建福县就是"岑水"场监在行政级别上升格，又"拨曲江之廉平、建福二乡，翁源之太平乡隶焉"而建制的。

建福县何时省废，作为实录的《宋会要辑稿》说是"不知废于何时"，《宋史》卷九十说是"南渡后无建福"；明李贤《明一统志》："废建福县：在翁源县境。宋宣和中置，属韶州，建炎中省"①，和《宋史》说法基本相同。说得最具体的是嘉庆《翁源县志》："建炎三年废建福，并入翁源。"② 若依此说，则建福县直到建炎三年（1129年）才省废，这样，从崇宁元年至建炎三年，总共运作了28年。

第五节 因岑水场而设的永通监始末

岑水场产铜规模如此巨大，使得政府不仅以场置县管理坑户，而且又置铸钱监，用岑水场的铜铸钱，并管理铜钱的生产。

据《大清一统志》："永通监在曲江县西。《舆地纪胜》：在州水西一里。《曲江县志》：即水西故城，今犹号监前。"据此，当在今韶关市西河一带。

对于永通钱监何时置，学界有不同看法。游战洪、华觉明认为："宋仁宗庆历末（1041—1048 年）始置，设于韶州，治所在今广东韶关。"③ 张建据余靖《韶州新置永通监记》认为："庆历八年（九月）下诏置监，到皇祐元年三月才开始动工，经过七个月的筹建，矿监落成。明年（皇祐二年，1050 年）四月乃下敕，赐名永通。"④ 这把下诏置监、动工建设、赐名永通分为不同时段，颇有新意。

其实，在史籍中本就有不同的记录。

宋章如愚《群书考索》云："宋朝铸钱之监……韶州有永通监，景德八年置，额四十八万。"⑤ 宋熊克撰《中兴小记》有同样的记载："国初诸州铸钱监……《会要》又有韶州永通，惠州阜民、永平军，华州、陕州等处，盖景德增置也。"⑥ 景德，为宋真宗年号（1004—

① （明）李贤：《明一统志》卷七十九《韶州·古迹》。
② 嘉庆《翁源县志》卷一《沿革表》。
③ 游战洪、华觉明：《从〈大冶赋〉看宋代矿冶铸钱管理体制》，《中国钱币》1999 年第 1 期。
④ 张建：《余靖〈韶州新置永通监记〉考略》，《韶关学院学报》2002 年第 8 期。
⑤ （宋）章如愚编：《群书考索》后集卷六十《财用门·铜钱类》。
⑥ （宋）林駉：《古今源流至论》后集卷三《起居注》注引《中兴小记》。

1007 年），总共四年，说"八年"误。但宋时两书同记为景德年置，不能无据否定，可备一说。

流行的说法是庆历八年（1048 年）置。宋李焘的《续资治通鉴长编》载："（仁宗庆历八年）九月癸亥，三司言：韶州天兴场铜大发，岁采二十五万斤，请置监铸钱。诏以为永通监。"原注云："赐名永通，在皇祐元年二月，今从本志并书。"① 宋王应麟说得更明白："庆历八年九月癸亥，韶州置铸钱监，时天兴场岁采铜二十五万斤，皇祐元年二月丁卯，以韶州新置监为永通监。自注：淳熙十二年三月省。"② 元托克托等修的《宋史》说得较模糊："庆历末叶，清臣为三司使……韶州天兴铜大发，岁采二十五万斤，诏即其州置永通监。"③ 总之，庆历八年九月开始"置监"是一致的看法。赐名则有皇祐元年和二年之说。

再观余靖《韶州新置永通监记》："今天子嗣位之二十七年"，因"郡国产铜和市之数，惟韶为多"而"宜即韶置监"和《续资治通鉴长编》等文献说法一致。"诏下其议于广东，于时转运使直太史傅公某（惟几）、知韶州比曹副郎栾公某（温故）协恭承诏，以经厥始。"自庆历八年由广东转运使"承诏"开始准备建监的地方、规划钱监的规模（为屋八百楹）、准备各种材料等。至"皇祐冠年龙集己丑三月甲午，始筑其基而饬其材，八月辛酉栋宇完，范镕备，物有区，工有居。九月己亥大合乐……明年四月，乃下敕，赐名永通。"照此说法，决定置监在庆历八年，修监在皇祐元年三月至九月，赐名在皇祐二年四月。在以上诸说中，余靖说缜密而详细，且其当时就在韶州曲江，其说当近乎史实。

永通监铸的什么钱，史籍中记载绝少。据宋代钱法，④ 宋初时，钱文曰"宋元通宝"，太宗太平兴国时铸"太平通宝"和"淳化元宝"，以后"每改元，必更铸以年号"，至仁宗宝元年间，"文当曰宝元元宝，诏学士议，因请改曰丰济元宝。仁宗特命以皇宋通宝为文。庆历以后，复冠以年号"。也就是说，有宋一代，除国初的"宋元通宝"和仁宗的"皇宋通宝"外，庆历以后所铸的均为改元时的年号钱。因此，皇祐二年建成的永通监，首先铸的应当是"皇祐通宝"。

---

① （宋）李焘：《续资治通鉴长编》卷一百六十五《仁宗庆历八年》。
② （宋）王应麟：《玉海》卷一百八十《钱币》。
③ （元）托克托等修：《宋史》卷一百八十《食货志·钱币》。
④ （清）马端临：《文献通考》卷九《钱币考二》。

以后随着永通监的兴衰，其存在时间段的年号钱都应当铸过。

永通监历年的铸币量反映了永通监的规模大小，特别是在全国货币金融机制中的位置。所以，有必要详细研究。史籍中有明确产量的记录如下：

（1）宋章如愚《群书考索》载："韶州有永通监，景德八年置，额四十八万，《会要》内云十万。"① 此记载谈到永通监首置时间，"额四十八万"在此处指出，似当指初置监时候的定额。与此相关的另一条记载："皇祐中，饶、池、江、建、韶五州铸钱百四十六万缗……治平中，饶、池、江、建、韶、仪六州铸钱百七十万缗。"② 照此来看，六钱监共铸一百六十七万，每监平均也就是二十七八万。因此从皇祐到治平（1049—1067 年）的近 20 年中，永通监每年铸钱大概数十万贯。定额四十八万，应当是永通监初置时期每年的所交铸钱额。这一时期应为永通监的发展时期。

（2）从熙宁到元丰年间（1068—1085 年），永通监铸币达到了一个高峰。

《文献通考》卷九《钱币考二》引毕仲衍《中书备对》："（元丰三年）诸路铸钱……铜钱十七监，铸钱五百六万贯……广宁监，江州，三十四万贯……永通监，韶州，八十万贯；阜民监，惠州，七十万贯。"③ 为了解永通监铸币量在全国的位置，现把元丰崇宁间诸监的铸钱数列表如下（表中梧州元丰监，不在十七监之列）：

① （宋）章如愚编：《群书考索》后集卷六十《财用门·铜钱类》。

② （元）托克托等修：《宋史》卷一百八十《食货志·坑冶》。

③ （清）马端临：《文献通考》卷九《钱币考二》。

表9 元丰崇宁间诸监铸钱数统计表

州郡	监名	元丰三年（万贯）	资料来源	崇宁五年（万贯）	资料来源
两京	阜财监	20	《文献通考》卷九《钱币考二·毕仲衍〈中书备对〉》。注：《钱通》卷五同上。《玉海》卷一百八十引《会要》《钦定续通典》卷十一都作："（元丰）三年，计诸路铸钱总二十七监……铜钱一十七监，铸钱五百六万贯……"与毕仲衍《中书备对》稍异		《群书考索》后集卷六十《财用门·铜钱类》。宋李心传《建炎杂记》甲集卷十六《东南诸路铸钱增损兴废本末》把左述铸钱量系在"大观中"
卫州	黎阳监	20			
华州		20			
永兴军		20			
陕府		20			
绛州	垣曲监	26			
舒州	同安监	10		10（国安）	
睦州	神泉监	10		25	
兴国军	富民监	2			
衡州	熙宁监	20		30（监亭）	
鄂州	宝泉监	10		20	
江州	广宁监	34		24	
池州	永丰监	44.5		34.5	
饶州	永平监	61.5		46.5	
建州	丰国监	20		24.4	
韶州	永通监	80		83	
惠州	阜民监	70			
梧州	元丰监			18（或19）	《文献通考》卷九"睦州"作严州，额15万；熙宁作咸宁，额20万；鄂州额10万
文献记录总计		506		289.04	
诸监钱数合计		488		315.4（或316.4）	

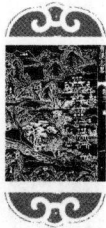

岭南文化书系

韶文化概论

184

实际上，早在熙宁七年（1074 年），永通监的产量不但已经达到 80 万贯，而且已超出了几十万贯，《续资治通鉴长编》载："广东转运司言：韶、惠州永通、阜民二监，岁铸钱八十万，比又增铸钱三十万，近有旨，改铸折二钱，一岁比小钱可增二十万……上批……今既有羡余，宜复归内藏库。"① 这说明，在熙宁、元丰年间，永通监的生产规模迅速扩大，产量较以前翻了两倍多。而且，在当时的十七钱监中，其产量占第一位，是总产量 506 万贯的 15.8%，几占六分之一。

永通监年产 80 万贯的产量大概一直维持了 30 余年，到了崇宁和大观年间（1102—1110 年），当时数部文献都记载产量是 83 万贯。宋章如愚的《群书考索》载："崇宁三年尚书省言：韶州永通监每年鼓铸当二钱二十万贯，当小平钱四十万贯，并铸小平钱四十三万贯，共系八十三万贯。内除三万贯系买香药外，余八十万贯专充应副岑水场买铜本钱。"② "崇宁五年，中书省勘会诸路岁收铜数及铸钱合用铜数……钱监去处所铸钱数共二百八十九万四百贯……韶州永通八十三万贯。"③ 宋李心传《建炎杂记》："（大观中）江湖闽广十监，每年共铸钱二百八十九万四百缗，计用铜一千一十一万五千斤，江州广宁，二十四万四百……韶州永通，八十三万。"④ 章如愚和李心传都记载这一时期每年的铸钱总额为 2 890 400 贯（缗），十监的产量也一样，但一系崇宁五年，一系大观中，不排除记载年号有误，但更大的可能是所记产量是直到大观年间政府规定的额定产量。虽然如此，永通监的实际产量也当与定额相差不远，因为崇宁年间，作为供铜的岑水场，产量依然很高："（崇宁四年），广东漕臣王觉自言：……岑水一场去年收铜比祖额增三万九千一百斤，较之常年亦增六十六万一千斤，遂增其秩。"⑤ 而岑水场的铜主要供永通监铸钱，其产量高，永通监的铸钱量自然也会高。

到了北宋末年，永通监的生产大不如前，据载："重和元年……先是，衡、舒、严、鄂、韶、梧州六监岁铸钱百五十六万缗，充诸路

---

① （宋）李焘：《续资治通鉴长编》卷二百五十四《熙宁七年七月》。
② （宋）章如愚编：《群书考索》后集卷六十《财用门·铜钱类》。
③ （宋）章如愚编：《群书考索》后集卷六十《财用门·铜钱类》。
④ （宋）李心传：《建炎杂记》甲集卷十六《东南诸路铸钱增损兴废本末》。
⑤ （元）托克托等修：《宋史》卷一百八十五《食货志·坑冶》。

支用。建炎经兵，鼓铸皆废。"① 这说明，北宋末南宋初的战乱，导致各处钱监减产或停产，永通监也不例外。

1127 年，北宋灭亡，南宋高宗赵构南迁临安，维持了赵氏皇权，史称中兴。中兴的重大事情之一就是铸钱以维持财政运转。因此，南渡后首先就恢复了一些重要的钱监机构，并规定了其铸钱额："中兴铸钱，有饶州永平监，额四十六万五千贯；池州永丰监，三十四万五千贯；江州广宁监，二十四万贯；韶州永通监，四万七千十七贯。王应麟注：淳熙十二年罢。赣州铸钱监、严州神泉监并无定额。"②

从钱监数量看，北宋的近 30 个钱监至此时仅余 6 个，从定额产量看，只有 4 个钱监有铸钱额，其中韶州永通监定额最少，仅为四万七千十七贯，实际的产量可能更少。可见，战乱大大影响了永通监的生产，"自建炎以来，湖湘多盗，浸淫及于英、韶，焚掠死徙，无有宁岁"③。有史可查的是湖南郴州的"军贼"叛乱："（建炎四年二月）茶陵县军贼二千余人犯郴州永兴县……广南东路提点刑狱公事曾统恐其枝蔓，以便宜遣监韶州永通监宣教郎宋履往招之，至是以闻。"④ 湖南郴州有军贼作乱，广东恐其蔓延到自己，派"韶州永通监宣教郎宋履"去招抚，证明永通监的官僚机构在建炎期间还完整存在，同时南宋政府对永通监铸钱的重视，也可见一斑。但效果如何，定额是否完成，史无明载。

《广东通志》卷二十五《钱法》："熙宁四年诸路铸钱置监：永通监，韶州，八十万贯。阜民监，惠州，七十万贯，寻罢之。绍兴二十七年，复韶州铸钱监。"

可知的是，绍兴二年（1132 年），各钱监总计铸钱"才八万缗"；绍兴三十年（1160 年）"五月丙戌，诸路铸钱，以五十万缗为额，明年才铸及十万缗"⑤。上引南宋初期四监铸钱的总定额为 1 097 017 贯，而实际完成 80 000 贯，不及十四分之一。到了绍兴末年，定额为 50 万贯，实际产量才 10 万贯，只占五分之一。可以想见，这一时期永通

---

① （元）托克托等修：《宋史》卷一百八十《食货志·钱币》。
② （宋）王应麟：《玉海》卷一百八十《食货·钱币》引《中兴会要》，《钦定历代职官表》卷十六《户工二部钱局·历代建置·宋》。
③ （元）富大用编：《古今事文类聚外集》卷九引宋洪迈《论岑水场事宜劄子》。
④ （宋）李心传：《建炎以来系年要录》卷三十一《建炎四年二月》。
⑤ （宋）王应麟：《玉海》卷一百八十《食货·钱币》引《中兴会要》。

监的定额非但没有完成，甚至是停产。当时的文献记录也支持这个推测："绍兴二十七年七月庚午，户部侍郎林觉奏请，复饶永平、赣铸钱院、韶永通监。选通判主之，领以漕臣。饶、赣八万缗，韶七万缗为额。奏可。殿中御史王硅言：岑水、铅山、兴利三场，唯给两监，韶州监久废难复用，十七钱铸一钱，费多得寡，请先收本钱，然后专置一司。"① 这条记录说明两个问题：一是绍兴二十七年又"恢复"饶永平、赣铸钱院、韶永通三个钱监，没有裁撤，何言恢复？只可能是此中兴时存在的三钱监自 1127 年到 1159 年间生产几乎停顿，故要整顿恢复；二是"韶州监久废难复用，十七钱铸一钱，费多得寡"，这是说永通监铸钱费用特高，铸一钱的成本要用十七钱，赔十七倍的生产当然无法继续。所以殿中御史王硅建议：在恢复永通监并定额为七万缗的情况下，要"先收本钱"，然后视情况再"专置一司"管理。至绍兴三十年，有"建、韶、饶、赣皆输内币"的记载，② 说明永通监的生产有所恢复。

绍兴以后，南宋的铸钱监屡停屡建，永通监由于铸钱费用高、定额小而失去政府的重视，在钱监中的地位愈益下降。据载，"皇祐元年二月丁卯，以韶州新置监为永通监。淳熙十二年三月省"③。

也就是说，永通监自皇祐元年（1049 年）设立至淳熙十二年（1185 年）裁撤，在宋代历史上存在 137 年，其最盛时期是北宋的熙宁至大观时期（1068—1110 年），每年铸钱几乎都在 80 万贯以上，绝对产量处在诸钱监的第一位，几乎占当时每年铸钱总额的六分之一，是重要的钱监之一，它的生产状况好坏，曾令"户部与诸处调度艰窘"，影响到整个北宋财政。因此，存在了 137 年的永通监，对两宋的财政收入、金融货币体系正常运转、平息当时的内忧外患，都作出了积极的贡献，其在历史发展中的作用不可磨灭。

第六节　广东韶关宋代岑水铜场遗址
调查报告

一、关于"岑水"的史料整理

岑水，在古代文献记录中是韶州府一支含有大量胆矾并可用来浸铁成铜的水流。较早的记录是宋杨万里《诚斋集》卷十七上的《过岑水》："石瘦铜苗绿，溪腥胆水黄；是间无马迹，何处更羊肠。恶路今方始，平生梦未尝；如何寒刮骨，行得汗如浆。"

此处说岑水味腥水黄，又说无马迹，路像"羊肠"一样。正因为如此，岑水以后所流经的山称为"羊径山"，如《广东通志》卷十《山川志》："羊径在城（翁源县城）东北五十里，两崖对峙，岑水中流，崖边石径二十余里，险峻曲折，不亚羊肠，故名。""水：岑水，即羊径水。"《钦定大清一统志》卷三百四十一《韶州府》引此文，但"东北五十里"改作"西北五十里"。说到岑水位置的还有下列文献：

明胡我琨《钱通》卷三引《广东名胜志》："岑水一名铜水，可浸铁为铜。其水极腥恶，石色皆赭。然不生鱼鳖禾稼之属。即曲江胆矾水同源异流也。"

清额哲克等撰《韶州府志》卷十三："岑水一名胆矾水，又名铜水，郡南七十里，源出翁源羊径山，分两派，一西流经县南入溱水（北江），一南流入江镇水。宋初置场采铜，曰岑水铜场。水能浸生铁成铜。"

《曲江县志》："胆矾水：城南七十里，宋初置场采铜，曰岑水铜场。谓场水能浸生铁成铜。"

《韶州府志》："岑水：羊径两崖对峙，水流其中，凡二十余里。其水可浸铁为铜，性极腥恶，所过沙石皆赭，不生鱼鳖，尤害禾稼，与曲江胆矾水同流异派者。"

《钦定大清一统志》卷三百四十一："韶州府。岑水：一名胆矾水，又名铜水。在曲江县南七十里，源出翁源县羊径山，分二派。一西流经县南入武水，一南流入江镇水。《曲江县志》：其水出生熟胆

矾，能浸生铁成铜。宋时置岑水铜场。《翁源县志》：水极腥恶，两旁石色皆赭，不生鱼鳖禾稼，在县西北三十里。"

由以上文献可知，岑水源出羊径山，分二支，一支向西流，入"武水"（曲江县南武水指今北江），一支向南流入江镇水。作为二岑水之源的羊径山位置是确定岑水位置的关键。《钦定大清一统志》卷三百四十一《韶州府志》的一段话为此提供了线索："宝山，在翁源县北二十五里，高千仞，周百余里。石山之巅，复戴一石，其下有池环绕左右，东岩出泉，深不可测，多莲藕。旧产铜矾。或曰岑水源出于此。"此认为今大宝山即岑水之源，很有道理。《广东通志》卷十《山川志》："羊径在翁源县城东（西）北五十里。"《翁源县志》："（岑水）在县西北三十里。"《钦定大清一统志》："（岑水）在曲江县南七十里"，其指向都不离今大宝山的范围。今大宝山南北走向，长约2 280米，东麓矿带宽400多米，主峰海拔1 068米，沟谷发育，地势陡峭。故我们认为，古羊径山实是宝山沟谷地带的另一名称，此山"旧产铜矾"，岑水发源于此，"能浸生铁成铜"。

文献显示的西流岑水入今北江，这个西流岑水指哪条河已很难考证。有两种可能：一是由大宝山发源流入乌石方向的溪水，二是发源于大宝山山脚下铁龙镇的几条小溪蜿蜒于曲江、翁源交界地合流至大坑口镇附近入北江的溪水。

南流岑水源于大宝山东麓、南麓，东麓现有一条溪水向东南流，"流量可观，它流到达600米海拔时成瀑布从石岩倾泻而下，直冲山脚下的平峒冯屋村"[1]。此溪到冯屋后汇合太平水（文献上的江镇水），南流至凉桥折西南汇入新江至翁江。另大宝山东南麓的几条溪水经龙集鸡笼山及其西的沙岭背西南也流至凉桥汇入新江至翁江。这几条溪水当是南流岑水，当地居民至今仍称其为"矾水"。宋代岑水铜场遗迹主要分布在南流岑水几个近宝山的溪水旁。

二、宋代岑水铜场遗址的位置和现状

2001年1月25日、2003年6月5日和8月15日、2004年5月2日我们曾多次到广东省韶关市翁源县铁龙镇，对文献记载中的宋代岑

---

① 刘业程：《韶关大宝山多金属共生矿古代开发概况》，《韶关师专学报》1985年第4期。

水铜场进行考古田野调查，现将调查情况综述如下。

宋代岑水铜场遗址至今还有三大片：一片位于韶关市翁源县铁龙镇龙集村北一里多地的铁屎坪；一片位于龙集村东北约 4 公里的新山子；还有一片则位于新山子对面山麓的凡洞矿区。

今京珠高速公路从龙集村旁经过，铁屎坪就在紧邻高速公路东北约 100 米的地方。遗址沿浅坡地逐步升高，南北长 400～500 米，东西长 200～300 米，总面积大约有 13 000 平方米。该遗址的西部被高速公路破坏，沿路基下还有不少炼渣遗留。

新山子遗址位于大宝山的东南麓山坡上，其下即古岑水，今在沙岭背筑坝成湖，沿着湖上游小河步行约 1 小时就到了新山子。其对面山坡即凡口矿采掘面。新山子的山坡上有大片的炼渣、矿渣堆积，在上山的小路上发现有 9 处，面积约 5 万平方米，堆积厚度为 20～100 厘米以上，最厚处无法探明。此二处遗址都遭严重破坏，自 2001 年始，经常有人用汽车拉矿渣、炼渣，现余渣越来越少。

凡洞矿区位于大宝山东坡。据 1983 年杨芹溪的调查："山上不少古窑，窑内铁钟乳、铁笋长达三十余公分，遍地冶炼废渣"，"解放后韶关考古工作者曾两次到过大宝山，发现了一座宋代墓葬及一些宋瓷碎片"。[①] 另据 705 地质队所编《大宝山矿地质勘探总结报告书》称："凡洞矿区老窿星罗棋布，炼渣废石遍及全区，地表可见老窿数达 500 多个，由于年深日久，旧窿很多，都坍塌堵塞，原窿口常形成一小凹陷；一般窿口外堆积有由采掘出之废石所构成之小丘。此外，还能见到采空凹陷地形。老窿形式上有园井、方井、斜巷、平巷之分，在规格上有仅可容单人侧身或匍匐通过的，有宽达 1.5 米以上可直立入窿内的，而以断面较小的老窿居多。老窿的最大垂深见于钻孔中，有距地表垂深达 158 米仍见窿木者。已知最长的老窿主窿长 320 米左右。总的来看，距地表垂深 120 米以内均为老窿分布地段。老窿的分布与矿体的南北向展布相一致，在矿体中南部尤为密集，成为主要地表特征之一。老窿之支架木，不少已腐烂消失。因含铁质的水溶液的长期作用，一些老窿上沉积着由终年累月生长而成的长达30厘米的'铁钟乳''铁笋'。冶炼废渣遍及全矿区，堆积厚度 1 米到 3.2 米不等，堆积总面积达 0.2 平方公里，炼渣总堆积量达 150 万吨。炼渣的外观分

① 刘业程：《韶关大宝山多金属共生矿古代开发概况》，《韶关师专学报》1985 年第 4 期。

瓦片状、胶状、气孔状几种，有明显之孔雀石及兰铜矿为标志。"705
地质队对炼渣进行了分析，结果如表 10 所示。

表 10　炼渣结果分析表

矿石类型	面积（km²）	分析结果（%）								
		铜			铅			锌		
		最高	最低	平均	最高	最低	平均	最高	最低	平均
含铜炼渣	0.093	1.25	0.32	0.56	0.90	0.00	0.065	1.82	0.09	0.42
含铅锌炼渣	0.068	0.32	0.24	0.23	2.08	1.30	1.59	1.19	0.30	0.67
含铅锌炼渣	0.008	—	—	—	—	—	—	—	—	—
含铅锌炼渣	0.025	—	—	—	—	—	—	—	—	—

今大宝山矿的工作面悬壁上暴露数处古代矿洞洞口，并遗留有大
量矿洞的支撑木料，见图 32—34。

图 32　大宝山矿工作面暴露的古代矿洞口（一）

图 33　大宝山矿工作面暴露的古代矿洞口（二）

图 34　大宝山矿工作面遗留大量矿洞支木

三、调查的收获和认识

我们的考古调查由宋会群（参加 4 次），陈小康、余志勇、朱福泰、卢文贯（各参加 1 次）组成。主要在铁屎坪、新山子两处遗址进行田野调查，由于经费所限，未曾试掘。采集到的标本有石制砍砸工具和各种炼渣、矿渣、陶瓷片，在新山子半坡发现一处暴露于地表的竖矿井，并进行了解剖；在山顶处对一大型横矿老窿进行调查，现介绍如下：

1. 工具

采集品2件：SH1采集于铁屎坪，形似石铲，长14厘米、宽9.4厘米、厚3厘米，顶部打磨较好，便于手握；刃部打磨，呈弧形，有使用痕迹。当是挖掘和砍砸工具（见图35）。SH2采集于新山子，椭圆形，拱背下处有一拇指窝，上有打磨痕迹，刃部呈弧形，双面打制而成，有明显使用痕迹（见图36）。

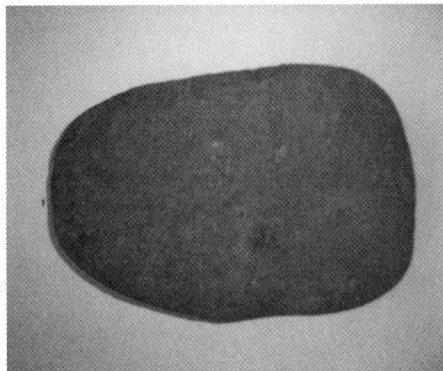

图35　石制砍砸器

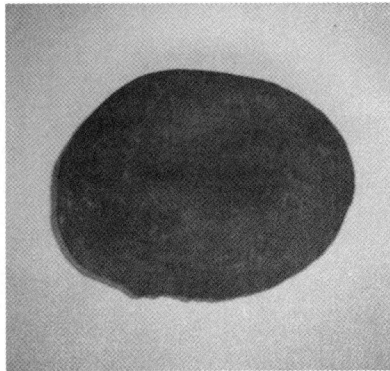

图36　石制手斧

2. 炼渣、矿渣

铁屎坪由于紧邻京珠高速公路，建路时其东面遗迹遭严重破坏。据龙集村的干部丘全光同志讲，原有两座圆形炼炉遗迹，残余部分有1米多高，直径有2米左右。实际勘查，南面一座已无痕迹可寻，北面一座仅余10厘米高的炉壁，据其仅余的约长50厘米的弧长推测，直径当在2米以上，其周围堆满炼渣。铁屎坪遗址的炼渣多气孔渣（见图37），有个别胶状渣（见图42），有的呈岩流状（见图39），显然是炉温降低未能流出的残余炼渣。有些炼渣带有方木或竹子痕迹（见图39、图40）；有些炼渣上铜绿斑斑，当是兰铜矿的遗留（见图41，出土于新山子竖井中）；有些炼渣一面呈整齐的弧形，显然是炉壁残留。

图37　气孔炼渣

图38　有圆弧面的炼渣

图39　有方木痕迹的流状渣

图40　有竹子痕迹的炼渣

图41　兰铜矿矿渣

图42　胶状无孔炼渣

3. 陶瓷片

遗址表层陶片不太多，所见多为灰陶，宋、明、清、近现代的都有。器型见有瓮、罐，厚胎，深腹，平底，表面无纹饰。瓷片少见，采集到一件宋代青瓷碗底片，口部残，碗壁厚0.4厘米，内外施青釉，

釉较薄，呈青白色，内壁有脱釉现象，有细碎开片。底部未施釉，轮制痕迹明显，圈足底，直径6.5厘米，内削成斜坡状，中心楷书"李皿"二字（见图43）。

4. 老窿和竖井

在新山子山半坡和山顶处，发现竖圆形老窿和平巷老窿各一，分述如下：

竖圆形老窿位于上山的路旁，当地农民为上山采矿，修筑一条能过越野汽车的临时车道，在山半腰处截山挖出一个高约3.5米的剖面，露出一个竖井式老窿（见图44）。该老窿剖面呈不规则圆形，最大直径约95厘米。周壁用竹编成圈，作为井壁支撑。竹圈上部已被民工挖毁，余留地表部分约高1.5米，竹圈乃十字编，竹片横向弧最长处约90厘米，大概占原圈的三分之一（见图45、图46、图47），竹圈上的浮土内有小瓷片（见图48），我们在竹圈内向下试掘40厘米，出土有瓷碗底、口沿等，均为青瓷，色发白，胎釉结合不好，有脱釉现象（见图48）。

能够辨认的器型主要有碗，尖唇，斜弧壁，圈足。内壁有二处脱釉。圈足高1厘米，足底内削较甚，触地部分几成尖形。直径为6.5厘米，口径不详（图48左列下数第二片）。另有一圈足盘残片，圈足高1.8厘米，底部胎厚至1厘米，壁最薄处0.4厘米。内壁由于长期与矿土接触，釉面（约有4平方厘米）已被侵蚀，绿锈斑斑，凹凸不平（图48左

图43　李皿青瓷碗残片

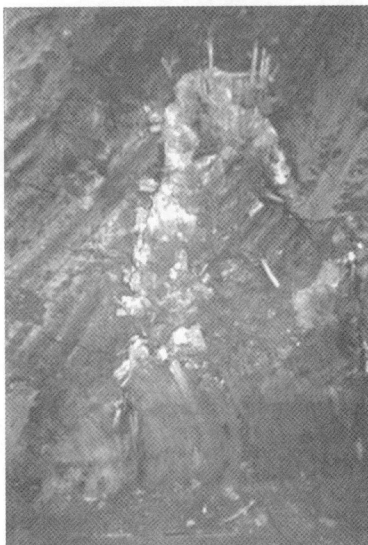

图44　竖井在剖面露出

图45　竖井红土剥离和下挖情况（一）

列上数第一片）。竹圈上的竹片大多有绿锈，严重者近黑色。

平巷老窿发现于山顶。此老窿与现代横向矿井平行，在其上约1.5米，纵长随现代矿井向内伸展120余米后，继续前伸（见图49）。岩壁上遗留有铁钎凿痕，钎头为平头，在2厘米以上。因和现代矿井同洞，未发现古代遗物。

图46　竖井红土剥离和下挖情况（二）

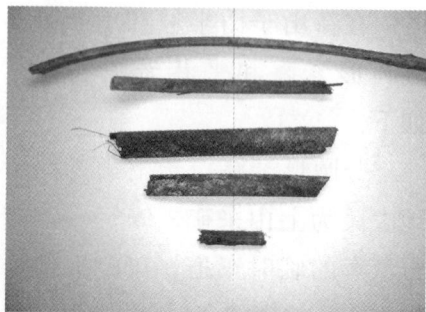

图47　竖井竹圈所用竹片标本

图48　竖井内出土瓷片

图49　平巷老窿（左洞）

四、结语

根据文献记载和实地调查，铁屎坪和新山子遗址当是宋代岑水铜场的遗存。铁屎坪发现有炼炉残迹，炼渣满地堆积，气孔状炼渣、胶状炼渣、带兰铜矿的炼渣都有，特别是有方木痕迹、竹子痕迹和圆弧面的炼渣存在，说明当时的炼炉不止一两个，且靠近平地，所以，铁屎坪应是岑水铜场的冶铜遗迹。

新山子遗址地处大宝山的东南麓，坡度较陡，在已知的9处炼渣、

矿渣堆积中，很少发现兰铜矿炼渣，而在新山子竖井中出土的是兰铜矿矿渣，不是经高温后的炼渣。另此处的炼渣多是气孔状，较疏松，内含铜质较少，根据705地质队对凡洞矿区炼渣的分析，其含铜量仅占0.5，因此，我们推测，这种气孔状且疏松的铜炼渣可能是用淋铜法冶铜后的遗留。

第八章　韶文化的科技贡献——淋铜法、韶粉的工艺技术考

第一节　韶州"淋铜法"
——水法炼铜技术的世界地位

一、"极腥恶"的岑水是宝贵的"胆铜"资源

"胆铜法"又称"胆水浸铜法"和"胆水淋铜法"。"胆水浸铜法"是指把铁放在胆矾（硫酸铜的古称，又称石胆）水中浸泡，胆矾水与铁发生化学反应，水中的铜离子被铁置换而成为单质铜沉积下来的一种产铜方法。"胆水淋铜法"也是胆铜法的一种，与浸铜法不同的是先取胆土，堆积发酵后，用水淋洒，制作胆水，然后与铁发生置换反应成"赤煤"（单质铜），经低温冶炼后，即成胆铜。

生产胆铜的原料主要是铁和胆矾水。所谓胆矾，"系由黄铜矿、辉铜矿等硫化铜矿物，受氧化作用分解而成，或从天然胆水中沉淀（结晶）出来……易溶于水"①。如果具备了胆矾水和铁，就可以生产出胆铜。铁在宋代已是日常生活中的常见物，来源颇多；而胆矾水则需要一定的专业知识和技术去发现，才能得到。其实韶关地区地表上就有大量的胆矾水，在古代大宝山的川流中比比皆是，如：

《广东名胜志》："岑水一名铜水，可浸铁为铜。其水极腥恶，石

---

① 夏湘蓉、李仲均、王根元：《中国古代矿业开发史》，北京：地质出版社1980年版，第248页。

色皆赭。然不生鱼鳖禾稼之属。即曲江胆矾水同源异流也。"[1]

《韶州府志》卷十三："岑水一名胆矾水，又名铜水，郡南七十里，源出翁源羊径山，分两派，一西流经县南入溱水（北江），一南流入江镇水。宋初置场采铜，曰岑水铜场。水能浸生铁成铜。"[2]

上述文献说明三点：一是岑水的位置在"郡南七十里"，即今大宝山区域。二是岑水中含有大量胆矾，故又名胆矾水。三是岑水支流有二，一支西流入今北江；一支南流入江镇水。

今天的大宝山矿中下层主要是硫酸铜矿，推测经常年雨水淋刷，山流中含有大量硫酸亚铜，造成了"水极腥恶，石色皆赭"的情况。在北宋"钱荒"和胆铜技术条件具备的背景下，这一大自然赋予的铜矿资源被利用开发，加之王安石变法对坑户的"十分为率，官收二分，其八分许坑户自便货卖"的优惠政策，使得岑水铜场聚集"十万工匠"，在北宋晚期不仅成为全国首屈一指的铜场，而且在全世界的范围内，首先发明了大规模生产"胆铜"的方法——"淋铜法"。

二、国内外大规模生产"胆铜"时代考

1. 国外浸铜技术及规模生产时间

据国外文献报道，"在公元1556年就有了浸铜和置换生产海绵铜的技术；1670年，在西班牙的里奥廷托开始从酸性矿坑水中回收铜；美国于1888年开始，在蒙大拿州的波约特铜矿，从矿坑水中提取海绵铜；1968年，美国蓝鸟铜矿第一座溶浸—萃取—电积提铜工业厂建成投产，之后溶浸提铜技术发展迅速，已遍及美国、智利、南非、加拿大、墨西哥、印度等许多国家，尤其是随着高效铜萃取剂的发展及工艺中关键设备、材料的更新，世界上采用此工艺生产的电铜产量与日俱增，1990年统计为70万吨，1997年已接近200万吨，占世界铜生产总量的20%。其规模最大的已达到10万吨/年电铜，如智利EL. Teniente铜矿，最小的一般为5 000吨/年电铜。美国以此法生产的电铜已占全国铜总量的30%。由于溶浸—萃取—电积技术生产成本低廉，仅为常规选、冶工艺的1/2左右，同时具有工艺流程简单、环境

---

[1]　（明）胡我琨：《钱通》卷三引《广东名胜志》。
[2]　（清）额哲克等：《韶州府志》卷十三《舆地略》。

保护好的优越性，在国外铜矿山的生产中，该工艺已成为处理贫铜资源的不可替代的主要工艺"①。

2. 国内浸铜技术及规模生产时间

胆铜技术在我国至少出现在唐宋时期，此前人们有一个漫长的认识过程。当代学者一般都认为我国先人认识胆铜是在汉代，笔者认为在战国时期人们可能已经对胆水和铜之间的关系有所认识了：

《太平御览》卷六十七引《战国策》云："涸若耶以取铜。"

《越绝书》卷十一："若耶之溪，涸而出铜。"溪水之下有铜，可能是溪水中含有硫酸铜，溪干之后，可取土烹铜。战国人固然不知其根由，但记录了这种现象。后来有一种"土煎铜"与此相类似：

如宋周辉《清波杂志》卷十二："凡古坑有水处曰胆水，无水处曰胆土。胆水浸铜，工省利多；土煎铜，工费利薄。水有尽，土无穷。"

可见"土煎铜"的条件是在无水处的古坑，而"若耶之溪"正是春秋欧冶子冶铜制剑之地，"若耶溪在县东南二十八里。《越绝书》：薛烛对越王曰：若耶之溪涸而出铜也。古欧冶子铸剑之所"②。因此，越州山阴县的若耶之溪当是古代冶铜的地方，有古坑是理所当然之事。如果推测不误，该溪干涸时的土当为胆土，故可以在干涸时取土烹炼成铜。以土煎铜，在中国并不鲜见，"铜坑山在邓尉山西南，一名铜井，晋宋间凿坑取沙土（胆土），煎之皆成铜，故名"③。可见魏晋南北朝时，人们仍在用胆土来煎铜。因此我们认为，人们对胆土、胆水的感性认识应当在春秋战国时期就已经开始了。知道"浸铁成铜"需要长期的认识和实践，我国至少在西汉刘安（前179—前122年）主编《淮南万毕术》时已有一定认识："白青得铁，即化为铜。"④ 明方以智《物理小识》卷七引《淮南万毕术》曰："白青化铁为铜。"白青，为孔雀石类矿物，化学组成是碱式碳酸铜。

至东汉和魏晋，人们对胆土、胆水的认识进一步深化。成书于东汉的《神农本草经》中卷云："曾青，味酸，小寒……能化金铜。生

---

① 方金渭、黎维中：《溶浸提铜技术发展概况及前景分析》，《湿法冶金》1998 年第 4 期。

② （宋）乐史：《太平寰宇记》卷九十六《江南东道八·越州·会稽县》。

③ （明）王鏊：《姑苏志》卷八《山上》。

④ 《太平御览》卷九八八引西汉刘安主编的《淮南万毕术》。（清）孙冯翼《淮南万毕术》辑本同。

山谷"，"石胆，味酸，小寒……能化铁为铜、成金银。一名毕石，生山谷"。东晋葛洪所著《抱朴子·内篇》卷十六也云："以曾青涂铁，铁赤色如铜；以鸡子白化银，银黄如金，而皆外变而内不化也。"曾青，古代五石之一，可能为蓝铜矿石，或石胆。这是说把曾青涂在铁的表面，其外表部分会置换出铜。石胆，一名胆矾，如加水即成胆水。故石胆"能化铁为铜"是顺理成章的。

另外，《抱朴子·内篇》卷十七所引《金简记》中谈到了用"五石"冶炼铜剑的过程，云："以五月丙午日日中，捣五石，下其铜。五石者，雄黄、丹砂、雌黄、矾石、曾青也。皆粉之，以金华池浴之，内六一神炉中鼓下之，以桂木烧为之，铜成，以钢炭炼之，令童男童女进火，取牡铜以为雄剑，取牝铜以为雌剑，各长五寸五分，取土之数，以厌水精也。"这里记载了制铜剑的过程，但它不用冶炼所得到的铜料，而是用五石、池水、钢碳等物。把五石（雄黄、丹砂、雌黄、矾石、曾青）粉之，用水冲刷浸泡一段时间，放在炉中，下面加热，再以钢碳炼之，就可用来铸剑。因此"曾青得铁则化为铜"之说，是人们较早对于含铜的物质遇铁发生置换反应而得到铜的一种经验认识。

直接用铁置换出铜的胆水浸铜思想，很可能在唐代已经出现了。成书于唐代宝应元年（762 年）以前的《丹房镜源》（被收录于《道藏》和宋人辑次的《铅汞甲庚至宝集成》中，北宋沈括《梦溪笔谈》卷二十五也有这段文字）："信州铅山县有苦泉，流以为涧。挹其水熬之，则成胆矾。烹胆矾则成铜；熬胆矾铁釜，久之亦化为铜。"据此，以铁锅熬炼天然胆水成硫酸铜晶体（胆矾），再以硫酸铜晶体入炉冶炼成胆铜的技术，很可能是在"熬胆矾铁釜，久之亦化为铜"的启发下发展而来的。当然也有可能是受到其他启发而来，宋周辉《清波杂志》卷十二载："信州铅山胆水，自山下注，势若瀑布，用以浸铜，铸冶是赖，虽干溢系夫旱涝，大抵盛于春夏，微于秋冬。古传一人至水滨，遗匙钥，翌旦得之已成铜矣。"这里"古传"是何时已无考，但肯定是信州铅山场开始浸铜以前，后来的"以生铁置胆水槽中三炼成铜"的浸铜工艺是否受到"匙钥成铜"的启发也未可知。

至唐末和五代，已出现了与其他 9 种铜并列的"铁铜"，合称十铜。五代轩辕述《宝藏畅微论》："铁铜，以苦胆水浸至生赤煤，熬炼

成而黑坚。"① 这种铁铜，是用苦胆水（胆水）浸铁，至铁生出"赤煤"，熬炼赤煤，则得到黑坚的胆铜。这已是标准的胆水浸铜技术。因此，可以肯定地说，中国生产胆铜的技术至唐末五代时就已经基本成熟了。

那么，中国实际生产胆铜到底始于何时呢？学者们一般都承认北宋时已把胆水浸铜法技术应用于生产，但在北宋哪个阶段却众说不一。一般的说法是始于哲宗绍圣年间（1094—1097 年），由张潜发明，并由其子张甲献于朝廷；但漆侠先生认为仁宗景祐四年（1037 年）官府已"试验和试行"②，汪圣铎先生则认为"很可能在元祐年间已经试行"③。

"淋铜法"生产胆铜的工艺技术，始于韶州，宋代洪咨夔的《大冶赋》说："其淋铜也，经始岑水，以逮永兴。地气所育，它可类称。"④ "以逮永兴"，即韶州的淋铜法，传至漳州永兴场。此法发明的时间没有准确的记录，但据前证"岑水场"始置是 1047 年，生产的是银；1055 年开始产铜，但产的是矿铜还是胆铜史无记载，至徽宗政和年间忽然记录其生产胆铜"祖额"为诸场中最高的 80 万斤，可见此前已有相当的胆铜生产量。再有两条史料可供参考：

绍兴二年，冬十月……饶、信二州铜场……皆产胆水，浸铁成铜，元祐中，始置饶州兴利场，岁额五万余斤。绍圣三年，又置信州铅山场，岁额三十八万斤。其法以片铁排胆水槽中，数日而出，三炼成铜。率用铁二斤四两而得铜一斤云。⑤

神宗熙宁以后，渐亏其旧，铜窟消耗，苗脉不兴，乃始侵铁为铜，谓之胆铜。⑥

上两条史料有三点值得重视：一是元祐中（1086—1093 年）正式置饶州兴利场以生产胆铜，并应用了"铁排胆水槽"工艺。二是其生

---

① （明）李时珍：《本草纲目》卷八引《宝藏畅微论》。
② 漆侠：《宋代经济史·下册》，上海：上海人民出版社 1988 年版。
③ 汪圣铎：《关于胆铜生产的起始》，《中国钱币》1996 年第 3 期。
④ （宋）洪咨夔：《平斋文集》卷一引《大冶赋》，《四部备要》本。
⑤ （宋）李心传：《建炎以来系年要录》卷五十九《绍兴二年冬十月》。
⑥ （宋）章如愚编：《群书考索》后集卷六十《财用门·铜钱类》。

产规模至少达到了五万斤。三是神宗熙宁（1068—1077 年）以后，"乃始侵铁为铜，谓之胆铜"。可知熙宁以后至元祐中，政府已开始重视胆铜生产，并推广至全国其他矿场，以补"铜荒"带来的"钱荒"之不足。岑水场祖额最多，元祐之前当有一个长期的铸造胆铜的时间，因此，推测岑水场开始规模生产胆铜的时间在神宗熙宁以后的元丰（1078—1085 年）时期。

三、"淋铜法"工艺技术是对世界科学技术做出的重要贡献

比较国内外胆铜技术发明时间，国外是"公元 1556 年就有了浸铜和置换生产海绵铜的技术"，国内是"唐末和五代"（960 年以前），国内发明胆铜技术早于国外至少 596 年；比较大规模生产胆铜时间，则国外是"1670 年，在西班牙的里奥廷托开始从酸性矿坑水中回收铜；美国于 1888 年开始，在蒙大拿州的波约特铜矿，从矿坑水中提取海绵铜；1968 年，美国蓝鸟铜矿第一座溶浸—萃取—电积提铜工业厂建成投产，之后溶浸提铜技术发展迅速，已遍及美国、智利、南非、加拿大、墨西哥、印度等许多国家"，国内是北宋哲宗时期的 1086—1093 年，国内韶关岑水场应用胆铜技术大规模生产胆铜比国外至少早了 577 年。因此，以韶州岑水场为代表的淋铜法冶铜技术及大规模生产管理技术，都比国外早了近 600 年，堪称世界第一。关于这一点，《化学通史》评论说："中国的胆水浸铜是现代水法冶金的先驱。"[①]这是我国对世界冶金和化学进步做出的重大贡献。

第二节　胆铜法生产工艺考

知道用胆铜法生产铜的方法不等于知道用该法大规模生产铜的工艺方法，而这种大规模生产胆铜的技术和工艺，正是其对世界科学技术，特别是对世界化学、冶金的发展做出重要贡献的基本内容。因此弄清宋代年产量达 100 多万斤的胆铜是怎样生产出来的，弄清胆铜法中的胆水浸铜法、胆水淋铜法生产工艺有何区别，对于深刻理解胆铜

---

① 赵匡华编著：《化学通史》，北京：高等教育出版社 1990 年版，第 46 页。

法的"世界第一"尤为重要。

文献上记载的胆铜生产工艺大致有胆水浸铜法（又分"铁片浸铜法""溃铁浸铜法"两种）、胆土煎铜法和胆水淋铜法三种，详述如下。

一、胆水浸铜法之一——铁片浸铜法

铁片浸铜法是胆水浸铜法的一种，《宋史》卷一百八十："浸铜之法，以生铁锻成薄片，排置胆水槽中，浸渍数日，铁片为胆水所薄，上生赤煤，取刮铁煤入炉，三炼成铜。大率用铁二斤四两得铜一斤。饶州兴利场、信州铅山场各有岁额，所谓胆铜也。"[①] 此文在《御定分类字锦》卷三十五等古籍中均有记载。

用这种胆铜工艺，铁是主要原料，大抵得胆铜一斤需要二斤四两铁。使用这种工艺的时间不清，但至少是在南宋绍兴十三年（1143年）以前。另一种说法是："元祐中，始置饶州兴利场，岁额五万余斤。绍圣三年，又置信州铅山场，岁额三十八万斤。其法以片铁排胆水槽中，数日而出，三炼成铜。率用铁二斤四两而得铜一斤云。"[②]

上述引文有两点值得重视：一是元祐中就用了铁排胆水槽工艺。二是用铁片浸铜所需时间是"数日而出，三炼成铜"，即数日再加上三炼的时间。其他记载却不一致："胆铜者，盖以铁为片浸之胆水中，后数十日即成铜。"[③] 此讲数十日，虽是概说，但至少在 20 日以上。另一则文献又这么记述：

德兴张理……献其先世浸铜要略于朝……其术浸铁以为铜，用费少而收功博……今书作于绍圣间，而其说始备盖元祐元年。或言取胆泉浸铜，取矿烹铜。其泉三十有二。五日一举洗者一，曰黄牛；七日一举洗者十有四，曰永丰、青山、黄山、大严、横泉、石墙坞、齐官坞、小南山、章木原、东山南畔、上东山、下东山、上石姑、下石姑；十日一举洗者十有七，曰西焦原、铜积、大南山、横槎坞、羊栈、冷

① （元）托克托等修：《宋史》卷一百八十《食货志·注》。
② （宋）李心传：《建炎以来系年要录》卷五十九《绍兴二年冬十月》。
③ （宋）李心传：《建炎杂记》甲集卷十六《财赋·铜铁铅锡坑冶》。

浸、横槎、下坞、陈军、炉前、上姚旻、下姚旻、上炭灶、下炭灶、上何木、中何木、下何木。凡为沟百十三，有传。政和五年，雨多泉溢，所浸为最多。是书。①

"举洗"，即用其泉浸铜，这里把饶州兴利场的 32 个胆泉分作三类，五日一举洗的 1 个，七日一举洗的 14 个，十日一举洗的 17 个。由此可知，胆泉浸铜所需时间，与胆泉的水量和水中硫酸铜的含量有关，量大者可五日一用其泉，但这种泉只有一个。量小者要十日方能取用，这种泉占一半以上。因此，如果天旱无雨，胆泉干涸，则胆泉浸铜生产就要中断，反之，则可大量生产。周辉对信州铅山场的描述"信州铅山胆水，自山下注，势若瀑布，用以浸铜，铸冶是赖，虽干溢系夫旱涝，大抵盛于春夏，微于秋冬……近年水流断续，浸铜颇费力日"② 就是真实写照。

再者，"泉三十有二""凡为沟百十三"，值得注意。泉是自然的，"为沟"却是人为的，即胆水"自山下注"时，人工挑沟分流到"胆水槽"中，是浸铜工艺流程中的一个环节。前举《宋史》《建炎以来系年要录》都言"其法以片铁排胆水槽中"，未言人工挖沟。胆水槽显然是直接用来浸铜的人工槽，沟却是引胆水入槽的必要设施。

因此，铁片浸铜法的工艺流程应是：①原料准备："以生铁锻成薄片"，即把大量不成型的铁锻成大小厚薄较一致的片状。原料来源一般由官府供应，如南宋孝宗时，每年向浸铜场输送铁 88 万余斤。②管理层次与设施建设：即在自然流出的胆泉水边，选择适宜的平地，建设若干胆水槽；在胆泉与槽之间开挖一条引水沟。一泉下可有多沟，如饶州兴利场有 32 泉，113 沟，平均 1 泉 3～4 沟。每泉下可有多槽，每槽即有一沟。此处把沟数具体记录，绝非偶然。沟当是浸铜生产中基层的管理单位，因为胆水槽必须视平地而建，一条沟只通一片胆水槽，沟与沟之间可能有相当距离。而泉当是中层管理单位，负责流域内各沟的生产。场应是最高的生产管理单位，负责区域内 113 个胆水槽的生产与管理。③把锻好的铁片排置胆水槽中，浸渍数日或数十日，当铁片为胆水所薄，所生赤煤沉于槽底，即刮取赤煤入炉，三炼成铜。

① 《江西通志》卷一六二引（元）危素：《浸铜要略·序》。
② （明）方以智：《通雅》卷四十八《胆矾》引周辉语。

205

二、胆水浸铜法之二——溃铁浸铜法

溃铁浸铜法当是另一种胆水浸铜法。用"溃铁"名之，是因下列文献记载：

元吴澄撰《吴文正集》卷八十七记录了为元奉训大夫南雄路总管府经历谭君写的墓志铭，其中有曰："至大庚戌，尚书省铸新钱，以才选授将仕佐郎江东等处坑冶副提举。君博览杂志，夙谙鼓铸之法，召工溃铁于池，即成铜，烹炼功多，利悉送官。钱监废。君归隐。"

所谓"溃铁于池，即成铜"，即把铁块砸碎，放入盛有胆水的池中，即可得到铜。此事发生在元初，较北宋时期的先把铁锻成片再浸铜的方法已是简单省力了。那么胆水浸铜极盛的宋代是否用了这种省力的办法呢？这在宋人著作中无记载，但在明人胡我琨撰的《钱通》卷三中却有记录：

锁山门，浸铜之所。在县（铅山县）鹅湖乡。去治七十里许。有沟槽七十七处。兴于宋绍圣四年，更创于淳熙八年。县尉马子岩有铭。至淳祐后渐废。其地之水有三，胆水、矾水、黄矾水，各积水为池。每池随地形高下深浅，用木板闸之。以茅席铺底，取生铁击碎入沟，排砌引水，流通浸染，候其色变，锻之则为铜。余水不可再用……按浸铜之说，自昔无之，始因饶州布衣张甲献言，可用胆水浸铁为铜，绍圣元年始令本州差厢军兴浸，其利渐兴。绍兴二年朝议以坑冶所得不偿所费，悉罢监官，以县令领其事。

锁山门作为"浸铜之所"，不见他籍记载。但从文中"绍圣元年始令本州差厢军兴浸，其利渐兴"可知，其地的胆水浸铜法自1094年就开始兴起了。而其所用的工艺方法记录得较详细：

（1）盛胆水不用"槽"而用"池"，池的建造，是"随地形高下深浅，用木板闸之"而成，显然这种池利用了自然地形，或水平，或不水平，只是在下流设闸，堵住胆水而为池，非人工造的方池或引胆水入平地的"畦田"，这要比后者省力多了。池"以茅席铺底"，是为了使反应后生成的赤煤不与原地面杂质混淆，且易取。

（2）"取生铁击碎入沟"，是非常重要的工艺流程，这种铁原料什么形状都可以，无须锻打成片，只要打成合适的碎块即可，显然节省了不少人力物力。"入沟"即胆水所流之沟被闸处以上。此时沟中之胆水在闸门高程以下暂时静止，在闸门高程以上的胆水则是流动的。

（3）待数日反应后，"排砌引水，流通浸染"是很具特色的工艺。"排砌引水"即打开闸门，排出旧胆水引入新胆水，使碎铁在流通状态下浸染，发生置换反应。假定胆水中的硫酸铜含量低，静池浸铜的效率也会低，若流通浸染，使单位碎铁所接触的胆水量增大，则浸出的赤煤就会增多。这在胆水量不大的情况下，是一种很合时宜的生产胆铜的工艺方法。

（4）"候其色变"，是一种对置换质量的把握，是铁离子被铜离子置换的程度在表面的显现。置换程度越高，碎铁表面颜色变化越大，所获赤煤越多，产量越高。可想而知，有经验的工人，通过辨认铁块颜色，会把置换程度高的碎铁首先取出，使产量增高。

（5）"锻之则为铜"，此处工序要待铁片上生的赤煤落入槽底，然后刮出，经三次入炉加热而炼成胆铜。"锻之"，即把已经较充分置换的碎铁块，在炉中加温后，在铁砧上反复锤打，然后得到胆铜。

我们认为，溃铁浸铜法与铁片浸铜法在技术层面上基本是一致的，但在工艺层面有较大区别，铁片浸铜法采取胆水槽静态浸染，随着槽中硫酸铜含量逐步减少，需换胆水再次生产；而溃铁浸铜法采用流通浸染，使硫酸铜水能够不断补充，取之不尽，使铁碎块在流动的胆水沟中有机会充分地与硫酸铜发生置换反应，铁碎块所含胆铜量较高，略经锻打，即可成铜。因此溃铁浸铜法不仅节省了换胆水的工序，更缩短了工期，是一种较先进的胆铜生产工艺。

宋代洪咨夔的《大冶赋》以诗歌的方式谈到了信州铅山、饶州兴利二场胆水浸铜法的生产工艺，原文载《四部备要》丛书中的《平斋文集》卷一开首第一篇："其浸铜也，铅山、兴利，首鸠僝（见也）功。"其辞艰涩难懂，故不复引；所谈胆铜技术和工艺，包括了以上溃铁浸铜法和铁片浸铜法，故不赘论。

三、胆土煎铜法的生产工艺

胆土煎铜法是另一种用胆土的得铜方法。它不用铁作原料，直接用干涸后的胆土来作原料，这种土中其实也含有铁元素，因为南方红土本就含有较多的铁。当胆水未干时，会发生一些自然置换反应，胆水干涸时，下面的土中会有少量的赤煤。拿来进行烹炼，也会得到铜。因此，胆土煎铜法从本质上讲，也是胆铜法的一种。这种方法过去学者论及不多，现整理如下：

《宋史》卷一百八十五："崇宁元年，提举江淮等路铜事游经言：信州胆铜古坑二，一为胆水浸铜，工少利多，其水有限。一为胆土煎铜，无穷，而为利寡。计置之初，宜增本损息，浸铜斤以钱五十为本，煎铜以八十。诏用其言。"

宋周辉《清波杂志》卷十二："信州铅山胆水……近年水流断续，浸铜颇费力日。凡古坑有水处曰胆水，无水处曰胆土，胆水浸铜，工省利多；土煎铜，工费利薄。水有尽，土无穷。今上林三官提封九路，检踏无遗。胆水胆土，其亦兼收其利。"（此文被《通雅》卷四十八所引，但胆土引作"胆上"，上似当为"土"之讹。）

信州铅山场在崇宁元年（1102年）已利用生产胆铜的古坑来"胆土煎铜"，开辟了生产胆铜的另一工艺和途径。这种工艺，文献上未详细记录，从上录文献看，仅知：①胆水干涸处的土曰胆土。②胆土产生铜的办法是"煎"，即用铁锅在低温下进行翻动烘烤。③此法费工而且利薄；为鼓励煎铜，朝廷采取了"增本损息"政策，煎铜一斤以80钱为本，比浸铜多30钱。④胆水有尽，胆土无穷。这被认为是胆土煎铜较之胆水浸铜的优势。

胆土煎铜一般离不开古铜坑。直到清代，韶州的宋代岑水铜场古坑还在利用遗存的"铜沙"进行煎铜。清代常赉的奏折言："窃查粤东韶州府曲江县矾洞地方（宋岑水铜场）溪河之旁积有铜沙，日久无用。经一面行查，一面具奏。今据韶州府知府复称：查明此沙之堆或高四五尺，或高七八尺至丈许不等，共约有千余堆。每沙一担约可煎铜三四斤不等，即煽至一二年，恐不能尽……今拟听本地附近殷实居民自备资本，赴衙门报明，许其召募工役，设炉开煽，每沙一担，随其得铜多寡，酌其所费工本，或行对半、或行四六分收……铜沙现存，不必开山凿取，且又于国家鼓铸不无裨益。是否可行，伏乞圣鉴。"[1]

所谓"铜沙"，即含有硫酸铜成分的土，在曲江矾洞，这种土

---

[1] 清《朱批谕旨》卷四十《雍正五年六月十八日》署理广东巡抚印务常赉的奏折。

"或高四五尺，或高七八尺至丈许不等，共约有千余堆"，可能就是宋代岑水铜场用"淋铜法"生产胆铜的遗留物（详见下文）。可见，用古坑土煎铜是古代鼓铸炼铜的一个重要方法，也是得到铜的一个重要途径。

四、胆水淋铜法的生产工艺

把浸铜、淋铜分而为二，是据宋代洪咨夔的《大冶赋》。根据赋中谈到的各自的工艺，二者确有巨大差别，下面详细讨论一下。淋铜法的工艺技术详载《四部备要》丛书中的《平斋文集》卷一：

其淋铜也，经始岑水，以逮永兴。地气所育，它可类称。土抱（哺育）胆而潜发，屋（握之借）索绹（绳索）而亟乘。剖曼衍，攻峻嶒（高峻重叠之山），浮植去，坚壤呈。得鸡子之胚黄，知土鋯（垢之借）之所凝。辇运塞于介蹊（山间小路），淹（堆积封闭而发热）积高于修楅。日愈久而滋力，矾既生而细碖（大小均匀貌），是设抄盆筠络以度（架子，收藏）。是筑甓（砖）槽竹笼以酾（过滤，以手挤槽），散鍜（铁叶）叶而中铺，沃鋯液而下渍（沤泡）。勇抱瓮以潺湲（水流貌），驯翻瓢而滂澒。分酽（味厚汁浓）淡于淄渑，别清浊于泾渭。其渗泻之声，则槽丘压酒于步兵之厨；其转引之势，则渴乌传漏于挈壶之氏。左抱右注，循环不竭。昼湛夕溅，熏染翕（收敛）歆（饮吸），幻成寒暖燥湿不移之体，疑刀圭之点铁。若乃矿课登，纲程促，铁往铜来，锡至铅续。

观上引文，淋铜法始自韶州岑水铜场，后传播到饶州永兴铜场。其与浸铜法最大的不同在于：

（1）浸铜的胆水来源于自然的溪水，淋铜的胆水来源于含胆矾的矿土。这一点细读该赋可清楚看到。"土抱胆而潜发，屋索绹而亟乘"，"抱"义为哺育，"屋"是"握"的假借字。故"土抱胆"即指含"胆"的矿土，其埋藏在深层，握紧绳索快快上拉才能得到。

（2）淋铜法首先要开山挖含胆矿土。"剖曼衍，攻峻嶒，浮植去，坚壤呈。得鸡子之胚黄，知土鋯之所凝。""曼衍"，广大无极貌，"峻嶒"，高峻而重叠的山，此句是说，开辟大片山林，去掉地表植被和浮土，使坚硬的矿土呈露出来。那些像蛋黄的矿土垢，就是胆土矿的凝结。可见，淋铜法首先要开辟山林，挖掘含胆矿土。

（3）加工含胆矿土，酾炼胆矾水。首先"辇运塞于介蹊"，顺山间小路把矿土运到工作面，使"淹积高于修楹"。"淹"，指堆积封闭而发热，这里说把矿土堆积得比屋楹还高，外面用物封闭，使矿土自己发酵反应。这种反应"日愈久而滋力"，越久其生的胆矾质量越高。"矾既生而细碄"，在长期封闭发热的条件下，矿土垢可生出"细碄"（大小均匀）的胆矾颗粒。

（4）做好砖槽等设施和工具淋出胆水。要"设抄盆筊络以庋""筑甓槽竹笼以酾"，"抄盆"，当指似勺的盆，"筊络"，用竹皮编制的盛具。"庋"，收藏的架子。"甓槽"，即砖槽；"酾"，用手挤压，过滤。上两句是说，当细匀的胆矾生出来以后，抄盆取出，放进竹笼，置于架子上。然后，做好砖槽，把盛有胆土的竹笼放入，边洒水过滤，边用手挤压，以使胆矾颗粒充分溶于水而成质量高的胆水。

经过上面开荒、去浮土、挖胆土、运输到工作面，堆成"堆"进行封闭，使胆土自然发酵，然后进行抄盆捡取、竹笼盛放、砖槽过滤等工序和艰苦劳动，胆水终于在砖槽内形成，这时才有了以铁置换铜的必要条件。因此，相对于浸铜法而言，淋铜法获取胆铜，主要在于获得胆土胆水的工艺技术，其先期的劳动、资金投入都较大。但一旦获得胆水后，其工艺和劳动就比较简单了。

（5）得到胆水后，大致有下列工艺或工序：首先，"散鍱叶而中铺"，其次"沃鉊液而下渍"，"鍱"，铁叶，当为一种预制的铁件，呈叶子状。"沃"，即灌、浇。"鉊液"，即胆矾水，这是宋代用于淋铜的胆水的专称。此工艺是：把铁叶整齐地在槽中铺开，反复地用"鉊液"灌浇浸泡。这个过程，《大冶赋》讲得很细致："勇抱瓮以潺湲，驯翻瓢而滂濞。分酽淡于淄渑，别清浊于泾渭。其渗泻之声，则糟丘压酒于步兵之厨；其转引之势，则渴乌传漏于挈壶之氏。左挹右注，循环不竭。昼湛夕溉，熏染禽欲，幻成寒暖燥湿不移之体，疑刀圭之点铁。"

勇，指兵丁；驯，熟悉者。宋代铜场经常用兵来生产。"潺湲"，水流貌；"滂濞"，水势大而互相撞击；"酽"，味厚汁浓；淄渑泾渭，

水名，指山东的淄水咸，河南的渑水淡；陕西的泾水清，渭水浊；"糟丘"，积糟成丘；"步兵"，指三国魏阮籍，其嗜酒有名。"漏"，漏壶，古代计时仪器；"挈壶之氏"，春秋掌管计时的官员。"疑"，比拟"刀圭"，本为中药的量器名，这里用作点铁成铜的药物。此段大意是说，兵勇们抱起陶瓮、拿起木瓢使劲用胆水浇灌铁叶；胆水像淄渑一样有咸淡之分，如泾渭一样有清浊之别。其浇灌之声，有如阮籍在大糟丘上的压酒之声；其倾泻转引之势，就像挈壶氏的漏壶一样，水永远均匀滴下，如渴乌永不会止渴。左边舀起，右边注下，循环不止。铁叶饮吸着胆水，被熏染而收敛变小。最后，逐步幻化成遇"寒暖燥湿"都不变质的胆铜，足与以药点铁成铜相比拟。

综上所考，可知淋铜法与浸铜法确有巨大的不同，因而其工艺大相径庭。浸铜法利用自然形成之胆水，所以其生产要"干溢系夫旱涝，大抵盛于春夏，微于秋冬"，"近年水流断续，浸铜颇费力日"。然而淋铜法与旱涝、干溢无关，只要有胆矾矿土，就可以随时生产，这是其优势。故北宋晚期和南宋时期，韶州岑水铜场大发展，年产胆铜最多逾80万斤，工匠达十万余人，专设建福县管辖等，都与此工艺优势不无关系。虽然把胆土矿制作成胆矾水非常不易，但宋代韶州岑水铜矿的工人们用聪明的智慧、勤劳的实践，完成了这项重大发明，不仅为当时的钱监提供了大批铸钱的原料，而且以其简单实用的生产技术和工艺，为世界化学史、冶金史写下了独创性的光辉一页。

第三节　韶关古代的重大发明
——韶粉工艺技术考

古代的韶关在矿冶科技史上有两大发明：一是用湿法炼铜的"淋铜法"大规模地生产胆铜；二是韶粉被广泛用于古代的妇女化妆、丹青色料、香料、治梅酸牙、去酒中酸味、髹漆贴金银等，特别是大量用于调制"韶粉散""韶粉丸"等具有各种功效的中药。在古代人们的生产、生活、文化中曾产生重要的影响。下面就韶粉的概念、制法、发明时代等作一粗略探讨。

一、上等铅粉末——韶粉

所谓韶粉，指白色粉末状的铅粉。明宋应星《天工开物·胡粉》："此物（胡粉）古因辰、韶诸郡专造，故曰韶粉。"[1] 因胡粉在韶州"专造"，胡粉也就称作"韶粉"。作为铅粉，其化学成分为碳酸铅（$PbCO_3$），或碱式碳酸铅［$(PbCO_3)_2·Pb(OH)_2$］。铅性多变化，古代把铅制品分为四类，"一变而成胡粉，再变而成黄丹，三变而成蜜陀僧，四变而为白霜"[2]，而胡粉（即韶粉）是高质量铅制品，被称为"上等铅粉末"。[3] 韶粉在古代用途广泛，流传悠久，所以名称很多，又有"胡粉、铅白、定粉、光粉、白粉、水粉、官粉、瓦粉、辰粉、铅料、鹊粉"诸名称。[4]

按名称出现先后讲，胡粉出现最早，汉刘熙撰《释名》卷四《释言语·释首饰》载："胡粉：胡，糊也，脂和以涂面也。"[5] 说明至少在汉代，胡粉就和脂搅拌在一起，用作人们的化妆品了。但胡粉的制造方法并未流传下来，是不是铅粉，不敢妄断。古人认为："自三代，以铅为粉。"[6] 但今人认为，汉代的化妆粉大概主要还是蛤粉和米粉。[7] 如《释名》还说"粉，分也，研米使分散也。粉者，赤也，染粉使赤，以着颊也"[8]。研米成粉，即是米粉；染米粉使赤，就是赪粉，均用来化妆。所以汉代用作涂面的胡粉不排除是米粉的可能。但至少在宋明及以后，胡粉确实是指铅粉。

把胡粉称作韶粉，是因胡粉在韶州"专造"，这种名称的互训或替代始于何时，《天工开物》未明说，根据我们对古代铅粉制造工艺发展历程的研究，认为至少在北宋中晚期细腻光滑的韶粉出现后，质量较差的胡粉作为铅粉的统称就被韶粉取代了，韶粉也成了高品质铅

---

① （明）宋应星著，管巧英、谭属春点校注释：《天工开物·五金·铅附·胡粉》，长沙：岳麓书社 2002 年版。

② （明）李时珍：《本草纲目》卷八《金石之一·铅》，文渊阁《四库全书》本。

③ （明）宋诩：《竹屿山房》卷八《杂部·鸡子粉》，文渊阁《四库全书》本。

④ 谢乾丰：《中国古代铅粉的制作工艺研究》，《广西轻工业》2007 年第 4 期。

⑤ （汉）刘熙：《释名》卷四《释言语·释首饰》，文渊阁《四库全书》本。

⑥ 陈元龙：《格致镜原》卷五十五《香奁器物部·粉》，引（晋）崔豹：《古今注》。

⑦ 蒋玄佁：《中国绘画材料史》，上海：上海书画出版社 1986 年版。

⑧ （宋）李昉：《太平御览》卷七百一十九《服用部·粉》引《释名》，文渊阁《四库全书》本。

粉的统称。下面详证。

除韶粉、胡粉外，铅粉的其他名称大都出现在宋以后的古籍中。明李时珍的《本草纲目》对这些名称略有解释："定、瓦言其形，光、白言其色，俗呼吴越者为官粉，韶州者为韶粉，辰州者为辰粉。"① 元王好古《汤液本草·白粉》也载："《本草》云：一名胡粉，一名定粉，一名瓦粉。"② 李时珍认为，上等铅粉以其形状而言有定粉、瓦粉；以其色泽而言有光粉、白粉；以其生产地而言有吴越的官粉、韶州的韶粉、辰州的辰粉。元人王好古也把白粉、胡粉、定粉、瓦粉看作一回事。其中韶粉不仅名称出现得较早，而且制造的原料、方法也被详细记载，是可确定的最早一种铅粉。因此，根据《天工开物》的说法，韶粉、胡粉应当是这种高级铅粉的统称。

二、古代的铅粉产地

铅粉制造源于何时，是悬而未决的学术问题。《墨子》曰："禹造粉。"晋张华《博物志》曰："纣烧铅锡作粉。"③ 但这些所谓的"粉"是不是铅粉，还有待进一步研究。

宋人陈百朋撰的《龙泉县志》载："韶粉，元出韶州，故名。龙泉得其制造之法。"④ 元出韶州，即肇始于韶州，并且在宋代时其制造方法已传到浙江龙泉地区。又据明宋应星《天工开物·胡粉》："（韶粉）今则各省只饶为之矣。其质入丹青，则白不减；擦妇人颊，能使本色转青。"⑤ 由此可知，明代时江西饶州也生产韶粉。再据明李时珍撰《本草纲目》卷八云："粉之来亦远矣。今金陵、杭州、韶州、辰州皆造之。"可知历代生产韶粉的地方至少有江西饶州，江苏南京，浙江杭州、龙泉，广东韶州和湖南辰州（今沅陵县）以及原属吴越之

① （明）李时珍：《本草纲目》卷八《金石之一·粉锡》，文渊阁《四库全书》本。
② （元）王好古：《汤液本草》卷下《木部·白粉》，文渊阁《四库全书》本。
③ （宋）李昉：《太平御览》卷七百一十九《服用部·粉》引《博物志》，文渊阁《四库全书》本。
④ （明）陆容：《菽园杂记》卷十四引《龙泉县志》，文渊阁《四库全书》本。王菱菱的《宋代矿业研究》（石家庄：河北大学出版社 2005 年版）认为此处《龙泉县志》当为南宋人陈百朋撰。
⑤ （明）宋应星著，管巧英、谭属春点校注释：《天工开物·五金·铅附·胡粉》，长沙：岳麓书社 2002 年版。

地的福建一带，另有河南嵩阳（登封）、广西桂林均产高级铅粉，而韶州是最早创制韶粉的地方。

三、韶粉的生产工艺考

《龙泉县志》叙述的韶粉制造方法是这样的："韶粉，元出韶州，故名。龙泉得其制造之法：以铅镕成水，用铁盘一面，以铁勺取铅水入盘，成薄片子。用木作长柜，柜中仍置缸三只，于柜下掘土作小大（灶），日夜用慢火熏蒸。缸内各盛醋，醋面上用木柜叠铅饼，仍用竹笠盖之。缸外四畔用稻糠封闭，恐其气泄也。旬日一次开视，其铅面成花，即取出敲落；未成花者，依旧入缸添醋，如前法。其敲落花，入水浸数日，用绢袋滤过其滓，取细者别入一桶，再用水浸。每桶入盐泡水并焰硝泡汤，候粉坠归桶底，即去清水。凡如此者三，然后用砖结成焙，焙上用木匣盛粉，焙下用慢火熏炙，约旬日后即干。擘开，细腻光滑者为上，其绢袋内所留粗滓，即以酸醋入焰硝、白矾、泥矾、盐等炼成黄丹。"①

根据这段记载，可知制造韶粉大致经历这样几个步骤：

（1）镕铅成水，再用铁勺盛铅水到一铁盘中，使其成为薄薄的铅片（铅饼）。

（2）把铅片层层叠置在小木匣子内，放在盛有醋的缸中，让铅片匣子浮在醋面上。醋缸用竹笠封口，缝隙处用稻糠泥严密封闭，要达到不漏气的要求。

（3）作一个能容下三只醋缸的大木长柜，柜下挖个小灶，日夜不停用"慢火"熏蒸。

（4）旬日（十天）打开醋缸看铅片变化，若"铅面成花"，即把铅花敲落；未出现铅花者，继续在醋缸中熏蒸。

（5）把铅花置于水中浸泡数日后，用绢袋过滤，留于绢袋中的粗渣，和酸醋混合，再加以"焰硝、白矾、泥矾、盐等炼成黄丹"，过滤后的细小铅末，再用水浸泡，并加入焰硝（硝石）和盐水。此时铅粉会沉淀，待全部沉到桶底，就把水倒掉，再加硝石和盐水浸泡。这个工序要反复三遍。

---

① （明）陆容：《菽园杂记》卷十四引《龙泉县志》。

（6）把最后一次沉到水底的铅粉收集到木匣中，放置在用砖砌的焙炉上，慢火把铅粉中的水分焙干，大约十天后，用大拇指轻轻打开木匣，铅片就变成细腻光滑的醋酸铅——韶粉。

上述工艺流程的实质是：使铅片（铅饼）始终与醋的蒸气相互作用生成醋酸铅，然后让这种醋酸铅与空气中的碳酸气相互反应而转化为韶粉。这既反映了宋代韶州矿冶工匠的聪明和智慧，也反映了他们在长期的实践中熟知铅的化学性质后，对铅的有效利用和开发。在封建社会中，把经验和知识转化为产品和效益，是十分难能可贵的。

到了明代，铅粉的制造工艺在继承韶粉的基础上，又有所创新。

《天工开物》记载的工艺是："凡造胡粉，每铅百斤，熔化，削成薄片，卷作筒，安木甑内。甑下、甑中各安醋一瓶，外以盐泥固济，纸糊甑缝。安火四两，养之七日。期足启开，铅片皆生霜粉，扫入水缸内。未生霜者，入甑依旧再养七日，再扫，以质尽为度，其不尽者留作黄丹料。每扫下霜一斤，入豆粉二两、蛤粉四两。缸内搅匀，澄去清水，用细灰按成沟，纸隔数层，置粉于上。将干，截成瓦当形，或如磊块，待干收货。此物古因辰、韶诸郡专造，故曰韶粉。"[1]

辰州造韶粉的方法也被《本草纲目》记载下来："时珍曰……辰粉尤真，其色带青。彼人言造法：每铅百斤，镕化，削成薄片，卷作筒，安木甑内，甑下、甑中各安醋一瓶，外以盐泥固济，纸封甑缝，风炉安火四两，养一七便扫入水缸内，依旧封养，次次如此。铅尽为度，不尽者留炒作黄丹。每粉一斤，入豆粉二两、蛤粉四两，水内搅匀，澄去清水，用细灰按成沟，纸隔数层，置粉于上。将干，截成瓦，定形，待干收起。"[2]

以上两种明代韶粉的制造方法基本一致，但与宋代韶粉的造法颇不同。表现在：①用醋熏蒸铅片的工艺、工具不同。早期用缸盛醋，用小木匣子叠置铅片后直接放在醋面上密封熏蒸，得到的半成品是铅花；明代则用木甑（用木料做的底有算孔的容器）盛装"卷作筒"的铅片，甑下、甑中各置瓶醋，把甑、瓶连成一体，用盐泥和厚纸密封熏蒸，得到的半成品是"霜粉"。此种工艺使铅与醋的蒸气能充分相

---

① （明）宋应星著，管巧英、谭属春点校注释：《天工开物·五金·铅·附·胡粉》，长沙：岳麓书社2002年版。

② （明）李时珍：《本草纲目》卷八《金石之一·粉锡》，文渊阁《四库全书》本。

互作用，生成的醋酸铅呈粉状而非铅花，因而省去了"敲落花"、浸泡铅花、经过滤后方能得到粉状醋酸铅的过程。同时，生产时间从十天降为七天，一次产量也可达到熏蒸 100 斤铅。②半成品的加工工艺也不同。早期得到的"铅花"，要入水浸泡、过滤，得到铅细末后要再加入硝石和盐水多次（至少 3 次）浸泡，方能得到湿的铅粉。而明代的"霜粉"，按霜粉、豆粉、蛤粉各 1：0.2：0.4 的比例浸入水中，搅拌均匀，浸泡一次，就可得到湿铅粉。③焙干和定形工艺不同。早期需做焙炉，慢火焙干，最后产品为粉状。明代则把湿铅粉平铺在数层纸上，下面垫以呈沟状的"细灰"用来抽湿，慢慢阴干，待将干时，醋酸铅凝结，就截作"瓦当形"或块状，干透收起来，就成了"货"。

　　韶粉（胡粉）还有其他的一些制造工艺。如明代中期人何子元说："嵩阳产铅，民业胡粉。其法悬铅块于酒缸内，闭四十九日，则铅化粉矣。不白者，炒为黄丹，其渣为蜜陀僧。然铅气甚毒，空腹入其中，必死。今业久之家，长幼多痿，黄风挛。"①嵩阳，即今登封市。民众以制胡粉为业，其法是把铅块悬在酒缸之内，密闭后让铅、醋自然反应，由于没有加温，需要 49 日才能得到醋酸铅粉。这种方法比较原始，且无任何工具或措施保证工匠工作安全，所以，明代嵩阳长期从事韶粉制造的人家"长幼多痿，黄风挛"，即铅中毒，身体萎靡蜷缩，手脚不能伸展。

　　另一种工艺是所谓的桂粉工艺。南宋范成大《桂海虞衡志·志金石》曰："铅粉，桂州所作最有名，谓之桂粉，以黑铅着糟瓮罨化之。"糟瓮，当是作醋的醋糟的陶容器，把铅放在醋糟中"罨（音yǎn，掩盖）化"，即密闭起来使醋、铅自然反应而得到铅粉。与此相近的是明宋诩《竹屿山房》记载的"上等铅粉末"制造方法："法用醋糟覆铅板上，蒸之取浮者，水定而成。曰光粉，曰定粉，皆此也。"

　　另一南宋人周去非对铅粉制法也有简略记载："西融州有铅坑，铅质极美。桂人用以制粉。澄之，以桂水之清，故桂粉声闻天下。"②由此可知，桂粉必有淘洗过滤的工序，且在南宋时期就出现了。

　　从以上制造工序可知，古代的铅粉分作四类，韶粉（胡粉）细腻

---

① （明）方以智：《通雅》卷四十八《金石》引，文渊阁《四库全书》本。
② （南宋）周去非：《岭外代答》卷七《铅粉》，文渊阁《四库全书》本。

光滑呈白粉状，是为上品；成渣且不白的碳酸铅，可加入硝石、白矾、泥矾、盐等炼成黄丹，是为中品；炒黄丹后，"其渣为蜜陀僧"；① 最差者是白霜（霜粉），只是一种半成品。胡粉的名称虽然在汉代就出现了，但是不是铅粉，无具体的工艺材料，实难判断。可以证明的最早铅粉，应当是黄丹，《御定渊鉴类函》引唐人独孤滔的《丹房镜源·炒丹法》：

> 铅一斤，土硫黄十两，消石一两。熔铅粉，下醋点之，沸时下硫黄，少顷下硝，沸定，再点醋依前，下少许硝、黄，待为末，则成黄丹矣。②

这种"点醋"方法，是在炼丹炉中，把熔化的铅、硫黄、硝石混合后点醋而成黄丹，与上等铅粉的制造工艺完全不一样。也就是说，作为铅粉的次级产品黄丹在唐代就出现了。

四、韶粉在我国铅粉制造中的位置及首创年代

那么作为上品的韶粉（胡粉）是何时出现的呢？下列史料可以说明其发明年代：

（1）前举宋陈百朋《龙泉县志》所载"韶粉，元出韶州，故名。龙泉得其制造之法"。陈天锡，字百朋（1113—1199 年），南宋时任福建路永福县县令，主要活动在两宋之交。故南宋中期以前，韶粉工艺就已传至福建了。

（2）宋陈敬撰《陈氏香谱》卷三《凝和诸香·韩魏公浓梅香》："黑角沉半两，丁香一分，郁金半分，腊茶末一钱，麝香一字，定粉一米粒，即韶粉是。白蜜一盏。"此记载了做浓梅香的原料及做法。其中定粉下注："即韶粉。"其下又记载"黄太史跋"，其云："怪而问其所得，云：'自东坡得于韩忠献家。'知余有香癖，而不相授。"③ 此跋说明，在苏东坡活动的北宋中晚期，用韶粉料做的"浓梅香"已风

---

① （明）方以智：《通雅》卷四十八《金石》引，文渊阁《四库全书》本。

② （明）方以智：《物理小识》卷七《金石类·铅成黄丹胡粉法》，文渊阁《四库全书》本。

③ （宋）陈敬：《陈氏香谱》卷三《凝和诸香·韩魏公浓梅香（又名返魂梅）》，文渊阁《四库全书》本。

靡上流社会，而韶粉至少在北宋时期就已经生产了。

（3）《说郛》卷二十二曾引《物类相感志》下："食梅子牙软，吃藕便不软，一用韶粉擦之。""梅子与韶粉同食，不酸不软，梅叶尤佳。"[①]《说郛》认为《物类相感志》是苏轼所作，乃大误，据《钦定四库全书总目》卷一百一十五《子部》二十五《谱录类》考证："赞宁……宋太宗尝召对于滋福殿，诏修《高僧传》。咸平中，加右街僧录。至道二年卒，谥曰圆明。大师所著《物类相感志》岁久散佚，世所传者皆赝本。"由此可知，《物类相感志》应是高僧赞宁所著，时代为北宋太宗至道二年（996年）以前。

因此可以下结论说，韶粉作为一种高级铅粉，至少在北宋太宗至道二年（996年）以前就已经出现了，它在原来低级铅粉——黄丹的基础上，把"熔铅粉，下醋点之"的工艺，革新为熔铅块为薄薄的铅饼，再放置醋面上密闭熏蒸的较复杂工艺，提高了铅粉品质，生产出细腻光滑的上等铅粉，扩大了铅粉的用途，特别是被大范围地用于中医医药，改善了当时人们的医疗、生产、生活和文化状态。韶粉出现后，原来的胡粉、定粉等就被称作韶粉，成为古代高级铅粉的统称。韶粉的创造发明，使其成为我国宋及以后生产的化学制品中的佼佼者。

第四节　影响古今——韶粉的功能和用途

韶粉的发明和创造，对宋代以后的化妆业、书画业、香料业，尤其是制药业，都产生了重要影响，是韶州古代劳动人民对我国的化学科学知识积累和进步及人们生活的丰富多彩，做出的重大贡献。至今，它在化妆品制作、香料配方、中药配伍等领域中，还发挥着较大作用。可见，韶粉从一开始就是作为用来交换的商品，早期的韶粉呈粉状，不易于保管、运输和使用，明代进一步把粉状改造为半桶状的瓦当形或块状，方便了货物的保管、流通和客户的使用，扩大了市场。

韶粉在古代的用途很广泛，大致可分为下列几类：

---

① （元）陶宗仪：《说郛》卷二十二下《物类相感志》。

一、丹青绘画

明宋应星《天工开物》载"韶粉……其质入丹青";清胡渭《禹贡锥指》载:"《真言本草》云:'铅乃五金之祖,变化最多。一变而成胡粉,再变而成黄丹是也。胡粉……可以代丹垩,故贡其材使炼治之,以给绘画涂饰之用也。'"丹青、丹垩,都指绘画,这里指以韶粉为质做成颜料用来画画。证明古代画画颜料多用韶粉(胡粉)。

二、涂饰墙壁

韶粉(胡粉)既然可做颜料,古人有时也拿它涂饰墙壁,或在其上作画。东汉末期,作为奏事的大殿——光明殿,就"殿以胡粉涂壁,画古贤烈士,以丹朱色地,谓之丹墀"[①]。到了十六国时期,后赵皇帝石虎"以胡粉和椒涂壁,曰椒房"[②]。

三、造火药火球

宋曾公亮等撰《武经总要前集》:"火药法:以晋州硫黄、窝黄、焰硝同捣;罗砒黄、定粉、黄丹同研;干漆捣为末;竹茹、麻茹即微炒为碎末,黄蜡、松脂、清油、桐油、浓油同熬成膏,入前药末,旋旋和匀,以纸五重裹衣,以麻缚定,更别镕松脂傅之,以炮放。"[③] 明唐顺之撰《武编前集》卷五《总要火球法》同。

四、化妆品及添加剂

韶粉(胡粉)作为化妆品或某种化妆品的添加剂,被最早利用。汉刘熙撰的《释名》卷四《释言语·释首饰》载:"胡粉:胡,糊也,脂和以涂面也。"这说明在汉代,胡粉和上脂肪油就用来涂面了。直

---

① (梁)沈约:《宋书》卷三十九《百官志上》。
② (晋)陆翙:《邺中记》。
③ (宋)曾公亮等:《武经总要前集》卷十二《火药法》。

到明清，《天工开物》还说"韶粉……擦妇人颊，能使本色转青"，依然用韶粉作为重要的化妆品。古人傅粉的习惯产生很早，元陶宗仪《说郛·妇人傅粉》对此颇有探究：

> 《古今实录》曰："萧史与秦穆公炼飞雪丹，其第一转与弄玉涂之，即今铅粉也。妇人傅粉自秦始。"余按《墨子》"禹作粉"，张华《博物志》"纣烧铅作纷，谓之胡粉"，或曰"周文王时妇人已傅粉矣"，未知然否。但妇人傅粉断非始于秦也。周静帝时禁天下妇人不得用粉黛，令宫人皆黄眉黑粧……虞世南《袁宝儿》诗《学画鸦》："黄半未成是黛色"，或以点额；或以施眉；黄色或涂额上，或安眉角，古人媚粧随意皆可。[①]

这段文献追溯了我国妇人傅粉的历史，有的认为始于周文王（前11世纪中期），有的认为始于秦穆公时期（前659—前621年），有的认为始于周敬王时（前519—前476年）。我们认为，至少在春秋时代，女人已经为了美丽而开始傅粉了。但追求美丽可能不是早期妇人傅粉的唯一原因，明谢肇制《五杂组》载："以丹注面曰的。古天子诸侯媵妾，以次进御，有月事者难以口说，故注此于面，以为识，如射之有的也。以后遂以为两腮之饰。"[②] 这是说，古代宫廷嫔妃成群，一般要依次临幸，但来月经者不宜临幸，又难以表达，于是就以丹粉涂面，作为标识，像箭的靶子一样。以后就形成了在两腮涂粉的习惯。

其实，不仅女子好涂粉，男子也常常涂粉化妆。如西汉的闳孺"傅脂粉，以婉媚幸上"[③]；东汉的李固曾"独胡粉饰貌，搔头弄姿，盘旋偃仰，从容冶步"[④]；曹魏时的何晏"美姿容，沾沾自喜，粉白不去手，行步顾影"[⑤]。至南北朝时，男子傅粉之风大盛，故《颜氏家训》说："贵游子弟……无不熏衣剔面、傅粉施朱。"[⑥] 此风一直在我国封建社会延续，到了唐宋，街头巷尾就有不少卖韶粉者，《太平广

---

① （明）张萱：《疑耀》卷三《粉》。"周静帝"当为原著误。
② （清）沈自南：《艺林汇考·服饰篇》卷四《妆饰类》引《五杂组》。
③ （宋）王楙：《野客丛书》卷十二《男子傅粉》。
④ （宋）范晔：《后汉书》卷九十三《李固传》。
⑤ （元）郝经：《续后汉书》卷四十八《何晏传》。
⑥ （隋）颜之推：《颜氏家训》卷上《勉学篇第八》。

记》就记载了"卖粉儿"的爱情故事，说是有一富商子弟在市场"见一女子美丽，卖胡粉"，就天天借卖粉之名接近女子，表达爱慕，直至"百余裹胡粉大小堆积"，女子终于被感动而接受了他。① 唐宋以后，粉饰之风有增无减，陶宗仪《说郛》记一秀才陈裕下第，誓不再考举人，唯事"唇喙"打扮，作俚诗曰："北郡南州处处过，平生家业一驴驮。囊中钱物衣装少，袋里胭脂胡粉多。"② 这说明，用胭脂胡粉打扮粉饰，已是百姓社会交往、闯荡江湖的必须行为。至明清"粉面小生"成了中国封建社会的专有名词。

男子傅粉之风，宋王楙《野客丛书》卷十二《男子傅粉》有一段总结："仆考《魏略》，晏自喜动静，粉白不去手，则知晏尝傅粉矣。《前汉·佞幸传》籍孺闳孺傅脂粉，以婉媚幸上，此不足道也。东汉《李固传》，章曰：'大行在殡，路人掩涕。固独胡粉饰貌，搔头弄姿，盘旋偃仰，从容冶步，略无惨悼之心。'《颜氏家训》谓梁朝子弟无不熏衣剃面、傅粉施朱，以此知古者男子多傅粉者。"③

男女粉饰的社会风气流行数千年，对韶粉（胡粉）的社会需求也必然日益增大，像今天的化妆品盛行一样，那时的韶粉风靡全国。即使在"现代的化妆品中，特别是在'增白霜'之类的化妆品中，仍含有铅"④。古时作胭脂，离不开韶粉。"李时珍曰：胭脂有四种：一种以红蓝花汁染胡粉而成，乃《苏鹗演义》所谓胭脂'叶似蓟，花似蒲'，出西方，中国谓之红蓝，以染粉为妇人面色者也。"⑤ 用红蓝花汁和上"胡粉（韶粉）"，就成了称作"红蓝"的胭脂。

古时染胡须，也离不开韶粉。《博物志·染髭法》载："染髭法：胡粉、石灰以水和之，涂髭鬓，不白。"⑥ 这里是说把胡粉、石灰加水调和后，涂在白胡须上，胡须就不会发白。《传信适用方》卷上："乌髭鬓方，程子正传。乌贼鱼骨，韶粉，黄丹，蛤粉，密陀僧（五味各等分细研），轻粉（少许），石灰（少许）。"⑦

---

① （宋）李昉等：《太平广记》卷二百七十四《情感·卖粉儿》。
② （元）陶宗仪：《说郛》卷二十七下《俚诗》。
③ （宋）王楙：《野客丛书》卷十二《男子傅粉》。
④ 谢乾丰：《中国古代铅粉的制作工艺研究》，《广西轻工业》2007 年第 4 期。
⑤ （清）王灏：《御定佩文斋广群芳谱》卷八十九《卉谱·附录·胭脂》。
⑥ （宋）曾慥：《类说》卷二十三引《博物志·染髭法》。
⑦ （宋）吴彦：《传信适用方》卷上。

五、在器皿上戗金戗银

古今都有在碗、盆、壶等器皿上戗金戗银的风俗，但这种戗金戗银的工艺，离不开韶粉。陶宗仪《鎗金银法》："嘉兴斜塘杨汇縣工戗金戗银法：凡器用什物，先用黑漆为地，以针刻画或山水树石，或花竹翎毛，或亭台屋宇，或人物故事一一完整。然后用新罗漆，若戗金，则调雌黄；若戗银则调韶粉，日晒后角挑挑嵌所刻缝罅，以金薄或银薄依银匠所用纸糊笼罩置金银薄，在内遂旋细切取铺已，施漆，上新绵揩拭牢实。但着漆者，自然黏住其余金银都在绵上，于熨斗中烧灰，甘锅内镕锻，浑不走失。"①

六、防腐功能——治梅酸牙、去酒中酸味、使真皮不褪色

在生活中，韶粉用途广泛，《说郛》卷二十二引《物类相感志》下："食梅子牙软，吃藕便不软，一用韶粉擦之。""梅子与韶粉同食，不酸不软，梅叶尤佳。"② 明方以智《物理小识·饮食类》也载："梅与韶粉同食，或与梅叶同食，则牙不酸。"③

这里是说如果吃梅子时牙酸得发软，一种方法是"用韶粉擦之"，会使牙"不酸不软"；另一种方法是"梅子与韶粉同食"，也能达到不酸不软的效果。

赞宁的《物类相感志》又载："韶粉去酒中酸味"，明方以智撰《物理小识·饮食类》载："韶粉入酒去酸，或以火灰，或入炒赤豆，或镕铅倾入酒中。"④ 宋代大多为水酒，放久了会发酸，放些许韶粉，酸味可除去。《物类相感志》还载："打落器中白矾与韶粉研，刷真皮色不退。"长期煮水的器皿中，会结下一层"白矾"，打下这层白矾与韶粉合在一起研碎，刷皮革制品可使其色不褪变。

另外，古代餐桌上有一道佳肴名"蝤蟹"，是把活螃蟹加盐腌制，

---

① （元）陶宗仪：《辍耕录》卷三十《戗金银法》。
② （元）陶宗仪：《说郛》卷二十二下《物类相感志》。
③ （明）方以智：《物理小识》卷六《饮食类·解梅酸牙》。
④ （明）方以智：《物理小识》卷六《饮食类·解梅酸牙》。

所得的螃蟹汁浸皆为上等餐桌佳品。但放久了会腐蚀变质，李时珍《本草纲目》记载了此事：“凡蟹生烹，盐藏、糟收、酒、酱汁浸皆为佳品。但久留易沙，见灯亦沙，得椒易脏。得皂荚或蒜及韶粉可免沙脏……藏蟹名曰蝤蟹。”① 这里讲的是“藏蟹”防腐的办法，用盐和酒糟储藏并用酒浸、酱汁浸的方法得到的“蝤蟹”，放久了会发软、发霉，如果把韶粉和蒜等掺进去，就不会发软变质。看来韶粉还具有防腐的功能。

使木瓜没有酢味：《御定佩文斋广群芳谱》卷五十八《果谱·木瓜》：“《本草衍义》：木瓜得木之正，人以铅霜或胡粉涂之，则失酢味，且无渣，盖受金之制也。”

七、防潮气——香料制作中的韶粉

古人的住宅低矮潮湿，为避异味，离不开香。香的制作，常用韶粉。

宋代陈敬的《陈氏香谱》，是我国最早的香谱之一，其中具有“凝和”功能的“韩魏公浓梅香”，又名“返魂梅”。即用韶粉“一米粒”加其他香料制成；② 其“耐久香饼”也需“胡粉、黄丹各一两”加其他香料制成。③

明周嘉胄的著名专著《香乘》谈到作“烧过如金”的“香煤一字金”的珍贵香，也要用韶粉、羊骨、木炭。④ 一般群众用的“香饼”，也要用“木炭三斤，定粉（韶粉）三两，黄丹二两”制成。可以明确地说，韶粉当是古今制香不可或缺的原料。

八、医药学中普遍用韶粉

韶粉最大的用途是制药治病，古代的医书、验方、偏方等多次提

---

① （明）李时珍：《本草纲目》卷四十五。
② （宋）陈敬：《陈氏香谱》卷三《凝和诸香·韩魏公浓梅香（又名返魂梅）》，文渊阁《四库全书》本。
③ （宋）陈敬：《陈氏香谱》卷三《凝和诸香·韩魏公浓梅香（又名返魂梅）》，文渊阁《四库全书》本。
④ （明）周嘉胄：《香乘》卷二十四《香煤一字金》。

到韶粉，把它加进药方，治疗各种病症。

（一）治各种烂疮

万灵膏去脚汗，治脚烂。《续名医类案》："治脚汗，用杨花著鞋中或如绵絮入在袜内尤佳。不能除，为制万灵膏，去樟冰加韶粉、苏合油、麝香，以软帛系两胫，仍令饮甘草汤，不顷刻而痛若失。"①《普济方》："毡矾散，治脚烂疮。竹蛀屑，毡（烧灰），红枣（烧灰存性），黄丹，白矾，韶粉。"②《传信适用方》："治小儿浸淫疮，韶粉、蛤粉（等分），轻粉（少许），右研匀以腊月猪脂调涂。"③《三因极一病证方论》："佛手膏去黑紫疮核"，制佛手膏用"韶粉"。④元沙图穆苏编《瑞竹堂经验方》卷五："肿湿疮方"，用韶粉；"治金疮"，用韶粉。⑤元危亦林撰：《世医得效方》卷十一："灭瘢散治豆疮愈后，疮痂虽落其瘢尤黯，或凹或凸。用此韶粉（即水粉一两）轻粉（一两），右同研匀猪脂油调涂。"⑥

总之，《普济方》卷三百治嵌甲的"黄连□"；卷三百一十三"治诸般痈疽瘰疬发背恶疮"的"无比膏"；卷三百一十四"治诸恶疮"的"金丝膏"；卷三百六十三"治小儿头上疮"的"生肌散"；卷四百四"治小儿痘疮"的"韶粉散"；明徐用诚原辑刘纯续增《玉机微义》卷十五的"治脑疽发背，恶疮并溃烂追脓水"的"翠青锭子"；明孙一奎撰《赤水元珠》卷二十八治"痂欲落不落"的"乳香韶粉散"；明王肯堂撰《证治准绳》卷一百一十三"治脚烂疮"的"毡矾散"；"治嵌甲"的"黄连□"；治"结毒"的"诸肿香油煎膏""广疮膏"等都用韶粉作主要原料。

明朱橚撰《普济方·膏药门》又记载一种膏药——"韶粉膏"，是用韶粉入药治各种烂疮的总结："摊贴此膏，治男子妇人恶疽、疮毒、疖漏发背、脑疽瘰疬、疔疮、牙麻肿痛、打扑伤损、筋骨动损、刀斧割伤、杖疮、汤火所伤、小儿头面疮疖、丹流热毒、蜈蚣蜂蝎蛇犬伤毒、痔疮、诸般疮疖、无名肿毒及治风湿、脚气、小肠疝气、劳

---

① （清）魏之琇：《续名医类案》卷二十五《脚》。
② （明）朱橚：《普济方》卷三百《手足诸疮门》。
③ （宋）吴彦夔：《传信适用方》卷下《治痈疽疮疖》。
④ （宋）陈言：《三因极一病证方论》卷十五《佛手膏》。
⑤ （元）沙图穆苏编：《瑞竹堂经验方》卷五《治疮》。
⑥ （元）危亦林：《世医得效方》卷十一《小方科·疮疹成片方》。

瘵咳嗽、风虚、头痛耳鸣、腰腹疼痛、妇人血气刺痛、吹奶肿毒。"①
可见韶粉药用范围非常广泛。

（二）眼科药用韶粉

《世医得效方·眼科·洗眼方》："韶粉，防风，马牙硝，饼子铜
青。右为末。每用一字温汤调，不拘时，洗立效。"②

（三）内科药用韶粉

《普济方·胃腑门》："治反胃吐逆内阴下常湿且臭或作疮。用韶
粉一分粉即瘥止，常用大验。"③《普济方·咽喉门·治误吞钱器物》：
"治误吞钱器物，用韶粉一两细研，分作二服，水调服之，食水银、
金花如泥者、误吞金银物在腹中，服之令消烊出。"④《普济方·身体
门》："治腋气，用泥矾少许为末，如光韶粉擦腋下，乳汁调亦可。一
方无光韶粉有灰末，水调抹之。出海上方。"⑤

另外，还有不少用韶粉调制的丸药、散药等，如《普济方》卷三
百七十二"治小儿吐泻后生风慢脾者及久泻亦治胃虚"的"丁香饼子
丸"；卷三百九十六《婴儿下痢门》"治婴孩小儿肠胃虚弱糟粕不聚泄
泻不止"的"豆蔻散"；明王肯堂撰《证治准绳》卷九十四"治乳癣
食癣疳热"的"二丁丸"；《御纂医宗金鉴》卷六十四"治瘰疬疼痛
及热毒结核，或多烦闷热而不寒者"的"鸡鸣散"等都是以韶粉入
药，治疗某些内科疾病。

（四）去体内蛔虫

《普济方·诸虫门·雷丸散·双粉散》："雷丸散，取寸白虫。槟
榔、雷丸、雄黄、黄丹、韶粉（以上各半两），（煎）为细末，每服一
大钱，油饼泡汤调服。二更服至五更时却服后方双粉散催之，双粉散
下寸白虫兼蛔虫。石灰（一两）、黄丹（五钱）、韶粉（五钱）、轻粉
（一钱）。"⑥

① （明）朱棣：《普济方》卷三百一十五《膏药门·韶粉膏》。
② （元）危亦林：《世医得效方》卷十六《眼科·洗眼方》。
③ （明）朱棣：《普济方》卷三十六《胃腑门》。
④ （明）朱棣：《普济方》卷六十四《咽喉门·治误吞钱器物》。
⑤ （明）朱棣：《普济方》卷一百五十六《身体门》。
⑥ （明）朱棣：《普济方》卷二百三十九《诸虫门·雷丸散·双粉散》。

（五）治烫伤

《普济方·诸疮肿门·治汤烫方》："治汤烫方，出百一选方。韶粉四两，腊脂一斤，右用柳木槌于净器中研千下，净瓶器收之，遇烧烫即敷上，痛立止，无瘢痕。"①

（六）治痔漏

《普济方·治痔漏·治痔》："谷道中虫痒不止及正发疼痛：水银、傅膏各二钱，研和如傅核大，丝绵裹纳下部，明日虫出若痛，加韶粉三大分，作丸内之。"②

《普济方·痔漏门·侧金散》："侧金散（出杨氏家藏方）治痔漏窍下血疼痛，干黄蜀葵花、黄蘗（去粗皮蜜炙）、黄丹（飞过）、韶粉（以上四味各半两），麝香（一钱别研）。前二味捣罗为末，同后三味研匀，每用如患处干贴之。"③

（七）治瘀血摔伤

《普济方·折伤门》："治从高坠下瘀血胀心，面青气短欲死者，用飞驳鸟翅羽七枚，烧末酒服之，得右翅者最，味甘寒良。又方：用韶粉一钱匕和水服之即瘥，味辛寒。"④

（八）妇科

《普济方·妇人诸疾门·赤白带下》："火龙丹，治妇人赤白带下，腹肚疼痛及冷痛。蛇床子（二两微炒），枯白矾（二两），韶粉（三钱）。"⑤

以上八种韶粉的医药应用，仅是举例而已，古今医书记载多矣！对韶粉医药性质的认识有一个长期的过程。李时珍认为韶粉（水粉）："虽能消疳逐积，杀虫止痢，然其性冷，走而不守，脾胃虚弱者不宜用，娠妇忌之。"⑥ 明代的大医学家张介宾认为韶粉（水粉）"味辛性寒有毒。善杀虫、堕胎；治痈疽疮毒湿烂诸疮、下疳瘘溃不收；亦治

① （明）朱棣：《普济方》卷二百七十七《诸疮肿门·治汤烫方》。
② （明）朱棣：《普济方》卷二百九十六《痔漏门·治痔》。
③ （明）朱棣：《普济方》卷二百九十七《痔漏门·侧金散》。
④ （明）朱棣：《普济方》卷三百一十二《折伤门》。
⑤ （明）朱棣：《普济方》卷三百三十一《妇人诸疾门·赤白带下》。
⑥ （明）缪希雍：《神农本草经疏》卷五《玉石部·下品》引李时珍云。

疥癣、狐臭、黑须发；虽亦能坠痰消食，然惟外证所宜，而内伤诸病似亦不宜用之"①。由此可知，韶粉宜治外伤，内伤"不宜用之"。

据统计，用韶粉的药方不下四十余种。到了明代，还有专门的中成药"韶粉散""韶粉膏"和用韶粉作的"丹丸"等，明及以后的著名医书《普济方》《本草纲目》《景岳全书》《证治准绳》等都记载：韶粉膏，以韶粉为主味，加龙骨、樟脑等其他十几味药制成膏状，可摊贴患处，主治"恶疽疮毒""牙麻肿痛""打扑伤损""刀斧割伤""汤火所伤""蜈蚣蜂蝎蛇犬伤""痔疮""风湿脚气、头痛耳鸣、腰腹疼痛、妇人血气刺痛"等多种疾病。韶粉散，用韶粉加猪脂油拌成，主治小儿痘疮及疮后结痂等。如今的"医学百科""中药健康网"等网站和现代医学书籍还有韶粉膏、韶粉散等方剂。

第五节　矿山新貌——今天的韶关矿业

一、中华人民共和国成立前的韶关矿业

明清时期，韶关矿冶业依然保持着较快的发展势头，主要标志是各地铸铁业相继兴起，翁源、南雄、曲江等地都办起数目众多的铸造锅、犁头、神钟等作坊，特别是阳山的官办铁冶所，是当时全国十三大铁冶炼地之一。

民国时期，韶关各县均有民营矿山，其中红岭、瑶岭、大宝山、石人嶂等规模最大，矿山工人达 3 900 多人，主要生产铁、钨、铋、钼、铜、铅、锌、锑、煤炭等。其中曲江富国煤矿饮誉省港和东南亚各地，号称"广东煤业的巨擘"。当时，韶关矿冶业门类有采矿、冶炼、铸造三大类，采矿业有 12 家，冶炼铸造业共 8 家，设备 258 台（套），并发展到铸造土枪、土炮和仿制"七九"步枪；在比较完备的工业基础上，不仅带动了小火电业和小水电业兴起，而且在 1934 年至 1938 年，民国政府建起韶关飞机制造厂，自行设计生产"复兴号"飞机（韶关至今仍有复兴路），并装配"霍克－3"战斗机 40 余架，成为当时全国主要的飞机制造厂之一。

---

① （明）张介宾：《景岳全书》卷四十九《水石草部·水粉》。

图50 霍克式战斗机　　　　　　　　图51 复兴号战斗机

二、矿冶名都

中华人民共和国成立后，科学地对韶关矿业资源进行了全面普查，结果发现，韶关矿产资源不仅齐全，且储量大，分布广。已发现的矿床、矿点有2 000余处，其中非金属矿产729处；从矿床规模来看，已发现大型矿床25处，中型矿床47处。从探明的储量来看，比较丰富的矿种有铜、铅、锌、钨、铋、汞、锑、镉、铀、砷、煤、萤石、石灰岩、白云岩、稀土金属、铁矿、硫铁矿等，钼矿、硅石矿、粘土矿、高岭土矿、花岗岩矿、大理岩矿、钾长石矿等也有较大的储量和较好的开发前景。若与全国、全省比较，到1987年止，已发现的矿产，全国有162种，广东省有117种，韶关市有88种；已探明储量的矿产，全国有148种，广东省有85种，韶关市有55种。韶关市有12种矿产居全国前10位，其中铅居全国第二位，银和锌居第三位。铅、锌、铜、钼、钨、铋、锑、汞、铀、砷、煤、稀散、稀土、萤石、石灰岩、白云岩等16种，在广东省名列第一；大理石、橄榄岩、硫铁矿、耐火黏土等，名列广东省第二或第三位。尤其是有色金属矿产，在全国、全省占有举足轻重的地位，因此韶关又被誉为"有色金属之乡"。2009年10月，韶关市又被中国有色金属工业协会授予"中国锌都"荣誉称号。

韶关对自然赐予的这些宝贵资源，进行了有序的开发。1951年1月成立广东第一个国营钨矿山（曲江瑶岭钨矿），产品有钨、锡、铜、硫等10多个品种。1958年至1980年，在探明韶关有丰富的铀矿、有色金属、黑色金属、煤炭等资源后，相继建成了韶关钢铁厂、大宝山铜选厂、韶关冶炼厂、大岭冶炼厂、凡口铅锌矿等一批大中型国有企业并投产，推动了一大批重工业的发展。仅矿冶生产门类就有采矿、选矿、冶炼、加工、冶金机械、铸造六大类，形成了采、选、铸、加工一条龙生产。主要产品有钨、铅、锌、铋、钼、铜、锡、生铁、焦

炭、钢、锑、铝等20大类。

特别值得一提的是，韶关铀矿开采和全国第一座土法铀水冶厂的建成，为我国第一颗原子弹的研制成功做出了贡献。有关统计数字显示，在中国爆炸的第一颗原子弹中，大约有2/3的重铀酸铵材料来自广东韶关。

三、改革开放的今天

1978年，改革开放的春风吹遍了中国大地，为韶关矿冶工业的发展带来了前所未有的机遇。特别是在今天，韶关市认真贯彻落实省委省政府"发展特色经济""建设广东特色产业集聚区"的发展战略决策，按照依托资源、突出优势、优化结构、培育特色的原则，充分发挥韶关特有的矿冶资源优势，初步形成了以钢铁生产，有色金属、稀贵金属冶炼及深加工，机械装备制造为主的现代矿冶工业体系和集聚发展基地，在全省全国基本确立了"矿冶名都"的文化品牌。

作为广东省重要的钢铁工业基地，韶关市钢铁工业发展快速。2009年产钢422.68万吨、铁418.54万吨、钢材405.57万吨，实现销售收入141亿元，总资产221亿元。全年实现工业增加值32.94亿元，累计同比增幅1.9%，占全市工业总增加值的18.12%。韶钢集团年产钢能力达600万吨，进入世界钢铁企业100强行列。

韶关市现已形成从有色金属矿采选到有色金属冶炼及压延加工的比较完整的产业体系。2008年，韶关市拥有6家规模以上的有色金属矿采选业企业，实现工业产值32.32亿元，增加值为24.32亿元，分别占全省的34.94%和54.58%；有色金属冶炼及压延加工业规模以上企业22家，实现工业产值84.5亿元，占全省的4.65%。特别是韶关具有先进的锌冶炼技术，截至目前，境内共有生产加工锌产品企业6家，年产锌35万吨，产量名列全国第三，其中凡口铅锌矿是亚洲最大的铅锌银矿生产基地，乳源东阳光公司是全国最大的铝化成箔生产基地。

以韶铸集团、韶关液压件厂有限公司、韶关东南轴承有限公司等为主的机械装备制造业已初具规模，形成产业链。2008年，韶关市拥有规模以上机械装备制造企业30家，实现工业产值98.06亿元，占全市规模以上企业工业总产值比重的14.63%；资产总额为88.67亿元，主营业务收入94.62亿元，实现利税3.94亿元。产品涉及工程机械、发电设备、汽车零配件、液压件和金属铸锻件五大方面。其中韶铸集团是全国最大的铸锻件生产企业之一。

图52　广东韶关钢铁集团有限公司　　　图53　韶关冶炼厂

抚今追昔，韶关自宋代以来就是中国著名的"矿冶名都"，其发明的"淋铜法"湿法炼铜工艺技术，曾领先于世界近600年，对世界矿冶、化学科学发展做出了重要贡献。它首创的高级化工铅质精品"韶粉"，广泛应用于医药、化妆、食品加工、丹青绘画等领域，是古代冶金术的重大创新，对群众的生产生活曾产生深远的影响。韶关的矿冶业，不仅对我国第一颗原子弹制造做出重大贡献，而且钢铁制造、铅锌生产、铝箔生产及机械制造等多个领域在全省、全国乃至亚洲独占鳌头。因此，韶关矿冶文化的辉煌成就，既是韶关人民的骄傲，更是韶关的优秀文化遗产和城市的突出特色。

第九章 韶文化的宗教特征——南禅宗特色资源研究

第一节 惠能与南华寺——南禅宗的主要思想

一、和而不同——韶关宗教的特点

韶关宗教文化一个显著的历史特点是它的多样性与和谐性，即和而不同，多元一体。据文献记载，东汉时期韶关就有早期道教的道士在此活动，道教在漫长的演变过程中，早已与韶关民间信仰融合在一起；韶关是佛教在岭南最早建寺传教的地区之一，如灵鹫寺，东晋时期就是岭南最大的一座佛寺，南华寺则是佛教禅宗南派的"祖庭"，在佛教史上占有重要地位；韶关还是天主教传教士利玛窦在中国传教的早期据点之一。各类宗教文化在古代韶关兼收并蓄，和而不同，成为韶文化的有机组成部分。

二、六祖惠能与《坛经》思想

惠能（638—713 年），又作慧能，俗姓卢，唐代新州（今新兴县）夏卢村人。中国佛教禅宗南派创始人，在世界思想界享有崇高地位，与孔子、老子并称"东方三大圣人"，被欧洲学界列为"世界十大思想家"之一。

惠能于唐高宗咸亨三年（672 年）到达湖北黄梅寺追随禅宗五祖

弘忍大师学法。弘忍把惠能安排在碓房舂米，称"卢行者"。据《坛经》记载，在惠能入寺八个月之后，弘忍命七百徒众各呈上一首偈语，这实际上是一场考试，他要选择继承人。上座神秀之偈是："身是菩提树，心如明镜台。时时勤拂拭，莫使惹尘埃。"

惠能不识字，遂求人帮他在廊壁上也写下一偈："菩提本无树，明镜亦非台。本来无一物，何处惹尘埃。"

图54　六祖惠能真身

弘忍看后，心中一动。第二天弘忍独自进入碓房，以杖击碓三下，惠能会其意。当晚三更，弘忍入碓房为惠能说《金刚经》，又把世代相传的衣钵交给他，正式传他为禅宗六祖。

回到粤北，惠能在曹溪行化近四十年，常在韶州大梵寺（今大鉴禅寺）讲经，由其弟子整理而成《坛经》，体现了南禅宗的主要思想。

三、南禅宗主要思想

一是以空融有，空有相摄。空是"空宗"；有是"有宗"，本来是印度大乘佛教的两大基本派别。空宗主张"一切皆空"，所谓"空"不是不存在，而是不真实，即认为一切法皆缘起而有；缘起则无自性，无自性即空。

空即是宇宙的实相。有宗主张"万法唯识"，认为万法皆由"识"来变成现实，并反对一切众生皆有佛性。而惠能"一生以来，不识文字"，这为他自由地阐发经义为我所用、倡导不立文字、直指人心创造了基本条件，他主张"以空融有，空有相摄"，"离有离无处中道"，调和空宗、有宗，以处中道。主张一切众生皆有佛性，重在自心、自性，自我发现这种自性，就可以自在解脱，从而为南禅宗奠定了禅学理论基础。

二是即心即佛，自在解脱。当下之心只要不迷误，即是众生佛性

232

的反映，这样就可以自在解脱，从而奠定了南禅宗解脱论的基础。

三是识心见性、顿悟成佛。通过自我观照见自我的佛性，不假渐修而顿悟。倡导人类自我拯救，显现了惠能的禅师本色，奠定了南禅宗修行观的基础。

四、南禅祖庭南华寺

南华禅寺始建于梁天监五年（506 年，一说寺成于天监三年），初名宝林寺。神龙元年（705 年）唐中宗敕改为中兴寺，神龙三年（707年）又改为法泉寺。唐玄宗先天二年（713 年）八月三日，惠能趺坐圆寂。百余年后的元和十年（815 年），唐宪宗追谥惠能为"大鉴禅师"，赐供奉六祖真身之塔曰"灵照塔"。唐代大文豪王维、柳宗元、刘禹锡曾先后撰有《六祖能禅师碑铭》《曹溪第六祖赐谥大鉴禅师碑并序》《曹溪六祖大鉴禅师第二碑并序》。于是，"凡言禅皆本曹溪"，宝林寺亦被公认为禅宗"祖庭"。北宋太祖开宝三年（970 年）十二月，诏改为"南华禅寺"。从此，寺名沿用至今。宋以后，作为禅宗祖庭，南华寺经历多次重修重建，现为全国重点寺庙之一、全国重点文物保护单位。

南华寺内珍藏大批珍贵文物。其中包括：国家一级文物 327 件，二级文物 165 件，三级文物 49 件。年代最早的有北齐孝昭帝皇建元年（560 年）造型小巧精美的铜佛像；最著名的有唐六祖惠能"真身"塑像，唐千佛袈裟和历代圣旨；数量最多、艺术价值很高的有北宋雕工精致的木雕罗汉像 360 件；还有隋铁铸佛像、宋铸大铜钟、元铸大铁锅、明木雕四大天王像、清千佛铁塔、《金刚经》铜印版等诸多国宝。此外还有楹联 30 余对，碑碣 30 余通。这些珍宝是研究中国古代建筑、雕塑、绘画、音乐、文学，乃至历朝的社会风貌、生产生活等最具体真实的史料。

五、南禅宗的流派和影响

惠能以后，其著名的三大弟子神会、怀让、行思，对南禅宗各有承续。神会所创南禅荷泽宗势力仅及于北方，在唐末五代及后周世宗柴荣下令废佛的背景下，与神秀的北宗先后衰落。而在南方的南岳怀让、青原行思两支法系却乘时勃兴，唐末五代时期先后在我国广大地区发展成五个较大的支派，即青原行思系的沩仰宗、临济宗，南岳怀让系的云门宗、法眼宗、曹洞宗，称作"一花五叶"。至两宋时期则只有云门和临济二宗并盛，其中临济宗又分为黄龙、杨歧二支。由是，南禅号称五家七宗，达于大盛。

由宋及今，南禅宗是中国最兴旺的佛教宗派，宋元以后，传入日本、韩国和东南亚，对亚洲的佛教和社会产生了重要影响。

第二节　澹归儒佛相糅的价值观
——读《遍行堂集》有感三则

澹归在明末清初不仅是岭南佛门的精神领袖，开创丹霞山别传寺；而且是不空谈儒佛义理而践行化俗之志的实践者。

一、丹霞之山，一名龙奋迅

"丹霞之山，一名龙奋迅"一语出自澹归同门今辩的《遍行堂集·序·丹霞澹归禅师语录序》，① 以"龙奋迅"名古之韶石、当时之丹霞山，世人恐都生疏之极。其实这是对清初以曹洞宗天然、澹归为代表的岭南佛门的褒扬。时当鼎革豹变，不少士大夫抗清失利，遁入空门，以求精神解脱。澹归虽亦是避世逃禅的实践者，但与一般俗僧不同，仍以其刚烈的"血性"和顽强的"定力"，不以名节为主而以天下苍生为念，不空谈儒佛义理而践行化俗之志。在丹霞山创建别传寺，广泛接触清廷官员，以笔墨诗文换来寺资，以活贫民僧众，使别传寺成了当时抗清义士的避难所；以其特异的儒佛相糅的财义观、价值观、生死观、人生观风化官民，既重佛之出世、因缘业报；更重儒之入世、见之当前，奠定了岭南佛门精神领袖之地位。故今辩云："丹霞之山，一名龙奋迅，以其形似也；和尚（澹归）于此兴法云，

---

① （清）澹归和尚著，段晓华点校：《遍行堂集》（一），广州：广东旅游出版社2008年版。

注法雨，则奋迅之龙之神似也。"①

岭南之地，背岭面海，千余年来，商业发达，与内地重农抑商不同，一直流行着一种不尚空谈、讲求实利的重商主义和义利并举的价值观念。岭南的佛门受此影响，对空、有、色、相的天竺佛教理论一直进行着大胆改革。这种改革自南禅的六祖惠能始，提出"以空融有，空有相摄"的禅学理论，核心是调和佛教空宗、有宗，以处中道；使佛教面向社会、面向当世。至澹归禅师，虽身在空门，却心在人间；正如今辩所言"和尚之现世间也，则为名士，为廉吏，为直臣，甚而猛虎之爪牙，诏狱之酷讯，烟瘴之远戍"，身在空门之外，澹归必以其特异的节义观，为名士、廉吏、直臣；"其现出世之间也，则为苦行，为诗僧，为文字禅，为僧坊主，为教化主"，②身在空门之内，澹归以其对南禅"即心即佛"的深刻理解，必苦行当世，为诗僧而开岭南僧流诗书风雅之气，为教化而做数百篇道德伦理之文，"和尚以一身扬化，无用不摄，无机不被"，把重现世、不空谈的岭南佛门的现实主义发挥到极点。因此其创建的别传寺，与"佛祖无上真宗、于百千三昧无量义门""非有二致，不过于影迹间，直示其兴云注雨之真龙而已"。③至此，可知所谓的丹霞别名"龙奋迅"之意，即能"兴法云、注法雨"的奋迅之龙，起此名是因为澹归以别传寺为根基，宣扬佛法，教化人世，践行儒佛义理的行为，神似天空飞腾之龙。

以澹归为代表的岭南佛门的不空谈义理、面向当世的实用观念，是广东时代精神的历史渊源之一，培育了现代广东人重实利且务实的精神特质。

由此念及今丹霞山，是为粤北旅游之龙头，连获联合国教科文组织命名的"世界地质公园""世界自然文化遗产"，近又获国家AAAAA级风景区，也是韶关乃至广东旅游界的"奋迅"之龙，期盼丹霞山能努力用好这一历史文化赠予的崇高名称和形象，将文化之魂打造出来。

① （清）澹归和尚著，段晓华点校：《遍行堂集》（一），广州：广东旅游出版社 2008 年版。
② （清）澹归和尚著，段晓华点校：《遍行堂集》（一），广州：广东旅游出版社 2008 年版。
③ （清）澹归和尚著，段晓华点校：《遍行堂集》（一），广州：广东旅游出版社 2008 年版。

二、重财施财辨

财富于人，确有需要。西方人的心理学研究认为人的一切行为都是由动机引起的，而动机的激发是人的需要。人的需要在商品社会中，是靠财富来实现的。美国人亚布拉罕·马斯洛有个需要层次理论，从低到高，分为五种：生理需要的衣、食、住、行、医；安全需要的生活安定，免于天灾人祸，未来有保障；社交需要的信任、友谊、忠诚、归宿和爱；尊重需要的自尊与受人尊重；自我实现需要的抱负、成就和自我完善。可知生理需要、安全需要是最低层次的物质方面的需要。如果人无财富且又有需要，就会产生偏离道德或法律标准的动机和行为。作为"教化主"的澹归，对财富与人的关系，有着特殊的理解。

（一）轻财重财之辨

《遍行堂集》卷一《文部·五施说》："天下有轻财之人乎？曰：有之，贪夫，轻财者也。何以明其然也？财者，有用之物也，能成人福德，能自成福德。贪夫以执吝，故取有用之物置之无用之地，至于败德亡身以守之"，"夫财以不施为轻，故惟重财者能施也"。① 澹归认为，聚财不用为"轻财"，换句话说，不用财去造自己或他人福德，不施财，就是轻财。"重财"的含义是能够施财，但在澹归看来，不是所有的施财都有用，如"凡人之与财，爱其人则予之；敬其人则予之；畏其人则与之；若其所憎与其所漠然不相关者，则不予也"②，这是只把财给予那些亲近之人、敬畏之人，而对憎恨和不认识的人则不施，这种施财也是无用的，原因大概是只对身边人有益处。"是故好施者皆以重心施，非以轻心施也。人以重财而施，财以施人为重，其谁曰不可！"这样把施财者分为两种：一是重心施，此为"重财"；一是轻心施，此与贪夫型的轻财无别。澹归看重的正是这些能够重心施的重财之人，因为其所施惠于所有人，不管认识不认识。由此观之，可得出下列观点：一是财有用是财的本质，故不用财而聚财，就是轻财的贪夫；二是用财只用在亲近之人、敬畏之人身上，是为轻心施，

<hr />

① （清）澹归和尚著，段晓华点校：《遍行堂集》（一），广州：广东旅游出版社 2008 年版。
② （清）澹归和尚著，段晓华点校：《遍行堂集》（一），广州：广东旅游出版社 2008 年版。

"其福德亦减"；三是重财重心施者，能成人福德、成己福德，财才能成为有用之物。

（二）经说五施之辨

《遍行堂集》卷一《文部·五施说》："经说食有五施，其一曰施命，人七日不食则死，故施食即施命也。施命者得世世寿量长久报。其二曰施色……其三曰施力……其四曰施安……其五曰施辩，人不食则言词困涩，故施辩者得世世通达无碍报。"[①] 以食为主的五施，针对的是天下最大的事——吃饭，解决的是没有饭吃时的五种疾患，得到五种相应的福报。对澹归来讲，饭僧的财施尤为重要："予方建丹霞道场……（姚）雪庵为发愿饭僧，期以十年，置田租千石"，解决了别传寺僧众十年的吃饭问题。其实，澹归以诗文交换财物来支撑别传寺道场十分不易，其说："于世、出世间，吞过几许辛酸苦汁，今虽为丹霞所累，亦比世累较轻。"（续集卷十一《与朱廉哉明府》）澹归建寺在顺治十八年（1661 年），直到康熙十八年（1679 年）澹归扶病，双腿浮肿，觅一静室安处而不能的情况下，才决计不复支撑别传寺，第二年即示寂。前后总共 19 年，走州撞府，唱酬逢迎，只为以诗文换取山中百用之物，而自己无分文积蓄，经历了多少辛酸磨难、无端讥讽只有他自己知道，而为姚雪庵十年饭僧之举所写的《初度》，逢迎之词，溢于言表："雪庵今年五十一，予有以寿之，不如雪庵之自为寿也。雪庵自寿，取之饭僧田而有余，以一施命即得长久报，至于色、力、安、辩，则所谓相好端严、筋骨刚健、通达无碍、可以世世行菩萨道，直至成佛，了无艰阻，何用予言！……雪庵以重道之故而重财，亦以自重之故而重道，其不敢以有用之物置之无用之地，则其于施也，因重故果重，必也。"[②] 如此慷慨赞其能成佛，扬其重道重财重施，实为稻粱之谋，被历来所谓风节之士不屑，殊不知澹归如此胸怀全局，创别传寺数百年基业，实为后学敬仰赞叹。

（三）为财称冤

若用文学的拟人手法，有时财富会喊冤，原因在于财富是把双刃剑，关键是用在何处，其用不当，财富喊冤便是必然的了。《遍行堂

---

① （清）澹归和尚著，段晓华点校：《遍行堂集》（一），广州：广东旅游出版社 2008 年版。
② （清）澹归和尚著，段晓华点校：《遍行堂集》（一），广州：广东旅游出版社 2008 年版。

集》卷一《文部·五施说》对此有详解："一切人无不轻财，亦有能为财称冤者乎"，在澹归看来，一切人都像贪夫一样聚财而吝财，不愿把财用在该用的地方，而用在不该用的地方，其举了数例："以财罗色纵欲，是辱之也；以财佐斗兴戎，是灭之也；以财博弈饮酒，种种败度，作奇伎淫巧，一成无所复用，是暴之也；以财敛怨积衅，招来水火盗贼，是弃之也"，① 若把财用在这些地方，造成纵欲、兴戎、败度、敛怨等恶果，是人恶行所致，并非财所致。然而，人们会"争指目之以财为累，以有财为不详，财之冤久矣"。还有人把财"比之于毒药、刀山、刺林、火坞，财之冤又久矣"。不让财喊冤的办法是用"菩萨之道，不贵无财，以为人莫不有财，贵于能用其财"，所谓菩萨之道，即不以无财为贵，不以有财为耻，"贵于能用财"。

三、澹归的权力观——显权、隐权辩

《遍行堂集》卷一《文部·隐权说为黄端四内史初度》："吾法门激扬斯道，盖有显权、隐权之异。所谓显权者，顺用之，明用之；所谓隐权者，逆用之，阴用之。"根据世俗权力的应用情况，把权力分作显权和隐权两类，大概是禅宗法门的发明。顺用明用的权力视为显权，是显明的权力；逆用阴用的权力称为隐权，是隐蔽的权力。这两种权力有不同的表征：

> 居其位，任其职，行其言，其功与过人得而指明之，此显权也。②
> 不居其位，不任其职，不得行其言，藉人之柄以寓其意，有其功，无其名，此隐权也。③

很明显，澹归之意，所谓显权其实就是现在讲的职权，是由正式组织赋予的。所谓隐权，有点类似现在的非正式组织中因威信高而形成的威权，但又不全是，澹归界定的隐权是凭借他人的权力来实现的，自己并不居其位，不任其职，不行其言。这种隐权，会见功但无名。

① （清）澹归和尚著，段晓华点校：《遍行堂集》（一），广州：广东旅游出版社2008年版。
② （清）澹归和尚著，段晓华点校：《遍行堂集》（一），广州：广东旅游出版社2008年版。
③ （清）澹归和尚著，段晓华点校：《遍行堂集》（一），广州：广东旅游出版社2008年版。

澹归评论道，这种隐权由于有功无名，会被"志士之所扼腕"，感到惋惜；同时也会被"菩提萨埵取为快心者也"，即被菩萨视为上道大心。隐权之功之所以被澹归高度颂扬，是因为这些隐士虽不在位，但能济众立功，且有不图名利的高尚精神。这于佛法而言，就是菩提萨埵之道。"菩提萨埵之道，惟存诚于济物，是故无择时、无择地、无择事、无择人、无其名，随所至而有所济，虽死生有所不顾，况名实得丧之间乎！"此种菩提萨埵之道的解释，字字句句浸透着澹归对隐权、对如何做人、对诚心济众的深刻认识，反映了他不计名利、自渡渡人的儒佛相糅的价值观念，也是对怀才抱艺而不遇的众多隐士的高度褒扬。当时的志士仁人，"多自存于帷幄之中，一言动则杀气应之，有识者尝危及其子孙"，在这种高压下，澹归只有遁入空门，"舍此一着，别无解脱之方也"（前集卷二十八《与陆丽京学博》），并且"不敢复与世事"。对隐权所做的隐功阴德的褒扬，其实是澹归对自己经历的真实写照。澹归又以黄端四的事迹为例，说明隐权之功。当平南王尚可喜王广东时，沿海一带人民揭竿而起，平南王派兵镇压，主帅下了一道命令："大兵所至，凡遇乡民，杀无赦"，当时，黄端四是平南王的"掌记"（记录、代发命令的小官），知道命令后，惊得环柱而跑，说："此数十万人存亡所系，奈何？"终想出一招，擅改命令："大兵所至，凡遇乡民抵敌，杀无赦。"结果大军回营后，"无上民首功者"，率兵者奇怪怎么未杀一个乡民，要对诸将进行责罚，诸将以命令答道，未遇乡民抵敌。率兵者才知道黄端四擅自改了命令，要拿黄端四问罪，"黄子义正词和，不摄不诡，主兵者心折而气平，无以难也"。这事说明，黄端四虽不在主兵者之位，却能凭借主兵者的权柄"以寓其意"，冒着被杀头的危险，"不惜一身易数十万人命"，是为最使人"快心"的逆用隐权者。澹归最后讲，此即"菩提萨埵之道，予与黄子分之，予与黄子保之"。

澹归对当时的显权所为，也有犀利的看法："至于坐堂上，握利器，押纸尾，瞻风望气，为全躯、保妻子计，则以一言流毒四海，皆甘心为之，无逡巡之色。"这个画像，切中矢的。那些高坐大堂的当职当位者，手中握着千百万人的命运，但整日所做只是练练书法、讲讲风水，为官为政的目的，只在保己私利、保妻子保儿女的私利，因而所出政令虽然荼毒四方四海，但又毫无愧色，甘心为恶。

对当权者的讨伐与对隐权者的褒扬，在澹归的文字中形成了鲜明的对比，儒家"仁者爱人"的民本权力之说和佛门"存诚济物"的"菩提萨埵之道"，也在澹归的思想中完美整合。其实，不管是儒家民本权力观还是佛门存诚济物观，无论是显权还是隐权，凌驾于民众之上的公共权力，必须为民众服务，为民众谋利，为民众认知，为民众拥护，不然则变为私权、滥权、小集团权，为民众所不齿、所推翻。其间的关键点在于官，在于官心，在于官为，这不仅是儒家佛门的共识，更是现代文化精神的内涵，广东省 2012 年凝练的新时期广东精神"厚于德、诚于信、敏于行"，应当就是在上述优秀传统观念的基础上发展而来的。

第三节　南禅哲理—— 《宝镜三昧歌》的真谛

所谓《宝镜三昧歌》是一个偈语："重离六爻，偏正回互；叠而为三，变尽成五"，这个偈语所用的是易卦中"离卦"的变卦原则"中爻互体"，说明佛家"理事"的哲理关系，并在此基础上建立了南禅曹洞派的"曹洞君臣五位"说。《宝镜三昧歌》糅合佛理、易理，阐明了佛家的"理事"关系和禅修最高境界"真空妙有"，被视为"佛道大纲""虚玄大道"。这种儒、佛的深层次融合，有力地促进了佛教的中国化过程，也坚实地奠定了禅宗在中国哲学和文化中的历史地位。

一、佛学中的易学思想源流

佛教传华后，在扎根发展的过程中，和儒家、道家、玄学、理学等中国固有的文化逐渐接触，相互借鉴和吸收，逐渐中国化。中国化的佛教构成了中国传统文化的一个重要组成部分。

佛教与易学相糅合的倾向从南北朝时期就开始了。如南朝梁武帝萧衍，既通晓佛典，又精于儒籍，他著有多种解易著作，就反映出来糅合佛、易的倾向。唐代佛教兴盛，佛学家继续以易学理论来解说其

教义。如宗密的《原人论》，以汉易的理论来解释佛教的理论；华严宗大师李通玄以《周易》来解释华严宗的教义。而法藏在《起信论义记》中，则巧妙地利用了太极生两仪、两仪生四象等《周易》原理，阐明了生灭门是与阿赖耶识相一致的佛学关键问题，从而使"真如无处不在"的说法更加接近中国传统的自然无为思想。

中国化的佛教以禅宗为主，至唐代，南禅曹洞宗祖师希迁受《周易参同契》的影响也著《参同契》，直接用易理卦象说明佛理，以坎离二卦卦象来讲解佛教的"明暗"之禅理。唐中期著名禅师希迁的再传弟子昙晟则作《宝镜三昧歌》，继续挖掘坎离二卦卦象与佛教禅理的内在联系，并最终形成了曹洞宗的五位君臣禅学理论。

宋代以降，禅学讨论人生伦理，动辄融易理以为说。如临济宗黄龙派创始人黄龙慧南谈及"人情"时说："人情者，为世之福田，盖理道所由生也。故时之否泰，事之损益，必因人情……故上下交则泰，不交则否，自损者人益，自益者人损，情之得失，岂容易乎？"① 这是以《周易》否泰二卦卦象说解佛教的人情得失、与废相乘之理。再如水庵一和尚也用《周易》"君子思患而预防之"的思想，反对当时佛教徒"竞习浮华、计较毫末"之弊。

明代时，禅易糅合融会达到了高潮。禅师智旭采各家之长，掺以己说，著《周易禅解》《灵峰宗论》等书，提出"《易》即真如之性"，"太极者，心为万法本原之谓"等一系列命题，把易和太极等同于佛教的万法本原。智旭的思想是对千余年来禅、《易》沟通糅合学说的综合性总结。

二、易入曹洞——《宝镜三昧歌》的真谛

《宝镜三昧歌》是禅宗中流传的能"以提佛道大纲"的偈语。其作者学界一般以为是唐代的昙晟，如台湾的夏金华先生就认为"昙晟创作了著名的《宝镜三昧歌》"②。但《佛学大辞典》认为是"洞山大师所作"③，古人对此也有诸多看法，《五家参详要路门·第三》云：

---

① 《禅林宝训》卷一，《大正新修大藏经》（48 册），《诸宗部五》，西安：陕西师范大学历史文化学院软件工作室 2002 年版。

② 夏金华：《试论佛教曹洞宗对易的利用》，《周易研究》1994 年第 1 期。

③ 丁福保：《佛学大辞典》，北京：文物出版社 1984 年版。

"盖宝镜三昧者，不知谁人之所述。石头和尚、药山和尚及云岩和尚，祖祖相传，密至相承，无容易漏泄。传到洞山和尚。著五位阶渐。每位安着一偈。以提佛道大纲。"①

"不知谁人之所述"者，是因《宝镜三昧歌》开首第一句"如是之法，佛祖密付"而致。此歌传承，却是自石头希迁开始，其作者自当为希迁以上之人。较权威的说法是《瑞州洞山良价禅师语录》："师因曹山辞。遂嘱云：吾在云岩先师处，亲印宝镜三昧，事穷的要，今付于汝。"师指良价，曹山即曹山本寂，云岩即昙晟。此云良价"在云岩先师处。亲印宝镜三昧"②，故至少可以说宝镜三昧出自昙晟。如照《五家参详要路门·第三》所云"石头和尚、药山和尚及云岩和尚，祖祖相传"，则出自石头、药山也未可知。在未有更多的证据之前，暂且存疑。但此歌不为洞山所作，则可确定。

石头希迁是禅宗中用易解释佛理的第一人。他主张"即事而真"的禅学思想，要从事中体悟出理来。其所著《参同契》云："明暗各相对，比如前后步"，"执事原是迷，契理亦非悟，门门一切景，回互不回互，回而更相涉，不尔依位住"，③ 即用坎（为水、月、暗）和离（为火、日、明）二卦卦象来解释佛学的明与暗、事与理关系。至希迁的再传弟子云岩昙晟（782—841年），继承这种禅学思想，提出了"宝镜三昧"的新法门。

他认为人观察万事万物应当像面对宝镜一样，镜中是影，影外是形，如此形影相睹，你的形虽不是影，但镜中的影子正是你，从而说明了由个别（事）的能够显现出全体（理）的境界。他又继承希迁运用坎、离二卦的思路，创作著名的《空镜三昧歌》，其中的"十六字偈是这样：重离六爻，偏正回互；叠而为三，变尽成五"④。

此偈语直接取自《周易·离卦》，目的在于利用离卦卦象的变化和寓意来说明"宝镜三昧"说的佛学新法门内涵。这个新法门被后世概括为"曹洞君臣五位"学说。该偈语含蓄不露，寓意深刻，是典型

① 《五家参详要路门·第三》，《大正新修大藏经》（81册），《续诸宗部十二》，西安：陕西师范大学历史文化学院软件工作室2002年版。

② 《瑞州洞山良价禅师语录》，《大正新修大藏经》（47册），《诸宗部四》，西安：陕西师范大学历史文化学院软件工作室2002年版。

③ 何明栋主编：《新编曹溪通志》，北京：宗教文化出版社2000年版。

④ 《瑞州洞山良价禅师语录》，《大正新修大藏经》（47册），《诸宗部四》，西安：陕西师范大学历史文化学院软件工作室2002年版。

的唯象思维模式。同时又晦涩难懂，给后世留下了难解之谜。后世以"宝镜三昧、五位偏正"为"无上大法"，自昙晟弟子洞山良价起，中经曹山本寂、宋代的慧洪觉范、元代的云外云岫、明末的元贤、清代的截流行策等历代禅师，都在此十六字偈上用了不少脑筋。有以互体法解者，有以世应法解者，有以变卦法解者，都有不少发明。同时对其中的易变原则及禅学含义也有不少歧义。其中洞山和尚"著五位阶渐。每位安着一偈。以提佛道大纲"是最早的解释：其云：

正中偏。三更初夜月明前，莫怪相逢不相识，隐隐犹怀旧日嫌。
偏中正。失晓老婆逢古镜，分明觌面别无真，休更迷头犹认影。
正中来。无中有路隔尘埃，但能不触当今讳，也胜前朝断舌才。
兼中至。两刃交锋不须避，好手犹如火里莲。宛然自有冲天志。
兼中到。不落有无谁敢和，人人尽欲出常流，折合还归炭里坐。①

五位说是为了"广接上中下之三根（就众生善根强弱而分三）"而建立的。而五位本身源于《宝镜三昧歌》之十六字偈，是经"重离""偏正回互""叠三""变五"各过程借周易卦爻变而来。五位说先把阴阳爻赋予佛学含义，即：

——正也。空也，真也，黑也，暗也，理也，阴也。
——偏也。色也，俗也，白也，明也，事也，阳也。

然后，"重离六爻，偏正回互；叠而为三，变尽成五"。按照在禅宗中流传的叠三变五的易变方法：先取三爻离重之，此为"重离六爻"，而得六爻离卦；"次取重离卦中之二爻，加于上下，则为中孚卦；第三取中孚卦中之二爻加于上下，则为大过卦。更取其中二爻加于上下，则还于前之重离卦，故三变而止，宝镜三昧谓之'叠而为三'。次取单离，以其中爻回于下，则为巽卦；回于上，则为兑卦"。②依此可得离、中孚、大过、巽、兑五卦，即"变尽成五"。如下卦爻所示：

---

① 《瑞州洞山良价禅师语录》，《大正新修大藏经》（47 册），《诸宗部四》，西安：陕西师范大学历史文化学院软件工作室 2002 年版。
② 丁福保：《佛学大辞典》，北京：文物出版社 1984 年版。

取中二爻
加于上下

取中二爻
加于上下

离 　　　　　（上巽下兑）中孚　　　　　（上兑下巽）大过

取中于上　　　　　　　　　　　取中于下

离　　　　　　兑　　　　　离　　　　　　巽

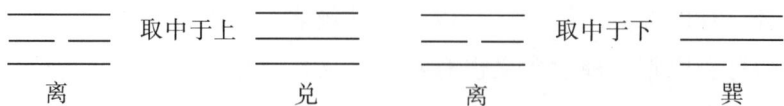

这种取"中之二爻加于上下"的变卦原则在周易的卦变原则中是找不到的。因而这种释读"重离六爻，偏正回互；叠而为三，变尽成五"的生硬方法未必是昙晟、洞山良价的原意。

我们认为，"重离六爻"是此偈的关键，以后所变的四卦都应当生自重离卦，其所生的变卦，必须遵照当时唐代已出现的易变原则。其实此偈"偏正回互"已暗示了用互体原则来进行"叠而为三，变尽成五"的隐喻。照此，得到上述五卦的过程是：

兑
（中爻互体）　　　　　（倒经对立）
巽

离　　　　　　（上兑下巽）大过　　　　　（上巽下兑）中孚

第一步把三爻离卦重作六爻离卦，此为一叠。第二步据周易"中爻互体"原理在离卦二、三、四、五爻位上进行"回互"，叠二、三、四爻（互体）得巽卦；叠三、四、五爻（互体）得兑卦，此为第二叠。最后把所得的三爻的巽卦、兑卦按周易"倒爻对立卦"原则（即两经卦彼此倒置形态的卦，有28对，又称覆卦）相叠，上巽卦下兑卦可得中孚卦，下巽卦上兑卦可得大过卦，此为第三叠。叠中有变，"叠而为三"的过程包括"变尽成五"的过程，叠变后即得离、中孚、大过、巽、兑五卦。

需要说明的是，据夏金华先生《试论佛教曹洞宗对易的利用》一文，宋代的慧洪觉范（1071—1128年，临济宗黄龙系传人）曾用互体法解此偈，但夏金华先生引慧洪觉范的原文仅有（把离卦）"重叠成三卦"，"回互成五卦"二句，到底怎样重三回五，从这二句中很难看

出，夏先生认为慧洪觉范是用互体，不知何据。其实慧洪觉范更可能用的是上述在禅宗中流传的方法。再有，"回互成五卦"，夏先生解作"回互成下巽上兑的《大过》卦，反之，由下兑上巽又成一《中孚》，所用的仍可视为'互体'法"。这是对易变原则的误解，互体法中没有把《大过》《中孚》互相互体为对方的原则，而周易中的28对"覆卦"就包括《大过》《中孚》。所以，说慧洪觉范用互体法解此偈缺乏证据。

用上述方法得到五卦及其大象是：

巽卦：象为黑上白下，代表君位，正中偏。

兑卦：象为黑下白上，代表臣位，偏中正。

大过卦：象为白中有黑点，代表君视臣之位，正中来。

中孚卦：象为黑中有白点，代表臣向君之位，兼中至。

重离卦：象为左黑右白，代表君臣和，兼中到。

五卦所反映的佛家五象构成了五位说，这五位的佛学含义曹山本寂禅师有精辟的论述，其《抚州曹山元证禅师语录·五位旨诀》曰：

正中来者，大过也。全身独露，万法根源，无咎无誉。

兼中至者，中孚也。随物不碍，木舟中虚，虚通自在。

正中偏者，巽也。虚空破片，处处圆通，根尘寂尔。

偏中正者，兑也。水月镜像，本无生灭，岂有踪迹。

兼中到者，重离也。正不必虚，偏不必实，无背无向。

又曰："心机泯绝，色空俱忘（是云正）；到头无讳，曾无变动（是云中）；更无覆藏，全体露现（是云偏），是曰正中偏。山是山，水是水，无人安名字，无物堪比伦，是曰偏中正。净裸裸赤洒洒，面目堂堂，尽天尽地，独尊无二，是曰正中来。宛如寰中天子，不借禹汤尧舜令，眼见耳闻，终不借他力，耳之不入声中，声之不塞耳根。里头才转身，尘中未带名，是曰兼中至。不是心，不是境，不是事，不是理，从来离名状，天真忘性相，是曰兼中到。"

又曰："正位即空界，本来无物。偏位即色界，有万象形。正中偏者背理就事，偏中正者舍事入理。兼带者冥应众缘，不堕诸有，非染非净，非正非偏，故曰虚玄大道，无着真宗。从上先德，推此一位最妙最玄，当详审辨明。君为正位。臣为偏位，臣向君是偏中正，君

245

视臣是正中偏，君臣道合是兼带语。"①

显然，五位君臣说是南禅曹洞宗用来说明理事关系的一种理论。有时也用来作为接引学人的一种教学方法。正，代表理；偏，代表事；兼，代表中道。理与事"偏正回互"，配合紧密而成五种形式，再配以君臣之位，就成了此学说。其中，正位即君位，为理本体，故"心机泯绝。色空俱忘""本来无物"；偏位即臣位，为事本体，故"更无覆藏。全体露现""有万象形"；正中偏即"臣视君"，为唯见事相，不见事理，故曰"背理就事"；偏中正即"君向臣"，故曰"舍事入理"，为唯见事理，不见事相；兼带者（兼中到）即"君臣合道"，故曰"无背无向""非染非净，非正非偏"，故曰"虚玄大道"。这个"虚玄大道"的理事关系为圆融，它"不是心，不是境，不是事，不是理"，而是"最妙最玄"的禅修最高境界——"真空妙有""混然无内外，和融上下平"；而明代高僧普明的描述是："人牛不见杳无踪，明月光寒万象空。若问其中端的意，野花芳草自丛丛。"

佛教僧侣研习《易经》，不受"先以王注为宗，后以孔疏为理"的条框束缚，只要有利于佛经的解说、佛理的阐发、佛教的传播，他们不管是义理还是象数，不管是道家易还是儒家易，都兼取并收，以为己用。易入曹洞之佛宗是禅宗佛史的大事，同时也影响到整个佛学思想的发展方向。从根本上来讲，《易经》是中国传统文化中的"群经（儒）之首""三玄（道）之冠""大道之源"，是中国传统哲学、思想和文化的代表，古代的任何外来宗教和思想，欲在中国扎根，都要或多或少地与其相糅合，不然，其无法在深层次上完成中国化的进程。南禅宗的大师们深切理解这一点，自希迁始，就利用易象易理来解释佛教的理事关系，至洞山良价，据先前大师传下来的《宝镜三昧歌》，发展为曹洞五位说，开创了曹洞宗对佛教理事的独特看法，以后又经曹山大师发展，成为禅宗的"无上大法""虚玄大道"，其原因正在于此歌能够"以提佛道大纲"。显然，南禅宗能够在中国化的道路上比其他宗派走得更深更远，能够长期存在成为中国佛教的主流，与其对中国传统文化精髓——《周易》的渗透有密切关系。如果说六祖惠能开创的南禅宗及其思想是对中国传统文化作出了巨大贡献，那

① 《抚州曹山元证禅师语录·五位旨诀》，《大正新修大藏经》（47 册），《诸宗部四》，西安：陕西师范大学历史文化学院软件工作室 2002 年版。

么，曹洞宗把易理、佛理在哲学思想上的糅合，则是这种贡献中的主要部分和精华部分。

第四节　南华茶榜、韶州茶与禅茶起源

一、茶的起源

唐陆羽《茶经》卷上云："茶者，南方之嘉木也。"① 可知茶树原为中国南方的嘉木，茶叶是古代中国南方人民对中国饮食文化的巨大贡献。

茶的历史非常悠久，陆羽说："茶之为饮，发乎神农氏，闻于鲁周公。"② 这种说法显然根据不足，不可为信。

至西周初，茶叶似乎已作为贡品："武王既克殷，封其宗姬于巴，爵之以子……铜、铁、丹、漆、茶、蜜……皆纳贡之。"③ 此说出自晋常璩，是较晚文献，且有"铁"字，有悖考古发现，也不可据信。

较可信的记载最早见于《晏子春秋》："婴相齐景公时，食脱粟之饭，炙三弋五卵，茗菜而已。"此文虽未见今本《晏子春秋》，但宋张淏撰《云谷杂纪》卷二考证曰："原注：读《晏子春秋》者多疑此文阙误。予后见《太平御览》茗事中亦载此，其文正同，初非阙误也。"④ 果若如此，"茗菜"是目前所见较早的关于茶的文献记录。另一条较早记录见于西汉王褒撰的《僮约》："舍中有客，提壶行酤，汲水作餔，涤杯整案，园中拔蒜（一作蒜），斫苏切脯，筑肉臛羊，脍鱼炰鳖，烹茶尽具……牵犬贩鹅，武阳买茶。"⑤ 此文撰于汉宣帝神爵三年（前59年）正月十五日，与成书于汉代的《晏子春秋》相印证，可以确定我国西汉时已有茶了。以后，饮茶之风逐渐兴起，特别是唐宋，茶业昌盛，茶叶成为"人家不可一日无"的饮品，出现了茶馆、茶寮、茶铺等专门经营茶的店铺，并开始流行茶宴、茶会，提倡客来

---

① （唐）陆羽：《茶经》（卷上），文渊阁《四库全书》本。
② （唐）陆羽：《茶经》（卷上），文渊阁《四库全书》本。
③ （晋）常璩：《华阳国志》卷一《巴志》，文渊阁《四库全书》本。
④ （宋）张淏：《云谷杂纪》卷二，文渊阁《四库全书》本。
⑤ （明）梅鼎祚编：《西汉文纪》卷十三引《古文苑》，文渊阁《四库全书》本。

敬茶。至宋代，流行斗茶、贡茶和赐茶。

二、禅茶的盛行

禅茶主要指禅宗寺院僧人种植、采制并在茶汤礼、茶汤会中饮用的茶。寺院产茶、用茶，主要原因是：

（1）中国禅法规定：每日于佛前、祖前、灵前要供茶汤，已形成了惯例。如《敕修百丈清规》卷二："佛降诞……四月八日。恭遇本师释迦如来大和尚降诞令辰。率比丘众。严备香花灯烛茶果珍羞。以伸供养。"又如："百丈忌……当晚诵经，正日散忌，特为茶汤，拈香宣疏。"① 即使是寺外檀越，也要"为建寺檀越升座，集众诣祠堂，炷香、点茶汤，上供"②。

（2）寺院若有新住持上任，必有先点茶叶、后郑重写出"茶汤榜"，再行"茶汤礼"的制度。如《敕修百丈清规》卷二：

请新住持，发专使，凡十方寺院住持虚席，必闻于所司，伺公命下，库司会两序勤旧茶，议发专使修书制疏。茶汤榜（专使署名）请书记为之。如缺书记，择能文字者分为之，用绢素写榜。山门管待专使一行人从，至起程日，诣诸寮相别，鸣僧堂钟集众门送。三门下钉挂帐设，向里设位，讲茶汤礼，请两序勤旧光伴。如上首知事去，则下首知事行礼；如头首勤旧去，则上首知事行礼。揖坐、烧香、揖香、归位，相伴吃茶。再起，烧香、揖香、归位，相伴吃汤收盏。专使起谢上轿。③

可见，请新住持上任定要"发专使"，库司勤杂等人要备好茶；最要紧的是书记要撰写由专使签发的"茶汤榜"和出行时必行的"茶汤礼"。茶汤榜在这里的作用是以献茶汤为名，既是对新住持的邀请函，又是对其新身份的证明。据《敕修百丈清规》卷二记载，专使到新住持所在寺和迎入本寺后，都要把"茶汤榜预张僧堂前上下间"和

---

① 《敕修百丈清规》卷二，《大正新修大藏经》（48 册），《诸宗部五》。
② 《敕修百丈清规》卷六，《大正新修大藏经》（48 册），《诸宗部九》。
③ 《敕修百丈清规》卷二，《大正新修大藏经》（48 册），《诸宗部五》。

"茶汤榜张于堂外两侧"，并"禀请挂煎点牌报众"，让所有僧众都知道，目的在于宣示新住持的任命。茶汤榜（或茶榜）在禅林中经常使用，故有固定的格式：如"方丈四节特为首座大众茶"的茶榜格式为（后详论茶榜）：

> 榜　堂头和尚　今晨斋退　就云堂点茶一中　特为
> 　　首座大众聊旌某节之仪　仍请
> 　　诸知事同垂　光降
> 式　今月　日侍司　某敬白①

除茶汤榜外，在新住持的迎送、辞别、升座等各个环节，都要行"茶汤礼"。此礼要"请头首、上首知事"主持，"如上首知事去，则下首知事行礼；如头首勤旧去，则上首知事行礼"。主要内容为"揖坐、烧香、揖香、归位，相伴吃茶。再起，烧香、揖香、归位，相伴吃汤收盏"。此礼分问讯（包括接入问讯、揖座问讯）、揖香、揖茶三个环节。如《新刻清拙大鉴禅清规叙》记载：

> 凡茶汤之礼。两手掌相合（此名合掌），合掌低头，捐（此名问讯）坐具取。开始须从近身内取，不可从外边取，非礼。两班者旧皆至门外立。侍香一问讯，便少退叉手立，不可人人接（此名接入问讯）。一众入席，立定。侍者中立，问讯众坐（此名揖座问讯）。众坐定，侍者小问讯，进炉前烧香，退；中立问讯（此名揖香）。众皆吃茶汤，瓶皆出，侍者进一步问讯（此名揖茶）。行者收茶器，时侍者退外侧立，礼毕。

茶汤礼是南禅宗最重要的礼仪之一，"丛林以茶汤为盛礼"②，并非虚言。此礼中有种种仪轨，相当严格，不能轻慢，要及早做好相应准备赴会。病患者要及时请假，来不及请假者也要托人告知。住持办的茶汤会不能请假，轻慢不敬者要被赶出寮房（僧房）：

---

① 《敕修百丈清规》卷七《楞严会》，《大正新修大藏经》（48 册），《诸宗部十》。
② 《敕修百丈清规》卷七《楞严会》，《大正新修大藏经》（48 册），《诸宗部十》。

赴茶汤：凡住持、两序特为茶汤，礼数勤重，不宜慢易。既受请已，依时候赴。先看照牌明记位次，免致临时仓遑。如有病患内迫不及赴者，托同赴人白知。惟住持茶汤不可免，慢不赴者不可共住。①

茶汤礼还用专门法器"版"："法器，版……点茶汤时长击之。内版挂搭，归寮时三下，茶汤行盏二下。收盏一下，退座三下。"②

茶汤礼几乎用在禅林僧众的一切佛事和生活中。首先是在观音、诸佛诞、忌之日的仪典上，必有"茶汤日""茶汤礼"的活动，届时参加者根据缘分还有特别收获。另据禅林清规记载，用茶汤的地方很多，如"方丈四节特为首座大众茶""库司四节特为首座大众茶""山门特为新命茶汤""前堂四节特为后堂大众茶"，又有"旦望巡堂茶""方丈点行堂茶""库司头首典行堂茶""两序交代茶""入寮出寮茶""头首就僧堂点茶"等，名目繁多，时时处处有茶汤之礼进入各种大小佛教事务中。

如遇僧众圆寂，在"迁化""佛事""入龛""移龛""锁龛""起龛""法堂挂真""山门首真亭挂真""举哀""撒土""对灵小参"等环节，都要"奠茶汤"。如撒土："如衣钵丰厚。每日奠茶汤"；"对灵小参奠茶汤，念诵致祭"；"出丧挂真奠茶汤"；"全身入塔……每日三时上茶汤，集众诵经，俟迎牌位入祖堂则止"等等。种茶、吃茶、茶汤、茶汤礼、茶汤榜等成了南禅宗佛事、坐禅及生活中不可或缺的重要组成部分。因此，中国禅院都要产茶或备茶，以适应上述需求。在这里，"佛"与"茶"结缘，已融为一家，有人称作"佛茶一家"；"禅"与"茶"同味，被称作"禅茶一味"。

三、禅茶的起源与韶关南华寺

这种寺院禅茶之风，至少起于唐代。唐人封演《封氏闻见记》有这样的记载：

茶，南人好饮之，北人初不多饮。开元中，太山灵岩寺有降魔师

---

① 《敕修百丈清规》卷六《楞严会》，《大正新修大藏经》（48 册），《诸宗部九》。
② 《敕修百丈清规》卷八，《大正新修大藏经》（48 册），《诸宗部十一》。

大兴禅教，学禅务于不寐，又不夕食。皆许饮茶人自怀挟，到处煮饮。从此转相仿效，遂成风俗。起自邹齐沧棣，渐至京邑，城市多开店铺，煎茶卖之，不问道俗，投钱取饮。其茶自江淮而来，色额甚多。①

禅法讲究戒、定、慧，学禅的要务在于专心致志，夜不能寐，夕不能食，进入一种禅定状态。但对于那么多少睡少食的学禅人，茶的提神功能能使他们集中脑力，专注精神，尽快禅定。因此茶成了帮助禅定的最好工具，学禅人到处煮茶，遂在唐中期形成了禅茶之风。

封氏所记着重在于民间的茶馆店铺兴起的缘由，对禅宗寺院清规戒律所倡导的茶汤榜、茶汤会他只字未提；从逻辑上讲，禅茶结合当首先源于寺院，源于禅宗。是否这样，值得探究。

我们认为，茶汤礼作为一种制度在禅林中早就存在，《新刻清拙大鉴禅清规叙》说"支那丛规。橐钥于马祖"，马祖后的怀海禅师，肇始《敕修百丈清规》，也是唐中晚期的事。《义堂和尚语录》也记载了禅林禅茶之事：

昔日马祖升堂百丈卷席，今日大众点茶寮元化席……说一偈供养大众云：百丈当初曾卷席，赵州一味只行茶；丛林礼乐从兹盛，遍界香飘薝卜华。②

此偈表明，昔日马祖升堂、百丈卷席、赵州行茶都是在制定清规，且清规中有茶汤礼之事，因此"丛林礼乐从兹盛"。

再看封氏所说："茶，南人好饮之，北人初不多饮""其茶自江淮而来，色额甚多"，说明茶风是从南方传到北方，而禅茶之风也当在南方禅林中首先兴起，这种种迹象显示禅茶的起源与南禅宗的南华寺有莫大关系。其理由如下：

（1）中华禅宗虽发源于北方少林寺，但五祖弘忍时始南传至湖北黄梅，至六祖惠能时禅宗才在南方兴起，并建立南禅宗。因茶"南人好饮之，北人初不多饮"，所以禅、茶结合在北方首先起源可能性不大。

---

① （唐）封演：《封氏闻见记》卷六《饮茶》，文渊阁《四库全书》本。
② 《义堂和尚语录》卷一，《大正新修大藏经》（80册），《续诸宗部十一》。

（2）马祖、怀海都是南禅宗惠能门下弟子，南禅宗的清规自可追溯到六祖惠能的南华寺。

而清规诸多的茶汤榜、茶汤会记载证明了南禅宗已把茶作为禅定的重要手段。

（3）南禅宗祖庭南华寺，位于韶关市曲江区，其地产茶的历史被最早记录在陆羽的《茶经》中。

（4）目前发现最早的"茶榜"中，有"南华茶榜"。

（5）现在盛行的禅茶茶道仪式中，与南华寺、曹溪有很大的亲缘关系。理由（1）（2）证已见前，下面对（3）（4）（5）条理由一一辩证。

（一）闻名千年的韶州茶

韶州的茶，千年以前就闻名于世。这为南华寺最早把禅、茶结合在一起创造了基础条件。唐陆羽《茶经》："茶之出：岭南生福州、建州、韶州、象州（福州生闽方山之阴县也）……往往得之，其味极佳。"郝玉麟等《广东通志》卷五十二引陆羽《茶经》："岭南茶出韶州，'往往得之，其味极佳'。"可见，在今天的岭南区域，韶州茶是第一个闻名于世的。至于茶的品种，唐陆羽《茶经》虽然未载，《韶州府志》《曲江县志》等地方文献则有传。至少有下列四种：

第一，乐昌白毛尖。唐代陆羽著《茶经》时，可能到过韶州。《乐昌县志》卷五：

白毛茶：叶有白毛，故名。味清而香，为红茶、绿茶所不及。以瑶山所产者为最，邑人烹以祭祀。其茶辄变潮水色，相传神享其色变，不享其色不变，历验不爽，亦奇事也。①

通过调查，现在韶关乐昌大瑶山中还流传着茶神陆羽的故事，可与此段记载相印证：

唐代时，韶州乐昌的大瑶山里，有一对年过半百的老夫妇老年得子，十分高兴，溺爱倍加。一日，孩子上吐下冒，眼看难活，忽见一白面书生来到眼前，自称陆羽，对他们讲：房后山坡上有种特殊茶树，

---

① 《乐昌县志》卷五，1931年版。

252

其叶面有细白毛,烹煮后喝了即痊愈。说罢不见。老翁迅疾上山,即采摘烹煮,让孩子喝下,不久就痊愈了。从此,乐昌百姓把陆羽敬为"茶神",每年新茶收获,必以此祭祀神灵和祖先,形成了"以茶祭祀"的风俗。祭祀敬献陆羽时,杯中的白毛尖茶水会翻滚变色,像潮水一般,此时,神会享用毛尖茶,所恳请之事,必能如愿;如果是心术不正的献祭者,茶水平静,色泽不变。

这即"神享其色变,不享其色不变",《乐昌县志》称其"历验不爽",大概实际勘验过。

由于此事怪诞,被文献频频记载,如《韶州府志》卷十一:"毛茶出西山(指瑶山),有白毫,苦涩大寒,消暑解热,去积滞。"[1] 陈廷灿撰《续茶经》卷下之四《王草堂杂录》:"乐昌有毛茶。"[2]《乐昌县志》卷五:"茶:茶即茗,饮料也。郭璞曰:'早采为茶,晚采为茗。'邑有白毛茶、古老茶、果子茶。白毛茶产于大山中,叶面有细白毛,性凉,其味胜于水仙。古老茶次之,果子茶又次之。"[3] 上述文献可说明两点,一是韶州乐昌产白毛尖历史悠久,致被文献屡屡记载;二是当地俗神,实际上为唐陆羽,百姓"恳请之事,必能如愿",推测此俗由来已久,当是韶州茶的代表品种之一,也是岭南最早的优质茶品种。如今,白毛尖仍采于韶关乐昌境内的大瑶山、九峰山等云雾山中茶树顶尖部位,属原枝茶芽,嫩叶毫毛银白如雪;但冲泡后,绿丛簇拥、茸毛游动、汤色由白变绿亮、香气清雅;入口爽滑甘甜;饮后回味香甜、韵味犹存。

第二,昌茶(茉莉花茶)。《乐昌县志》卷五记载:"昌茶:与白毛茶不同。常绿,灌木高五、六尺,秋月开白花,实三角形。其叶可烹为饮料。邑人摘其嫩叶,以茉莉花烘之,味香而美。"这是韶关出花茶的最早记录。

第三,罗坑茶也非常著名。《曲江乡土志》:"茶叶树,其类甚多。其叶可煮茶,以南华、罗坑味甜香浓,经宿不变者为美。"《韶州府志》卷十一:"茶产罗坑、大埔、乌泥坑者,色红味醇,经宿不变";《曲江县志》卷十二:"罗坑茶:色红味醇,经宿不变味,功专消暑";

---

[1] 《韶州府志》卷十一。

[2] 陈廷灿:《续茶经》卷下之四《王草堂杂录》。

[3] 《乐昌县志》卷五,1931 年版。

253

《英德县志》记载"茶产罗坑、大埔、乌泥坑者，香古味醇，如朴茂之士，真性自然殊俗"[1]。罗坑、南华现同属曲江区，相隔仅十余里，说明南华寺本身及其周边，很早就是茶的故乡。

现代的罗坑茶是由瑶族人生产的，为条形茶，外表色泽红褐，带烟火味陈香，汤色红浓明亮，滋味浓醇回甘，泡饮后存放 2～3 天也不会产生异味或馊酸味。罗坑茶是广东最早的熟茶。

第四，曹溪茶、南华制茶、六祖茶。韶州曲江南华寺处在茶文化的发源地区，故不少茶品种为史籍所载。除了上述以"茶叶树"叶子做的"味甜香浓，经宿不变者为美"的南华茶外，寺院还产有曹溪茶，陈廷灿撰《续茶经》卷下之四载："《广东通志》：韶州府曲江县曹溪茶，岁可三四采，其味清甘。"曹溪茶味清爽甘甜，名声远播，故被记录于《广东通志》。特别是南华寺历史上还产有专门供养佛祖的禅茶，古称"南华制茶"。《曲江县志》载："制茶：产南华寺，味甘而清，以供佛祖。"[2]《韶州府志》载："南华制茶，味甘香浓，以少为佳。"[3]

所谓"制茶"，即南禅宗丛林中专供佛祖而用的特殊茶。我们认为，此种制茶，在"丛林以茶汤为盛礼"的情况下，是随着南禅清规的实施而形成的定制，其原料、工艺、工序固定成制，显示了禅林统一的对佛祖的特别崇敬，只有南华寺这种"南禅祖庭"才有资格对茶汤礼中茶的质量做出统一规定。因此制茶礼仪当始自六祖时期，在南华寺已传承了千余年，到近代"制茶"名称未变。

如今南华寺继承传统，制成"六祖茶"，系南华寺僧人以壳斗科植物——多穗石柯嫩叶制成。此茶用纯天然野生的嫩叶，直接采摘晒干，无任何污染和添加剂。其茶色橙红，气味芳香，以甜味浓重区别于一般青茶，成为南华寺特产。再以南华寺卓锡泉泉水冲泡，其味甘香，是一种香甜茶，与"味甘香浓"的南华制茶相似，只是名称改作"六祖茶"。现在佛教界称之为禅茶，属清凉甜茶。

（二）南华茶榜

茶榜的格式已见于前，不赘述。茶榜的用途多种多样，或是请柬，

---

[1] 《英德县志》卷九。

[2] 《曲江县志》卷十二。

[3] 《韶州府志》卷十一。

或是身份证明，或是设斋，或是开堂，都要用茶榜宣示。如："古之开堂朝命下，或差官敦请，或部使者，或郡县遣币礼请就某寺，或本寺官给钱料设斋开堂，各官自有请疏及茶汤等榜，见诸名公文集。"① 茶榜的内容是什么？南宋惟勉禅师在《丛林校定清规总要》中称："住持归方丈，都寺诣方丈请，斋退特为茶。茶榜，择人叙德，书于绢素，其礼至矣。如无榜，须具状请。"②

由上可知，茶榜要"择人叙德，书于绢素"，这是禅林中必需的礼仪之一。既然书于绢素，就很可能流传下来，成为今天研究禅茶的宝贵资料。如今保存下来的"茶榜"文并不多，据万里先生《禅门丛林"茶榜"考论》统计，只有 31 篇。"其中宋代 24 篇，金代 1 篇，元代 4 篇，明代 1 篇，清代 1 篇；僧人撰写的有 10 篇，文人撰写的有 21 篇。撰写数量最多的个人是北宋惠洪觉范禅师（1071—1128 年），他撰写了 5 篇；其次为北涧居简禅师（1164—1246 年），他撰写了 3 篇。其他人 1～2 篇。"③ 北宋惠洪觉范禅师撰写的茶榜不仅遗留最多，而且是目前所见最早的茶榜。其中的《云老送南华茶榜》，全文如下：

一衲生涯而名闻天子，万夫阡陌而位继祖师。是必于曹溪有大因缘，不然乘般若昔所愿力，时节既至，毫发弗差；岂特增宗门之光，抑亦为法乳之庆。未忘世礼，少展舆情。恭惟某人，恩逾父母。故言所不能形容道绝功勋，故意所不能测度云无限碍。宁分岭外湘中，月有照临，岂择曲江楚水，暂驻随轩之法侣。愿陈荐钵之溪，蘋想蒙哀怜特，有肯诺。"④

茶榜大多为延请某位禅师入锡某寺院担任住持而作。《云老送南华茶榜》是北宋惠洪觉范禅师为"云老"送南华所撰。此茶榜盛赞南华寺住持之"德"，说其不但名闻天下，得到天子的赏识；而且自楚水来到曲江南华寺，建立了卓著功勋，故此邀请其参加茶汤会。

不知"云老"何人。惠洪觉范禅师本名德洪，江西筠州新昌人，为北宋著名禅僧和禅史家，并以诗僧和诗评家享誉于世。先入新昌三

① 《敕修百丈清规》卷三，《大正新修大藏经》（48 册），《诸宗部五》。
② 惟勉：《丛林校定清规总要》卷上，《卍新纂续藏经》（第 63 册）。
③ 万里：《禅门丛林"茶榜"考论》，《湖南城市学院学报》2012 年第 1 期。
④ （宋）释觉范：《石门文字禅》卷二十八，文渊阁《四库全书》本。

峰山匏禅师为童子，后入洞山，从禅宗大德真净克文禅师学，为其嗣法弟子。先后在湘中、湘北、湘南诸寺院游历、参访和驻锡共十余年。于宋高宗建炎二年（1128 年）夏五月示寂于福建同安，享年 58 岁。上述茶榜为其在潭州（长沙）寓居时所撰。

现在发现的茶榜中，以惠洪觉范禅师所撰的为最早。在"择人叙德"中，值得注意的是：一部分茶榜推崇的是南禅六祖之德、曹溪法乳之水。如《请珏老茶榜》中有："更试曹溪一滴水，共尽卢全七碗茶。"①

四、现代的禅茶茶道与南华寺亲缘关系

在以南禅清规为首的禅宗茶汤礼、茶汤会等习惯的影响下，近代以来形成了"禅茶茶道"。茶道，追求的是制茶、喝茶、品茶的终极理论和规律；禅茶茶道在"茶禅一味"的基础上，追寻禅茶中的禅机，它的每道程序都源自佛教典故，用以启迪佛性，昭示佛理。在这些基本程序中，不少典故源自南华、曹溪，既反映了人们对南华禅茶悠久传统的认知，也映射出对禅宗、南禅宗祖庭的崇敬。其禅茶茶道程序如下：

①礼佛——焚香合掌；②调息——达摩面壁；③煮水——丹霞烧佛；④候汤——法海听潮；⑤洗杯——法轮常转；⑥烫壶——香汤浴佛；⑦赏茶——佛祖拈花；⑧投茶——菩萨如狱；⑨冲水——漫天法雨；⑩洗茶——万流归宗；⑪泡茶——涵盖乾坤；⑫分茶——偃流水声；⑬敬茶——普渡众生；⑭闻香——五气朝元；⑮观色——曹溪观水；⑯品茶——随波逐浪；⑰回味——圆通妙觉；⑱谢茶——再吃茶去。

这十八道程序提到地名的只有"丹霞""曹溪"，因此我们有理由认为，禅茶可能最初形成于粤北韶关，发端于南华寺。"丹霞"，指丹霞山；"烧佛"，指在调息静坐的过程中，开始生火烧水。烧佛典故出于《祖堂集》卷四，据记载：丹霞别传寺的祖师天然大和尚于惠林寺

---

① （宋）魏齐贤、叶菜同辑：《请珏老茶榜》，《五百家播芳大全文粹》卷七十九。

遇到天寒，就把佛像劈了烧火取暖。寺中主人讥讽他，禅师说："我焚佛尸寻求舍利子（即佛骨）。"主人说："这是木头的，哪有什么舍利子。"禅师说："既然是这样，我烧的是木头，为什么还要责怪我呢？"于是寺主无言以对。"丹霞烧佛"时要注意观察火相，从燃烧的火焰中去感悟人生的短促以及生命的辉煌。"曹溪"指韶关曲江双峰山下流经南华寺的一条溪流，唐仪凤二年（677年），六祖惠能住持曹溪宝林寺，此后宝林道场被历代禅者视为禅宗祖庭，曹溪水被视为六祖法乳，"曹溪一滴，源深流长"。观赏茶汤色泽称之为"曹溪观水"，暗喻要从深层次去看是色是空，体会有宗、空宗、事理、明暗之间的深邃佛理。

现在认为，六祖禅茶的基本精神是"正、清、和、雅"。

"正"就是八正道，是修学佛法之佛弟子皆应完成的生活方式和修行态度，它通过德行（戒）、理性（慧）与精神净化（禅定）而走向体证世间及实相的路径。有正见、正思维、正语、正业、正精进、正命、正念、正定为八正道。

"清"就是清净心，即无垢无染、无贪无嗔、无痴无恼、无怨无忧、无系无缚的空灵自在、湛寂明澈、圆融无住的纯净妙心。品茶就是需要清净心，禅茶首先要"静"，然后再进入"净"；"静"者歇却狂心，"净"者一尘不染。

"和"就是六和敬，包括：身和同住、口和无诤、意和同悦、戒和同修、见和同解、利和同均。

"雅"就是脱俗。茶之意境在于雅，茶承禅意，禅存茶中，把茶的内在精神体验用语言和艺术表现出来就是"雅"，而"雅"所蕴含的茶的无限"真谛"是需要"无自性"才能体验的。而作为"禅茶一味"的禅茶必须是传统的茶之雅与对佛法"四大皆空"的领悟的有机结合。

五、结语

综上所述，作为南禅祖庭的南华寺，坐落在唐代以来就以产茶出名的韶州，具备了雄厚的发明禅茶的物质和环境基础；在唐代"茶，南人好饮之，北人初不多饮"的情形下，禅茶源于北方禅院的可能性

不大；而南禅宗丛林清规又"以茶汤为盛礼"，其最早可追溯到马祖、怀海；南华茶榜又为传世茶榜中最早的一种；如今盛行的禅茶茶道又与禅宗六祖、曹溪法乳有内在亲缘关系。以上种种迹象表明，身为南禅祖庭的南华寺及其附近寺院，是中国禅茶礼俗的起源地之一。

第五节　曹溪开山与韶州始置史实辨疑

曹溪开山时间自梁武帝天监元年（502年）智药三藏在曹溪口"掬水而饮香美"而"遂开山立石宝林"后，至今已有1 500多年的历史。对这段开山史实史学界似乎并无疑义，并于2002年在韶关召开了南华寺庙1 500周年纪念讨论会，出版了论文集。但我们遍查原始文献和相关碑刻等资料，对这段开山史实却记载不一，疑窦丛生。因此辨清开山史实对于曹溪志史研究和进一步开展广东旅游都有重大意义。

一、曹溪开山的相关记录

清康熙版《重修曹溪通志》载："梁天监元年，西域智药三藏航海而来，初登五羊，至法性寺，以所携菩提树一株，植于宋求那跋陀罗三藏所建戒坛之前，谶曰：'吾后一百六十年，当有肉身菩萨于此树下开演大乘，度人无量。'"

此谶言是一段引子，为后来六祖在法性寺"登坛受戒"张本。此后又记智药三藏"尝水卜地"之事，文曰：

及自南海至曹溪口，掬水饮之，香美异常。谓其徒曰："此水与西天之水无异，源上必有胜地，堪为兰若。"乃溯流穷源至此，四顾山水回合，峰峦奇秀。叹曰："宛如西天宝林山也。"因谓居民曰："可于此山建一梵刹，一百六十年后，当有无上法宝于此演化。得道者如林，宜号宝林。"

此是所谓的韶州宝林之谶，与广州的戒坛之谶一样是"一百六十年后，当有无上法宝于此演化"。此段不仅通过"尝水"而卜定曹溪

之地，且让当地居民建宝林寺，为的是"一百六十年后，当有无上法宝于此演化"。但这种意义对于当时不懂佛道的居民未必理解，且要出资建宝林寺，难以令人相信，于是下面又出现了梁武帝赐"宝林"为额之说："时韶州牧侯敬中，以其言具表闻奏，上可其请。赐额曰'宝林'，遂成梵宫，落成于梁天监三年戊申。实此开山之始也。"

借当时最支持佛教的梁武帝赐额之力建宝林寺，自是顺理成章，不由人不信，于是"开山"始于"梁天监"说就成了1 500年来不易之论。

清康熙版《重修曹溪通志》是在《旧志》基础上重修的。《旧志》是明万历年间由憨山大师始修（见《重修曹溪通志》序"曹溪之有通志，自憨山大师始也"），开山之说，至少可溯至明万历以前。憨山此说，自有所凭。我们遍查文献，当出自元代宗宝编《六祖大师法宝坛经》之附录《六祖大师缘记外记》（题作：门人法海等集），现引之以资对照：

关于戒坛谶语《六祖大师缘记外记》作："其戒坛乃宋朝求那跋陀罗三藏创建，立碑曰：'后当有肉身菩萨于此授戒'。又梁天监元年，智药三藏自西竺国航海而来，将彼土菩提树一株植此坛畔。亦预志曰：'后一百七十年，有肉身菩萨，于此树下开演上乘度无量众。真传佛心印之法主也。'师至是祝发受戒。"此处南朝宋多求那跋陀罗三藏"后当有肉身菩萨于此授戒"一谶，变作智药三藏之谶，前举一百六十年作"一百七十年"。

关于"尝水卜地""赐额宝林"事，《六祖大师缘记外记》作："其宝林道场。亦先是西国智药三藏自南海经曹溪口。掬水而饮香美，异之。谓其徒曰：此水与西天之水无别。溪源上必有胜地堪为兰若。随流至源上。四顾山水回环，峰峦奇秀，叹曰：宛如西天宝林山也。乃谓曹侯村居民曰：可于此山建一梵刹，一百七十年后，当有无上法宝于此演化。得道者如林，宜号宝林。时韶州牧侯敬中，以其言具表闻奏，上可其请。赐宝林为额，遂成梵宫，落成于梁天监三年。"此处"天监三年"后无戊申，一百六十年亦作"一百七十年"，比广州法性寺戒坛之谶年数多了十年。

显然，憨山作《曹溪通志》时大量引用了元代《六祖大师法宝坛经》有关资料。其原因是憨山不仅见到《六祖大师法宝坛经》，并在

万历年间亲自勘校、印行。勘校时删附录，而《六祖大师缘记外记》内容被移至《曹溪通志》。这就是曹溪开山说法的直接资料来源。

元宗宝以前，关于戒坛谶语、"尝水卜地"、梁武帝"赐额宝林"事，宋人多有零星记载，但所涉及的人物、谶语内容都与宗宝差异大，下面一一详考而溯起源。

二、曹溪开山记录的主要疑点

1. 梁武帝天监元年（502 年）无韶州之置，何有韶州牧侯敬中请表事

照《六祖大师缘记外记》的说法，梁武帝赐额宝林是因韶州牧侯敬中之请表，并于梁天监三年（504 年）落成了"宝林"梵宫。但查韶州各种地方志，任韶州牧者绝无侯敬中此人。再查韶州始置年代，历代记载各不相同。主要说法如下：

（1）说隋始置的有：

宋李昉等撰《太平御览》卷一百七十二引唐《十道志》曰："隋平陈，为韶州，以韶石为名。"

唐李吉甫撰《元和郡县志》卷三十五："吴甘露元年初立为始兴郡，梁承圣中萧勃据岭南，于此置东衡州。隋开皇元年平陈，改东衡州为韶州。取州东北韶石为名。十一年废入广州。"

宋乐史撰《太平寰宇记》卷一百五十九："隋开皇九年平陈改东衡州为韶州。以州北八十里韶石为名。"

宋潘自牧撰《记纂渊海》卷十五："郡县部，韶州。宋改广兴郡，齐复始兴，梁萧勃置东衡州，隋开皇改韶州。十一年废入广州。"

宋祝穆撰《方舆胜览》卷三十五："宋更郡名曰广兴，齐复为始兴，陈霸先为始兴太守起兵讨侯景陈于此置东衡州，隋改为韶州，唐置番州，又更名韶州。"

《钦定大清一统志》卷三百四十一："韶州府建置沿革：三国吴甘露元年始分桂阳南部置始兴郡，治曲江。晋因之，宋泰豫元年改曰广兴郡，齐复曰始兴郡，梁承圣中于郡置东衡州。隋开皇九年平陈郡，废改东衡州曰韶州。按元和志，取州北韶石为名。而隋志不载置韶州事，又以东衡州注入始兴县下，恐误。"

260

（2）说唐始置的有：

后晋刘昫撰《旧唐书》卷四十一："贞观（元年）改东衡为韶州。韶州，隋南海郡之曲江县，武德四年平萧铣置番州，领曲江、始兴、乐昌、临泷、良化五县，贞观元年改为韶州。"

宋翰林学士欧阳修撰《唐书》卷四十三："韶州始兴郡下，本番州。武德四年析广州之曲江、始兴、乐昌、翁源置。寻更名东衡州，贞观元年又更名。"

宋欧阳忞撰《舆地广记》卷三十五："韶州：吴甘露元年分立始兴郡，晋因之，宋改曰广兴郡，齐复曰始兴，梁、陈因之。隋平陈郡废，属广州。唐武德四年平萧铣立番州，寻改为东衡州，贞观元年更今名。"

明李贤等撰《明一统志》卷七十九："刘宋改唐兴郡，齐复为始兴郡，隋平陈，郡废。以其地属广州。唐置番州，治曲江。寻改东衡州。贞观初改为韶州。"

明姚虞撰《岭海舆图·韶州府图说》："自吴历梁，俱楚疆。隋罢郡，始以其地还属番州。唐武德中，初置韶州。"

观上引材料，说隋始置的有开皇元年、开皇九年两说，今编《韶关市志》从开皇九年说。说唐始置的有"武德中，初置韶州""贞观初改为韶州"两说。现在我们无论从史志的何种说法，韶州之置最早也早不过开皇元年，即581年，上距梁武帝天监元年（502年）80年，当时的韶关行政设置是始兴郡，后梁元帝承圣中（552—554年）或"于郡置东衡州"，但六朝梁、陈时期绝无韶州之名、韶州之置，怎能在梁武帝天监元年出现"时韶州牧侯敬中，以其言（智药三藏谶言）具表闻奏"之事？表闻之事显然是后人附会之言，不能成立。既然如此，梁武帝也必然无从得闻智药三藏谶言，更谈不上赐额"宝林"。所以，通过"上可其请。赐宝林为额，遂成梵宫，落成于梁天监三年"的宝林寺在当时实际上是不存在的，以此为根基的曹溪开山于梁武帝天监元年的说法，也失去了根据。

"韶州牧侯敬中"上表的附会之言，并非创自宗宝。其前有二则文献载此事，一是前引《法宝坛经》附录中的《六祖大师缘记外记》，题"惠能门人法海等集"，二是宋姚宽撰《西溪丛语》卷下引《宝林传》云："能大师传法衣处，在曹溪宝林寺。宝林后枕双峰，咸淳中

261

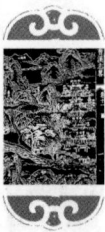

（误用南宋度宗年号咸淳，当作"咸亨中"，670—673年），有晋武侯玄孙曹叔良者，住在双峰山宝林寺左，时人呼为双峰曹侯溪。至仪凤中（676—678年），叔良惠地于大师，自开元、天宝、大历（代宗年号，766—779年）以来，时人乃号六祖为双峰和尚。天监二年，韶阳太守侯敬中奏请为宝林寺，唐中宗改中兴寺，神龙中改为广果，开元中改为建兴，上元中改为国宁。"

《宝林传》已轶，关于其著录者的记载有：《宋史》卷二百五《艺文志》第一百五十八："《宝林传录》一卷，并不知作者。"宋郑樵渔仲撰《通志》卷六十七《艺文略》第五："《宝林传》十卷，唐僧智矩传。"元释念常撰《佛祖历代通载》卷十七："庚午（梁太祖开平四年，910年）南岳山惟劲头陀集光化以来出世宗师机缘为《续宝林传》。"由上著可知，《宝林传》当为唐代末期或五代初期的著作，或为唐僧智矩所作。此处言"天监二年，韶阳太守侯敬中奏请为宝林寺"，当是曹溪、宝林开山一事的最早记录。但其官职名不为韶州牧，而为韶阳太守。韶阳因在韶石之南而得名，唐时，广东提刑司设在韶州，因而韶州同时又为郡，郡名韶阳；因郡又有韶阳太守之名（见宋祝穆撰《方舆胜览》卷三十五，苏东坡《九成台铭》"韶阳太守狄咸"），因而，"韶阳太守侯敬中"，其官职的韶阳之名，不应当在南朝梁出现。

因而无论是"韶州牧侯敬中"或"韶阳太守侯敬中"，其官职在梁天监年间是不存在的，那么其人其事不能不令人生疑，或是附会之说。

2. 智药三藏"戒坛谶语""尝水卜地"的疑点

元代宗宝以前，广州法性寺的"戒坛谶语"，有不少另样的记载：

宋释赞宁撰《宋高僧传》卷八《唐韶州今南华寺慧能传》："所登之坛即南宋朝求那跋摩三藏之所筑也，跋摩已登果位，悬记云：'后当有肉身菩萨于斯受戒。'又梁末真谛三藏于坛之畔手植菩提树，谓众曰：'种此后一百二十年，有开士于其下说无上乘，度无量众。'至是能爱宅于兹，果于树阴开东山法门，皆符前谶也。"

宋景定四明东湖沙门志磐撰《佛祖统纪》卷二十九："印宗即为剃发。请智光律师于本寺，临坛授满分戒。此坛是宋求那跋摩所造，尝记云：'后当有肉身菩萨来此受戒。'梁真谛于坛侧手植二菩提树。

记云：'百二十年后，有大士于此树下说无上道。师乃坐树下，大开东山法道。宛如宿契。'"

宋咸淳四明东湖沙门志磐撰《佛祖统纪》卷三十九《法运通塞志》第十七之六："仪凤元年……行者卢慧能至广州法性寺值印宗禅师，为其落发。请智光律师于本寺，临坛授满分戒。此坛是宋求那跋摩造。尝记云：'后当有肉身菩萨于此受戒。'又梁真谛于坛侧植二菩提树。记云：'百二十年后，有大士于此树下说无上道，及师于此树下大开东山法门。宛符先记。明年归韶州曹溪宝林寺。'"

此与前说大相径庭，惠能受戒之坛的谶语不是梁天监年间的智药三藏，而变作梁末的真谛三藏，"后一百六十年"或"后一百七十年"也变作了"种此（树）后一百二十年"，到底孰对？从文献学角度讲，宋释赞宁在元宗宝前，似是宗宝改变了前人的说法。其实，"戒坛谶语"为梁末真谛三藏所讲，几乎是元代以前学者和僧释的普遍看法，如：

宋藤州东山沙门释契嵩编修的《传法正宗记》卷六云："其坛盖宋时求那跋摩三藏之经始也。初跋摩记曰：'后当有肉身菩萨于此受戒。'及梁末真谛三藏临其坛，手植二菩提树，亦记之曰：'后第四代当有上乘菩萨于此受戒，其说法度人无量。'"

《释摩诃衍论决疑破难会释抄》云："又菩提达磨和尚六祖传云：第六祖唐朝曹溪惠能禅师。至仪凤元年丙子正月十五日剃度。二月八日于法性寺请智光律师受戒戒坛，是宋求那跋摩三藏之所置。梁末有真谛三藏，于坛边种菩提树。因刻石记云：'一百年后有肉身菩萨于此树下说法。'师果于此演无上乘。"（《大正新修大藏经》第 69 册《续论疏部七》）

宋志磐撰《佛祖统纪》卷三十九："此坛是宋求那跋摩造。尝记云：'后当有肉身菩萨于此受戒。'又梁真谛于坛侧植二菩提树。记云：'百二十年后，有大士于此树下说无上道。'及师于此树下大开东山法门。"

尽管谶言时间有一百二十年、一百年、后第四代不同说法，但都一致认为作谶言者是梁末真谛三藏。真谛三藏在古代佛教界被视为"神人"，其"或铺坐具跏趺水上，若乘舟而济岸；接对史君而坐，其干无汗；或以荷叶借水而度之；如斯神异其例甚多。若依此说者，真

263

谛三藏者即神人也"。(《释摩诃衍论决疑破难会释抄》) 如此神人被借来发一谶言,那是很自然的事情。故唐宋诸释都借彼之口来证明惠能受戒时的"肉身菩萨"之神性。但《六祖大师法宝坛经》为何不遵佛学界一般意见而非要梁天监元年的智药三藏来发此谶言呢,个中原因恐怕与宣扬宝林道场有关。因为真谛三藏虽神,但其传说与曹溪开山、择卜宝林道场没有关系,而智药三藏却有"尝水卜地"、在曹溪开山立石宝林的诸种传说。如:

《御定渊鉴类函》卷三百五十三《居处部》十四:"《梁志》曰:'天监初,天竺僧智药自西土来,泛舟至韶州曹溪水口,闻其香,掬其水尝味,曰:此水上流有胜地,寻之。遂开山立石。'"《梁志》未知何人所作,观其韶州二字,必为隋代以后著作。

宋孝宗时人陈振孙《锦绣万花谷》前集卷六:"曹溪口水香。梁天监中,有婆罗门智乐者南游至曹溪口,掬水闻香,云:'此必胜地,可建道场。'后六祖果来此住,遂建南华寺,今属韶州。"

宋祝穆撰《古今事文类聚》前集卷三十五《仙佛部》:"尝曹溪水。梁天监元年,有天竺国僧智药自西土来,泛舶至汉土,寻流上至韶州曹溪水口,闻其香,掬尝其味,曰:'此水上流有胜地,寻之,遂开山立石宝林,乃云:此去百七十年,当有无上法宝在此演法。'今六祖南华是也。"(明周嘉胄撰《香乘》卷九引《五车韵瑞》'曹溪香'、明彭大翼撰《山堂肆考》卷一百四十七释教与此记同)

《广东通志》卷十《山川志》:"昔西僧智药经溪口,掬饮香美,异之曰:'此水与西天之水无异,溪源必有胜地,开山立石曰:后百七十年,当有无上法师在此演法。'今六祖南华寺是也。"

以上四条文献都记载了智药在梁天监中发现曹溪胜地的情况,明唐宋确有此种传说。故用智药替代了真谛三藏在法性寺戒坛上作谶言。至于发现曹溪胜地的情况,所记互有差异,最平实的是《梁志》,既没有百七十年的预言,也没有立石"宝林"之说,也未讲宝林道场和南华寺,只言此处水香山美,开山立石纪此胜地。故推测《梁志》是陈以后、唐中期以前的著作。至宋《锦绣万花谷》,已预言此处"可建道场",并和六祖南华联系起来,但未引申至初建"宝林道场"。宋祝穆所记谶言与宝林之事已相当完备,明确提出遂开山立石的内容是宝林,谶言也明确具体到"百七十年"。以后又增益了"此水与西

天之水无异""宛如西天宝林山也""可于此山建一梵刹""得道者如林，宜号宝林"等内容，于是借智药曹溪掬水闻香的传说，把曹溪开山、宝林道场的起始时代都推到了梁天监元年。

从以上材料可以看出，宗宝《六祖大师法宝坛经》及《曹溪通志》关于曹溪开山的记载是在唐以后逐步形成的，唐以前直接证明梁天监元年开山的材料不见一条。文献材料的多种说法，证明了曹溪开山的记载是利用此前的有关传说或记载经多次增益、附会才产生的。所以细究开山的材料会有许多疑点。最主要的疑点是：①所谓韶州牧侯敬中表请赐额宝林事有违州郡设置的历史年代常识，不会是史实。②戒坛谶言事由原来的真谛三藏谶变作智药三藏谶言，谶言从百年、百二十年、百六十年、百七十年反复不定，有力说明此事曾被多次附会，不可视作信史。③智药三藏"尝水卜地"事按《梁志》的记载确实可能发生过，但当时并没有谶言和立石宝林，谶言的百六十年、百七十年及立石宝林都是后人附会的，其增益、附会的痕迹在上述史料中可明显地看出来。因此曹溪开山于梁天监元年之说缺乏历史材料根据，附会成分很大，视作一种传说则可，当作信史则不足。

三、曹溪宝林始建年代初探

关于曹溪宝林始建年代的可信材料有下列各项：

《六祖大师法宝坛经·机缘品》第七："师自黄梅得法，回至韶州曹侯村，人无知者。有魏武侯玄孙曹叔良及居民，竞来瞻礼。时，宝林古寺，自隋末兵火已废，遂于故基，重建梵宇，延师居之。俄成宝坊。"

宋释赞宁撰《宋高僧传》卷八《唐韶州今南华寺慧能传》："尼深叹服，号为行者。有劝于宝林古寺修道，自谓己曰：本誓求师，而贪住寺，取乎道也，何异却行归舍乎。明日遂行。"

宋释普济撰《五灯会元》卷一："尼无尽藏者，即志略之姑也。常读涅槃经，师暂听之，即为解说其义。尼遂执卷问字，祖曰：'字即不识，义即请问'，尼曰：'字尚不识，曷能会义。'祖曰：'诸佛妙理，非关文字。'尼惊异之，告乡里耆艾曰：'能是有道之人，宜请供养。'于是居人竞来瞻礼。近有宝林古寺旧地，众议营缉，俾祖居之。

四众雾集，俄成宝坊。"

宋藤州东山沙门释契嵩编修《传法正宗记》卷六："尼异其语，知必非常人，遂以告其乡里，乡人德之，寻治宝林兰若，请尊者居之。居未几忽自感曰：'我始为法寻师，何久滞此。'即去宝林，稍进至韶之乐昌县。"

以上四条材料，有一个共同点，即在惠能到曹溪以前，曹溪已有宝林古寺存在。此寺何人何时所建，材料均未显示。若据大正本《坛经》，古寺"自隋末兵火已废"来推断，至少建于隋以前。据上引后三条材料，惠能在黄梅得法前，曾第一次到曹溪，因"尼异其语""乡人德之"，就在"宝林古寺旧地"上，"寻治宝林兰若，请尊者居之"。这大概是宝林寺的第一次重建；据第一条材料，惠能在黄梅得法后，回至韶州曹侯村，"人无知者"，由"曹叔良及居民"支持，在"已废"的宝林古寺基址上重建了宝林寺。显然，这当是宝林寺由废至兴的第一次重建。若如此，则不应有"尊者居之"第一次重建。这个矛盾也在宗宝《六祖大师法宝坛经·附录·六祖大师缘记外记》中得到了解决：

师辞众归宝林。印宗与缁白送者千余人，直至曹溪。时荆州通应律师与学者数百人依师而住。师至曹溪宝林，睹堂宇湫隘，不足容众，欲广之。遂谒里人陈亚仙曰："老僧欲就檀越求坐具地，得不？"仙曰："和尚坐具几许阔。"祖出坐具示之，亚仙唯然。祖以坐具一展尽罩曹溪四境，四天王现身坐镇四方，今寺境有天王岭，因兹而名。仙曰："知和尚法力广大，但吾高祖坟墓并在此地，他日造塔，幸望存留，余愿尽舍永为宝坊。然此地乃生龙白象来脉，只可平天，不可平地。"寺后营建，一依其言。师游境内山水胜处，辄憩止，遂成兰若一十三所。今日华果院，隶籍寺门。

解决方法很简单，六祖归宝林时，不是"人无知者"，而是"数百人依师而住"，故"睹堂宇湫隘，不足容众"，明此时的宝林寺虽然"湫隘"，但毕竟有堂有宇，暗合尼无尽藏第一次重建的宝林寺。由于其"不足容众"，所以在"里人陈亚仙"的帮助下，取得土地，"遂成兰若一十三所"，宝林道场从此兴旺。

由上述可以看出，隋以前曹溪就有佛教寺院了，但是南人乡间小寺，当时知者甚少，所以当时文献均未记载，后期文献记载疑窦丛生，宝林寺到底何人、何时所建，现在已无从考究。隋唐以后的文献，数《梁志》平实，但只讲"开山立石"，未讲寺院何名，其他文献，赋予宝林之名，增益韶州牧侯敬中表请赐额宝林等事和智药三藏、真谛三藏的不同谶言，由于增益时职官常识搞错，又没有当时文献或文物证明，都不能视作信史，只能存疑。

到惠能时期，宝林寺重建见于记载的有三次：第一次是惠能黄梅寻法前到韶州，由于无尽藏的叹服，召集乡党"寻治宝林兰若。请尊者居之""四众雾集，俄成宝坊"，但惠能未得法，即去之。第二次是黄梅得法后到韶州，在"人无知者"的情况下，在曹叔良等人的资助下，"遂于（宝林）故基，重建梵宇，延师居之。俄成宝坊"。第三次是在广州法性寺受戒后到曹溪宝林，"学者数百人依师而住"，由于"睹堂宇湫隘，不足容众"，所以大兴土木，盖成"兰若一十三所"，自此宝林道场才为众人所知，兴旺起来。前两次重建，都是在已废的"旧地""故基"上修建，但一在求法前，一在得法后，必有一次记载失实。第三次重建（实应第二次）时，原址已有"堂宇"，重建后规模宏大，影响深远，当为史实。六祖时代才是曹溪宝林道场真正兴起的时候。

第十章 韶文化的民族特色——粤北瑶民文化

第一节 粤北瑶族的分布及其来源

一、粤北瑶族的聚集区

广东省现有连南瑶族自治县、连山壮族瑶族自治县、乳源瑶族自治县3个民族自治县。连南瑶族自治县1953年1月25日成立，现属清远市，2001年末总人口153 384人，其中瑶族79 555人，壮族1 399人。连山壮族瑶族自治县1962年9月26日成立，现属清远市，县政府驻吉田镇，少数民族占全县总人口的65%。乳源瑶族自治县位于广东省北部，与湖南省交界，总面积2 227平方公里。1963年成立，现属韶关市，县政府驻乳城镇，2009年末总人口约23.7万人。另外，广东省又有龙门县蓝田瑶族乡，连州市瑶安瑶族乡、三水瑶族乡，怀集县下帅壮族瑶族乡，始兴县深渡水瑶族乡，阳山县秤架瑶族乡等6个瑶族乡和东源县漳溪畲族乡共7个民族乡。从以上资料可以看出，广东省的少数民族主要有瑶族、壮族和畲族，其聚集地主要在粤北，瑶族聚居区主要在韶关乳源、始兴，清远连南、连山。

二、乳源瑶族的相关记载与其族源

（一）瑶族的最早记载

历史上，瑶族是一个游耕猎山民族。作为一个族称，最早出现在南朝后期，《金通志》载："梁大同中（535—545年），（徐度）从始兴内史肖介赴都，时诸峒瑶僚屡出剽掠，境内大扰……"① 当时，乳源分属曲江、乐昌管辖，曲江、乐昌又属始兴郡管辖。如果此条文献无误的话，在南朝梁大同年间，粤北韶关地区就已有瑶族在活动了。最早无疑的史料是唐初姚思廉撰《梁书》卷三十四《张缵传》的记载：

缵至州，停遣十郡尉劳，解放老疾；吏役及关市戍逻、先所防人，一皆省并。州界零陵、衡阳等郡有莫徭蛮者，依山险为居，历政不宾服，因此向化。②

同时代的长孙无忌著的《隋书》卷三十一《地理下》也载：

长沙郡又杂有夷蜒，名曰莫徭。自云其先祖有功，常免徭役，故以为名。其男子但着白布裈衫，更无巾袴；其女子青布衫，班布裙，通无鞋屩。婚嫁用铁钴镥为聘财，武陵、巴陵、零陵、桂阳、澧阳、衡山、熙平皆同焉。③

隋时的熙平郡，一度包括今曲江、连山、始兴等地，故至迟在南朝末与隋唐之际，粤北已有瑶族存在，并且名曰"莫徭"。

熙平即今连山。名为莫徭，是因为"自云其先祖有功，常免徭役，故以为名"。所谓"先祖有功"，指的是楚平王（一说周平王）赐他们《过山榜》（又名《评王券牒》）。瑶族保存的《过山榜》不仅详

---

① 引自潭左贤《乳源瑶族人口今昔观》。本书未查到原文，暂存疑。载《乳源文史资料第八辑》，1988年。

② （唐）姚思廉：《梁书》卷三十四《张缵传》。

③ （唐）长孙无忌等：《隋书》卷三十一《地理下》。

细记载了"盘瓠神话"内容，而且申述平王赐予盘瓠子孙管山、耕山之权，可以随时择山迁徙，不受阻拦，不被征税，不被抢夺财物及子女等。很多榜文具列瑶族十二姓受封为各州刺史、将军、都尉、大夫等官职，具列瑶族迁徙过程中所开发的山名。榜文标注的年代，上至唐贞观三年（629年），下至20世纪50年代。《过山榜》在历史的风雨中，紧随瑶胞走遍天涯，成为神圣的护身符，其中奥妙，至今是中外学者研究的重要课题。于是，这种耕山而又不纳税的群体，被称为"莫徭"，简称瑶。瑶族在族源上，与汉代居住在湖南的武陵蛮、长沙蛮以及长江中游江浙一带的山越族都有关系，隋以后，用瑶表示其民族属性。

至唐代，韩愈在其《送区册序》（805年）中说"阳山天下之穷处也……县郭无居民，官无丞尉，夹江荒茅篁竹之间，小吏十余家，皆鸟言夷面。始至，言语不通，画地为字，然后可告以出租赋，奉期约"。另一位大文豪刘禹锡被贬连州五年（815—819年），著有《莫瑶歌》《连州腊日观莫徭猎西山》《蛮子歌》《插田歌》等诗歌，中有"时节祠盘瓠""名字无符籍""箭头涂鸪血，鞍傍见雉翅"等莫瑶生产、生活的写照。

至宋代，粤北瑶人屡被记载，《宋史》卷四百九十三《蛮夷一》："庆历三年（1043年），桂阳监蛮猺内寇，诏发兵捕击之。蛮猺者，居山谷间，其山自衡州常宁县，属于桂阳郴、连、贺、韶四州，环纡千余里，蛮居其中，不事赋役，谓之猺人。"到了南宋乾道三年，为加强对粤北瑶族的统治，将曲江县的乳源乡、崇信乡和乐昌县的新兴乡划出，专设乳源县，县治在虞塘（今乳源侯公渡罗屋）。县名延续至今。

（二）瑶族的族源

瑶族族源问题，学界自20世纪30年代就开始研究，至今意见尚未统一。归纳起来有三种：一是源于长沙武陵蛮、五溪蛮。二是源于东南沿海的古百越族。第三种观点是多元说，认为瑶族中的盘瑶（苗瑶语族）源于长沙武陵蛮，布努瑶（壮侗语族）源于古越人或"濮人"，也有人认为长沙蛮、五溪蛮、山越等都是瑶族先民。

三、乳源瑶族来源何方

瑶族分布上的特点是"大分散，小聚集"，所谓"南岭无山不有瑶"的谚语，反映了这种耕山为业、群体族聚又分布广泛的特点。据1982年的统计数据，瑶族人口总共140余万，其中80多万聚居于广西的金秀等6个自治县和散居广西的60多个县；30多万聚居在湖南江华和散居湖南的20多个县；5万聚居在云南的河口自治县和散居广南等10多个县；15万聚居在广东连南、连山、乳源自治县和散居曲江、始兴、英德等10多个县。

广东粤北的瑶族可大别为排瑶、过山瑶两类，排瑶指的是连阳八排瑶（即古连山军寮、马箭、里八峒、火烧坪、大掌岭五大排和连州油岭、行祥、横坑三大排的总称）和连阳二十四冲的瑶民，因其房舍依山而建，排排层叠而上，故被称作"排瑶"，而自称为"邀敏"，意即瑶人。除排瑶以外的另一些散处粤北的瑶民，过着游耕猎山生活，3～5年要迁居一次，故被称为"过山瑶"。

最早居于广东的瑶族是连阳八排瑶。贞元二十一年（805年）韩愈任阳山县令，曾说那里是"鸟言夷面"，刘禹锡在元和十年至十四年（815—819年）任连州刺史时，作有《莫瑶歌》《连州腊日观莫徭猎西山》《蛮子歌》等，有"莫瑶自生长，名字无符籍""火种开山脊""时节祠盘瓠"等，确证唐时瑶族已居住连阳。

连南的过山瑶，据族谱记载，是200多年前从广西迁来的。其语言和民俗与排瑶相去甚远，和广西金秀等地较为接近。

如今乳源的瑶民，大多是在明洪武二十七年（1394年）对瑶镇压以后从湖南、福建等地迁来。自称为"勉"，他称有西边瑶（过山瑶）、东边瑶（深山瑶、浅山瑶）之分，又有"板瑶"（妇女头发挽于板上）、"箭瑶"（箭瑶生活在原曲江西山，今乳源县游溪、柳坑乡）之别。这在地方史志中也有零星记载。清康熙二年（1663年）《乳源县志》载，明洪武二十七年（1394年）后，战乱导致乳源田地荒芜，地方官府遂"招民承种，湖广、江西、汀漳之民皆占籍于乳"。也有当地汉族同化为瑶人的。清光绪元年（1875年）《曲江县志》称："瑶人盘姓，古盘瓠之裔也。别种有赵、冯、唐、邓姓等，系以土著

而隶于瑶者。"就是说，当地部分汉族人民由于不堪负担徭役、赋税等原因进入瑶区，与瑶族自然融合起来，久而久之同化成瑶族。

散处于粤北始兴、翁源、英德、乐昌、乳源、连县等地的瑶民，大致是在宋元时期入徙岭南，一度曾到过广西、粤西、粤东，明清时又迁回粤北，过着耕山的日子，为过山瑶。如在乳源侯公渡发现的南宋《景定元年十月二十日给付评皇券牒》记载说，此时瑶族已从"原南京十宝洞会稽山""游船飘海"到乐昌县（时乳源县的部分瑶区归属乐昌县）等地居住，所列瑶族涉足的山名之中就有"曲江（幽）烈溪山（今乳源游溪、柳坑两瑶区）、乳源大楠木山（今乳源东坪瑶区）、乐昌东西二山（西山即今乳源必背瑶区）"。

四、以乳源瑶族为主的粤北瑶族是世界过山瑶之乡

明清时期，或由于战乱，或由于天灾，乳源瑶族也不断向外地甚至海外迁徙。有迁入湘南汝城县等地的，也有迁入广西、云南等地的。迁入广西、云南的乳源瑶族，后又辗转跨越国境到达安南（越南）、老挝、柬埔寨等国境内，散居于当地密林峻岭之间。其中有部分人后又弃农从商，远走泰国，又远涉重洋，涉足美国、法国、英国、加拿大、瑞典、新西兰、澳大利亚、巴西等国繁衍生息。

20 世纪 70 年代，越南入侵老挝、柬埔寨之后，曾掀起排华、驱华浪潮，这个时期又有大批瑶族被迫逃入泰国，经过国际难民署的安置，这些瑶胞被分批分次迁移到美国、法国、加拿大等国落户，目前，美国有瑶族 4 万多人；法国有瑶族 1 000 多人；加拿

图 55　乳源瑶寨

大有瑶族 2 000 多人。乳源是世界过山瑶祖居地，是他们日思夜想的故乡。1984 年 4 月，美国瑶族协会代表团到乳源访问，述说他们的祖先系 400 年前从乳源、乐昌西山（今必背镇）西迁而去的瑶族人，并通过直接的瑶族语言交流、族谱世系关系、《家先单》（《过山榜》别

272

名）等证实了上述说法。以后，这些欧美等国瑶胞不断派代表团来访，至今已有 6 批近 600 人根据世代流传下来的《家先单》等各类族谱性文献的记载，到乳源、必背等地寻根问祖、认祖归宗。

第二节　瑶族的图腾信仰

瑶族分散、耕山而又自我封闭的特征，在历经千年之后，一般讲都应该被所居地的文化同化。但瑶族却逐渐壮大，其基本原因在于他们有共同的图腾祖先信仰——盘瓠神话与本民族的语言和文化。

一、盘瓠图腾信仰

盘瓠图腾崇拜是维系瑶族族群存在发展的共同信仰和联系纽带，也是探索瑶族先民在统一信仰下逐渐聚集、形成独立民族的关键材料。

学界细翻古籍，证实盘瓠的传说最早见于东汉应劭的《风俗通义》，详记于东晋干宝的《搜神记》，完成于南朝宋范煜撰的《后汉书·南蛮列传》，以后在瑶族的《过山榜》中都有类似记述。这种盘瓠图腾族源神话主要流行于粤湘桂的瑶族"勉"支系。其大致梗概如下：

图 56　盘王像

盘瓠名称据《搜神记》卷十四："高辛氏有老妇人居于王宫，得耳疾，历时医为挑治出顶虫，大如茧。妇人去后，置于瓠中，覆之以盘，俄尔顶虫乃化为犬，其文五色，因名盘瓠。"瑶民又称盘王、盘护王。

古时平王（一说高辛王）国土常受高王（一说藩王、戎吴将军）侵扰，平王谕示谁能灭高王愿以公主下嫁之。平王的龙犬应召，游海七昼夜到达高王宫殿，乘其不备咬取其头颅而归。平王大喜，招为三公主驸马。婚后，三公主发现龙犬白天为狗，晚上却是美男子，狗毛

变作龙袍。平王知道后说，龙犬若变为完人可以封王。龙犬即嘱公主把他置于蒸笼蒸七天七夜即可变人。至第六夜，公主怕丈夫被蒸死，提前揭盖，结果头部、腿部毛发未脱尽，故用锦带缠之。后被平王封作"会稽山十宝殿盘护王"，与公主生下六男六女。平王大喜，赐予盘、沈、包、黄、雷、李、邓、周、唐、冯、赵、胡等十二姓，并颁赐"榜文"，令各地官吏全部免除盘王子孙粮赋差役，有管山耕山之权，因而择山迁徙，不受阻拦。"凡盘瓠子孙所居的山地，任其开垦耕种，一切粮赋差役全免。"后盘王打猎被野羊触落山崖丧生，公主和子女们剥下羊皮制成鼓，又名《平王券牒》，边敲边舞边唱，以悼念盘王。

所谓"榜文"即《过山榜》，既是过山瑶的历史文献，又是过山瑶祖先持以游历数代的"皇榜"，还是过山瑶得以耕山、迁徙的"护身符"，全国各地的过山瑶民间都有收藏《过山榜》，甚至迁徙到美国、法国、老挝、泰国、越南等国的过山瑶中也有珍藏。《过山榜》又有《评皇券牒》《盘王券牒》《龙凤批》《过山图》《家先单》等名称，主要以汉文书写，记载了人类的起源和盘瓠十二姓子孙的由来、流离迁徙历史及其习俗风尚等，记述了封建王朝对瑶族的册封及赋税徭役的豁免等内容。相关研究认为，《过山榜》实际上是封建王朝给予受招抚入籍瑶户的瑶族先民的券牒文照，并且瑶族所迁入居住的各地官府一般都给予确认、换发。

这个故事说明：①瑶族共同认同的祖先是盘瓠，其图腾形象是龙犬，十二姓都是龙犬的子孙。②瑶族耕山为业，世免徭役赋税，故名莫瑶。③瑶族最重要的宗教仪式"还盘王愿"（又称"耍歌堂""跳庙"等）、各种长鼓舞（赶羊、造屋、黄泥、芦笙、羊角等长鼓舞）以及婚俗、葬俗、习俗等都与龙犬祖先、盘瓠图腾崇拜分不开。

二、瑶族的宗教

（1）原始宗教。

核心是万物有灵。如崇拜的自然神有雷王、风伯、雨师、山神、河神、树神；造物神有盘古圣帝；以"密洛陀"为创世神，以社王、五谷灵娘为五谷神，以白马神、甘王、梅山王、刘仙娘、刘三妹、冯

三界、陈宏谋和邓、马、赵、关四元帅等为保护神。以盘瓠王、苏灵公、陶王、苏六、赵金龙等为民族神。

（2）道教。

中国的道教对瑶族的影响甚大。道教的玉皇大帝、太上老君、张天师、三清（大罗元始天尊、灵宝大法师、道德真君）等都是瑶族的祖师神。

第三节　瑶族的宗教礼仪和民俗

一、还盘王愿

还盘王愿是祭祀盘王（盘瓠）的仪式，又称"耍歌堂""跳香火"等，主要流行于广东、广西、湖南、贵州、云南等地。在东南亚及欧美的瑶民也有此仪式。此仪起源很早，《搜神记》中记载："用糁杂鱼肉，叩槽分食，以祭盘瓠。"仪式分家祭、村祭两种。

1. 家祭

当人丁或家境不安时，通常在年初许愿，年尾还愿。大祭三天三夜，小祭一天一夜。程序是：①请圣排鬼上光（即请外族外姓诸神降坛饮宴），祭五谷、兵马，以祈丰收。②请瑶族祖神前来"流乐"（玩乐）。其他诸神像撤下，把盘瓠像供上，并供上长鼓、瑶锦，由长鼓艺人表演长鼓舞，歌师、歌娘出来"围歌堂"，挑选一最俊俏的童女扮演新娘，献给盘王，使其"流乐"。由师公与事主唱颂《盘王大歌书》，最后送盘王归去。

2. 村祭

以一村或数村为单位，在建于山中的盘王庙中举行。祭期不等，有一年一次、两年一次、三年一次，或一代人一次。祭仪与家祭同。

图57　牛角、长鼓欢庆盘王节

今连南排瑶的还盘王愿已成为"盘王节"，也称"耍歌堂"。时间在农历十月十六。大歌堂历时三天，每十年举行一次，小歌堂历时一天，三年五载举行一次。

（1）耍歌堂第一个仪式，是"游神"大典。三声土铳炮响开道，接着由排瑶一老人鸣锣率众过街串巷游行，老者后面跟着两名彪形大汉，双手擎举一株带枝带叶的毛竹（碗口粗大，三丈多长，所谓"幡竹"）。竹枝上吊着玉米包、稻穗、花纸条、彩绸丝带等。幡竹之后是抬神像队伍，继而分别是长鼓队、铜锣队、唢呐队、男歌队、女歌队、小孩队以及扛着长矛、大刀、三齿叉、鸟枪等武器的猎队，浩浩荡荡，逶迤而行，鼓乐喧天，载歌载舞，周游全排的大街小巷。

（2）来到"歌堂坪"，进行"讴歌跳舞"。先由司仪走进歌堂坪中间，引吭高歌，众人同声唱和，歌声震撼群山。随后，瑶族青年男子三五成群，头缠红布头巾，高插白雉翎，身穿盛装，腰挂长鼓，呼哨而来，向着姑娘们跳起粗犷、刚健的长鼓舞，边舞边唱。

一般先从催请歌唱起，然后唱盘问歌，继而唱初交歌、深交歌。未婚男女倾吐衷肠，借此机会选择佳偶，非常热闹。

（3）过州过府是"耍歌堂"的一个中心环节，目的是怀念祖先迁徙到瑶山的漂洋过海的艰苦历程。

图58 "耍歌堂"的歌坛

他们在歌堂坪上插36枝竹签，签上用色纸写上雍州、道州、荆州等标志，竹签每隔两米插一枝，成方块形。届时，由族长、先生公手摇铜铃，念着经书在前面开路，其后是长鼓队、牛角队、铜锣队、男歌队、女歌队等排成长龙，围着竹签（州府）转来转去，每个州府都绕转九周，好比古代战争行军列阵，场面十分壮观。

（4）打三怪。当人们唱够了，唱累了，喝醉了，歌堂便进入追打"三怪"的仪式。所谓"三怪"，即由三人用黑、黄、白三种颜色扮成黑脸公、黄脸公、白脸公，代表妖魔邪恶，每人身挂三斤猪肉在前面跑，后面群而追之。有的举刀拿斧，有的拿锄拿棒，呼喊着"杀呀！

追呀！打呀！"抢他们身上的腊肉。这"三怪"不管道路坎坷，拼命冲出密集的人群，往田野山岗逃跑。追打"三怪"的仪式，一直要到追的逃的都精疲力竭才罢休。而后，那三斤腊肉就归扮演者所有。

图59 过州过府

图60 枪杀法真

（5）"枪杀法真"是"耍歌堂"最壮观的一个仪式。一种传说认为法真原是一个民族英雄，为驱逐外来侵略、保护瑶家立过功劳。但是后来变节求荣，充当内奸，把外敌引入瑶山，给瑶民带来灾难，瑶民要枪杀他。另一种传说认为法真是民族英雄，瑶家凡在"耍歌堂"时都要纪念他。这种仪式很有特色，由一个英俊威武的男青年装扮法真，左手抓公鸡，右手执宝剑，挺立站在木梯上，再由数人抬起木梯，在歌堂坪上示威游行，然后由几名枪手跟着"向天鸣放鸟枪"。从表

277

演形式来看，反映的内容属后者，即歌颂法真，以示纪念。

（6）送神。"耍歌堂"最后的一个仪式是送神，即把祖先塑像送回庙宇里去。

二、拜王

拜王又称跳王，或称调旺，即越跳越旺。是一种叩神还愿的仪式，流行于乳源、连山的过山瑶族中。主要崇拜对象是唐王和狗头王。据说，山瑶十二姓过海来岭南，遇险许愿，为唐王所救，于是就叩神还愿。凡许过愿的，如因年成、疾病、天灾等，都要跳王还愿。跳王多以一家为主，约亲房联办。三年一次，在9、10月举行。事前要请师爷占卦选日，全村老幼都参加。届时师爷念经，歌姆唱歌，未婚男女模拟表演拜堂成亲等节目。要热闹三天三夜方罢。此仪式在1958年停止，1980年后恢复。

例如，乳源西边瑶称之为"拜王歌堂""唱歌堂"或还盘王愿。瑶人某个家庭如忧其家运不兴或其家庭成员罹疾患病，即出资请一位师爷来家中，并邀请亲友光临，举行向盘王诸神许愿仪式。仪式中，师爷摆案燃香置酒悬幡焚纸钱，口念许愿经文，又时而跌跤，以明神意。若仪式后家运中兴，或病人康复，则必须于三年内再请师爷在冬月择吉举行拜王还原。

图61　瑶族打幡拜王神路图

拜王歌堂则须由三个师爷主持，还要请三对童男童女及一个妇女歌手参加唱歌，这是瑶人酬神还愿仪式中比较大型的活动。仪式开始，师爷烧香点烛，祈拜祖宗和神祇，以歌伴舞，称之为"跳神"，请其

祖先盘王和诸神降坛。然后分门别类唱《盘王歌》等瑶族传统歌谣，而后师爷率领唱歌队伍，摇着铜铃走出大门绕主人房舍一周，边唱边许愿后回屋，童男童女又同声主唱，祝贺主人家人丁兴旺，事事顺意。接着，师爷们肩扛一杆秤，秤钩上钩着一把谷穗，边唱边舞蹈，祈祷来年五谷丰登、六畜兴旺。为了确保各种祈祷的实现，师爷还要进行驱邪鬼的"克鬼"仪式。最后是送神仪式，由两个师爷手牵手同时在神坛前或蹲或旋或腾或跨，然后一个筋斗翻出门外，表示已将请来的盘王等神送出。

三、度戒

度戒在全国瑶族中盛行，又称"打幡"。有两层含义，一是成丁礼，二是准备继任师公、道公者的"授符箓"仪式。瑶族经典《持索度戒科》认为，成丁礼是"脱去俗体""能消灾渡厄""能救苦济世"的瑶族男子一生必经的大法事，十六七岁即举行此仪式。所以它是比跳王更加隆重的仪式，过去要进行半个月，后改为七天七夜。事前要选择山里一秘密地点搭棚，度戒者的家庭要遍请亲友参加，耗资上千元。仪式的程序有：设坛、接师、封斋、请圣、解秽、立幡（2 丈长，吊青、白、黄三大幡，表示四值功曹可沿幡上达玉帝）、走道（尊习道教，跳捉鬼舞，表演寻、捅、捉、串、挂、剖、分、背、食龟的全过程，生动谐趣）、奏表、挂灯（竹竿上点灯，受戒者掌灯，师公念经，手舞足蹈作法）、抬禾、渡槽、上刀梯（师公奏明玉帝后，对受戒者施以法术，引向刀梯，到梯顶，吹响牛角让玉帝知道，下刀梯则被授予法剑、老君符等法器）、过火链、夫妻画押接印（已婚男子受戒，妻子也要参加仪式。受戒后，接受师公所拟的"阴阳二据"，上写二人阳间为伴侣，到阴间仍为夫妻。接着焚烧阴据，表示已在太上老君九郎处备案。阳据由夫妻保存。接着，夫妻要上刀梯，跪在云楼下，由引渡师将老君印分别抛给他们。从此丈夫得法名"某某郎"，妻子称"某某娘"，生死相依，死后有灵位接受后人敬奉）、封官加职、游走乡道、度火堂（加职游乡后，正度师用干柴烧红一张犁头和七块火砖，按北斗七星形状摆设，率受度者赤手捧烧红的犁头、赤脚在烧红的砖头上走罡步，接受火的考验）等。度戒期间，受度者及其

家人和师父要一同封斋，度者本人要斋戒四天四夜。期间要禁房事，不和妇女言笑，不准抬头望天，并一生尊"十戒"，度牒由本人终生保存，死后烧化。受戒者经过不同的考验，可主持不同级别的法事，为族人召神、消灾、祈福。一般受戒者，则被视为生命从此具有新的意义：①成为族内正式成员。②有权选举和成为村寨头人。③死后能升天成仙，接受香火供祭。④在村中可得村人的敬仰。⑤有做师爷和师表的资格。

图62　乳源瑶族师爷形象

　　瑶族的一切宗教仪式均由师爷主持。师爷有师表（俗称"师公头"）、师爸、仙公之分，是掌握瑶族神权的一个上层阶层。师表、师爸、仙公各有分工。"打幡拜王"等隆重宗教活动，师表不主持便不得开坛，普通的拜王、婚嫁、驱鬼邪等活动则师爸可以担任，师表可以兼做师爸的职事，但师爸不能做师表的法事职能。但凡择日卜卦、问神问鬼则属仙公的职责范围。师爷做法事，着瑶人常服，赤足或穿木屐，下体再围下缘红绿线绣花的青布裙，头戴满绣红绿色花纹的青布帽，用长长的青布带扎束。有师表身份的，上身还穿红色马褂。师爷做法事有神杖、经书、铜铃等法器。

四、婚俗

　　连南排瑶过去盛行父母包办的"童子婚"，9—13岁订婚；14岁之前举行婚礼，礼后不与丈夫同房，由姐妹陪夜，十六七岁才入夫家同房（不再举行婚礼）。现在普遍的是"讴莎腰"的定情方式，讴即唱，莎腰即姑娘。午夜后三五成群的小伙子，对着姑娘的三角窗唱歌求婚。姑娘愿意则对歌，不愿则沉默。若对方始终不离去，就会从窗子上递出火把，以示他要另寻鲜花。对歌到情投意合时，女方会把手帕搭在男方肩上，男方即可请媒人向女家求婚。彩礼为"嫁肉"，通常6—9斤，据舅父和亲戚的多少来决定。女子的嫁妆则有耕牛、土

地、山林以及水桶、脚盆、锄头、长刀、棉被、服装、太阳伞等。迎娶时，新娘要倒穿草鞋，表示要常回家看看，不忘父母之恩，向亲人哭别。舅父在嫁宴上是主导，酒过三巡，新娘要唱《哭嫁歌》，舅父等要唱《送嫁歌》。出门

图63　瑶族青年男女对歌

前，先生公在祖先神坛前念《瑶经》，画张纸符，贴在太阳伞上。出门后，凡遇过桥涉水，新郎要背新娘过去。到了男方瑶排下，男方迎亲的兄弟姐妹，定要娘舅对歌，对一首喝一碗酒，一小时后才让进排。进排后入新房，但不闹洞房，因新郎要回避三天。酒宴盛大，新娘认亲，长辈赐红包。三天后回门，拜过娘家祖先长辈，才双双回家，开始夫妻生活。

连南过山瑶男嫁到女家较普遍，称作"两边顶"，有拜堂仪式，由伯父或大舅主持，新郎要一拜祖先，二拜父母，三拜叔伯兄弟。每拜要行跪礼2次，敬酒2次。新娘不用跪拜，垂手屈膝即可，据说是因为盘瓠要的是公主，所以新娘不用跪拜。

连山过山瑶的婚礼上新娘则要劳累得多，到夫家前，迎亲、送亲的队伍要认亲、串亲，到夫家后，要先洗脚，巫师照脸上喷符水三口，并在新娘所站之处，用斩去鸡头的鸡血浇淋一圈。拜堂在晚上举行，乐队吹奏《拜堂调》，司仪诵《点祖宗蜡烛诗》，媒人点燃"拜堂烛"，新郎、新娘争踩拜堂床。长辈就位后，司仪高吟《十二拜诗》，新郎、新娘开始拜堂，作揖三次、跪下一次，才算一拜。先拜天地，得24拜；再拜祖辈，得36拜；再拜父辈，得24拜；再拜平辈，得12拜；最后还要重拜家公家婆，才能收拜。每拜4—6分钟，拜堂时间常在五六个小时，有的甚至通宵达旦。整个婚礼伴以八音，主人唱歌、奉茶、敬酒；客人酬酒接歌相答。最后演奏《收拜调》，长者将彩盘转给新婚夫妇，二人同捧彩盘步入新房。之后，新婚夫妇不能就此睡觉，还要复出厅堂，逐个向长辈奉茶，待所有客人全部退席，才算结束。

寮房认亲：乳源东边瑶过去一般家庭大都会在主房的一侧盖有一间或两间称之为"寮"的小房子，8—18 平方米不等，普遍仅有一道门和一扇小窗，屋内除摆设一张台、凳、床和一张妆台外，不放其他东西，以安排 14—15 岁即将成年的子女单独居住，意味着父母给予即将成年的子女以独立生活和开始走向社会、融入社会的权利。

寮房也是瑶族父母为其成年子女提供的与异性自由交往的场所。瑶族社会的婚姻恋爱生活比较自由。子女进入成年后，其父母均会允许他（她）们与异性自由交往。所以独居在寮房的子女，与异性在寮房进行的一切交往活动，其父母绝不会干涉。只有子女与异性交往到一定程度，双方都同意请求其父母出面举行"认亲"仪式，其父母才正式介入。如果双方父母同意为正在恋爱交往的子女举行"认亲"仪式，向亲朋好友公开和确认，就意味着其子女与所交往异性的恋爱关系可以继续，否则就意味着其父母不同意他（她）们继续交往，必须断绝恋爱关系。一般情况下，"认亲"仪式结束后，只要女方不反对，男方就可以名正言顺地在女方所居住的"寮"中与女方同住、留宿，女方的亲戚、周围村民都不会非议。

五、葬俗

瑶族葬俗各地不一，一般为：在死者口中放入钱币；向河神买水给死者沐浴；换新衣；请师公念经，为死者开光（乳源瑶族称"开路"），让死者灵魂看清去路，不致误入歧途来人间纠缠。停棺数天后出殡，师公作法，在前引路；并撒饭、纸钱，布施野鬼以免扰乱。

盛行二次葬。如排瑶死后若干年，要起骨骸迁到排瑶公共的墓地"风水山"，直身葬用棺，屈身葬用缸。起骨骸时，先用鲜鸡血洒头骨，再用儿子指血洒于骨骸。

婴儿死则席裹葬于床下，或认为是婴儿不会走路，所以不外葬；或以为不离身，之后很快会有第二胎。

如果是传染病或非正常死亡，用 12 捆干柴架起火化。

六、瑶族的生产活动

1. 耕山耕峝

农业生产是乳源瑶族社会经济的主要构成部分。清康熙二年《乳源县志》载：瑶人"或耕山，或耕峝。耕山者花麻不赋，耕峝者田粮户口与齐民同"。这段话讲的就是瑶族人民主

图64　乳源瑶寨梯田

要的两种农业生产方式，即种植旱粮和种植水稻。

耕山，是瑶族采取的一种粗放的旱粮生产方式。清光绪元年《曲江县志》载："瑶人，深居溪洞，刀耕火耨。"即刀耕火种，瑶人谓之"耕山锄岭"，即先放火炼山，然后垦种，种植旱粮或林粮间种。耕山种旱粮，一方面由于采取的是撒播或点播，不施肥除草，产量很低，导致瑶人米粮不足，青黄不接时往往要以粥度日，常常挨饿；另一方面，由于土质贫瘠，不能蓄积肥力，瑶人在山坡地（斜地）种植一两造旱粮后，这块山坡地基本不能再耕，只能另找一处再耕山垦种，这是乳源过山瑶（西边瑶）"食尽一山，则移一山"不断迁徙的主要原因。

耕峝，即耕作水田、种植水稻。种植水稻意味着瑶人生活居住固定，这也是乳源东边瑶能定居下来的原因。但瑶山的水田大多数是在山坡上开成的梯田，小块分散，费劳力多，收获少，与汉区农民水田收获差距相当大，导致瑶人往往到汉区租种山边田地，称"调耕"。乳源瑶族种植水稻的历史比较悠久。相传产生于唐、完善于宋且历代均有增补的乳源瑶族古籍《盘王歌》就有对水稻种植的描述，其中的《歌春》详细叙述了种植水稻的每一道工序："作田（犁耙田）、播谷种、看秧、执秧（秧田除草）、织擂（担秧工具）、插田、耘田、看水（灌溉）、塞水（稻成熟了）、收割。"

2. 刀搏虎狼

狩猎，在古代瑶族经济生活中占有重要地位。瑶族常年生活在高

山深谷，粮食不足，于是靠山吃山的采集山货与狩猎野兽，就成为瑶族重要的食物补充来源。清同治《韶州府志》说，瑶人"腰刀弩，搏虎狼，食多野兽"。《乳源县志》也说瑶人"善弩箭，以弋（用带着绳子的箭来射鸟）虎狼之类"。

狩猎是以前乳源过山瑶男性自青少年时代就必须训练和掌握的一项基本技能，也是体现其强悍民族精神的具有高危险性的一项活动。他们从小就要带着刀或火药枪随父兄进行巡山、狩猎的训练，学会狩猎的十八般武艺：用火药枪打猎物，用狩猎夹捕猎，或安装石板、圆木机关捕猎，还有绳套、挖陷阱、安装野猪炮等。

但随着历史的演进，自民国后期以后，农业逐步取代了采集和渔猎的地位，狩猎已无足轻重。瑶族男子只在农闲或节日期间（每年正月初三至初五）到山中狩猎，猎一些山猪、黄猄、野兔、雉鸡之类的，作为肉食的一种补充，或拿到汉区的集市卖掉换回一些生活必需品。瑶族狩猎，一般在春、秋两季为多，参加打猎人数少则数人，多则数十人。众人猎取到的猎物分配也按照世代传下来的方法来做，就是见者有份、猎者有份：随往出猎者，每人分肉一份，发头枪打中猎物者分双份，然后带枪去的每枪一份，打中一枪的加一份，打中两枪的加二份，余照递加。

第四节　世界非物质文化遗产保护名录——五彩瑶绣

史载，瑶人"好五色衣裳"，清康熙二十六年（1687年）《乳源县志》亦载："猺（瑶）人男女或衣彩绣裙。"从古至今，乳源过山瑶的服饰用刺绣装饰得五彩斑斓。其无论巾帽、襟领、胸背、腰带，还是脚绑，以及伞袋、挎包等，都刺绣有五彩图案花纹，显得花团锦簇、鲜艳夺

图65　衣背配花

目。其图案取材于生活，如飞禽走兽、山花野草、缠藤攀蔓，各种大自然的奇异景物，几乎都被融入瑶族妇女巧夺天工的刺绣之中。

过山瑶无论男（堂装）女的上衣胸部与背部都刺绣有一正方形的花纹图案，不同的只是衣胸配花边长为12—14厘米，衣背配花边则长为30—40厘米。扎腰巾带穗两端、脚绑上，还有莲花巾、高角帽、童帽、师爷帽、师爷裙、伞袋等的刺绣图案、刺绣位置同中有异，富有变化。

过山瑶的刺绣工艺独具一格。归纳起来，其工艺的基本特征：一是刺绣用料采用布纹纵横分明、布眼清晰，颜色为黑、白、蓝的布料，再用红、绿、黄、黑、白五种色线来配色绣，如用白色布料作底布，就用红、绿、黄、黑色线来刺绣；用蓝黑色布作底布，则用红、绿、黄、白色线刺绣，所以虽称"五彩"，实际只用四种色线。二是刺绣时，虽因底布不同、配色有异且用途有别而有不同的图案组合，但是万变不离其宗，其基本图案是定型的——这些图案分解出来的个体图形共有30多种基本类型。三是这些图形又都是由45度对角线、90度垂直线和180度的平行线等三种基本线条组织变化而来，从不用弧线。四是刺绣不用画底稿，基本都是先用黑线或白线（视布色而定）依着布纹绣出一个个方格，再在方格中绣出各不相同的图形组合。五是其刺绣是从反面绣，不看正面。这种独具风格的刺绣工艺，经历了漫长的发展变化和许多瑶族绣女的经验积累，才逐步定型，图案内容全部取材于日常生活中经常接触的奇花异草、翩飞小鸟以及瑶民所珍爱的家畜、家禽等，以简练生动的手法表现了多姿多彩的自然形象。各种纹样的线条清晰，刚柔相宜，构图清新，栩栩如生，代表了过山瑶最高的艺术成就。

图66　瑶族妇女在刺绣

第五节　乳源瑶族地区的文化旅游资源规划与开发

一、瑶族地区的文化旅游资源规划与开发的理念

1. 根据地域分异规律，构建最鲜明的旅游特色

地域分异规律指的是地理环境和人文环境及整个景观在地表按一定层次发生分化、按一定方向发生有规律分布。这个规律决定了旅游资源与景观的差异。如果差异明显，就构成特色。只有找准和突出本地区文化旅游资源的特色，才能对游客产生较大的吸引力，才能规划开发成功。

2. 根据区位论，确定区域旅游开发模式

区位论是关于人类活动的空间分布及其空间组织优化的理论。此理论要求在进行资源开发时，必须进行区位因子的分析（如旅游资源价值的区位因子分析、区位条件的因子分析、区位经济背景条件的因子分析），然后决定开发的先后次序，最后决定旅游开发的模式。如北京是全方位开发；张家界是国家扶持、适度超前开发；西双版纳、丽江是保护性开发；武汉是恢复古迹性开发；深圳是人造高级别旅游景点开发（世界公园）。

3. 根据系统论，制定最优的开发结构体系

系统原理认为系统是指由若干相互联系、相互作用的要素所构成的具有特殊功能的有机整体。应用到旅游资源开发中，旅游资源也是一个包括自然、人文资源的系统，具有系统本身的各种性质和功能。如"系统整体功能大于系统因素功能之和"，则旅游区对游客的吸引功能大于该旅游区各景区、景点对游客吸引功能之和。因此，旅游资源个别项目的开发必须考虑所处的旅游区的整体，即旅游区整体的社区状况、经济状况、市场状况、服务设施状况以及资源的价值、功能、规模、可进入性、同类型资源的空间布局、特色程度、开发难易程度等，合理配置，使之产生最佳的综合效益。

4. 根据可持续发展理论，形成旅游资源持续利用的发展模式

可持续性，满足当代人的需要而又不损害子孙后代满足其自身需要的能力。也就是说，所谓"可持续发展"既要以满足当代人的需要为目的，同时也要以不损害后代人为满足其自身需要而进行发展的能力为原则。

可持续旅游，要求人们以长远的眼光从事旅游经济开发活动，并对经济不断增长的必要性质疑，以及要求确保旅游活动的开展不会超越旅游接待地区未来亦有条件吸引和接待旅游者来访的能力。可持续旅游发展的核心问题是旅游承载力。

旅游承载力是一个比较复杂的概念。简单地讲，旅游承载力是指一个旅游目的地在不至于导致当地环境和来访游客旅游经历的质量出现不可接受的下降这一前提之下，所能吸纳外来游客的最大能力。

二、民族地区的文化旅游资源的开发原则

1. 市场导向原则

市场导向原则即根据旅游市场的需求和变化，确定旅游资源开发的主题、规模和层次。这要求进行市场调查和预测，准确掌握市场需求和竞争状况，结合自己的资源特色，寻求客源市场，确定目标市场。即以需求为主对资源进行筛选、加工、改造。

2. 独特性原则

独特性是吸引游客的根本原因所在。这一原则要求旅游资源开发时必须突出自己的民族特色、地方特色，努力反映当地文化，尽可能保持资源的原始风貌。人无我有，人有我强，人强我特是寻找独特性的重要思路。

3. 经济效益原则

旅游资源开发本质上不是政府行为，属于经济活动范畴。投资者要求回报是必然的，所以开发前必须做下列几件事：①进行经济投入—产出分析。②对具体项目进行可进入性、投资规模、建设周期、对游客的吸引力、资金回收周期预测等数据分析。③统筹规划，分清主次，阶段性开发。④开发规划布局要有一定弹性，留有余地，以满足游客不断发展的新需求。

4. 环境保护原则

此原则要求有二：①保护资源本身在开发和使用过程中不被破坏，处理好保护与开发的矛盾。②游客接待量要维持在环境承载力以内，维持生态平衡，保证旅游质量，确保旅游持续发展。

5. 综合开发原则

保证重点开发项目，不断增加新项目、新特色，建立完善的旅游服务体系和配套设施，逐步形成旅游系列产品和配套服务。

三、民族地区的文化旅游资源的开发模式

民族地区的文化旅游资源的开发模式一般讲应是保护性的，有时甚至是抢救性的。

1. 民族地区文化旅游资源的特点和功能分析

民族地区文化旅游资源的突出特点是以人为载体。它的民族特色、地方特色及风情特色都要通过当地人的生产、生活、宗教信仰和仪式、风俗习惯、节日节庆等方式表现出来，因而：

（1）这类资源的开发必须突出游客与当地人的交流，要提供各种机会、途径，让游客和当地人接触。

（2）开发项目的表现形式不能以静态展示为主，要以动态活动为主（必背瑶寨动态活动偏少），动态性特征要求设计出各类演出和游客参与性很强的项目（如婚俗中的背新娘等）。

（3）突出游客没有体验过的地方民族风情。如还盘王愿中的瑶族对歌，拜王中的未婚男女模拟表演拜堂成亲，度戒过程中的刀山、火海等。

（4）开发项目中必须考虑游客的自在自主性，即使在个别过程中没有导游也能照常进行，这种开发不一定要很大投资，只要解决可进入性问题，一般便能开发成功。

2. 社会风情类旅游资源开发主题的策划

开发主题应首先突出民族性、地域性差异。主题策划不能局限于社会风情的某些方面，要从民族文化的综合概念去加以高度的概括，所形成的旅游形象不是生产生活的单个方面，而应是代表整个民族及其文化的整体形象。要从吃、住、行、游、购、娱的整个旅游活动中

去塑造少数民族的社会风情。

3. 民族地区文化旅游资源的开发内容和项目

民族地区文化旅游资源对游客而言，有两大功能：一是静态的山寨、街道、祠堂、民居、围楼等可供游客参观、学习、考察。二是具有独特历史性和宗教性的风土民情可供游人参与、置身其中而深刻体验。因而这些项目可以包括：

（1）参观游览类项目：本民族的小型博物馆、陈列室、民俗村、民族山寨、街道胡同、祠堂、民居、围楼、盘王庙宇、公共墓地、风水塔楼等。

（2）可参与的活动项目：下榻民居，学习方言，访问家庭，参加还愿，参加婚礼，参加节庆活动，观看"耍歌堂"的民族艺术表演，参加民族体育比赛（如前举追打"三怪"仪式），学习体验瑶族乐器，学跳瑶族各种舞蹈，学习制作瑶族服饰及其艺术，品尝瑶族风味佳肴，着民族服装留影，购买具有神秘意义的太阳伞及土特产品和民族工艺品，寻求民族传统医疗，参加对民族信仰中的诸神的朝圣、敬拜、祈祷，参加具有神秘意义的占卜、度戒仪式和学习修行方法，等等。

第六节　瑶族《评王券牒》形成时代初考

《评王券牒》是瑶族各支自身保存已久的本族文献，对于研究瑶族的起源、迁徙、生产、生活及与当政者的关系都有重要的学术意义。我们认为，隋唐以前，《评王券牒》的雏形可能已经在某些郡县出现了，隋代被中央政府正式承认，唐宋时又多次重申，特别是南宋理宗时及其以后已成为对瑶族怀柔羁縻政策的主要部分之一，敕下颁榜是历史必然。

《评王券牒》又称《过山榜》《过山帖》《过山版》《盘古圣皇榜文》等。自19世纪末以来，先后在中国之广西、湖南、广东、贵州、云南，以及国外之越南、老挝、泰国、美国瑶人社区发现并搜集到140多种不同版本的《评王券牒》，其文有简有繁，但基本内容大致相同。

一、《评王券牒》的内容及影响

据瑶族遗留文献，《评王券牒》是瑶族世世代代用以自由"择山居住""永远管山""刀耕火种，营身活命"而生产、生存的"敕下榜文"；也是在社会生活中"逢人不作揖、过渡不用钱、见官不下跪""杀牛〔不〕告判，母死不顶忧"的文献根据；还是他们"本分为人，毋得惹是生非，恪守王法""永远防身"的用以自律和处理族内外事务的自然法规；还是"盘皇子孙，前往各府州县地方禾（乐）业""任往深山之处，鸟宿之方，自望青山活躬养生"的进行自由迁徙的关隘凭证；更是他们"赐姓（敕）龙犬盘护（瓠）为始祖盘王，生前有人性之灵，死后有鬼神之德，许令男女，致（敬）奉阴魂。描成人貌之容，画出鬼神之像，应（广）受子女祭祀。永当敕赐高名"等祭祀祖先神灵的自由信仰的根据所在。最有用的是凭借《评王券牒》开具的"准令十二姓王猺（瑶）子孙，出〔给〕管山照（营）身，蠲免身丁夫役""取水开垦，田无粮，地无租"的免除赋税徭役的特权。

《评王券牒》绝不是一纸空文，也不单是瑶族的自诩。在各朝代中，以存照为根据，向历代官府要求自己民族的权利，是瑶民数千年来一贯坚持的实际行为。据现存 140 余种《评王券牒》，历史上的隋、唐、宋、明、清都有皇帝给付的"敕下榜文"，这可能是瑶族要求成功的范例；如"敕赐皇名"中有"开宝八年、嘉庆八年"等。但在多数情况下，这种要求是不被接纳的，因而导致自隋唐以来多次的瑶民起义。时至近现代，清晚期政府和民国政府也数次承认瑶族的要求，发放券牒。即使到中华人民共和国成立后的 1951 年 7 月 21 日，湖南省江华县第五区濠江乡李喜成等 52 人签字盖章，献书中央，把"景定元年十月廿一日给"的"评王券牒，照验实行"附在前面，提出："照依我们评皇敕赐券牒，批准任由盘王子孙照旧耕种"；"批准徭胞机关和汉族机关各分各办"；"解决税收并砍伐证"；"要求土改，所有五区徭山，山多田少，尽是陡坡坑处，希望森林解决生活"等 6 条要求。

由此看来，《评王券牒》的确是瑶族数千年来耕山和生存的护身符和要求民族权利的一种凭证，它既导致了瑶民的"永远管山""刀

耕火种，营身活命"请愿行为，也导致了历代封建政府对瑶民《评王券牒》的数次首肯，更导致了对"不纳税赋"瑶民的无数次镇压。这种状况，不能不使我们愈加重视《评王券牒》所产生的社会功能以及其深层次的社会原因，尤其是《评王券牒》是怎样产生的？是在何时产生的？对此课题，研究者不多，程美明的《〈过山榜〉考辨》认为，"《过山榜》十分可能产生于隋代初年"[①]，并从当时背景出发分析了产生的原因。赵文彬主编的《乳源瑶族风情录》认为："《评王券牒》第一牒究竟始于何朝何代颁发尚无法考察，但皇牒是评王所首次下发确实无疑。"[②] 我们认为：可能产生于南朝时期。分析如下。

二、《评王券牒》所记年代考辨

《评王券牒》记载了不少"敕下"的颁发榜文年代，若按榜文自述的发榜年代分，主要有下列几种：

第一种：平王敕下古榜文，有三件。

材料一：《过山榜》："南京平王敕下古榜文一道，牒落天下十三省。各治山头，傜人收执为凭……右榜给付六姓傜人，准下湖广道……贞观三年岁次己丑孟秋月望十五日，敕下（天）天（下）榜文一道。准此付与后代子孙，永远存照为据。乾德五年丁卯岁盘久泰抄存，子孙流传，依古传真。"[③] 此件原存湖南省蓝山县汇源公社，现存湖南民研所。

材料二：《南京平王敕下古榜文》与此同，但敕下榜文为"真（贞）观贰年岁次戊子孟春月望十五日"，且无"乾德五年丁卯岁盘久泰抄存"字样。[④] 此件原存湖南蓝山，现存中央民族学院民族研究所，绢质，规格为78厘米×60厘米。

材料三：《立置十二姓瑶民过山榜文书存照》："贞观三年，内立置王瑶子孙，永远晓世务，分耕青山田源各处山场。三锹以上之地，离田三丈三尺不到，离二（土）三丈六尺，沪厍〔水不〕上之地，乃是傜人之地。承管以下三锹之地，乃农民耕种，送纳王粮。三锹以上

---

① 程美明：《〈过山榜〉考辨》，中南民族大学学报（人文社会科学版）2006年第2期。
② 赵文彬主编：《乳源瑶族风情录》，珠海：珠海出版社2007年版。
③ 瑶族《过山榜》编辑组：《瑶族〈过山榜〉选编》，长沙：湖南人民出版社1984年版。
④ 瑶族《过山榜》编辑组：《瑶族〈过山榜〉选编》，长沙：湖南人民出版社1984年版。

之地，养生送死安葬，一依三千条罪，律令施行"。① 此件原存广西荔浦县茶城人民公社九择村，抄件存广西民研所。此件贞观三年敕下榜文与前二件基本相同，当为贞观间的榜文内容。

"南京平王敕下古榜文一道"，是最初的榜文，也即赵文彬先生所说《评王券牒》的"第一牒"。我们注意到，盘皇第一牒只给予"六姓"瑶人，即盘、赵、郑、陈、邓、李六个男性后裔，而不是瑶族支系扩大后十二姓瑶人，显然是较古的一种榜文。这第一牒于"贞观三年岁次己丑孟秋月望十五日"（629 年，一说贞观二年，628 年）就被李世民承认并敕下天下十三省，准瑶人"各治山头""收执为凭"，要求官府"先置傜人，后置朝廷"。至乾德五年丁卯岁（赵匡胤第二个年号，乾德五年为 967 年）盘久泰又抄存此件。

第一牒是较为真实可信的《评王券牒》，但有两个问题需要讨论：一是榜文出现了"十三省"的可疑点。省，秦汉时本指宫禁之地，如尚书省、中书省、门下省。此处天下十三省，显然指地方政区而言。行政省最早出现于元代英宗至治元年（1321 年），当时设十一行省，明代设十三布政使司，才有十三省之说。因此"牒落天下十三省"事不应发生在明代以前。但前两牒明言贞观颁发、乾德抄存，其他数十牒也记有此事，不容轻易否认，故疑"十三省"乃误写或传抄之误。

二是"平王敕下古榜文"，就当前学界成果可知，评王是瑶族传说中英雄时代的某王，其活动年代不可确考；盘瓠是这个时代的突出英雄，正是由于其战场上的突出贡献，评王才赐予其子孙"永远管山"的"敕下榜文"。因此，其他记载这种事迹的古籍年代，可作为评王时代的下限。

东汉应劭的《风俗通义》载："昔高辛氏有犬戎之寇……时帝有畜狗，其毛五采，名曰盘瓠，下令之后，盘瓠遂衔人头，造阙下……帝不得已，乃以女配盘瓠……其后滋蔓，号曰蛮夷，外痴内黠，安土重旧，以先父有功，母帝之女，田作贾贩，无关梁符传租税之赋，有邑君长，皆赐印绶，冠用獭皮，名渠帅曰精夫，相呼为姎徒。"② 这段记录与《评王券牒》关于盘瓠的传说大体一致，且盘瓠后裔已"无关

---

① 瑶族《过山榜》编辑组：《瑶族〈过山榜〉选编·立置十二姓瑶民过山榜文书存照》，长沙：湖南人民出版社 1984 年版。

② （汉）应劭：《风俗通义》，原文已佚，转引自《后汉书·南蛮传》，"姎徒"之后李贤注云："此以上并见《风俗通义》也。"

梁符传租税之赋"，说明评王或盘瓠的生活时代至少在东汉以前，而评王敕下的古榜文可能在东汉或以前就已形成雏形；即使没有形成正式榜文，至少盘瓠种的蛮夷（后来的瑶民）不纳"租税之赋"和不用"关梁符传"等通关文书就可自由耕山的特权在东汉时就有了。

第二种，有一件。名"过山榜"，把发榜年代定在东汉。由于此件重要，故全照原格式录，具体如下：

天皇（准）奉治（世）之（时），高祖历伐（代）盘皇子孙，系北京君臣，颏（引）入会稽山七〔贤〕岗（洞），分至盘皇子孙，前往各府州县地方禾（乐）业。初平皇出帖执付良善山子，任往深山之处，鸟宿之方，自望青山活躬养生。并无皇税，宫（官）不差，兵不优（扰），斩山不税，过渡无钱，不许百姓神坛社庙烟火不得交通，不许农民强押天（山）子为婚。如有强占者送官究治。帖付揩楎山子，各有界至，耕百姓田塘自有四山八岭，幽壁（僻）之处，猿猴为畔（伴），百鸟为怜（邻）。寻山捕猎，砍种养生，不许百姓生端滋事。如有生事者，出到县朝，送赴官究治。给出评皇祖帖，付与盘皇子孙良善山子，每人一道收照。不食皇税，镇守山场，鸟枪弓弩，射除野猪、马鹿，存心良善，搬移经过各府州县巡司隘口，税部即便放行，高祖敕帖备录。

者（着）通知此示

右具如举（后）：朝廷保举列开尊戡（职），保举京朝□书，保举尚书吏部、保举尚书兵部、保举尚〔书〕工部、保举尚书礼部、保举尚书刑部、保举尚书科部、保举盘皇子孙奉为平皇敕帖任往广东、广西、福建、潮州、潮广、潮北。

各省水路（游）行，砍种高山，安居乐业养生，须至（持?）帖者，万代为凭执照。

初平□□□□年五月十六日帖存照。①

此件出处不详，文内盖有椭圆形印两颗，规格为 51.5 厘米 × 56 厘米，现存中央民族大学民族研究所。

---

① 瑶族《过山榜》编辑组：《瑶族〈过山榜〉选编·过山榜》，长沙：湖南人民出版社1984年版。

观此件格式可知，"者（着）通知此示"以上是一段古文，用古字词、古文法，如"幽壁（僻）之处，猿猴为畔（伴），百鸟为怜（邻）。寻山捕猎，砍种养生""青山活躬养生""鸟宿之方"等等，特别是"揹楎山子"的自称，非常古朴，揹，压制；楎，古代的一种三角耧播种器，揹楎，指压耧播种；"揹楎山子"，指耕山之人。这与其他榜文自称瑶、瑶人等有很大区别。其实，在魏晋以前，瑶（傜、猺、猺）字都不指瑶民，作为一个民族的称呼，瑶族族称最早出现在《隋书·地理》中："长沙郡又杂有夷蜑，名曰莫傜，自云其先祖有功，常免傜役，故以为名。"① 所以，"揹楎山子"的自称，或证明此榜文在隋代或以前已经出现了。

初平，为东汉献帝第一个年号，190—193 年。文中出现了"分至盘皇子孙，前往各府州县地方禾（乐）业""搬移经过各府州县巡司隘口，税部即便放行"句，查"府"，先秦秦汉为官署名，"百官所居曰府"，唐代后才置"府"一级行政区名，与州（郡）同级，但地位比州郡高。此处"府州县"，显然指行政单位；又"巡司"不见古代职官。因此，东汉时不可能出现"各府州县巡司"的行政区划名称，又有广东、广西、福建等至元代才出现的政区名称，因此，东汉初平年间颁发榜文之说，实在令人生疑。但这个榜文实是诸榜文中最古老的一种，说它形成于隋唐时代，或许没有多大问题。

第三种，有八件，主张隋唐北宋时期颁发榜文。

材料一：《过山榜》文："系前时，上界先置长脚人民，吃贩（败）泥土，洪水淹绝；又置中界人民，吃败木叶，洪水厌（淹）绝。前石壁王造天开地，伏羲置造横眼人民，盘古置田地衫裙。盘古子孙，拔座青山斗（陡）岭，牵牛不上，打马不行，白（百）鸟飞不过，居住猺（瑶）人，安生落业。开宝准：评王敕言，付为（以）太子人孙，小名盘皇，评皇代随二年五月十三日，给文牒一道。牒下各处山猺（瑶）收费（执），永日凭代为照者。……右榜付与猺（瑶）人郑广通。代随二年五月十三日给。"② 此件原存湖南省江华湘江公社，现存湖南省民族研究所。"开宝"，为宋太祖第三个年号，968—976 年。

① （唐）魏徵、令狐德棻：《隋书》卷三十一《地理》，文渊阁《四库全书》本。
② 瑶族《过山榜》编辑组：《瑶族〈过山榜〉选编·过山榜文》，长沙：湖南人民出版社1984 年版。

"开宝准：评王敕言"，当指宋太祖赵匡胤恩准了评王券牒。"代随二年"，当是隋代二年之误，隋代经历文帝、炀帝、恭帝等三帝，581—618年。隋代二年当从隋建国起算，即582年。若如此，则《评王券牒》至少在隋代二年（582年）就给予了瑶人郑广通，宋代开宝年间予以恩准。

材料二："真（贞）观贰年岁次戊子孟春月望十五日，敕下榜文一道，准此付与后代子孙，永远存照。"① 出于湖南蓝山，现存中央民族大学民族研究所。贞观，唐太宗李世民年号，627—649年。

材料三："开宝准平王敕言，太子人孙小名盘王，平王随（隋）代三年五月十三日给文牒一道，付下各处山瑶，收赍永日凭代为照者……于贞观三年，蒙督府资（金）精先子，禄子孙……石（右）牒使贞观二年内立例十二姓山瑶，不得与民人百姓为婚……于开宝八年五月十三日，出给下山功处贴榜敕言文牒，通知平王朝吏，朝散大夫文林郎、朝奉大夫承节、朝奉大夫信郎、李郎中，三锹打下，税家男女耕种，三锹打上竹木，龙犬子孙所管……于至道元年十月初九日，当冯参将彭总兵谕大人当官班尝，给峡札村（付）与盘管七、赵贵一、李做三、邓宗华、盘宗满、盘宗弟盘弟幼子孙为照，管来地方二十四山头，入川侠（陕）……绍兴三年五月十三日给榜为照。盘王子孙，永古縢（腾）出瑶榜万万代存照。"② 此件原存广西贺县沙田狮东大冷水村，抄件存广西民研所。

材料四：《立置十二姓瑶民过山榜文书存照》："开宝二年八月十五日给照施行……皇帝司伎（使）傜人，原是开国皇帝娇儿子孙王傜。于绍兴十六年五月十三日出照，发下各处地方，据榜实帖，蒙偿示赐。"③ 原存广西荔浦县茶城人民公社九择村，抄件存广西民研所。

上举四例，概括了此种榜文类型。其特点是：①评王隋代合称，瑶人能够确切追溯的颁榜年代大概是隋代二年或三年。②材料二的颁榜年代是"真（贞）观贰年岁次戊子孟春月望十五日"，即唐太宗李

① 瑶族《过山榜》编辑组：《瑶族〈过山榜〉选编·南京平王敕下古榜文》，长沙：湖南人民出版社1984年版。

② 瑶族《过山榜》编辑组：《瑶族〈过山榜〉选编·过山牒》，长沙：湖南人民出版社1984年版。

③ 瑶族《过山榜》编辑组：《瑶族〈过山榜〉选编·立置十二姓瑶民过山榜文书存照》，长沙：湖南人民出版社1984年版。

世民时期，628 年。③材料三叙述了历代的颁榜年代，计有：平王随（隋）代三年；贞观二年；开宝八年（975 年）；至道元年（宋太宗第五个年号，995 年）；绍兴三年（南宋高宗第二个年号，1133 年）。材料四的颁榜年代是：开宝二年（969 年），绍兴十六年（1146 年）。南宋以后，此种榜虽有历代至民国年号，但无颁榜给照记录，故不录。

第四种：有二十件。主张理宗景定年间颁榜。

材料一：《评王券牒》："正（理）忠（宗）景定元年，十月二十一日，招抚傜人一十二姓，仍照前朝评王券牒，更新出给……右给付盘王〔子孙〕十二姓，永远批（执）照准此。正（理）忠（宗）景定元年十月廿一日给，评王券牒号……"①原存湖南省城步县漆树田，现存湖南省民族研究所。

材料二：《评王券牒》："王傜子孙一十二姓，依照前朝准此评王券牒，防身永远。朕（理）忠（宗）景定元襟（年）十月廿一日，仍照前朝更此（新）出结（给）……朕（理）忠（宗）景定元年十月廿一日，结（给）立准此。永远执照，防身过山。结（给）立一道付照除已备私，须知照者。黄文朝请到司门口石配龄抄奉《过山榜》一张付与黄门子孙，永远世代传统。道光拾年岁次庚寅闰四月初七日完备，作价银贰钱。"②原存广西龙胜各族自治县白水地区，现存广西民研所。

第四种说法虽然定的颁榜时间较晚，但流传最广，两广、湖南皆有，不可忽视。其突出特点是把景定元年写在榜首，突出《评王券牒》得到了皇帝（宋理宗）的批准，所以这次颁榜，很可能是历史真实的反映。

三、结语

综上所考，《评王券牒》作为瑶族民间流传千年以上的珍贵文献，对研究瑶族形成、发展、迁徙及其生产生活和民俗状况都有较大的学术参考价值。综合各种榜文记载，可知这种瑶族的护身符至少在隋唐

---

① 瑶族《过山榜》编辑组：《瑶族〈过山榜〉选编·评王券牒》，长沙：湖南人民出版社 1984 年版。

② 瑶族《过山榜》编辑组：《瑶族〈过山榜〉选编》，长沙：湖南人民出版社 1984 年版。

时期已经形成了。如果结合汉族文献记载，可知瑶族身处深山僻壤，耕山自养的生活生产方式，与封建的齐民制度格格不入，至少从东汉时期，盘瓠子孙的"田作贾贩"，已经"无关梁符传租税之赋"，已经可以称作"莫瑶"了。再以盘瓠之功要求各代统治者对他们免租免税，当是一种合情合理的行为。于封建统治者而言，天高皇帝远，对瑶民的管理鞭长莫及。在此种情况下，敕下榜文以承认既定事实，给予瑶民一定的生存特权，不再使其生乱滋事，也是于统治有利的一种策略，所以，汉唐以来，多次为《评王券牒》颁发执照，就是历史发展的必然。有鉴于此，各种《过山榜》从本质内容上讲，绝不是瑶族民间的臆测或编造，应是比较严肃的历史文献，尽管其中有不少可疑之处，但民间特别是经"重译"才能懂得汉文的少数民族，能以汉字在民间留下这些宝贵文献，已是极大不易，传抄过程中的错误在所难免。因此我们认为，在隋唐以前，《评王券牒》的雏形可能已经在某些郡县出现了，至隋代，正式而较全面反映瑶民要求的《评王券牒》被中央政府正式承认，唐宋时又多次重申，特别是南宋理宗时已成为怀柔羁縻政策的主要部分之一，并对南宋政权的巩固起到了较大作用。当然对瑶民的打压也几乎从来没有中断过，尤其宋代以后，屡屡见于正史记载。但是我们不能因为这些记载就否认瑶族自身文献的记载，各朝的某几代对瑶民的怀柔政策是十分可能的，敕下颁榜几乎是历史的必然。

第十一章　韶文化名人事迹及曲红研究

第一节　难解之谜——曲江、曲红考

历代正史都记载韶关最早的城市是曲江，但汉代的周憬碑、熊乔碑均记载为曲红县，不称曲江县。对此矛盾我们从曲江、曲红的名称来源、汉代制度等多个角度进行了详尽考证。

《周府君碑》碑阴记载了历史上一个难解之谜，那就是正史上所载的"曲江"在碑阴上皆作"曲红"，其中有曲红故吏13人，曲红长1人，曲红籍的州郡吏3人，共17人冠曲红者。汉代对韶关到底称曲红还是曲江，以及其名称之来源，都是韶关历史上必须搞清的重大问题。

一、正史中关于曲江的记载

汉及以前的史籍称曲江者仅三处：

《汉书·地理上》卷二十八："桂阳郡，高帝置。莽曰南平。属荆州。户二万八千一百一十九，口十五万六千四百八十八。有金官。县十一……曲江，莽曰除虏。"

《后汉书·卫飒传》卷七十六："先是含洭、浈阳、曲江三县，越之故地，武帝平之，内属桂阳。"

《后汉书·郡国四》卷一一二："桂阳郡，十一城，户十三万五千二十九，口五十万一千四百三……曲江，汉宁永和元年置。"

《汉书·地理上》说汉高祖时置桂阳郡，但其时的阳山、曲江、含洭、浈阳、阴山等县地属南越国，故高祖时的桂阳郡不含上述各县。南越国是否置曲江县也是个问题。《韶关市志·各县简介·曲江县》载："曲江县秦为南海郡地，汉初开始建县，含今曲江、仁化、乳源、乐昌四县。初归南越国，武帝平南越，改属桂阳郡。"此说"汉初开始建县""初归南越国"，显然认为南越国时建置了曲江县。但遍查可靠古籍，并无南越国置曲江的记载，《后汉书·卫飒传》所载的"含洭、浈阳、曲江三县，越之故地，武帝平之，内属桂阳"，指的是这"三县之地"本属南越国，南越国灭后，内属桂阳郡。按古代地志记载习惯，若三县在南越国时已设置，当云"越之故县"而非"故地"。在没有其他史证材料时，存疑为是。

武帝元鼎六年（前111年）平定南越，置九郡，将今粤北地区并入高祖时设置的桂阳郡，下设十一县，其中有曲江。因此，准确地说，曲江设置始于武帝元鼎六年。

西汉设置曲江以后，至王莽新朝时曾改名为"除虏"县，新朝亡后，当仍复旧名。

至东汉初卫飒时，还称曲江。《后汉书·郡国志》亦称曲江。只是汉代言曲江的材料仅上举三条，其他正史野志均无记录，以后各代，凡文献言曲江，未有称作曲红者。如与碑文年代相近的晋、宋都是如此：

《晋书·地理下》卷十五："始兴郡，吴置。统县七，户五千。曲江、桂阳、始兴、含洭、浈阳、中宿、阳山。"

《晋书·周光传》卷五十八："赐爵曲江男，卒官。"

《宋书·孝武帝本纪》："六月甲子，以国哀除释，大赦天下。庚辰，以曲江县侯王玄谟为豫州刺史。"

显然，东汉以后，曲江名渐著，作为封地爵国屡屡在用，但绝无言曲红者。

二、《水经注》和汉碑记载的曲红

在泷上的周憬碑称曲红之事，无人知晓。到了北魏时，郦道元才把此碑揭示于天下：

《水经注》卷三十八：“泷水又南径曲江县东。云县昔号曲红，曲红，山名也，东连冈是矣。泷中有碑文曰。按地理志，曲江，旧县也。王莽以为除虏，始兴郡治。魏文帝咸熙二年（应作魏元帝，文帝无咸熙年号，元帝咸熙二年正当吴孙皓初即位的元兴元年），孙皓分桂阳南部立。”

“泷水又南径曲江县东”，说明当时曲江县城在今韶关西河。“县昔号曲红，曲红，山名也，东连冈是矣。泷中有碑文曰”，这是根据泷中碑文（周憬碑）说曲江原称曲红。郦道元认为，曲红县名称来源于山名，此山名为“曲红山”或“曲红冈”（见下引《韶州图经》），所谓“东连冈是矣”指曲红县和东边曲红冈连成一片。这样，所谓曲红山，实当指今韶关东北仁化县韶石山所在的丹霞红岩山区。曲红县即因曲红山和曲红冈而得名。郦道元此说，宋金石学家赵明诚非常赞同，《金石录》卷十六：“右汉周府君碑阴，题名凡三十一人，姓氏具存。按郦道元注水经，泷水南径曲江县东，县昔号曲红，曲红，山名也。而东西两汉史皆作曲江。今据此碑自县长区祉而下凡十七人皆书为曲红，则是当时县名曲红无可疑者。不知两汉史皆作曲江何也。”

汉周憬碑称曲江为“曲红”，并非孤证，汉代的《汉绥民校尉熊君碑》也称曲江为“曲红”。

《金石录》卷十八：“汉绥民校尉熊君碑。右汉熊君碑，其名字皆残缺，其额题‘汉故绥民校尉骑都尉桂阳曲红灌阳长熊君之碑’。初余得桂阳太守周君碑阴，据水经注以为曲江汉时本名曲红，今此碑及额亦皆作红，乃知郦道元为有据也。”

赵明诚断定，“当时县名曲红”，是“无可疑者”，除周憬碑外，其又举“熊君碑”为证。熊君碑也为汉碑，额题有“汉故绥民校尉骑都尉桂阳曲红灌阳长熊君之碑”之文，明汉称曲江为曲红不为孤证。

熊君碑在宋洪适撰《隶释》卷二十三有较详记载：“绥民校尉熊君碑。隶书，不著书撰人名氏。熊君名乔，字举，举上一字缺不可识。后汉末为桂阳曲红长，拜绥民校尉，迁骑都尉，灌阳长而卒。其铭辞之后，又曰长沙蔡陵长文春，字季秋；重安侯相杜晖，字慈明。皆略有所叙述。碑以建安二十一年立。”宋洪适《隶释》卷十一：“绥民校尉熊君碑。君讳（阙），字子（阙）。其先盖帝颛顼高阳氏之苗裔。周有天下，成王建国，熊绎封楚……举孝廉，上计掾。兴平元年八月二

十八日壬寅詔书。除补桂阳曲红长，既敦文武，为政果达，临化宣惠，所去遗绩。视事六载……为民所安命，还拜绥民校尉，领曲红长，□莅五年，政隆上古，□移归□，襁负而至，吏民作诵曰：彼熊父兮解我患……"

建安二十一年为公元 216 年，4 年后东汉亡。周憬碑为公元 174 年立，早熊乔碑 42 年。这就是说，在东汉中期以后至其亡（174—220 年），东汉地方政府确曾把曲江都称为曲红是确凿无疑的。因为官吏的任命是很严肃的，不允许以地方俗语来替代官方正式语言，周憬、熊乔都曾在"曲红"任职，曲红必是官方承认的正式名称。

三、学者对曲江、曲红不同的认识和结论

以上郦道元、赵明诚之说，古代学者也有不以为然者，据其根据可分为下列三类：

（1）"江""红"古音同而相假。

如宋朱翌撰《猗觉寮杂记》卷下："曲江周府君碑，府君后汉人，碑阴载门吏，皆云曲红。古字简，多借用，故以红为江。郦元不晓其义，载曲江县乃云昔号曲红。又云曲（红），山名。以地势考之，武溪自北来，自西入海，古郡城在其上，视江水正曲，何名为山哉。"

朱翌认为，周憬碑之所以"以红为江"，是因为"古字简，多借用"，且批评郦道元不知道红、江音同可借用，而误载曲江"昔号曲红"。又用武江江水之曲，来解释曲江名称之缘由。与此相类的还有：

清赵一清撰《水经注释》卷三十八："《寰宇记》梓州射洪县下引李膺记云：娄偻滩东有射江，土人语讹，以江为洪。则知曲江之为曲红，亦是音同之故。"

宋曾巩撰《元丰类藁》卷五十："熙宁八年，余从知韶州王之材求得此本……又有碑阴，列故吏及工师官号、州里、姓名，之材并模以来，永叔盖未之得也。其碑阴曲江字皆作曲红，而苍江字、江夏字亦作红，盖古字通用，不可不知。此学者所以贵乎博览也。"

以"古字通用"或"土人语讹，以江为洪"来解释曲江为曲红看似合理，但有两个矛盾未能解决，其一是如果东汉周憬碑文用曲江土语，都把"江"称作"红"，且用作官方语言并出现在书、契中，那

么碑文中的"江"字当通作"红"字，但碑文中明明有"禹不决江疏河，吾其鱼矣"，其中"江"不为"红"。一篇文字中有的假"红"为"江"，有的不借，如何解释？关于"古字通用"的观点，古人也以为是"臆说"：

吴玉搢撰《别雅》卷一："《琅琊代醉编》：宋翌（即朱翌）云：曲江周府君碑江字皆作红，古字简，故以红为江。此亦臆说。汉时不得无江字也。后有苍麓碑，江夏亦作红夏，疑好奇者学汉碑字法用之尔。"

"汉时不得无江字也"，与作者在碑文中所发现的"江"字未假借为"红"一样，说明汉代"江""红"并不混淆假借而用。至于曾巩所说"而苍江字、江夏字亦作红，盖古字通用，不可不知"，其中"苍江字"当作"苍麓碑"，其中"江夏亦作红夏"，吴玉搢"疑好奇者学汉碑字法用之尔"，颇有道理。我们认为，即使江、红通用，并不能证明曲江可以作曲红，因为作为县名，曲红、曲江都有其特殊的含义（详下），如果互通，则其名称来源上的特殊含义都将失去。

其二是如果东汉中期至其灭亡的50多年中官方都称曲江县，那么当时的碑刻官名为何都称曲红？如果用土人语讹，以"江"为"洪"来解释，显然说不通，因为任命的正式敕封、印章是代表权力地位的，用土语是难以想象的，而碑阴所刻官名吏籍肯定是经过政府批准的，故用同音通用说解释为何称曲红是解释不通的。

（2）曲江得名有源，而曲红得名无故。

上举朱翌已批评郦道元"曲红，山名"之说，认为"以地势考之，武溪自北来，自西入海，古郡城在其上，视江水正曲"，所以，曲江因此得名，何来因曲红山（岗）得名之说。宋洪适撰《隶释》卷四也质疑郦道元："右周憬碑阴，宰曲红者一人，贯曲红者十六人。熊君碑亦同。两汉书皆作曲江，诸家地理书皆云水流屈曲，故曰曲江。唯水经云县昔号曲红，山之名也。前书工、女、大、功皆只同用红字，未知水经何所据也。"显然，这里认为称曲江是因"水流屈曲"，而对《水经注》山名曲红故称曲红则漠然视之。但洪适毕竟是金石学大家，对周憬碑名曲红则不能漠视，其在《隶释》卷二十五又说："按郦道元注水经，泷水南径曲江县东，县昔号曲红，曲红，山名也。而东西两汉史皆作曲江。今据此碑自县长区祉而下凡十七人皆书为曲红，则

是当时县名曲红无可疑者。不知两汉皆作曲江何也。"县名曲红，是当时人所称，当时碑所记，故曰"是当时县名曲红无可疑者"。由此只好怀疑"两汉皆作曲江"的原因了。

（3）曲红是当时建制的县名。宋娄机撰《汉隶字源》卷一《考碑》："周憬碑阴：碑有曲红十七人……金石云：'自是当时县名。'""金石"即北宋赵明诚的《金石录》，查《金石录》原文作："今据此碑，自县长区祉而下凡十七人，皆书为曲红，则是当时县名曲红无可疑者。不知两汉史皆作曲江何也？"①

四、曲红之称是历史事实

我们认为，郦氏"县昔号曲红，山之名也"是正确的。其根据有二：

一是周憬碑、熊乔碑两个汉碑都不约而同地把曲江刻作"曲红"，至少证明在东汉中期以后至东汉灭亡期间，曲江被官方和民间称作"曲红"，应当是无疑义的。

二是汉代确实建置过曲红县，曲红之得名，证据充足。赵一清纂《水经注笺刊误》卷十二引《名胜志》曰：

汉志（《汉书·地理志》），桂阳郡有曲江县。旧图经，汉置曲红县，以东连曲红冈也，后因其下有江，故改名曲江。

这段记载颇重要，因为它引唐代的"旧图经"证明了"汉置曲红县，以东连曲红冈也"的历史事实。虽然《图经》晚出，但与东汉的周憬碑（174年）、熊乔碑（216年）可互相印证，说明东汉确曾有过曲红县的建制，只是《汉书》《后汉书》失记罢了。并且说明了曲红名称的来源是"东连曲红冈也"。曲红冈，《水经注》中已有记载，称作"县昔号曲红，曲红，山名也，东连冈是矣"，所谓"东连冈"，指曲红县东连着曲红冈，因而得名。唐《韶州图经》也记有曲红冈，其所在位置，《曲江县志》有明确记载："城北八十里迤逦而东，有三十六石，为曲红冈，昔号曲红，又名东连冈。"显然，曲红冈即历史上

---

① （宋）赵明诚：《金石录》卷十六《跋尾六·汉》，文渊阁《四库全书》本。

赫赫有名的韶石山。曲红冈起码是汉代对韶石山的称呼。山岗名作曲红，是因为韶石山区之山峰，都是由红色砂岩组成，"红"是对山色的真实描述，绝不能借作江。至于"曲"，到过丹霞山的人都知道，韶石二十六峰，在300多平方公里的面积上，峰峰虚连，蜿蜒而东，屈曲迤逦，称"曲红冈"再贴切不过。因此，汉置的曲红县，以曲红冈（韶石山）得名当是史实。

既然汉置有曲红县，那么两汉书为何称为曲江县呢？是先有曲红，再改曲江；还是先有曲江，再改曲红？若照"旧图经"意见，则汉先置曲红县，"后因其下有江，故改名曲江"。但《汉书》作于东汉初期（除八表和天文志外，余皆班固所作，为62—92年），早于周憬碑80余年，且《后汉书·卫飒传》所载的"含洭、浈阳、曲江三县"事也在东汉初。班固时已称曲江，似无先置曲红后再改曲江之理。西晋初泰始中（265—274年）司马彪作《续汉书·郡国志》，即如今《后汉书·郡国志》，桂阳郡下仍言曲江，未涉曲红；《晋书·地理志》仍之，以后地理志均不言曲红。因此，我们认为，"旧图经"所言的含"汉置曲红县，以东连曲红冈也"，其建制时间只能在东汉中期以后至东汉灭亡这一段时间。西汉先有曲江之设，新莽改曰除虏，东汉初仍称曲江。东汉中期以后，因韶石山红岩和奇景逐渐闻名，或有其他原因，而改曲江为曲红，直到东汉亡，曲江都称为曲红。两汉书及相关古籍都无这一段曲江的记录，而时人的碑刻两次提到这一段时间内曲江都称曲红，应该是我们上述推测的旁证。至吴甘露元年（265年）十一月，分桂阳南部为始兴郡（《三国志·吴志卷三》），据上引《晋书》，吴置始兴郡下有曲江，可知始兴郡设立时曲红已被改为曲江。

上述推测的根据基于周憬、熊乔二碑。其实，对于两汉正史称曲江、当时两汉碑称曲红的矛盾还有一种解释，即曲江偏处岭南，封建统治薄弱，且班固、司马彪等未涉足岭南，故作史时沿袭前代档案，因循相袭，未查实际，故把已变作曲红之县仍记作曲江，错字讹字的例子在史书中并不鲜见。总之，周憬、熊乔二碑是当时人所刻，又记当时之事，乃第一手可信资料，如无有力佐证推翻"曲红"之刻，我们只能认为东汉后期的曲江县当称曲红县。《韶关市志·各县简介·曲江县》所说"因红、江二字古时通用，故而又称曲红"，有失偏颇，因为，作为行政县名，曲红、曲江各有特殊意义，一为因"水流屈

曲，故曰曲江"，一为因"东连曲红冈也"而称曲红，红、江互用，则含义混淆，于理不通。再者，如果红、江二字古时通用，则周憬碑中红、江二字互见，红为红，江为江，互不相混，而县名独称曲红，可知当时县无他名，独称曲红也。

第二节　张九龄与中国信鸽通信的发明

中国何时出现信鸽通信是学界至今几未触及的问题。通过对中国野鸽、驯鸽、信鸽、传书鸽及海外舶鸽相关记载的详细考证，认为中国信鸽通信是在 702 年以前由张九龄独立发明的。

一、信息传递的历史发展及信鸽通信发明的意义

信息交流、传递、接收是人类和人类社会发展的必然产物。信息交流广度、深度、速度，特别是长距离信息交流的方式和途径对人类社会发展的影响是至关重要的。现代进入的信息革命时代，对人类生产、生活的影响是如此巨大，是以往任何时代都不能比拟的。但是，这并不意味着古代、近代社会的信息交流不重要，恰恰相反，过去的信息交流手段、方式、途径是过去时代发展的动力之一，同时也是现代信息革命的基础之一。

有了人类，就有了信息的交流和传递。如果没有这种交流、传递，人类积累的生产、生活经验就会失传，人类和人类社会的进步都将无从谈起。因此，信息传播是人类最早的活动之一，是人类适应自然而生存的动力。最原始的信息交流传递应当是呼叫，与之相辅的还有手势、以物示意等。显然，这种信息传递依赖人的听觉、视觉等感官，因而受到授受双方距离的严格限制。以后，人类发明了各种符号，如契刻、结绳等，信息的传递开始突破时空限制，人的感官由于有了符号传媒而开始延伸。但是，符号只有在当事者双方有事先约定条件下才能被释读，传播的广度、深度相当有限。当人类进入文明时代，发明了文字之后，社会的信息传递才真正突破时空限制，无论多远，时间多长，只要有封书信送达，就能完成信息交流过程。现在仅余的是传播速度及其相关的传播方式和途径问题。

中国古代曾发明了多种文字信息传播载体。最早者当是刻于陶器上的文字——陶文，商代是甲骨文、金文；西周以后出现了竹简、木牍、帛书；汉代发明纸张，使文字信息传播有了一个革命性的进步。以上文字信息传播载体构成了多种信息传播方式，以满足各朝代管理奏报、诏书诰命、法令公告等官方需要和民间的通信需要。

把信息传播载体送达对方的途径问题是信息传播中的最关键问题，也就是我们经常所讲的传媒问题。所谓传媒，据加拿大传播学家麦克卢汉的讲法是"传媒就是人的感官的延伸"。也就是说，突破感官限制的那一部分空间距离是由某种传播媒介来实现的。在没有电子信号媒介的中国古代，绝大部分官方信息主要靠"邮驿"传递。这种通信途径源于先秦，当时乘车传递称为"驲""传"，是贵族之传；乘马传递称为"驿""递"，秦始皇修驰道、驿道，改"驲"为"邮"，道路上设邮亭，专门传递公文、接待官吏。汉代建立完整的邮传系统，以马传为主的长途传递称"驿"，设驿站管理；以徒步为主的短途传递称"邮"，设邮亭管理。大约每三十里设一驿站，十里设一邮亭。至唐代，邮驿空前发展，分为陆驿、水驿、水陆兼办三种类型，全国有驿站一千余处，服役人员五万人以上，并规定驿传速度要达到一天三百里以上。以后，宋代又建立急递铺，规定文书传递速度每天五百里。迄至明清，邮驿一直是我国封建社会官方信息传播的主要媒介和途径。除此之外，为了巩固边防，从周代开始，就建立烽火台的预警制度，烽火台有戍卒守卫，有警则递次举火传递信息。直到明清，烽火传递情报的方法还在不少边疆地区应用。

邮驿和烽火台都是有效的行政和军事信息传递方式。但它的建立需要大量的人力、物力、财力，要先修路，再建驿站、邮亭，还需派专人管理，备专门交通工具和物资设备。且古代邮驿不对百姓开放，大多数的民众通信十分困难。因此，中国古代劳动人民还发明了许多其他通信方式和途径。例如，汉代出现的利用风力传递信息的"纸鸢"，隋代出现的利用水来传递信息的水电报"木鹅""木系""竹筒"，等等。但是，电报发明以前最优越的通信方式不是烽火，不是驿马，更不是纸鸢，而是信鸽。因为，信鸽传递信息距离可长至数千里，速度比当时其他媒介快，且花费少，操作简单，是古代国家管理通信、军事通信的重要手段，特别是民间通信的最适合手段。如宋江

少虞撰《事实类苑》卷六十三《鸽寄书》："古诗云：袖中有短书，欲寄双飞燕。诗意以燕春去秋来，似可寄书，故偶然耳。今人则养鸽通信，皆非虚言也。虽至外数千里，纵之辄能还家。蜀人有事至京师者，以鸽寄书，不旬日皆达。及贾人船浮海，亦以鸽通信。"可见在宋代信鸽通信已在社会生活中占有重要地位，给许多人带来方便。由于信鸽的作用日益扩大，故当时非常珍惜，有"千鸠不如一鸽"之谚。如宋梁克家撰《淳熙三山志》卷四十二："舶鸽，似鸠而差小。谚谓：千鸠不如一鸽，言美也。编角如笙系其尾，高飞云端，声似鸣镝，而委蛇善识主人之居，舶人笼以泛海，有故，系书放之以归。"像这样的生动叙述或用信鸽传递信息事例，自唐以来各代频频被载于书，不胜枚举，信鸽给人们生产生活、政治军事等带来的便利之大，是难以尽说的。

二、"信鸽"一词的来源

信鸽，是英文 homing pigeon 的翻译，《中华大辞典》《辞海》《辞源》等权威工具书均无"信鸽"一词，可知"信鸽"一词是外来语。其原意指（在很远处被释放）有归家本能的鸽子。与此相关的关于信鸽的起源，也普遍被认为是源于国外，如"世界上利用鸽子通信的历史悠久，《圣经》记载有挪亚方舟的故事，'鸽子衔着橄榄枝，报告陆地就在不远处'""最早以鸽子为主进行通信的国家是巴格达苏丹，建立于 1150 年"。[①]

但是"信鸽"一词，在中国古代早已出现，下列文献可证：

宋代人叶廷珪撰的《海录碎事》卷九上："信鸽：（贾岛）又送新罗僧诗：欲整扶桑棹，先教信鸽回。"

贾岛，唐代著名诗人，与韩愈（768—824 年）同时代，是其门人，著《长江集》。此处叶廷珪以信鸽为题，引贾岛诗证之，明"信鸽"一词早在唐晚期已经出现。此处信鸽，显然是指能够传递书信的鸽子，古代亦称传书鸽。如五代蜀的王仁裕撰《开元天宝遗事》卷一、宋曾慥编《类说》卷二十一、宋江少虞撰《事实类苑》卷六十三均以"传书鸽""鸽寄书"为题，记信鸽传书事。以后的《鸽经》，

---

① 陈茭：《信鸽》，《上海集邮》1998 年第 9 期。

则把信鸽分为皂子、银灰串子、两点斑、紫葫芦、信鸽、夜游等六个品种。因此，不拘泥于国内外现代成说，探讨信鸽在中国的起源、发展、传递形式及其对世界古代信息传递的贡献，是中国科技史、通讯史研究中的有重大意义的课题。

三、张九龄的传书鸽和海外的舶鸽——信鸽在中国的起源

野鸽在先秦已出现，被视作六禽之一，两汉时都作桌上餐，魏晋以后又作为祥瑞鸟，同时开始发现鸽子的可驯养性，逐步发展到家养驯鸽。唐代及以后驯鸽已甚成熟，除饲养作食鸽外，又利用驯鸽进行斗鸽戏、放鸽等休闲体育活动和放鸽祈寿等民俗活动，甚至利用放鸽来预防疾病。

家养驯鸽的出现是信鸽出现的基础，没有驯鸽就不可能有信鸽。但是，驯鸽的出现并不意味着信鸽的出现，因为只有那些善于飞翔，有强烈归巢性能和导航能力的驯鸽才可能成为信鸽，这需要一个长期认识、选择、优化、培养的过程。关于这一点，古人也认识得很清楚。清代张万钟作的《鸽经》把驯鸽分为花色、飞放、翻腾三类，其中只有飞放类的"文鸽"种才"飞不离庭轩，此种六翻刚颈，直入云宵，鹰鹘不能搏击，故可千里传书"。这种鸽子在明清只包括皂子、银灰串子、两点斑、紫葫芦、信鸽、夜游等六个品种。因此，我国的信鸽出现不会早于驯鸽的出现，即不会早于魏晋以前。

目前，能够成功传递信息的"传书鸽"记载是在唐代开元天宝前后，发明饲养传书鸽者当为张九龄：

五代蜀王仁裕撰《开元天宝遗事》卷一："传书鸽：张九龄少年时，家养群鸽，每与亲知书信往来，只以书系鸽足上，依所寄之处飞往投之，九龄目之为飞奴。时人无不爱讶。"这段记载多为元、明人引录，但引文稍有差异。"依所寄之处飞往投之"元陶宗仪《说郛》卷五十二上引作"依所致之处飞往投之"；明陈禹谟撰《骈志》卷十八引作"依所教之处飞往投之"；明徐应秋撰《玉芝堂谈荟》卷六引作"所教之处飞往接之"。我们知道，信鸽传信，其目的地当为鸽子熟悉之地，"所寄之处"或"所致之处"都应为鸽子曾到过的地方，不然不可能送达。明人引作"所教之处"，使原意明确清晰，当从之。

关于张九龄驯养传书鸽，除《开元天宝遗事》外，还有多种文献均有记载，如：

宋曾慥编《类说》卷二十一："传书鸽：张九龄家养群鸽，每与亲知书，系鸽足上飞往投之，目为飞奴。"

宋朱胜非撰《绀珠集》卷一："飞奴：张九龄以鸽传书寄其家，虽远必达，号飞奴。"

张九龄，曲江（今广东韶关）人，生于唐高宗仪凤三年（678年），7岁能文，13岁时上书广州刺史王方庆，受到赞赏。武周长安二年（702年）进士，中宗景龙元年（707年）登材堪经邦科，授校书郎，入仕途。所谓"年少"时，当指其25岁中进士以前，即702年以前。因此，至迟在702年以前，我国已借助信鸽来远距离传递信息，是不争的事实。

除张九龄的传书鸽外，唐代还有一种由海外商人带来的舶鸽。

唐段成式撰《酉阳杂俎》卷十六："鸽。大理丞郑复礼言：波斯舶上多养鸽，鸽能飞行数千里。辄放一只至家，以为平安信。"①

段成式，生年不详，卒于863年（咸通四年），宣宗时（847—859年）曾任处州刺史。《酉阳杂俎》是其晚年作品。郑复礼，史无传，《太平广记》卷一五五引《野史》记有河中少尹郑复礼事，说其应举数次，最后在会昌二年（842年）中进士。后任大理丞。因此，郑复礼言波斯舶鸽事当在850年前后。

比《酉阳杂俎》更早的唐李肇撰《唐国史》卷下也记有舶鸽事："南海舶，外国船也。每岁至安南、广州。师子国舶最大，梯而上下，数丈皆积宝货，至则本道奏报，郡邑为之喧阗。有番长为主领，市舶使籍其名物，纳舶脚，禁珍异。番商有以欺诈入牢狱者。舶发之后，海路必养白鸽为信，舶没，则鸽虽数千里，亦能归也。"②

宋王谠撰《唐语林》卷八引《唐国史》此文，但数处有异文，故复录于此："海舶，外国船也。每岁至广州、安邑。师子国船最大，梯上下，数丈皆积百货。至则本道辐辏，都邑为喧阗。有番长为主人，市舶使籍其名物，纳船脚，禁珍异，商有以欺诈入牢狱者。船发，海

① （宋）李昉等编：《太平广记》卷四百六十一引《酉阳杂俎》作："鸽信：大理丞郑复礼言，波斯舶上多养鸽，鸽能飞行数千里，辄放一只至家，以为平安信。"（宋）钱易：《南部新书》卷六引作："波斯舶船多养鸽，鸽飞千里，辄放一只至家，以为平安信。"

② （唐）李肇：《唐国史》卷下。

路必养白鸽为信，船没则鸽归。"其中安邑当作"安南"。①

李肇，生卒不详，其活动主要在元和中（806—820 年），任左司郎中、翰林学士、中书舍人、将作少监。《唐摭言》卷一《述进士下篇》："元和中，中书舍人李肇撰《国史补》。"若按《唐国史》著成年代，则此舶鸽事在 820 年前后。

舶鸽，不仅能飞数千里，且能飞回原家乡报"平安信"，故外国商船"海路必养白鸽为信"。这种能千里归家的舶鸽显然与张九龄的传书鸽是一回事。那么，传书鸽到底是我国独立驯化的，还是在舶来品的影响下发明的，或者舶鸽是在中国传书鸽的影响下发明的，都成为重要的学术问题。

四、中国独立发明了信鸽——传书鸽

我们认为，我国的传书鸽（现代信鸽）是在自魏晋至唐代中期一千余年的驯化鸽子的长期实践中，积累丰富经验后独立发明的。根据有三：

（1）从目前的文献根据看，我国古籍关于海外舶鸽的记载显然晚于张九龄传书鸽的记载。张九龄是在 702 年前就已成功驯化了传书鸽，而关于海外舶鸽的记载，一是《酉阳杂俎》引大理丞郑复礼言，而郑复礼作大理丞当在 842 年以后；二是《唐国史》，其成书是在元和中（806—820 年），二者分别比张九龄晚约 150 年和 100 年。

（2）学界认为国外首先发明信鸽，但有说服力的材料并不多。如前举《圣经》所记的"鸽子衔着橄榄枝，报告陆地就在不远处"，有强烈的神话想象色彩，不能作为发明信鸽的根据；而国外巴格达苏丹利用鸽子进行正式通信是在 1150 年，并不能说明信鸽最早发明的时间。倒是中国文献《酉阳杂俎》和《唐国史》记载了"舶鸽"，至少说明国外是在 806—820 年以前在狮子国等地的民间海商，已发明和应用了信鸽。但这个年限还是比张九龄发明传书鸽晚了 100 余年。

退一步讲，即使国外首先发明信鸽，但根据现有资料，也是在公元 8 世纪以后才传入中国，而张九龄是在 8 世纪初的 702 年以前就发明了传书鸽。

---

① （宋）王谠：《唐语林》卷八。

310

（3）中国有独立发明信鸽的条件和根据。信鸽的发明不是偶然的，它是在人们长期与鸽子的接触中，发现了其可训性和强烈的归巢性能、导航能力之后经过驯化后才实现的。在我们中国，先秦时已有野鸽的存在，并被先人所认识，作为六禽（雁鹑鷃雉鸠鸽）之一，《楚辞·大招》卷十中也有"内鸧鸽鹄，味豺羹只"之句，注云："鸽似鸠而小。"汉代已对鸽子分类，许慎《说文》："鸽，鸠属。从鸟，合声。"《急就篇》卷四："鸠鸽鹑鷃中网死。"颜师古注："鸽似鹑鸠而色青白，其鸣声鸽鸽，因以名云。"可见，先秦时中国已有鸽子，它"鸽似鸠而小"，是属于鸠一类的禽鸟。

至魏晋白鸽又成了祥瑞之物，《宋书·符瑞下》卷二十九："晋武帝泰始二年六月壬申，白鸽见酒泉延寿，延寿长王音以献。"白鸽色调纯一，当时数量少，因此成了象征朝代兴旺的瑞物，所以王音才把它献于晋武帝。

晋宋间，人们已熟悉了鸽子习性，把鸽子作为玩物驯养，唐封演《封氏闻见记》卷七《蜀无兔鸽》引戴祚作《西征记》云："开封县东二佛寺，余至此见鸽大小如鸠，戏时两两相对。"戴祚，晋宋间人，晋末从刘裕西征姚泓，至开封县始识鸽。"戏时两两相对"，说明晋时中原已经有人以鸽子为戏，应当已开始驯养了。至北朝时期，由于鸽子长期与人相处，被人驯养，对人已不惧畏。《魏书·崔光传》记载："（崔光）崇信佛法，礼拜读诵，老而逾甚，终日怡怡，未曾恚忿。曾于门下省昼坐读经，有鸽飞集膝前，遂入于怀，缘臂上肩，久之乃去。"鸽子能够"飞集膝前，遂入于怀，缘臂上肩"，可见其野性逐渐泯灭，这当是与人长期接触被逐渐驯化的结果。

自唐代开始，已逐步驯化的鸽子被驯养成真正可控制的玩物，总称为"驯鸽"，如元稹《大云寺二十韵》（《全唐诗》卷四〇八）就有"驯鸽闲依缀，调猿静守群"句。唐段成式撰《酉阳杂俎续集》卷五也有"静里已驯鸽，斋中亦好鹰"句。驯鸽已成为唐代人们休闲玩耍的重要工具。最突出的是唐明皇，他是我国第一位嗜好驯鸽的皇帝。如《陕西通志》卷四十四引《韵会》："鹁鸽，唐明皇呼为飞奴。"元阴劲弦、阴复春编《韵府群玉》卷二十："唐门鸟呼为飞奴。"明顾起元撰《说略》卷二十四引《开元遗事》："明皇宫中养鸽，号曰半天娇。"唐明皇不仅给驯鸽起了"飞奴""半天娇"等优雅的名字，而且

以"门鸽"为戏，打发时日。门鸽的发明，是长期驯养鸽子的结果，它在宫廷的出现，对民间养鸽促进很大，玄宗以后，驯鸽、门鸽蔚然成风。

从魏晋开始至唐代张九龄时期，中国驯养鸽子已有数百年的历史，积累了很多经验，对其各种习性已了如指掌。一旦社会有了长距离通信的迫切需要，人们就会很自然地把驯鸽、斗鸽转变为"传书鸽""信鸽"。前举信鸽一名在唐代出现，正是这种转变的实际证明。因此，从以上种种证据看，信鸽这一长距离生物通信手段的发明，应当是在中国长期驯化鸽子的过程中独立完成的。而且，从现有资料看，晚于张九龄传书鸽的国外"舶鸽"，并不能排除受张九龄传书鸽的影响才出现。当然这个问题还有待进一步的研究，目前所能肯定的是中国在公元 7 世纪末和 8 世纪初，由张九龄独立发明了信鸽这一长距离有效的通信工具。

张九龄在实现由驯鸽、斗鸟飞奴转变为传书鸽、信鸽的发明中起到了关键作用。他是中国发明并使用信鸽通信的第一人。这不仅与他少年时的睿智、灵犀、学识有关，也与其客家身份有关。其家族在晋永嘉年间开始南迁，至唐代，其曾祖父张君政时任韶州别驾，始落籍始兴，处在岭南，后居曲江。其少年时，《旧唐书》卷九十九称其"幼聪敏，善属文。年十三，以书干广州刺史王方庆，大嗟赏之，曰：'此子必能致远'"。《新唐书》卷一二六也说其"七岁知属文"，说明他小时候就受到了中国传统中原文化的影响，再加上岭南客家人的优秀传统，使其幼年的秉性聪敏、睿智，且七岁就"善属文"。这种客家传统文化不仅是其以后登科发达的基础，也是其从事信鸽发明的基础。因此，迁居于曲江（今韶关）的客家人张九龄，其聪敏、睿智、学识至今令人感佩，而其发明信鸽的历史伟大贡献，也将永远载入中外科技通信史的史册。

第三节 《神汉桂阳太守周府君功勋之纪铭》碑刻主人、年代及流传考

　　周府君碑今已佚，现能看到的是自唐代以来前人的著录。由于汉隶难识，辗转抄袭，其中关于周府君何名、碑的位置和移动，甚至刻碑的年代等都有不同的记录。必经考证，方能显现其价值。

一、周府君为何人

　　宋洪适撰《隶释》卷四、宋陈思撰《宝刻丛编》卷十九所录周府君碑上有隶书碑额"神汉桂阳太守周府君功勋之纪铭"，他书录此额之义，神汉或改为后汉（如倪涛撰《六艺之一录》卷四十五），但对此额均无异议。

　　此额中的周府君到底是何人，史有三说：周昕、周憬、周煜。宋欧阳修撰《集古录》卷三："后汉桂阳周府君碑，按《韶州图经》云：后汉桂阳太守周府君碑：按庙在乐昌县西一百一十八里武溪上……周使君开此溪，下合真水，桂阳人便之，为立庙刻石。又云碑在庙中，熹平中郭苍文。今碑文磨灭云。"

　　欧阳修此跋文称作前本，此时其所见原碑拓片模糊，看不清姓名，故引《韶州图经》以说此碑。《韶州图经》乃唐人作，其所见是"碑在庙中，熹平中郭苍文。今碑文磨灭云"。

　　宋赵明诚撰《金石录》卷十六引欧阳公《集古录》云："府君字君光，而名已讹缺，不可辨。图经但云，周使君而，亦不著其名，后汉书又无传，遂不知为何人。"赵明诚所见当是欧阳修的另一跋文。此跋文有两点值得注意：①周碑上的"名已讹缺，不可辨"；②《韶州图经》也只云："周使君而，亦不着其名，后汉书又无传，遂不知为何人。"

　　但赵明诚接着说："而曾子固（曾巩，字子固，与欧阳修同时代人）言，尝得此碑于知韶州王之材，之材以书来，言《曲江县图经》：周府君名昕，字君光。则永叔（欧阳修）云，图经不载其名者，盖考之未详也。"赵明诚引曾子固文见《元丰类藁》卷五十："熙宁八年，余从知韶州王之材求得此本。之材又以书来，曰：'按《曲江县图经》，周府君名昕，字君光。'则永叔云图经不著其名者，盖考之未详也。又有碑阴，列故吏及工师官号、州里、姓名，之材并模以来，永叔盖未之得也。"

由此可知，与曾巩同时代的韶州知府王之材亲见其碑，并把碑文、碑阴都作了拓片，送给了曾巩，同时，他又根据《曲江县图经》所记"周府君名昕，字君光"，给曾巩写了一封书信。曾巩看了书信及拓片，先批评欧阳修对《曲江县图经》"不载其名者"是"考之未详也"，继为欧阳修开脱，说他"不知为何人"的论断是因为原碑文"永叔盖未之得也"。而对"名昕，字君光"之说表示认同。然赵明诚据所得拓本对此说表示怀疑："今此本虽讹缺，然究其点画殊不类昕字，二公（指欧、曾）所说既不同，而韶州图经余家偶无有，皆未可知也，当考之。"（见宋赵明诚撰《金石录》卷十六）此存疑之举是科学态度。

但奇怪的是，当欧阳修得到较清楚的拓片碑文后，却作出了与曾巩、王之材完全不同的结论，其《集古录》卷三云："后汉桂阳周府君碑后本。右汉桂阳周府君碑。余初得前本，恨其名遂磨灭。后有国子监直讲刘仲章者，因出其碑。而为余言：前为乐昌令。因道府君事，云名憬。问其何以见之。云碑刻虽阙，尚可识也。乃以此碑并阴遗余。盖前本特模者不工尔。"欧氏见了曾为乐昌令的国子监直讲刘仲章，听他说周府君"名憬"，又"问其何以见之"，刘仲章答云"碑刻虽阙，尚可识也"。这说明，"名憬"是碑文的原刻。接着"以此碑并阴"送与欧阳修，欧阳修见碑文后，不仅承认刘的说法，而且解释了自己以前"名已讹缺，不可辨"的错误看法是因"前本特模者不工尔"。后来，赵明诚又得到欧阳修的"后本"，于是在《金石录》卷十六引欧阳公《集古录》正文下加注曰："余后见市中印本欧阳公《庐陵集》别有一跋，尾云：'周公名憬。'憬颇近之。"

"憬颇近之"是赵氏据自己所得拓本所作出的判断。赵明诚乃宋代金石学大家，态度谨慎，考证严密，其判断与刘仲章、欧阳修一致，可信度较高。曾巩与韶州知府王之材据《曲江县图经》所说"名昕"，虽反映的是唐人看法，但唐人隶定错误也是可能的。

以后学者，多从欧阳修《集古录》后本跋文之说，如宋娄机撰《汉隶字源》卷一："周憬功勋铭，熹平三年立在韶州乐昌庙内，与郴州接界。《集古》云：碑文磨灭，名不可辨。图经但云周使君，后汉书无传，及得碑阴方知名憬。"

宋洪适撰《隶释》卷四："右神汉桂阳太守周府君功勋之纪铭，隶额。周君名憬，自固始相为桂阳守。碑云熹平三年，岁在摄提，仲冬之月，曲红长区祉与邑子故吏建碑于泷上，盖灵帝甲寅年也。"（宋陈思撰《宝刻丛编》卷十九同）除憬、昕二说外，还有名煜说，见《钦定四库全书考证》卷十九《经部》："周憬功勋铭跋：'及得碑阴方知名憬。'案：《集古录》中有三跋，两云名不可辨，一云名憬。考曾巩《金石录》跋尾及乐史《寰宇记》俱云太守名昕。蒋之奇《续武溪深》诗碑自跋又云名煜。并与此异。"

蒋之奇也是欧阳修同时之人，其仿作马援《武溪深》诗前有"自跋"，说周府君名煜。

至于为何名煜，不见所据，唯有观点。宋人刘昌诗《芦浦笔记》卷四对蒋之奇有个说法："蒋颖叔作武溪深，乃谓名煜，且押之韵。盖石古剥落，以其形似求合于君光之字故云尔。"这是说周府君字"君光"，有光明之象；而蒋氏所见拓本名处剥落难识，于是蒋之奇以"形似"和有光明之象的"煜"字当之，故认为周府君名"煜"。

以上三说，就现有资料看，名憬说所据是碑文，名昕说所据是唐《曲江县图经》，名煜说所据是"煜"与"君光"意义相近，符合古人取名字的习惯。所以，据历史考古学资料之甄别方法，原碑文所记是第一手资料，名憬说近是。

二、刻碑时代考

关于碑刻时代，有四说：

（1）熹平三年说。

《神汉桂阳太守周府君功勋之纪铭》的碑文曰："于是熹平三年，岁在摄提，仲冬之月，曲红长零陵重安区祉，字景贤，遵承典宪，宣扬德训，帅礼不越，钦仰高山。乃与邑子故吏龚台、郭苍、龚雒等，命工击石建碑于泷上，勒铭公功，传之万世，垂示无穷。"

除碑文外，《集古录》《金石录》《宝刻丛编》等宋代名著均作"熹平三年"。"熹平"乃东汉灵帝第二个年号，"三年"即公元174年。因此年干支为"甲寅"，太岁在摄提格，故碑文讲"熹平三年，岁在摄提"。

"岁在摄提"，"岁"指太岁，太岁是与星空中的木星（古称岁星）运行周期一样、方向相反的一种假想天体在陆地上运行的名称。古人为了利用星空占卜，把周天分为十二次，以记录木星所在位置。岁星每年行一次，称为岁星躔次或岁星所在。而地上的太岁运行，则有十二个年名与十二次对应，后来又与十二地支对应，如岁星在娵訾次，太岁在寅，其年名为摄提格。以岁星所在来占卜，则有"岁星所在之国不可伐，可以伐人"（《开元占经·岁星占一》）的占词；以太岁所在来纪年，则太岁年名和十二地支名一一对应，如寅年对应太岁名摄提格。故"灵帝甲寅年"的太岁在"摄提（格）"。此年在星占学上，太岁摄提所在之国"有庆"，"其国有德，黍稷之熙"（帛书《五星占·木星》）。此碑强调"岁在摄提"显然具有星占学意义。"仲冬之月"，即冬季的第二个月，也即古代阴阳历的十一月。

（2）嘉平三年说。

清代赵一清撰《水经注释》卷三十八引《隶释》曰："右神汉桂阳太守周府君功勋之纪铭。隶额。周府君名憬，自固始相为桂阳守。碑云嘉平三年，岁在摄提，仲冬之月，曲红长区祉与邑子故吏建碑于泷上，盖灵帝甲寅年也。"

《韶关市志·大事记》："嘉平三年（174年），桂阳太守周憬募民疏凿武溪，夷高填下，迄安聂（在今韶关市区武水西岸），商旅称便。"①

查东汉灵帝年号无"嘉平"，整个东汉一代也无"嘉平"。至三国，魏齐王芳第二个年号为"嘉平"，嘉平三年为公元251年，此年干支为辛未，太岁在"协恰"，与"盖灵帝甲寅年也"相矛盾。又查宋洪适撰《隶释》卷四原文，嘉平三年作"熹平三年"。显然，赵一清"嘉平"说是引录错误所致。《韶关市志》是否以赵说为据不得而知，但括号内又注"174年"，却正当"熹平三年"。想来嘉平当为熹平之误。

---

① 韶关市地方志编纂委员会：《韶关市志》，北京：中华书局2001年版，第24页。

（3）延熹三年说。

钱塘倪涛《六艺之一录》卷四十五引《集古录目》："初，桂阳有泷水，人患其险，太守下邳周憬，字君光，颓山凿石以通之。延熹三年，故吏区祉刻石以纪功，并祉等故吏题名者二十二人。""延熹"是东汉桓帝年号，"三年"为公元160年。此年干支为庚子，太岁在"困顿"，与碑文"岁在摄提"矛盾，也当为识读拓片或传抄之误。

（4）熹平二年说。

南宋庄绰撰《鸡肋编》卷下："韶州有汉隶书周府君功勋记铭，云讳璟，字君光，下邳人。熹平二年，为桂阳守。开昌乐泷为舟人之利，庙食连州，而碑在曲江郊外，为风日所剥。绍兴七年始迁于城中，其后刊太和九年云云。"

宋代庄绰认为熹平二年周憬"为桂阳守"，这与熹平三年区祉刻碑纪功并无矛盾。

综上所考，此碑当刻于熹平三年，即公元174年。汉灵帝戊申年（168年，建号建宁）即位，壬子年改年号为熹平（172年），改号后的第三年，即熹平三年（174年）。此年干支为"甲寅"，太岁在"摄提格"，故碑文讲"熹平三年，岁在摄提"，宋洪适撰《隶释》也讲"盖灵帝甲寅年"，都具有星占学意义。

三、碑刻流传考

据碑文，此碑熹平三年立在"泷上"，后人又建庙，碑在庙中。前已考《韶州图经》所说庙在距乐昌118里的"武溪上"；《广东通志》所说庙在"泷头"，都是周憬碑文所说的"泷上"；《水经注》所说的"泷中"，四名其实都指一地，即武溪合黄岑之后入"重山"之地。据实地调查，今周府君庙（又称将军庙、韩泷祠）在罗家渡九泷十八滩的第一泷——老泷南岸的山腰上。

直到唐代，此碑未动。有下列文献为证：

宋欧阳修撰《集古录》卷三："按《韶州图经》云：后汉桂阳太守周府君碑：按庙在乐昌县西一百一十八里武溪上……周使君开此溪，下合真水，桂阳人便之，为立庙刻石。又云碑在庙中，熹平中郭苍文。"

《韶州图经》乃唐人作，有韩愈借《图经》之事。清阎若璩撰《潜邱札记》卷一："唐韩愈将到韶州，先寄张端公使君借《图经》。《图经诗》：'曲江山水闻来久，恐不知名访每难。愿借图经将入界，每逢佳处便开看。'"此明张端公是唐人无疑。《韶州图经》先说"在乐昌县西一百一十八里武溪上"，又说"碑在庙中，熹平中郭苍文"，可知至少在唐代韩愈时，碑还在乐昌泷上周使君庙中。

入宋后，不知何原因，该碑移到了韶州。

宋洪适撰《隶释》卷四引乐史《太平寰宇记》云："泷上有太守周昕庙。今碑在韶州张九龄庙中。其名尚隐隐可辨，盖憬字也。"（宋陈思撰《宝刻丛编》卷十九引乐史《太平寰宇记》同）

顾蔼吉撰《隶辨》卷七："周憬功勋铭，熹平三年。《集古录目》云在韶州乐昌县昌乐泷上周君庙中。《隶释》云：今碑在韶州张九龄庙中。""今碑在韶州张九龄庙中"之"今"，当指乐史的时代。乐史，太宗时人（976—997 年），雍熙年间献所著书 400 余卷。故"今"当指北宋初期，至少在宋初时，此碑已不在泷上，而到了张九龄庙中。

南宋庄绰撰《鸡肋编》卷下也记有该碑下落，其云："韶州有汉隶书周府君功勋记铭，云讳璟，字君光，下邳人。熹平二年，为桂阳守。开昌乐泷为舟人之利，庙食连州，而碑在曲江郊外，为风日所剥。绍兴七年始迁于城中，其后刊太和九年云云。"

"庙食连州"，指南宋连州也有周君庙，"而碑在曲江郊外，为风日所剥"说明原在张九龄庙保存的石碑不知何故，流落到了曲江郊外，且剥食日甚。直到"绍兴七年始迁于城中"，绍兴七年，即 1137 年，"始迁于城中"，显然是为了保护该碑，但在曲江城中何处，却不得而知。"其后刊太和九年云云"，较费解，"刊"，是刻义，如果这样，此碑在太和九年曾被在碑阴刻过刻记。

记碑文有太和年号者除《鸡肋编》外，仅有倪涛撰《六艺之一录》卷一百五，其云："韶州碑记。汉周府君记。府君后汉时为桂阳太守，开泷水有利于民，当时立碑纪其绩。碑在乐昌县西武溪上庙中，郭苍文。碑尾云太和三年重修。欧阳公集古录凡三跋，尾云此君汉书无之。今碑石断缺，不著其名。"此说"碑尾云太和三年重修"，似指的是修庙，也可能是修碑。但太和九年作"太和三年"，与南宋庄绰撰《鸡肋编》不同。

太和年号在东汉以后宋代以前共有三个，曹魏明帝太和共7年，东晋废帝海西公太和共6年，北魏孝文帝太和共23年。以九年求之，唯有北魏孝文帝当之；以三年求之，则三国时曲江属吴，不应奉曹魏年号，故曹魏可能性不大，余东晋、北魏均有可能。

但唐代文宗李昂有"大和"年号，共9年。各种历代年谱列年号时均列为"大和"。如权威的《汉语大辞典·历代帝王纪年干支纪年公元纪年对照表》就是如此。但在史书中，则太和、大和年号混用，似无区别。如：《旧唐书·本纪·敬宗文宗上》："庙号敬宗。大和元年七月十三日，葬于庄陵。""文宗元圣昭献孝皇帝讳昂，穆宗第二子，母曰贞献皇后萧氏。元和四年十月十日生……太和元年春正月癸亥朔。"此在一篇中对同一年事共享太和、大和来纪年。《唐会要》卷二："文宗元圣昭献孝皇帝讳昂……年号二。太和尽九年。开成尽五年。"故古代大、太通用，唐代文宗也用"太和"年号，当公元827—835年，共9年。既然如此，则周憬碑也可能是在唐代太和九年重新刊刻过。那么，此碑到底是在何代刊刻呢？明都穆撰《金薤琳琅》卷五为此作了解答：

> 此碑元季庐陵陈谟跋，谓汉刻本在泷上，唐重刻本在曲江庙中。不知何时徙置郡学。韶州守钱旭既新府治，以韶在汉属桂阳，乃徙置之。后杨文贞公跋亦云，碑在韶州府治。按府治今为王府，碑由是仍徙曲江庙中。东广汉碑绝少，所有惟斯而已。

"汉刻本"即原刻本，"唐重刻本"即唐代刻本。也就是说，元代陈谟跋见到的周憬碑有两个：一为汉代原刻本，一为"唐重刻本"，据此，南宋庄绰《鸡肋编》的"其后刊太和九年云云"当指唐代刻本。

看来，此碑在宋以前已有两个刻本，除汉刻本外，唐太和年间又重新刊刻过。"唐重刻本在曲江庙中"，曲江指张曲江，即张九龄，曲江庙中即张九龄庙中，这与洪适所说"今碑在韶州张九龄庙中"合。

若据此说，则泷上原刻本未动，所动者乃曲江庙中之唐重刻本。支持此说者是《广东通志》卷四十四："郭苍，字伯起，曲江人，博学能文，举茂才，为荆州从事。灵帝熹平三年，太守周昕开导六泷，以便舟楫，郡民颂之。郭苍为撰铭纪勋，曲江长区祉勒于泷上。至今尚存。""至今"之"今"，当指《广东通志》著作时间，即清初。果是如此，在今乐昌老泷南岸山腰上的周府君庙仔细勘查，或许能找到原碑。

按明都穆的说法，唐重刻本"不知何时徙置郡学"，"郡学"实应指韶州府学，在今风采楼附近。韶州守钱旭，洪武初任韶州知府，他把府治修整一新后，"以韶在汉属桂阳，乃徙置之"，即把周憬碑从府学移到了府治衙门。杨文贞即杨士奇，明初名相，其亦云"碑在韶州府治"。又明初人郑真撰《荥阳外史集》卷四十："跋桂阳周府君碑……碑在今韶州府治。"杨、郑二人所记，证明了明初此碑确在"韶州府治"。都穆，弘治年间（1488—1505 年）进士，较钱旭晚百余年，其按语称因韶州府治改为王府，"碑由是仍徙曲江庙中"，说明在弘治以后，周府君碑又被移回张九龄庙中。至于今天，唐重刻本下落不明。而在泷上的"汉刻本"，据韶关博物馆的同志讲，在大面积的文物普查中，也未找到。

第四节　《神汉桂阳太守周府君功勋之纪铭》碑文辑校

一、辑校《神汉桂阳太守周府君功勋之纪铭》的意义

周憬碑对阐明韶关、郴州早期城市史和粤北开发史有巨大意义。但碑今亡，现据历代著录，辑佚并相互参校，以恢复其原貌。

《桂阳太守周憬功勋铭》碑原在乐昌泷上，东晋时可能有重刻本。唐代时有重刻本，至北宋时藏于韶州张九龄祠中，南宋时此碑散落于"曲江郊外"，被移至韶州城中。元代时"汉刻本在泷上，唐重刻本在曲江庙中"。明初时，此碑在县学，韶州守钱旭移至府治，后府治改作王府，此碑复入曲江庙中。清初，"碑石断缺"，至今，泷上原碑、唐代太和年间重刊本都下落不明。

此碑不仅记载了粤北第一次大规模的水利工程——开凿乐昌泷，而且详细记载了凿泷的领导人周憬和多达31人的各级官吏组织者的姓名、籍贯、官职，更珍贵的是记录了凿泷的时间、起止地点、工程内容、工程方法以及参加的官吏、民工、军队，证明那时已有了"夷高填下"的科学思想方法和疏凿大江河的工程技术。这种珍贵记录在古代工程史、水利史、交通史的研究中都是难得一见的材料，有着重大的工程科学文献意义。同时，该碑还记录了韶关城市史上的一个重大悬案，那就是韶关最早的城市是曲江还是曲红。不仅如此，根据该碑记载的"小溪乃平直，大道允通""利抱布贸丝，交易而至"可知，凿乐昌泷使韶关、郴州辐辏商旅，由邑而市，城市化进程大大加快，十分有助于解决韶关早期城市发展的原因、形式、性质等诸多学术问题。但遗憾的是，原碑遗失，唐宋以来的著录又参差不一、互相矛盾，使用该史料证明学术问题的人极少，该碑的史料和学术价值至目前也未能发挥。因此作艰苦细致的碑文收集、整理和校正研究等基础工作，恢复该碑本来面目，乃是当前学界的重要任务。

二、《神汉桂阳太守周府君功勋之纪铭》碑辑校

（一）辑校所据版本

《桂阳太守周憬功勋铭》的铭文和碑文最早著于宋洪适的《隶释》卷四，以后著录者多见。现以宋洪适撰《隶释》卷四（简称"洪录"或"洪"）所录为底本，选明梅鼎祚《东汉文纪》（简称"梅录"或"梅"）卷二十七、明欧大任《百越先贤志》（简称"欧录"或"欧"）卷四、《广东通志》（简称"广录"或"广"）卷五十九、明都穆《金薤琳琅》（简称"都录"或"都"）卷五、清赵一清《水经注释》（简称"赵录"或"赵"）卷三十八、清倪涛撰《六艺之一录》（简称"倪录"或"倪"）卷四十五等所录碑铭之文互相参校，列出异同，凡有根据补入洪录者，均加括号。以期补阙订讹，复其原貌。（上述七种文献都为文渊阁《四库全书》本）

宋洪适撰《隶释》卷四所录碑文、碑铭、碑阴如下：

额题：神汉桂阳太守周府君功勋之纪铭

碑文①：

桂阳大守周府君者，徐州下邳人也。讳憬，字君光。体性敦仁，天姿蔫厚。行兴闺门，名（高）州里，② 举孝廉，拜尚书侍郎，③（迁）汝南固始相，④ 遂拜桂阳（守）。⑤ 乃宣鲁卫之政，⑥（敷）二南之泽，⑦ 政以德绥，化犹风腾，抚集丞细，（阙）绥有方。⑧ 进则贞直，⑨ 退则错枉，崇举济济，吉土充朝。⑩ 招贤训蒙，⑪ 开诱六（蔽）。⑫ 君子道长，小人道消。信感神祇，灵瑞符（应）。⑬ 嘉毂生淤野，⑭ 奇草像（莲）莆。⑮ 异根之树，超然连理，⑯ 于此之时，⑰（邦）域惟宁。⑱ 郡又（与）南海接比，⑲ 商旅所臻，自瀑亭至乎曲红，⑳ 一

---

① 为展现碑文原貌计，碑文、碑阴用字均以拓片为准。

② 广录、欧录"名"字后有"高"字，据补。他录阙。

③ 广录、欧录"侍"字作"议"。

④ 广录、赵录、梅录、欧录、都录"汝南"前均有"迁"字，据补。

⑤ 广录、欧录均有"守"字，他录无，据补。

⑥ 广录、欧录无"乃"字。

⑦ 广录、梅录、欧录、都录均有"敷"字，据补。

⑧ 洪录、梅录、赵录、倪录、都录均作"（阙）绥有方"，广录、欧录作"振发有方"。

⑨ 唯广录"贞"字作"正"字。

⑩ 洪录注："土"当作"士"字。广录、欧录、都录径作"士"。

⑪ 广录、欧录作"招贤训（阙）"，洪录、倪录作"招训（阙）蒙"，梅录、赵录、都录作"招训（阙）"，据补为"招贤训蒙"。

⑫ 都录注："训"字下至"嘉"字上阙21字，现据他录补后仅阙17字。又：洪录"六"字后之字阙，他录"六"字后均有"蔽"字，据补。

⑬ 广录、欧录"符"字后有"应"字，据补。

⑭ 广录、欧录"毂"字作"禾"，对洪录、梅录、倪录"淤"字后所阙字作"野"。赵录"生"字后阙二字。

⑮ 广录、梅录、倪录、赵录对洪录、欧录、都录"像"后所阙字均作"莲"，据补。

⑯ 唯广录"超"字作"迢"字。

⑰ 洪录、都录"此"后所阙字，广录、欧录均作"之"，倪录、梅录作"于此时"，赵录作"□此（阙）时"。从广录、欧录。

⑱ 洪录、梅录"域"字前所阙字，赵录、广录、欧录、倪录、都录均作"邦"，据补。

⑲ 洪录"又"字后之阙字注为"与"字，赵录、倪录、梅录注"阙"，广录、欧录、都录径作"与"，据补。

⑳ 梅录、洪录、都录均作"至乎曲红"，赵录"乎"作"咢"，广录、梅录作"于"。倪录作"□"，不识之义。

由此水。其水源也，出于王禽之山，① 山盖隆（崇，峻极）亏天。②泉肇沸踊，发射其（颠），③ 分流离散，为十二川。弥陵（隔）阻，④丘阜错连，⑤ 隅陬雍蔼，⑥ 末由骋焉。尔乃贯山鑽石，⑦ 经（营满畛，⑧激）扬争怒，浮沈潜伏，虵龙蛙屈，⑨ 澧隆欝汜，⑩ 千渠万浍，合聚溪涧。⑪ 下迄安（聂），⑫ 六泷作难，⑬ （湍）濑（潨潨），⑭ 泫沄潺湲，⑮虽《诗》称百川沸腾，高岸为谷，深谷为陵，盖莫若斯天轨所经，恶得已（哉）。改其下注也，⑯ 若奔车失辔，狂牛无縻，（阙）勿亢忽胪，（睦或陆）不相知。⑰ 及其上也，则群辈相随，檀柁提（携），⑱唱号慷慨，沈深不前。⑲ 其成败也，⑳ 非徒丧宝玩、陨珍奇、替珠贝、

（脚注）

① 唯梅录"王"字为"□"，不识之义。倪录作"王偶之山"，他录均作"王禽之山"。宋陈思撰《宝刻丛编》卷十九叙碑铭事，曰："兹水发源三禽山，千渠万浍，下凑六泷。""王"字作"三"。

② 洪录、梅录、都录在"隆"后注"阙三字"，倪录、赵录在"隆"后注"阙"，广录、欧录"隆"后所阙三字为"崇峻极"，暂据补。

③ 洪录、赵录"其"字后之阙字，广录、梅录、欧录、都录、倪录均作"颠"，据补。

④ 洪录、赵录、梅录、倪录"陵"下所未识字，广录、欧录均作"隔"，都录作"隋"，暂补为"隔"。

⑤ 洪录、赵录、梅录、都录作"丘阜"，广录、欧录作"峦阜"，倪录作"□阜"。

⑥ "雍蔼"，倪录同洪录，梅录作"雍蔼"，广录、欧录、都录作"雍遏"，赵录作"□蔼"。

⑦ 广录、欧录"贯"作"溃"。他录同洪录。

⑧ 洪录、梅录、都录"经"字下注"阙四字"，赵录、倪录作"阙"或"□"。广录于所阙四字为"营满畛激"，欧录作"营沟畛激"，据广录补作参考。

⑨ 蛙，广录作"结"，无"虵"字。欧录"虵"作"蛇"，"蛙"作"诘"。赵录、倪录、梅录、都录同洪录。

⑩ "隆"，广录、欧录作"陵"。他录同洪录。

⑪ 洪录、赵录、倪录、梅录、都录同。广录、欧录"合"作"落"、"溪"作"沿"。

⑫ 洪录、倪录、梅录、都录"安"后字未识。广录、欧录、赵录均作"聂"。补作参考。

⑬ 广录"泷"作"龙"。

⑭ 洪录"濑"前阙一字，"濑"后阙三字。梅录、倪录、广录、欧录、都录"濑"前字为"湍"，赵录为"满"，乃"湍"之讹，据补。梅录、倪录、赵录"濑"后均阙三字，都录"濑"后阙二字。广录、欧录于所阙三字为"潨潨沄"。"潨潨"补作参考。

⑮ "泫"，赵录、倪录阙。梅录、都录同洪录作"泫沄潺湲"。广录、欧录作"沄潺湲"。

⑯ "恶得已（哉）。改其下注也"，广录、欧录"已"后有"哉"字，补作参考。"改其下注也"，广录作"故其下流注也"，欧录作"改其下流注也"。他录同洪录作"恶得已，改其下注也"。

⑰ 洪录、都录作"（阙）勿亢忽胪□不相知"，倪录、赵录作"（阙）勿□忽胪睦不相知"，梅录除"睦"字作"□"外，他同倪赵。广录此句作"（原本阙）衔胪陆不相知"，欧录作"（阙）忽（阙）胪陆不相知"。据补"睦或陆"。

⑱ "提"后字洪录、梅录、赵录、都录、倪录均阙。广录、欧录作"檀挽提携"，补"携"字供参考。

⑲ 广录、欧录"不"字作"在"字。他录同洪录。

⑳ 广录、欧录"成"字作"或"字。他录同洪录。

流象犀也。往古来今，变甚终矣。① 于是府君乃思夏后之遗训，②（施）应龙之（显）画，③ 伤行旅之悲穷，④ 哀（舟）人（之）困厄，⑤ 感蜀守冰，殄绝挚魋，⑥ 嘉夫昧渊，⑦ 永用夷易。⑧ 乃命良吏、（将帅、壮）夫，⑨ 排颓磐石，⑩ 投之（穷堑），⑪（夷）高填下，⑫ 凿截回曲，（弼）水之邪性，⑬ 顺导其经脉，断硍（溢）之（电）波，⑭ 弱阳侯之汹涌。⑮ 由是小磎乃平直，大道允通。⑯ 利抱布贸丝，交易而至。⑰ 升涉周旋，功万于前。除昔□（颠），树（表）于兹，⑱ 虽非龙门之鸿绩，亦人君之德宗。故（舡）人叹于水渚，⑲ 行旅语于涂陆。孔子曰：禹不决江疎河，吾其鱼矣。于是熹平三年，岁（在摄）提，⑳

---

① 广录、欧录"甚"字作"其"字。他录同洪录。

② 广录、欧录"训"字作"谋"字。

③ 洪录、倪录、赵录、梅录、都录均作"（阙）应龙之画"。广录作"施应龙之显化"，"化"通"画"，阙字作"施"，"龙"后加"之显"二字。欧录除阙"施"字外，其他同广录。补"施""显"二字供参考。

④ 广录"伤"字作"闵"。

⑤ 洪录、倪录、赵录"哀"下字不识，作"□"；都录作"阙"，梅录作"向"，广录、欧录作"舟"，"人"后有"之"字。从广录、欧录，补"舟""之"。

⑥ 广录"挚"作"黎"，欧录"殄"作"珍"，都录"魋"作"堆"，他录同洪录。

⑦ 欧录"夫"作"天"，他录同洪录。

⑧ 梅录"永用"作"用永"，他录同洪录。

⑨ 洪录"良吏"下有三字不识。梅录"良吏"下字作"炙□壮夫"，都录作"（阙一字）帅壮夫"，赵录、广录、欧录均作"将帅壮夫"，据补。

⑩ 广录、欧录"排颓"作"挑移"。都录"磐"字阙。他录同洪录。

⑪ 洪录、梅录、赵录、倪录"投"之后一字不识，不识字后注"阙二字"。广录作"投之穷堑"，欧录作"投之穷阙"，都录作"投之寠阙"，暂以广录为参考，补"穷堑"。

⑫ 洪录、梅录、都录"高"前注"阙二字"，赵录、倪录"高"前字为"寠"，广录、欧录"高"前字为"夷"，补"夷"参考。

⑬ 广录、欧录、都录"水"前有"弼"字，他录皆阙，补以参考。

⑭ 洪录、倪录作"断硍□之□波"，都录作"断硍□之电波"，梅录"硍"后字作"溢"，"之"后字作"电"，赵录也作"电"。广录、欧录"硍"后字作"磕"，"之"后字作"灵"。从梅录补"溢"，从梅录、赵录、都录补"电"。

⑮ 广录、欧录"汹"作"洶"，赵录作"凶"，他录同洪录。

⑯ 广录、欧录"允"作"克"，他录同洪录。

⑰ 赵录"而"作"面"，都录"而"作"南"，他录同洪录。

⑱ 洪录、倪录作"除昔（阙二字）树□于兹"。赵录作"除昔□□举于兹"，梅录作"除昔□□树墓于兹"，都录作"除昔（阙二字）树基于兹"，广录、欧录作"除昔（阙）颠树表于兹"，从广录、欧录。

⑲ 洪录"故"后一字不清楚，洪注为"舡"字，梅录、都录作"船"字，广录、欧录作"舟"字。赵录作"宗"字，从洪录。又广录、欧录"水"字作"洲"。

⑳ 洪录作"岁左□提"，梅录作"岁□摄提"，赵录、广录、欧录、都录作"岁在摄提"，倪录作"岁在□提"，当从赵录、广录、欧录、都录作"岁在摄提"。

仲冬之月，曲红长零陵重安区祉，① 字景贤，遵承典（宪），② 宣扬德训，帅礼不越，钦仰高山。乃与邑子故吏龚台、郭苍、（龚）雏（等），③ 命工击石，④ 建碑亏泷上，勒铭公功，传之万壵，⑤（垂）示无穷。⑥ 其辞曰：

碑铭：

乾（坤）剖分建两仪，⑦ 刚（柔）分兮有险夷，⑧ 咨中岳兮穆崔巍，⑨ 叹衡林兮独倾亏。增陵陷兮甚岖陭，⑩ 鲧莫涉兮禹不（窥）。⑪ 仰王禽兮又（崒）嵬，⑫ 俯泷渊兮怛以悲。岸参天兮无路徯，⑬ 石纵横兮（流）洄洄。⑭ 波隆隆兮声若雷，或抱侦兮以从利，⑮ 或追恩兮有赴义。⑯ 氾舟楫兮有不避，⑰（沉）躬躯兮于玄池。⑱ 委性命兮于芒（绳），⑲ 慒寒栗兮不皇计。⑳ 忽随流兮殆忘归，㉑ 懿贤后兮发（圣）

---

① 广录"重"字作"东"字。他录同洪录。
② 洪录、梅录作"遵承典□"。广录、欧录、赵录、都录、倪录"典"字后均有"宪"字，据补。
③ 洪录"龚雏"作"□雏"，赵录、梅录、都录、倪录均作"龚雏"，广录、欧录作"龚额"，此碑碑阴也有此人，作"龚雏"，故"□雏"当作"龚雏"。
④ 广录、欧录"击"字作"凿"。
⑤ 广录、都录、欧录的"壵"，赵录作"卉"，显然是"壵"讹字，广录、都录、欧录确。
⑥ 洪录作"□示无穷"，赵录、广录、梅录、欧录、都录、倪录均作"垂示无穷"，故据补。
⑦ 洪录、倪录、赵录"乾"下一字均不识，作"乾□"。广录、欧录、都录作"乾坤"，梅录作"乾川"，"川"与古"坤"字近而讹，故广录、欧录、都录确，据补。
⑧ 洪录、倪录"刚"下一字阙，他录皆作"柔"，据补。
⑨ 广录、欧录"穆"作"据"。他录同洪录。
⑩ 广录、欧录"陵"字作"陉"，"陭"字作"陁"。梅录"陵"字作"峻"。
⑪ 洪录"涉"，倪录、赵录、广录、梅录、欧录、都录均厘定为"涉"。"窥"字洪录写作"规"，赵录、倪录、都录厘定为"规"，广录、欧录厘定为"窥"。从广录、欧录。
⑫ 洪录"又"下一字不识，作"□嵬"。都录、倪录、梅录作"崒嵬"，赵录作"垂嵬"，广录、欧录作"嵪危"。从都录、倪录、梅录。
⑬ 广录、欧录、都录"徯"字作"蹊"，他录同洪录。
⑭ 洪录、赵录、梅录、倪录"流"字作"左水旁右下"之字，广录、欧录、都录厘定为"流"，从之。
⑮ 梅录也作"抱侦"，但广录、倪录、赵录、欧录、都录均作"抱货"。后者似确。
⑯ 广录、欧录无"有"字。他录同洪录。
⑰ 梅录、赵录、倪录、欧录"舟"字均作"自"字，欧录"氾"字作"汛"，广录、欧录"楫"字作"棹"。
⑱ 广录、赵录"躬"字前有"沉"字，补以参考。"于玄池"，欧录作"有□池"，广录作"蹈死地"，倪录、赵录作"于元池"。
⑲ "芒"后一字，诸录均阙或不识，唯欧录作"累"，广录作"绳"，暂从广录补以参考。
⑳ 广录"皇"字作"遑"，欧录"慒"字作"潜"。他录同洪录。
㉑ 广录、欧录"忽"字作"泛"字。他录同洪录。

325

英，① （闶）不通兮治斯溪。② （歴）巨石兮以（湮）填，③ 开切（促）兮导曲机。④ 摧六泷兮弱（其势），（遏泌汩）兮散其波。⑤，威怒定兮混灛灛，⑥ 息聊啾兮□□□，□□逝兮蛟龙臧，⑦ （睦）老唱兮胪人歌。⑧ 名冠喆兮（阙）超踰伦，⑨ 今称（扬）兮耀流沙，⑩ 功斐斐兮镜海裔，君乎君（乎）寿不訾。⑪

碑阴：

（周憬碑阴文字只有《隶释》卷四、《金薤琳琅》卷五、《东汉文纪》卷二十七、《六艺之一录》卷四十五有记录，据以辑证）：

故曲红长零陵重安区祉，字景贤。⑫ 故舍洭长南郡邓苍陆，字（阙）夏。⑬ 故浈阳守长南平丞长沙汉昌寋祇，字宣莭。⑭ 故行事耒阳

---

① 洪录、梅录、倪录、赵录"发"后字均不识，洪注当为"圣"字。欧录作"发圣英"，广录作"发圣英"，欧录作"发垩英"。顾炎武《日知录》卷二十四引作"懿贤后兮发圣英"。

② "不"前一字洪录阙，梅录、倪录作"闶"，赵录、都录作"闭"，广录、欧录作"闵"，从梅录、倪录。

③ 洪录"巨"上一字、"以"下一字均阙。倪录、欧录、梅录、赵录、广录、都录"巨"上一字均作"歴"；"以"下一字，梅录、倪录、欧录、都录均作"湮"，广录"湮"字作"埋"，赵录"湮"字作"浬"。"巨"字赵录、梅录作"臣"。从梅录、倪录、欧录、都录补。

④ 洪录、赵录、梅录、都录、倪录"切"下一字均阙，广录、欧录阙字作"促"，补以参考。

⑤ 摧六泷兮弱（其势），（遏泌汩）兮散其波：洪录、梅录、赵录、倪录"弱"字下均注"阙"，但未知几字。都录注"阙五字"。据前后文看，应为"摧六泷兮弱□□，□□□兮散其波"，当阙五字。赵一清《水经注释》卷三十八据《广东通志》补正曰："'弱'下阙字是'其势遏泌汩'五字"，或有道理。暂且补以参考。但四库版的广录此句作"摧大泷兮弱其势，遏泌汩兮蛟龙逝"，与洪录"摧六泷兮弱（阙）兮（散）其波，威怒定兮混灛灛，息聊啾兮逝（阙）兮蛟龙臧"字数、含义都相差太大。赵录所据广录今不见。

⑥ 都录同洪录。梅录、赵录、倪录"怒"字均作"恕"。广录、欧录无此句。

⑦ 倪录、赵录、梅录同洪录。都录作"息聊啾兮（阙五字）逝兮蛟龙臧"。欧录、广录只有"蛟龙臧""蛟龙逝"各三字与此句对应。此句当从都录作"息聊啾兮□□□，□□逝兮蛟龙臧"，中间阙五字，不敢臆断。

⑧ 洪录、都录、梅录、倪录"老"前一字阙或不识，赵录作"睦"。广录、欧录作"陆"，"老"作"夫"，暂从赵录。

⑨ 洪录"兮"字下注有阙字，赵录、梅录、都录、倪录、广录、欧录均无，存疑。赵录"喆"作"卉"，梅录"喆"前字不识。

⑩ 洪录、都录"称"下一字阙，阙字广录、欧录作"扬"字，补以参考。欧录、广录"耀"字作"铿"。

⑪ 梅录、都录同洪录。广录、欧录"镜"作"镇"，第二个"君"字下多一"乎"字。赵录"镜"作"铙"，"乎"作"兮"。

⑫ 都录同洪录。倪录"重"作"里"，广录"重"作"东"。

⑬ 都录"舍"字作"含"。他录同洪录。

⑭ 都录"寋"字作"寋"，他录同洪录。

326

（华）夏，字汉威。① 故荆州从事曲红（龚）台，字少谦。② 故荆州从事曲红郭苍，字伯起。故荆州从事郴王鼎，字季尼。故南部（督邮）。③ 曲红（龚）雏，④ 字（阙）然。故吏曲红邓音，字孝直。故吏曲红朱鹭，字义德。故吏曲红张源，字子才。⑤ 故吏曲红（龚）达，字（叔）通。⑥ 故吏曲红黄部，字（世）尼。⑦ 故吏曲红周盖，字伯賞。故吏曲红黄晏，字子齐。故吏曲红马（珪），字元序。⑧ 故吏曲红（潭）承，字宁升。⑨ 故吏曲红刘鹄，字季产。故吏曲红黄祺，字（叔）仁。⑩ 故吏曲红周习，字仲鸾。故吏曲红刘（越），字子省。⑪ 故吏郴褚禧，字（阙）让。故吏耒阳蔡（阙），字已明。□□□□□□故浈阳左尉零陵（泉）陵（阙三字）。⑫ 故吏浈阳刘明，⑬ 字仲（阙）。故吏浈阳左胜，字仲升。故吏浈阳左和，字妙举。故吏浈阳宋硕，字子张。故吏含洭（尧）禹，⑭ 字公制。故吏含洭张邵，字（曼或宁）威。⑮ 故吏含洭黄（详），字伯莭。⑯ □□□□□□工（师）南阳宛王迁，字子彊。⑰

① 梅录、倪录、都录"戛"均作"夏"。"戛"前不识之字都录作"华"，据补。
② 洪录"红"后一字不识，都录、梅录、倪录作"龚"，据补。
③ "南部"下两字梅录不识，洪录疑作"督邮"，都录、倪录作"督邮"，据补。
④ 洪录"雏"上一字不识，都录、梅录、倪录均作"龚"，碑文中此人姓也作"龚"，据补。
⑤ 洪录、倪录、欧录同，都录"源"字作"凉"。
⑥ 洪录"红"字下不识之字都录、梅录、倪录均作"龚"，据补。"通"上一字洪录疑作"叔"，都录、倪录作"叔"，据补。
⑦ 倪录同洪录，"尼"上字阙。梅录、都录"尼"上字作"世"，据补。
⑧ 倪录同洪录，"马"下字阙。梅录、都录"马"下字作"珪"，据补。
⑨ 洪录"承"上字不识，梅录、倪录、都录均作"潭"，据补。
⑩ 梅录"仁"上字不识，洪录疑作"叔"，都录、倪录作"叔"，据补。
⑪ 洪录、梅录、倪录"刘"下字均不识，唯都录作"越"，暂补作参考。
⑫ 洪录"零陵"下一字之形为"泉"，倪录"零陵"作"零阳"，下字之形同洪录。梅录"零陵"下字阙，都录作"泉"，暂补作参考。
⑬ 洪录、倪录、欧录同，都录"明"字作"萌"。
⑭ 洪录、倪录同。都录"含"作"舍"，"洭"下字洪录、倪录不识，梅录、都录作"尧"，据补。
⑮ 洪录、倪录同。都录"含"作"舍"，"威"上字洪录、倪录不识，欧录作"曼"，梅录作"宁"，据补。
⑯ 洪录"黄"下字不识，都录、倪录、梅录均作"详"。都录"含"作"舍"，据补。
⑰ 洪录、倪录"工"下字形作"陑"，都录作"师"，据都录补，梅录不识。倪录"彊"作"疆"，他录同洪录作"彊"。

三、《神汉桂阳太守周府君功勋之纪铭》碑格式研究

关于此碑行文格式和字数，唯倪涛撰《六艺之一录》卷一百一十三和顾蔼吉撰《隶辨》卷七引《碑式》记录较详。《六艺之一录》云：

"周憬功勋铭，熹平三年。《集古录目》云：'在韶州乐昌县昌乐泷上周君庙中。'《隶释》云：'今碑在韶州张九龄庙中。'额题云：神汉桂阳太守周府君功勋之纪铭十四隶字。《集古录》云：'神汉者，如唐人之圣唐云尔。'盖当时已为此语，而史传他书无之，独见此碑也。《碑式》云：'文二十一行，行四十二字，后有余石……'《集古》《金石》二录俱作'桂阳周府君碑'。《天下碑录》作'桂阳太守周使君碑'。周憬碑阴，《碑式》云：'上一列二十二人，下一列前空七行，所题者八人，又空六行，刻工师姓名。'"

《隶辨》云："周憬功勋铭，熹平三年……《隶释》云：'今碑在韶州张九龄庙中。额题云：神汉桂阳太守周府君功勋之纪铭，十四隶字。'……《碑式》云：'文二十一行，行四十二字，后有余石。'"

上述记载有以下四个问题需要辩证：

1. 该碑的书体和"神汉"的含义

额题有"十四隶字"见于记载。但下面行文是否隶书，不敢妄断。《隶释》卷二十三载："桂阳周府君碑：右汉隶。"似乎碑文全为汉隶。明郑真撰《荥阳外史集》卷四十载："汉人隶法在东南予所见者，校官碑与此桂阳太守周府君纪功铭。尔笔法高古，尤可宝玩，而磨灭不可读。"郑真明说见过此碑，且评论其隶书"笔法高古，尤可宝玩"，只是有的字体磨灭，不可竟读而已。由此可以确定，该碑确实用隶书书写。

额题内容为"神汉桂阳太守周府君功勋之纪铭"，乃此碑碑名。但《集古录》《金石录》《天下碑录》都把碑名省作"桂阳周府君碑"或"桂阳太守周使君碑"。《隶释》所录碑之全名当是完整碑名。其中两个问题需要澄清，一是"神汉"，表示汉代，但汉前加一"神"字，今所见汉碑中唯此一例。欧阳修《集古录》卷三有解释："碑首题云神汉者，如唐人云圣唐尔。盖当时已为此语，而史传他书无之，独见于此碑也。"明郑真撰《荥阳外史集》卷四十《跋桂阳周府君碑附欧

阳集古录后题》也云："且问曰：碑首称神汉者何？予曰：犹圣朝称圣明尔。"按欧阳修的说法，汉前加"神"字，是对汉朝的崇尚之义。二是"纪铭"，纪，是对周府君功勋事迹的记录，即本文所称的碑文；铭，是对周府君功勋的礼赞，使用骚体，读来兀兀有节、朗朗上口，即本文所称的碑铭。

2. 行文格式、字数和碑阴落款人数

（1）碑正面的行文格式和排列方式。

《碑式》所云"文二十一行，行四十二字，后有余石"，当指碑的正面文字排列格式，即包括上校的碑文、碑铭加起来行文自右至左书写，一行42字，共书写21行后，碑正面尚有剩余的面积。

据此，如果碑铭不另起行，紧接碑文书写，即21行全写满文字，碑正面文字应当为882字。今据各本录文辑校的正面碑文总字数为836字（阙字处均按一字计），尚缺46字，即缺1行另4字。这个误差显然较大，是《碑式》错了还是各家录文错了，我们认为都不是。因为，各家所录，彼此参照，误差似乎不可能错一行之多；《碑式》是见原碑之后数字查行，其误差也不可能这么大。其实21行中每行都足42字是几乎不可能的。此矛盾的关键在于：碑文、碑铭衔接处是否有空格或不足字数之行，即碑铭是否另起行书写。据碑文末句"勒铭公功，传之万世，垂示无穷。其辞曰"来看，碑铭很可能另起行书写，果真如此，则612字的碑文按42字一行，书写14行后余24字，共占15行；224字的碑铭按42字一行，书写5行后余14字，共占6行。我们认为，上述格式和字数，当距该碑原貌不远。

（2）碑阴行文格式和落款人数。

关于碑阴刻字，其内容和格式是："上一列二十二人，下一列前空七行，所题者八人，又空六行，刻工师姓名"，由此可知下列几点：

①碑阴刻字内容为以"曲红长零陵重安区祉"为首的"邑子故吏龚台、郭苍、（龚）雒等"的籍贯、官职、名、字。这些人既是"勒铭公功"之人，又应当是工程具体实施的组织者，如工师、故吏等。

②据《碑式》记载"邑子故吏"共31人，分首列22人、中列8人、下列工师1人三部分落名。但据今整理的各家所录碑阴共有32人，与《碑式》不符。我们认为，这是《碑式》查人数之误。因为，各家录文与《碑式》所记最后刻的都是工师名，工师后无刻。而一人

的籍贯、官职、名、字少则 8 字以上，多则 12 字以上，后人如在"空七行""空六行"（行指横行，当竖着书写时，行实为列间的 1 字空格）间添刻 8 字以上，实无可能。

③碑阴的书写格式应为：竖行自右至左书写，第一列自曲红长开始，连续书写 22（或 23）人的籍贯、官职、名、字，其中有曲红长、舍洭长、浈阳守长及行事、荆州从事、南部督邮等官职显赫者 8 人，下书写曲红 13 人、郴 1 人共 14 人故吏（或加耒阳 1 人，为 15 人）。第一列下空 7 格（行），开始书写第二列，第二列自"故吏耒阳"开始（或自"故浈阳左尉"开始），连续书写 9 人（或 8 人）。下又空 6 格，书写第三列工师名。

3. 撰碑文之人

此碑乃周憬的故吏为纪念其整治乐昌泷的功绩自发而立，非受当时东汉朝廷嘉奖而致，故撰碑文之人不是当时文坛名流。宋人的《隶释》《集古录》《宝刻丛编》《元丰类稿》等共引《韶州图经》曰："碑在庙中，熹平中郭苍文。今碑文磨灭云。"以后的《百越先贤志》卷四、《广东通志》卷四十四的郭苍中也均说"苍为撰神汉桂阳太守周府君碑""苍为撰铭记勋"。但清代著名学者顾蔼吉在其《隶辨》卷七中则对《韶州图经》的说法加以否定，其云："图经云郭苍文。按碑曲江长区祉与邑子故吏龚台、郭苍、龚雏等命工建碑于泷上，勒铭公功，苍亦命工建碑者，非撰文之人，图经之不足信如此。"观顾氏否定之据在于"命工建碑者"就不可能是撰文者，此推断逻辑恐有偏颇。此碑在宋代已断裂为数块，看不到撰人姓名，但在唐代当是完整的，有太和三年重刻本为证，故唐代《韶州图经》的说法应当有据。

4. 其他重大问题

此碑还有一些重大问题有待研究。其一，碑刻的年代，史有三说；其二，周府君的名字，史有三说；其三，碑的流传和有几个重刻本的问题；其四，此碑把正史记载的汉代曲江县都称为曲红，到底原因何在，粤北最早的城市到底是曲江还是曲红。限于篇幅，以上四个重大问题只有留待未来进一步探讨。

后 记

2002 年冬，我们申请了"韶文化研究"的韶关市社科联科研课题，并得到了时任领导的赞许和支持。从此就和韶石、韶乐、韶州、韶粉、韶人等与韶文化相关的各种事、各类人结下了不解之缘，至今已历近 20 年。其间遍览文献，整理资料；走村串巷，实地调研；爬梳区域文化理论，整体把握韶文化现状；请教韶关文化宿儒，详细分析个案；出版《韶乐研究》等专著，发表了与韶文化相关的论文数十篇。厘清了天籁之音韶乐与韶文化的亲缘关系；抽象了"追求善美、包容和谐、诚信耕读"是韶文化的精神内核；终使世人对粤北文化有了更深层次的了解，首肯了"韶文化"的命名，认识到努力打造"韶文化"对韶关社会经济发展的重大意义和价值。韶文化的确立有力地促进了岭南文化及其类型的深入研究。

韶关历史文化悠久，文化内涵丰富，资源特色突出。但文化类型多而杂，民族民系多变化，全面把握和整理研究的难度相当大。我们的研究难免挂一漏万，只是给韶文化草创了一个框架，希望能有抛砖引玉之用；更深入全面的研究，期待后俊达人。

本著是韶关市重点科研项目成果，宋会群同志撰写了第一章第一、二、三节，第二至七章，第九至十一章；莫昌龙同志撰写了第一章第四、五、六节，并负责相关调研和管理工作；宋歌同志撰写了第八章，并负责部分资料的整理工作。

本著的出版得到了广东省社科联、韶关市社科联、韶关学院韶文化研究院等单位的大力支持和帮助，特别是暨南大学出版社的编校人员反复校对勘误，令人感动。又承吴土清、何露、苗仪等同志赠书、提供图片和照片，在此付梓之时一并致以衷心的感谢。

作者

2021 年 12 月